La Dame Aux Perles

Alexandre Dumas

LA DAME

AUX PERLES

CALMANN LÉVY ÉDITEUR

ŒUVRES COMPLÈTES
D'ALEXANDRE DUMAS FILS
DE L'ACADÉMIE FRANÇAISE

Format grand in-18

AFFAIRE CLÉMENCEAU. — Mémoire de l'accusé	1 vol.
ANTONINE	1 —
CONTES ET NOUVELLES	1 —
AVENTURES DE QUATRE FEMMES	1 —
LA BOITE D'ARGENT	1 —
LA DAME AUX CAMÉLIAS	1 —
LA DAME AUX PERLES	1 —
DIANE DE LYS	1 —
LE DOCTEUR SERVANS	1 —
ENTR'ACTES	3 —
LE RÉGENT MUSTEL	1 —
LE ROMAN D'UNE FEMME	1 —
SOPHIE PRINTEMS	1 —
THÉATRE COMPLET avec préfaces inédites	6 —
THÉRÈSE	1 —
TRISTAN LE ROUX	1 —
TROIS HOMMES FORTS	1 —
LA VIE À VINGT ANS	1 —

THEATRE

L'AMI DES FEMMES, comédie en cinq actes.
LE BIJOU DE LA REINE, comédie en un acte, en vers.
LA DAME AUX CAMÉLIAS, drame en cinq actes.
LE DEMI-MONDE, comédie en cinq actes.
DIANE DE LYS, comédie en cinq actes.
L'ETRANGÈRE, comédie en cinq actes.
LA FEMME DE CLAUDE, pièce en trois actes et une préface.
LE FILLEUL DE POMPIGNAC, comédie en quatre actes.
LE FILS NATUREL, comédie en cinq actes.
LES IDÉES DE MADAME AUBRAY, comédie en quatre actes.
MONSIEUR ALPHONSE, pièce en trois actes.
LE PÈRE PRODIGUE, comédie en cinq actes.
LA PRINCESSE DE BAGDAD, pièce en trois actes.
LA PRINCESSE GEORGES, pièce en trois actes.
LA QUESTION D'ARGENT, comédie en cinq actes.
UNE VISITE DE NOCES, comédie en un acte.

UNE LETTRE SUR LES CHOSES DU JOUR	1 vol.
NOUVELLE LETTRE DE JUNIUS A SON AMI A—D— Révélations sérieuses et positives sur les principaux personnages de la guerre actuelle (4e édition), augmentée d'un avant-propos de George Sand	1 —
UNE NOUVELLE LETTRE SUR LES CHOSES DU JOUR	1 —
L'HOMME-FEMME	1 —
LA QUESTION DU DIVORCE	1 —
LES FEMMES QUI TUENT ET LES FEMMES QUI VOTENT	1 —

2049-82 — Imprimerie D. Bardin et Cie, à Saint-Germain.

LA DAME
AUX PERLES

PAR

ALEXANDRE DUMAS FILS
DE L'ACADÉMIE FRANÇAISE

NOUVELLE ÉDITION

PARIS
CALMANN LÉVY, ÉDITEUR
ANCIENNE MAISON MICHEL LÉVY FRÈRES
3, RUE AUBER, 3

1882

LA DAME

AUX PERLES

I

Dans les premiers jours du mois de décembre 184., je revenais à peine d'un voyage dans le midi de la France, quand je fus invité à dîner chez une dame avec qui j'avais eu l'occasion de me trouver deux ou trois fois avant mon départ, mais dans des circonstances assez confidentielles pour que ces deux ou trois fois eussent établi entre nous une espèce d'intimité. En effet, j'avais été présenté à cette dame par un de mes bons amis, Jacques de Feuil, qui, n'ayant guère de secrets pour moi, m'avait mis au courant de leurs relations réciproques. Le mardi suivant, jour du dîner, à six heures moins quelques minutes, je me faisais annoncer chez Mme de Wine.

Jacques était déjà arrivé : c'était son droit et son devoir. Il faisait de la musique dans le salon ; car il est bon de vous dire que Jacques était musicien, et si je vous nommais quelques-unes de ses œuvres, vous seriez tout étonné de retrouver, sous le pseudonyme dont je le couvre, un de ces amis de l'esprit et de l'âme comme le talent s'en crée aux plus grandes distances. Nous nous embrassâmes comme deux bons camarades qui se revoient. Mme de Wine parut quelques instants après.

C'était là une belle personne, dans toute l'acception du mot. Comment n'eût-elle pas été belle avec des détails comme ceux-ci : des yeux noirs admirables, ombragés de longs cils et noyés dans la nacre la plus pure, des cheveux d'Italienne, abondants, soyeux, brillants sur les tempes, et se terminant en un lourd chignon sur un cou rond, ayant, collier naturel, les deux plis circulaires du cou de la Vénus antique ; un nez droit que Minerve eût pu réclamer, une bouche arquée, rose, entre les lèvres de laquelle étincelaient les dents, une taille mince dont la souplesse donne de si jolis reflets à la soie qui la couvre, un bras à la fois ferme et plein d'abandon. Mais ce qui faisait surtout Mme de Wine remarquable, un détail pour lequel seulement on eût aimé une femme laide si cette femme l'eût possédé, c'étaient ses pieds. Ces pieds, je l'avoue, étaient une merveilleuse plaisanterie de la nature. Jamais jusqu'alors il n'était venu à l'idée de personne qu'on pût marcher avec des pieds pareils, et cependant elle marchait, et beaucoup, et souvent, pour les faire voir, et j'eusse défié qui que ce fût, un fils déshérité, un négociant au moment de faire faillite, un amoureux courant à son premier rendez-vous, de ne pas se retourner en les voyant passer à côté d'eux.

Mme de Wine pouvait avoir vingt-six ou vingt-sept ans. Il y avait des jours où elle n'en paraissait pas plus de dix-huit, et le mardi où je vins dîner chez elle peut être compté dans ces jours-là. Vêtue d'un corsage blanc et d'une jupe de taffetas rose, elle avait l'air d'une toute jeune fille. Elle me tendit affectueusement la main; elle semblait s'assurer que j'étais bien son ami, et elle me remercia d'être venu, plus que je ne méritais d'être remercié. Nous nous mîmes à causer de mon voyage, d'un voyage qu'elle aussi avait fait à Bagnères pendant le mois de juillet, et elle me dit même : « Grondez monsieur de Feuil; il n'a jamais voulu venir passer huit jours avec moi à Bagnères! ce n'eût pourtant pas été une grande fatigue... » Et, à la suite de cette parole, elle jeta sur moi un regard triste dans lequel je lisais couramment la confidence d'un chagrin.

Il paraît que mon ami Jacques n'était pas toujours ce qu'il eût dû être. Cependant j'attachai peu d'importance à ces petits reproches, si fréquents de la part des femmes, et je mis la conversation sur un autre sujet, en attendant les trois derniers convives, qui étaient sa mère, une amie et un monsieur d'une soixantaine d'années, provincial dont Mme de Wine avait fait connaissance à Bagnères, et qui avait eu pour elle toutes les petites prévenances locales si bien appréciées des femmes.

Quant à Jacques, lequel, pendant que nous causions, regardait, un peu en homme qui s'ennuie, les gravures d'un keepsake, c'était un grand garçon de vingt-sept ans. Notre amitié datait du collége. D'ordinaire ces amitiés manquent de solidité : elles tombent sans secousse, comme les premières dents, pour faire place aux amitiés, sinon plus douces, du moins plus fermes, que créent, dans l'âge mûr, les intérêts et les passions du monde. Nos rapports, à nous, n'avaient fait au contraire que se resserrer de plus en plus. Il faut dire aussi que Jacques était une nature exceptionnelle, en dehors même de son talent. Esprit enthousiaste, aussi prompt à la rêverie qu'à la gaieté, souvent profond, toujours original, toujours artiste, cœur généreux, âme indépendante, santé de fer, il avait tout ce qui donne à la vie une allure franche, une raison utile et agréable d'être, et d'être longtemps. Au collége, c'était ce qu'on appelle un beau paresseux, sautant perpétuellement hors du cercle des études classiques pour courir à travers cette fantaisie sans but, sans cause et sans résultat qui indique déjà chez un enfant une organisation d'élite. Il aimait tout ce qui n'était pas ce qu'on lui disait d'aimer : la musique, le dessin, la nature. Aussi passait-il bien des dimanches en retenue. Alors il se mettait dans un coin de la salle et rêvait. Il me semble le voir encore, avec ses cheveux blonds, ses grands yeux bleus et sa figure un peu pâle, qui faisait dire : « Pauvre enfant, il ne vivra pas ! » car, comme il arrive souvent, la santé ne devait lui venir qu'avec l'adolescence.

Tout jeune il avait perdu son père. Quelques-uns de mes camarades, doués de cette méchante curiosité qu'on ne rencontre que trop chez les enfants, disaient même que ce père n'avait jamais existé. Peu importe. Aujourd'hui, grâce à Dieu, un homme a le droit d'être, du moment qu'il est ; et quand il a le talent et la probité, il a le plus noble et la plus chère famille qu'un homme puisse avoir ; tant pis pour son père s'il ne le connaît pas.

En attendant, une femme, jeune encore à cette époque, assez belle, venait deux ou trois fois la semaine voir Jacques. C'était sa mère, toujours seule, vêtue de couleur sombre, et le visage caché sous un voile. Tous deux allaient s'asseoir sous une grande allée réservée aux parents ; ils causaient pendant une demi-heure, et Jacques revenait presque toujours de ces entrevues avec les yeux un peu rouges. Pourquoi ces larmes ? Sa mère l'avait-elle grondé de sa négligence au travail ? Non, cette mère-là ne grondait pas. Je crois plutôt que leurs entretiens roulaient sur des souvenirs tristes pour l'un et pour l'autre ; car bien souvent, quand ils se séparaient, les yeux de la mère étaient aussi humides que ceux de l'enfant. Sans doute il avait été question de ce père mort ou inconnu, et, à coup sûr, le cœur de notre jeune camarade renfermait déjà une douleur ou un de ces premiers secrets de la vie qui font les pâleurs précoces et les mélancolies faciles.

Mais à quoi bon nous arrêter à l'enfance de Jacques ? A l'heure où nous faisons ou plutôt où vous faites sa connaissance, il n'est plus l'écolier paresseux, l'orphelin triste, l'enfant maladif. C'est un beau, grand et brave garçon, plein de cœur et de talent, déjà fils de ses œuvres, aimant toujours sa mère, et aimé d'une des plus belles personnes de Paris. Je ne vois pas que ce soit là une condition bien malheureuse.

Les convives attendus arrivèrent bientôt. La mère de Mme de Wine était une assez désagréable personne. Avare, égoïste, gourmande, ayant horreur de la jeunesse, qu'elle n'avait plus, et de la beauté, qu'elle n'avait jamais dû avoir, elle portait avec elle une odeur sèche de vieille médisance et de mauvaise humeur. Elle n'eût jamais aimé sa fille, quand même elle eût été capable d'aimer quelqu'un. Elles se voyaient parce qu'il faut qu'une fille et une mère, quand bien même elles ne s'aiment pas, se voient de temps en temps. Le monde dit et veut de ces choses-là, mais il ne les explique pas.

Des cheveux teints, des petits yeux, les joues trop grosses, le nez un peu de travers, le menton maigre, la bouche mince et rentrante ; une robe de soie amarante, un bonnet à rubans de même couleur : voilà cette mère que Jacques alla saluer quand elle se fut assise, mais à laquelle il tourna le dos presque immédiatement. Quand à la seconde dame, c'était autre chose. Lorsqu'elle parut, je crus voir entrer une petite princesse souffrante, venant, dans le négligé de l'incognito, visiter une amie. En effet, rien de plus simple que sa toilette, mais rien de plus élégant.

Mlle de Norcy, car cette personne n'était pas mariée, pouvait avoir trente ans. C'était l'incarnation du goût et de la distinction. Certes, elle n'était pas, comme beauté, comparable à Mme de Wine, et cependant il y avait dans son visage quelque chose qui manquait à l'autre, et qui la faisait aimer tout de suite. La tendresse, la bienveillance, la câlinerie, la propension à tous les sentiments délicats de la femme, les signes de la race, du cœur et de l'esprit, se montraient franchement au milieu de traits fins, tranquilles, harmonieux, dont l'ensemble constituait une charmante et douce figure. A côté de cette femme, Mme de Wine perdait beaucoup, et si, moi, j'eusse eu à choisir entre l'opulente beauté de l'une et le charme caressant de l'autre, ma sympathie eût peut-être triomphé de mon amour-propre, et j'eusse, je crois, préféré la moins belle.

Tels étaient nos convives, avec un provincial, brave homme se mouchant encore avec des foulards jaunes à fleurs rouges, et dont l'existence s'écoulait entre la lecture des journaux, la promenade et la partie de whist ; le tout mêlé de conseil municipal, d'influence administrative et d'une dizaine de mille livres de rente. M. Gabert avait bien un peu les défauts de la province : son esprit était quelquefois comme son habit, en retard de deux ou trois ans sur ceux de la capitale, malgré ses rapports fréquents avec les Parisiens qui allaient aux eaux ; il parlait politique au dessert, et disait

— Moi, voilà ce que je veux.

Comme tous les gens de son âge, il se croyait de l'expérience, et comme toutes les autorités de petite ville, il interrompait les conversations pour y clouer son opinion à voix haute et dans des termes un peu prétentieux ; mais, après tout, c'était là un bonhomme, prêt à être un excellent grand-papa, ce à quoi le destinait sa fille, mariée depuis quelques mois, et qu'il venait visiter à Paris. Voilà tout.

On nous servit un fort bon dîner, dans une salle bien chaude, bien éclairée, avec des fleurs ; et, peu à peu, des vins francs, l'appétit et la jeunesse firent disparaître je ne sais quelle contrainte qui pesait sur tout le monde au commencement de ce repas, et qui venait d'une inquiétude que, malgré tous ses efforts, dissimulait mal la maîtresse de la maison. Enfin Jacques se montra assez gai, Mme de Wine parut joyeuse, et nous gagnâmes ainsi la fin du repas, au milieu d'une causerie générale qu'essayait en vain d'embarrasser l'esprit désagréable de la mère.

Après le dîner, on fit de la musique. Puis dix heures vinrent. Mlle de Norcy se retira, accompagnée de M. Gabert, qui lui avait offert son bras. La mère s'accrocha à eux, et nous restâmes seuls, Mme de Wine, Jacques et moi. Le cercle de la conversation se resserra donc et devint plus intime. On parla de tout un peu, d'art, de vers, d'amour ; mais les bougies diminuaient ; une porte entr'ouverte, celle de la chambre à coucher, laissait voir une partie des objets de cette chambre noyés dans la pâle clarté d'une lampe de nuit. Je pensai, c'était mon droit de confident, qu'il y avait peut-être encore quelqu'un de trop dans le salon, et je me levai pour me retirer comme minuit sonnait. A mon grand étonnement, Jacques fit ce que je n'eusse certainement pas fait à la suite d'une pareille soirée : il se leva aussi, et après avoir baisé la main de Mme de Wine, laquelle me regardait tristement en ayant l'air de dire : « Vous voyez comme il est ! » il me prit le bras et sortit avec moi, presque brusquement et comme s'il eût craint d'être retenu.

Mme de Wine nous accompagna jusqu'à la porte, elle se pencha même sur la rampe pour nous voir descendre ; elle échangea un dernier adieu avec nous, et je me trompe fort, ou deux larmes longtemps contenues vinrent briller à ses grands yeux. Enfin elle rentra chez elle, et j'entendis sa porte se refermer lentement, comme pour rappeler Jacques ; mais il n'y songeait guère, et, arrivé dans la rue, il me serra la main et me dit :

— Nous demeurons du côté opposé. Adieu donc ; mais demain j'irai te voir.

Et il ajouta, comme pour repousser à l'avance mes questions :

— J'ai beaucoup de choses à te conter. Demain, à cinq heures, j'irai te prendre ; nous dînerons ensemble.

Et là-dessus il s'éloigna.

Le lendemain matin, vers onze heures à peu près, mon portier monta me dire que la dame chez qui j'avais dîné la veille me faisait demander si elle pouvait monter chez moi. Elle attendait ma réponse dans une voiture. Je répondis que oui, et quelques instants après, Mme de Wine parut. Elle était dans une grande agitation et très-pâle.

— Pardonnez-moi mon indiscrétion, me dit-elle, mais il faut absolument que je vous parle.

Je la fis asseoir, en devinant bien de quoi il allait être question.

— Écoutez, monsieur, me dit-elle, vous êtes l'ami de Jacques, vous savez tout ce qu'il fait. Je vous en supplie, où est-il allé hier en sortant de chez moi?

— Chez lui, madame.

— Non.

J'étais fort embarrassé ; mais avant tout il fallait tranquilliser cette femme.

— On vous a trompée, madame ; j'ai accompagné Jacques.

Elle m'interrompit.

— Merci, monsieur ; mais, malheureusement, je sais le contraire. J'ai attendu jusqu'à quatre heures du matin devant sa porte.

— Il était rentré, sans doute, avant que vous y fussiez.

— Non, monsieur, je m'en suis informée.

Il n'y avait rien à répondre.

— Jacques ne m'aime plus, monsieur !

Et, cette fois, la pauvre femme ne put retenir ses larmes.

— Il me trompe : il aime une autre femme, j'en suis sûre. Si vous saviez comme il est changé pour moi ! Oh ! je suis bien malheureuse ! et c'est mal à lui de me faire tant de peine, car personne ne l'aimera jamais comme je l'aime. Depuis quinze mois que nous nous connaissons, il n'a pas un reproche à me faire. Je ne suis occupée qu'à lui être agréable. Je vais au devant de ses désirs, je me plie à toutes ses habitudes, à tous ses caprices. Je n'ai de volonté que la sienne. Il n'aime pas ma mère, je la vois le moins possible; j'ai fermé ma porte à tous mes amis pour l'ouvrir aux siens. Dès que j'ai appris votre retour, sachant le plaisir qu'il aurait à vous voir je vous ai écrit pour le faire trouver avec vous. Je ne suis un obstacle ni à son travail ni à ses relations. Je sais ce que c'est qu'un artiste, de son âge surtout. Tout ce qu'il me disait de faire, je le faisais. Eh bien! j'ai l'air de l'ennuyer; il vient me voir cinq minutes, et à peine est-il assis qu'il se lève pour s'en aller. Il passe toutes ses soirées dehors... Il est injuste pour moi, il me blesse dans toutes mes petites vanités de femme. Si je mets une robe nouvelle, il la trouve de mauvais goût, il critique tout ce que je fais, non-seulement entre nous, mais encore devant témoins; quand je lui demande de m'accompagner quelque part, il me refuse, et savez-vous sous quel prétexte? il prétend que je suis trop belle, que tout le monde me regarde et que cela l'humilie. Est-ce là une raison à donner à une femme? N'est-ce pas la conduite d'un homme qui n'aime plus? Cependant j'oublierais tout si je ne devinais un autre amour. Hier au soir, n'ai-je pas fait tout au monde pour le retenir? Je n'ai pu résister alors au douloureux désir de me convaincre. Je suis descendue derrière vous, j'ai pris une voiture et me suis rendue chez lui. Oh! si je l'avais vu rentrer, je me serais dit : « Il revient travailler; un esprit comme le sien a souvent besoin de solitude... » Je me serais donné toutes les consolations qu'un cœur toujours prêt à pardonner trouve au fond de son amour. Mais il n'est pas revenu. Quelle nuit j'ai passée! Où était-il? que faisait-il? Vous comprenez que je ne puis vivre dans de pareilles agitations. Je suis rentrée brisée, malade de chagrin et de froid; j'avais la fièvre; j'ai pleuré tout le reste de la nuit... Ce matin, je me suis arrêtée à la résolution de m'adresser à vous. Rendez-moi un service dont je vous serai reconnaissante toute ma vie. Voyez Jacques, sachez la vérité et dites-la moi. Je vous jure qu'il ne connaîtra jamais que je l'ai apprise; mais, quand j'aurai la certitude qu'il ne m'aime plus, qu'il aime une autre femme, alors je m'éloignerai. Ma santé, toujours un peu faible, me donnera un prétexte, et j'irai, dans quelque coin perdu, essayer d'oublier les rêves que j'avais faits : car j'avais franchement lié mon avenir à celui de Jacques, car je faisais des vœux pour son talent, je l'encourageais, je le soutenais, je l'exaltais de toutes mes forces. Je trouve, moi, qu'il est le plus grand homme de la terre, et je voudrais que tout le monde fût de mon avis; enfin, vous savez ce que c'est qu'une femme qui aime. Maintenant je compte sur vous; parlez-moi franchement, ne me donnez pas une espérance qu'il me faudrait reperdre, et, quoi que vous me disiez, je vous le répète, croyez à ma reconnaissance.

Que c'était bien là, n'est-ce pas, le langage d'un cœur qui voudrait s'être trompé, et ne demande qu'un mot pour le croire! J'étais ému par ces paroles touchantes, et je répondis à Mme de Wine :

— Jacques vous aime, madame; j'en suis convaincu. Ces inégalités dont vous vous plaignez ont toujours fait partie de son caractère; je le sais, moi qui ait été élevé avec lui. En outre, nous autres artistes, nous avons parfois des caprices et des mauvaises humeurs contre les femmes. Peut-être vous exagérez-vous la situation. Je ne serais pas étonné que rien ne fût plus simple que l'emploi de cette nuit dernière, et que Jacques l'eût passée chez quelque ami, ou bien au bal, ou bien au jeu. Je l'ai connu un peu joueur autrefois. Le travail de tête commande souvent des distractions violentes. Puis, son art le met nécessairement en rapport avec des actrices, des danseuses. Il peut avoir été forcé d'aller chez l'une d'elles et de n'avoir pas voulu vous le dire, ce qui serait tout naturel : votre amour eût pu s'alarmer d'une chose qui, pour lui sans importance, pourrait vous paraître un danger. Enfin, madame, je le verrai aujourd'hui, je le questionnerai, et ce qu'il me dira, vous le saurez demain.

La conviction complète que je voulais faire passer dans l'esprit de Mme de Wine, j'étais loin de l'avoir; je comptais la tromper le plus longtemps possible, si malheureusement ses suppositions étaient fondées, mais j'avais l'intention sincère de lui ramener Jacques, en faisant comprendre à celui-ci que son bonheur était de ce côté-là. En effet, Mme de Wine, jeune, belle, veuve, riche, libre, et suffisamment femme du monde, était, à mon avis, la plus agréable, la plus convenable liaison qu'il pût avoir. Sans doute il y avait infidélité de la part de Jacques; mais ce n'était peut-être qu'un caprice pour quelque belle fille de théâtre, caprice sans racine, et qu'un peu de réflexion arracherait bien vite.

Mme de Wine me quitta beaucoup plus calme, et me fit promettre ne le pas parler à Jacques de la visite et de la mission dont elle m'avait chargé. A cinq heures il arriva, souriant, chantant, avec toutes les allures d'un homme heureux. Cette gaieté, en opposition avec la tristesse dont j'avais eu la visite le matin, m'inquiéta pour Mme de Wine. Elle me parut d'un mauvais augure à l'endroit de ma négociation.

— Comme tu parais joyeux! lui dis-je.

— Oui, je suis assez content.

— D'où viens-tu?

— Je viens de monter à cheval.

— Et ce soir, que vas-tu faire?

— Je n'en sais rien encore.

— Et cette nuit, où iras-tu?

— Où j'ai été la nuit dernière.

— Et la nuit dernière où as-tu été?

— Tu en demandes trop.

— Alors ce que j'ai supposé est vrai.

— Et qu'as-tu supposé?

— Que tu es en train de tromper Mme de Wine.

— Cela se pourrait bien.

— Tu as tort. Elle t'aime.

— Elle le croit, du moins.

— Moi, j'en suis sûr.

— Eh bien, tu verras qu'elle ne mourra pas de notre séparation.

— Tu comptes donc la quitter?

— Il le faudra bien.

— Pauvre femme!

— Tu la plains?

— Oui.

— Eh bien, tu as raison! fit Jacques en devenant tout à coup sérieux, car nul n'était plus prompt que lui à passer d'une sensation à la sensation contraire; tu as raison, et je la plains aussi! Mais c'est plus fort que moi, mon cher, et en attendant, j'ai du bonheur à revendre. J'ai le cœur plein, le cerveau toujours prêt, je respire la vie à pleins poumons; j'aime enfin, j'aime! Eh bien, je te le jure, cet amour que j'éprouve, j'ai fait tout au monde pour qu'il me vînt de Mme de Wine. J'aurais voulu aimer cette femme plus que toute autre. Impossible! comprends-tu? Et je n'ai fait que de la mauvaise musique pendant que j'étais avec elle; aujourd'hui, veux-tu que je te fasse un chef-d'œuvre comme *Guillaume Tell* ou *Don Juan*? Donne-moi une plume et du papier, je vais te le faire.

— Et si tu te trompes?

— Je ne me trompe pas.

— Et cela dure...

— Depuis six semaines.

— Et depuis ce temps Mme de Wine...

— J'invente tous les jours un nouveau prétexte pour ne pas la voir ou pour la voir moins. Je suis injuste envers elle et ne puis être autrement. Quand je pense à toutes les petites infamies que je lui ai faites pour lui voler un jour, une heure de mon temps, c'est honteux et j'en rougis. Mais que faire? Je ne peux pas lui dire brutalement que je ne l'aime plus, que je ne l'ai même jamais aimée; et cependant ce serait plus loyal et moins cruel que de la tromper ainsi et de la faire souffrir; car elle souffre, je le vois bien. Ah! si cette rupture pouvait venir d'elle; si elle pouvait tout à coup s'éprendre d'amour pour quelqu'un; si elle pouvait être heureuse avec un autre, quel bon ami je serais pour l'un et pour l'autre! Pourquoi faut-il qu'un homme ne puisse pas voir une jolie femme sans lui faire la cour, même lorsqu'il ne l'aime pas! Quelle sotte et ridicule tradition! Si j'avais su m'en écarter, j'eusse été pour Mme de Wine ce que je suis pour Mlle de Norcy, qui m'adore; il est vrai que Mlle de Norcy a cette grande occupation du cœur indispensable aux femmes, un de ces beaux, profonds et fermes amours qui embrassent toute une vie, et qui, au contraire de la foudre, font vivre ceux qu'ils touchent et tuent ceux qu'ils quittent. Mme de Wine n'avait pas cette occupation, et elle a espéré que je la lui donnerais, comme j'ai espéré la trouver en elle. Eh bien, je me suis aperçu tout de suite que nous avions fait fausse route tous deux. Ça n'a été qu'un mariage de raison, moins le mariage, heureusement. J'aurais peut-être dû la prévenir, et lui montrer le chemin par où elle pût revenir sur ses pas; mais je suis égoïste comme tous les hommes; et si je ne l'aimais pas, comme je n'aimais pas autre part, je ne dis rien et j'attendis. Pendant ce temps, elle s'habituait à moi, l'apathie de mon amour contribuait même à augmenter le sien, et aujourd'hui elle m'aime, pas autant qu'elle le croit, mais enfin elle m'aime bien, et ce lui sera une douleur que notre séparation. Mais, je te le répète, il faut que cette séparation ait lieu: je ne me donne même plus la peine de me cacher; un jour elle apprendra tout, et Dieu sait ce qui arrivera! Aussi, c'est la Providence qui t'a ramené à Paris, et j'ai compté sur toi pour le dénoûment. En ta qualité de romancier, cette besogne te revient de droit. Trouve un moyen nouveau, original, qui me fasse changer ma charge d'amant contre la positon d'ami, et tu m'auras rendu un véritable service.

— C'est bien résolu?

— Certes.

— Sérieusement?

— Sur l'honneur.

— Alors je puis tout te dire.

— Qu'y a-t-il donc?

— J'ai eu la visite de Mme de Wine

— Quand?

— Ce matin.

— Elle m'avait suivi hier, et elle sait tout?

— Elle ne sait rien.

— Mais elle se doute de quelque chose?

— Elle n'a pas le moindre soupçon.

— Que voulait-elle, alors?

— Elle voulait me charger d'une commission pour toi.

— Qui est...

Je regardai attentivement Jacques pour bien voir l'effet de ma réponse.

— Qui est la même que celle dont tu veux me charger pour elle.

— Comment! elle veut rompre!

— Oui.

— Elle ne m'aime plus?

— Non.

— Justement.

— Elle a un amant, peut-être?

— Ah! la charmante femme! s'écria Jacques en me sautant au cou. Elle me tire d'un fier embarras!

A cette nouvelle, rien ne vibra chez Jacques, pas même l'amour-propre; rien ne le piqua, pas même l'idée qu'il avait pu, en se posant en homme aimé, être ridicule un instant aux yeux de celui qui, depuis le matin, savait le contraire. Rien, enfin, ne troubla sa joie, pas même le soupçon tout naturel que je lui faisais un mensonge, et qu'il était impossible que Mme de Wine m'eût brutalement chargé d'un si difficile message.

II

Décidément il n'y avait plus d'espoir; on pouvait jeter le drap sur cet amour; il était bien mort, si toutefois il avait jamais existé.

Après m'être assez avancé dans l'intérêt de ma protégée (ce

que je venais de faire était le seul moyen de me convaincre, non-seulement moi, mais encore Jacques, de l'état réel de son cœur) après m'être ainsi avancé, dis-je, j'allais nécessairement avoir cette séparation sur les bras. Comment m'y prendrais-je, après l'espoir que j'avais donné le matin à cette femme éplorée, espoir qui, j'en étais sûr, n'avait fait que croître et fleurir? J'envoyai tous les amoureux au diable; cependant il me fallait détromper mon ami. Je ne pouvais laisser une minute de plus un pareil mensonge tacher la réputation et l'amour de Mme de Wine : j'avouai tout.

— Tant pis pour toi, me dit Jacques, tire-toi de là comme tu pourras.

— Voyons, lui dis-je d'un ton sérieux, c'est assez plaisanter. Ne romps pas ainsi avec cette femme, après une liaison de quinze mois. Cherchons un moyen honorable qui sauve ta délicatesse et ne blesse pas trop son cœur et sa dignité.

— Quant au cœur de Mme de Wine, je te l'ai déjà dit, ne te l'exagère pas plus qu'il ne faut. Il y a eu dernièrement entre nous une certaine histoire de bouquet qui m'a prouvé que ce cœur pouvait bien être en chemin, sinon vers un amour, du moins vers une consolation, et qu'il ne souffrirait pas autant que tu le crois.

— Qu'est-ce que c'est que cette histoire?

— Tu vas encore reconnaître un tour du hasard. Tu sais que je suis l'homme le moins galant de la terre. Une femme à qui je donnerais ma vie sur un mot, il ne me viendrait pas l'idée de lui apporter un bouquet de violettes d'un sou. Je suis complétement ignorant de ces prévenances qui, à ce qu'il paraît, ont un prix énorme aux yeux des femmes, et font même tout le mérite de certains hommes. Il en résulte que, depuis que nous nous connaissions, je n'avais pas envoyé une fleur à Mme de Wine, qui, du reste, n'en acceptait de personne. Celles qui entraient dans la maison y entraient, le jour du marché aux fleurs, achetées par elle, et, le soir, en venant, je les trouvais dans le boudoir ou dans le salon. Il y a environ trois semaines, un matin que j'avais, sans qu'elle pût s'en douter, quelque chose à me reprocher vis-à-vis de Mme de Wine, je passe devant la boutique d'un fleuriste et j'y vois des violettes de Parme admirables. J'en fais faire un bouquet énorme et je l'envoie à Mme de Wine, sans y joindre ma carte, pour avoir, quand je la verrais, le plaisir de me vanter d'une galanterie si nouvelle. J'arrive à cinq heures du soir, j'entre dans le salon, je regarde, pas de bouquet! je passe dans la salle à manger, pas de bouquet! j'ouvre le boudoir, pas de bouquet ! rien non plus dans la chambre à coucher ! Restait le cabinet de toilette, vaste chambre très-élégante, avec un lit où couche quelquefois la mère quand elle s'attarde chez sa fille. Je me disposais à continuer mes recherches, que je faisais sans affectation, quand Mme de Wine m'arrêta et me demanda où j'allais.

— Ma mère est dans ce cabinet de toilette, elle essaye une robe, n'entrez pas, me dit-elle d'un ton si naturel qu'il n'y avait pas le moindre doute à élever. D'ailleurs, pourquoi aurais-je soupçonné Mme de Wine d'un mensonge? Je n'entre donc pas ; mais, intrigué de n'avoir pas vu le bouquet, je lui dis :

— Est-ce qu'on ne vous a pas apporté un bouquet aujourd'hui ?

— Non.

— Vous en êtes sûre ?

— Très-sûre.

— Demandez donc à votre femme de chambre.

La femme de chambre paraît.

— Marie, n'a-t-on pas apporté un bouquet à madame?

— Non, monsieur.

Cependant il était impossible que le fleuriste eût gardé ce bouquet. Mme de Wine mentait-elle? Je poursuivis :

— C'est bien étrange ! J'ai pourtant vu, ce matin, en passant devant votre porte, un homme qui apportait un bouquet dans la maison. Je ne sais quelle curiosité m'a poussé à le suivre ; il a demandé votre nom au concierge, est monté, et quand il est redescendu il avait les mains vides.

Mme de Wine rougit.

— Ah ! oui, me dit-elle, un bouquet de violettes ; mais il n'était pas pour moi.

— Pour qui donc était-il?

— Pour ma mère.

— Pour votre mère? Depuis quand lui envoie-t-on des bouquets, et surtout chez vous?

— Elle l'a acheté elle-même, et, passant la journée avec moi, elle l'a fait apporter ici ; mais moi, personnellement, je n'ai pas reçu de bouquet.

J'espère que le mensonge était flagrant.

— Eh bien ! continuai-je, veuillez demander à votre mère où elle a acheté ce bouquet.

— A quoi bon?

— Je veux vous envoyer le pareil.

— C'est inutile.

— Votre mère est dans le cabinet de toilette, elle peut vous répondre tout de suite. Voulez-vous que je lui demande moi-même.

— Non, j'y vais.

Elle sortit une minute, et reparut en me disant avec un aplomb qui prouvait une certaine habitude du mensonge :

— Elle l'a acheté au marché de la Madeleine.

— Eh bien, il m'a paru fort beau, lui dis-je du ton le plus naturel, et je vais vous envoyer le pareil en m'en allant.

Je causai quelque instants encore et je partis. Je voulais avoir le cœur net de cette aventure. J'envoyai chez la mère de Mme de Wine. Elle était si peu chez sa fille, qu'elle n'était pas sortie de la journée. Le mensonge, le double mensonge même, était flagrant. Maintenant, pourquoi Mme de Wine m'avait-elle dit que sa mère était dans son cabinet de toilette ? pour que je n'y entrasse pas. Pourquoi ne voulait-elle pas que j'y entrasse ? parce qu'elle ne voulait pas que je visse ce bouquet. Pourquoi ne voulait-elle pas que je le visse ? évidemment parce qu'elle le croyait venu de la part d'un autre que moi. Donc il y avait un mystère dans la maison, et comme je ne demandais qu'une chose, c'est que Mme de Wine eût à mon égard un tort quelconque pour m'autoriser, vis-à-vis de ma conscience, à continuer ce que je faisais, je fus enchanté de cet incident. Je ne lui dis rien, je ne la surveillai même pas ; mais je me gardai cette porte dérobée pour m'échapper le jour où décidément il faudrait en finir. Ce jour est venu ; je te livre le fait, il est authenthique ; tires-en le parti que tu voudras. Je n'en déduis pas que Mme de Wine ait un autre amant ; cependant, comme tu l'as vu tout à l'heure, cette nouvelle ne m'étonnerait pas ; mais il vient certainement chez elle quelqu'un que je ne connais pas, dont elle accepte des bouquets qu'elle me cache. Ce n'est peut-être qu'un enfantillage ; tant pis, nous en ferons un prétexte. De sa position actuelle à celle de successeur, le dépit aidant, il n'y aura pas loin pour le galant inconnu : et de là à se consoler, il n'y aura pas loin pour Mme de Wine. Du reste, ne t'a-t-elle pas demandé de lui dire toute la vérité ? Cette démarche ne prouve-t-elle pas une âme prête à tout apprendre ?... Elle se retirera dans un coin du monde ! Toutes les femmes en disent autant en pareil cas, mais heureusement peu le font. Cependant elle souffre, je le crois, car c'est encore moi qu'elle aime le mieux, mais, sois-en bien convaincu, elle se sent déjà un appui d'un autre côté. Elle préférerait n'en avoir pas besoin ; mais elle jette de temps en temps les yeux dessus. C'est ma conviction. Enfin, mon cher ami, c'est plus fort que moi, je ne puis prendre cette liaison au sérieux, surtout maintenant. Mets-toi donc à l'œuvre dès ce soir, et, en attendant, allons dîner.

Peut-être, à l'heure où Jacques prononçait le nom de Mme de Wine pour souhaiter de rompre avec elle, un autre, l'inconnu du bouquet, prononçait-il ce nom avec tous les rêves et toutes les ambitions de l'amour. Ainsi va le monde. Que de femmes il y a dans une femme! et c'est bien heureux. Buffon a dit : « Le style, c'est l'homme ; » on pourrait dire de la femme ce qu'il a dit du style, car la femme n'est pas ce qu'elle est, mais ce que l'homme la voit.

Je dois dire que le récit de Jacques atténua un peu l'effet produit sur moi par la visite du matin, et Mme de Wine m'apparut déjà sous un autre aspect. J'acceptai donc la mission diplomatique dont mon ami me chargeait. C'était plus qu'une mission à remplir ; c'était peut-être une étude à faire, et c'est mon métier que ces sortes d'études.

Il me restait à apprendre comment Jacques avait contracté la nouvelle liaison dont l'aurore servait de couchant à l'autre. Heureusement il n'était pas capable, surtout avec moi, de s'arrêter à moitié chemin de ses confidences, et je me promis de le questionner tout en dînant.

— Où allons-nous dîner ? lui dis-je.

— Chez Lether.

— Rue de Rivoli ?

— Justement : je dîne là tous les jours.

— C'est bien loin de toi cependant.

— Il le faut ; mais allons, je suis déjà en retard.

Cette nécessité de dîner tous les jours au même endroit, cette crainte d'être en retard pour dîner dans un restaurant, se rattachaient bien certainement à l'histoire que je voulais connaître. Nous étions déjà en route.

— Ah çà ! lui dis-je, maintenant tu vas me conter...

— Je te conterai tout, mais pas ce soir... un jour que nous aurons le temps.

— C'est donc bien long ?

— Assez.

— Et ce soir ?

— Je ne pourrai peut-être pas rester plus d'une demi-heure avec toi.

— Que fais-tu donc ?

— Je n'en sais rien encore, mais je vais le savoir. D'ailleurs, tu dois aller chez Mme de Wine.

Nous arrivâmes chez Lether.

— Il n'est venu personne pour moi ? dit Jacques au garçon.

— Non, monsieur, pas encore.

La salle était pleine. Ce n'était pas le lieu ni le moment d'insister pour une confidence. Nous causâmes donc de toute autre chose. A peu près vers le milieu du dîner, un homme, qu'il était facile de reconnaître pour le portier d'une grande maison, entra et marcha droit vers nous. Jacques lui tendit la main et prit un petit papier plié, mais non cacheté, et renfermant deux lignes tout au plus.

— C'est bien, dit-il.

L'homme se retira sans dire un mot.

— On t'écrit des lettres qui me paraissent assez mystérieuses, dis-je à Jacques. Pourquoi ne les cachète-t-on pas ?

— Il n'y a pas de danger que le messager les lise.

— Il ne sait pas lire ?

— Si ; mais elles sont illisibles.

En même temps il me passait le papier en me disant :

— Essaye.

Il y avait deux lignes écrites au crayon. Il m'eût fallu une demi-heure pour les déchiffrer. Il était évident que Jacques ne lisait pas, mais devinait cette écriture, véritable écriture de femme paresseuse et pressée.

— Et bien, reprit Jacques, ces deux lignes disent : « Je viendrai vous chercher à sept heures et demie. Je prends votre soirée. »

— Ainsi, à sept heures et demie...

— Je te quitte ; et comme il est sept heures vingt minutes, hâtons-nous.

Cinq minutes après, nous nous promenions sous les arcades, de long en large, comme des gens qui attendent. J'offris à Jacques de le laisser seul.

— Non, me dit-il ; seulement, quand tu verras un petit coupé avec deux chevaux blancs venir de notre côté, tu pourras t'en aller.

— Bien.

Au même moment, le bruit de roues rapides et sonores se fit entendre, deux lanternes brillantes, interceptées périodiquement par les piliers des arcades, roulèrent vers nous, en nous regardant pour ainsi dire. Jacques me donna une poignée de main ; la course de la voiture se ralentit, s'arrêta tout à fait ; la portière s'ouvrit toute seule avant que le valet de pied eût le temps de descendre du siége, et Jacques sauta dans le coupé, qui repartit immédiatement sans qu'on eût besoin de donner un ordre. Il passa à côté de moi; je vis une petite main gantée qui achevait de le fermer, et, dans le fond, une femme, un voile, une ombre!

Il y avait dans ce bien simple détail un charmant parfum de mystère. La voiture disparut bientôt, et moi, je me rendis chez Mme de Wine en me demandant comment j'allais présenter la difficile mission dont j'étais porteur. Heureux homme que ce Jacques, qui négociait ses amours lui-même, et divorçait par ambassadeur!

Deux ou trois fois je m'arrêtai dans l'escalier de Mme de Wine, pour mettre de l'ordre dans mon message. Enfin je sonnai, résolu à prendre conseil des circonstances.

— Madame est sortie, me dit la femme de chambre.

— Pour toute la soirée?

— Oui, monsieur. Elle a dit qu'elle ne rentrerait peut-être que dans la nuit.

— Elle est à la campagne?

— Je ne sais pas, monsieur.

— Elle n'a rien dit pour M. de Feuil, dans le cas où il viendrait? Je viens de sa part.

— Rien.

Cette sortie de Mme de Wine était bien extraordinaire. En effet, elle passait toutes ses soirées chez elle à attendre Jacques, et, ce soir-là, elle avait une seconde raison de ne pas sortir, puisqu'elle devait attendre immédiatement ma réponse. Cependant il ne me restait pas autre chose à faire qu'à m'en aller, ce que je fis. J'entrai dans un théâtre, et sur les dix heures je revins chez moi.

— Voici une lettre qu'on a apportée pour monsieur, me dit mon portier: on attend impatiemment la réponse.

Je regardai l'adresse de la lettre; je ne connaissais pas l'écriture.

« Dès que vous recevrez ce mot, passez chez moi, je vous prie, monsieur; j'ai quelque chose de très-important à vous dire, un service à vous demander.

» E. de Norcy.

» Rue de Provence... »

Qu'est-ce que cela voulait dire? Bien certainement il s'agissait de Mme de Wine. Je courus chez Mlle de Norcy. Ce fut elle-même qui vint m'ouvrir. Elle me fit signe de ne pas parler, me prit la main et me conduisit dans la salle à manger.

— Parlons bas, me dit-elle, il ne faut pas qu'on sache que vous êtes ici.

— Qu'arrive-t-il donc?

— Mme de Wine est dans ma chambre, et dans un état qui vous ferait pitié. Elle sait tout!

— Que sait-elle?

— La nouvelle liaison de M. de Feuil.

— Elle ne fait que s'en douter, je crois.

— Elle en est sûre. Elle m'a nommé la femme.

— Comment sait-elle une chose que je ne sais pas moi-même?

— Elle a reçu une lettre anonyme.

— Quand?

— Ce matin, en revenant de chez vous.

— Vous savez donc...

— Oui, je l'ai conduite jusqu'à votre porte. Je ne pouvais la quitter dans l'état où elle était. J'ai passé une partie de la nuit avec elle. A quatre heures du matin, elle est arrivée ici. Elle avait attendu M. Jacques, elle ne l'avait pas vu rentrer; elle était comme une folle. C'est moi qui lui ai conseillé d'aller vous voir; et je la ramenais de chez vous un peu rassurée, quand, en rentrant, elle a reçu cette lettre anonyme. Il faut être bien lâche pour faire ainsi du mal à une femme! Cette lettre contenait ces seuls mots: « Jacques vous trompe; si vous voulez vous en assurer, suivez-le, mais suivez-le en voiture, *car ils vont vite.* » Elle a fait atteler sa voiture et est allée se poster à quelques maisons plus loin que celle de M. de Feuil. A deux heures, il est sorti à cheval; elle l'a suivi. Il est allé au bois de Boulogne, qu'il a traversé tout droit jusqu'à la porte de Suresne. Arrivé là, il a déposé son cheval chez le garde, et il a attendu sur la porte. Bientôt est arrivé un petit coupé avec des chevaux blancs... Oh! elle n'a pas perdu un détail! Jacques y a pris place à côté d'une femme, et ils se sont promenés en dehors du bois pendant une heure à peu près. Puis le coupé a déposé M. de Feuil où il l'avait pris; il est remonté à cheval, et s'est éloigné dans une direction tandis que la voiture en prenait une autre. Cette voiture, que Mme de Wine a suivie alors, car elle voulait voir cette femme, cette voiture a pris les Champs-Elysées et est entrée dans une maison de la rue de Rivoli. C'était bien là évidemment que demeurait cette dame. Mme de Wine a fait demander son nom, puis elle est venue me conter ce qu'elle savait déjà et s'en est retournée guetter encore

M. de Feuil. Il a ramené son cheval chez lui, il est ressorti pour aller chez vous. Est-ce vrai?

— Oui, madame.

— De là, vous avez été dîner ensemble rue de Rivoli, chez Lether.

— C'est encore vrai.

— Après le dîner, le même coupé est venu prendre votre ami et l'a emmené.

— C'est parfaitement exact. Et Mme de Wine a encore suivi cette voiture?

— Oui.

— Et Jacques est maintenant?

— Au Théâtre-Français, dans l'avant-scène n° 2.

— Avec la dame?

— Oui.

— Seul avec elle?

— Seul.

— Et Mme de Wine?

— Oh! Mme de Wine a perdu la tête! Elle vient me chercher pour que je l'accompagne au Théâtre-Français; elle veut suivre encore M. Jacques après le spectacle, elle veut savoir où il a passé la nuit, car maintenant elle est convaincue qu'il a passé la nuit dernière rue de Rivoli; mais, toute convaincue qu'elle est, elle veut voir. Alors j'ai pensé à vous. Un homme peut ce qu'une femme ne peut pas. M. Jacques aime sans doute Mme de Wine, il tient probablement à lui cacher cette liaison, qui n'existe peut-être pas encore. Vous savez tout l'intérêt que je porte à Charlotte; je la connais, je sais que le chagrin est un mauvais conseiller; je voudrais l'empêcher de faire je ne sais quelle folie, qu'elle fera certainement si elle est sûre d'être trompée; enfin voici la situation. Tâchez de prévenir votre ami qu'il est surveillé; qu'il trouve une raison logique s'il peut à sa conduite d'aujourd'hui, qu'il rentre chez lui ce soir, c'est là le principal, et tout pourra encore être réparé, je l'espère du moins. Je ne vous répète pas toutes les extravagances que Mme de Wine m'a dites dans le premier moment: elle voulait entrer dans la loge du Théâtre-Français, souffleter la femme, faire un scandale public, car cette femme est une femme du monde, à ce qu'il paraît. Je n'ai pas eu grand'peine à la ramener à d'autres idées; elle a de la dignité; mais, je vous le répète, que M. Jacques prenne des précautions : qu'il se cache ou qu'il rompe avec cette nouvelle liaison, ce qui serait mieux;

sans quoi il arrivera une chose dont, s'il aime encore Mme de Wine, il sera le premier à se repentir.

Je répétai à Mlle de Norcy la conversation que j'avais eue avec Jacques, l'épreuve que j'avais faite sur lui, le résultat qu'elle avait eu, et je lui fis part de la mission dont il m'avait chargé. Elle réfléchit quelques instants.

— S'il en est ainsi, me dit-elle, entrez dans le salon, dites à Charlotte qu'on vous a dit chez elle qu'elle était probablement ici, et déclarez-lui la vérité avec le plus de précaution possible. Ce sera un coup bien dur, mais mieux vaut qu'elle le reçoive ce soir que demain, car ce soir je suis là pour l'atténuer.

Je m'attendais à une scène de larmes et de récriminations; en effet, lorsque j'entrai, Mme de Wine pleurait silencieusement. En me voyant, elle essuya ses yeux, et aux premiers mots que je lui dis, le sang lui monta aux joues; cependant elle se contint, et d'une voix qui essayait d'être calme, mais sous laquelle frissonnait la colère de l'orgueil blessé :

— C'est bien, monsieur, me répondit-elle; dites à M. de Feuil qu'il est libre.

Sur quoi elle se leva, embrassa Mlle de Norcy, me tendit la main et se retira, malgré les efforts que son amie fit pour la retenir.

J'avoue que cette femme était tout autre en ce moment, et que l'émotion donnait à sa beauté un caractère nouveau. Elle était plus que belle; et Junon, jalouse et courroucée, ne fut jamais si superbe et si grande. Certaines femmes auraient besoin d'être vues sous certains aspects pour être comprises et appréciées. On eût aime Mme de Wine rien que pour sa colère. Sans doute, Jacques ne l'avait jamais vue ainsi.

Nous restâmes naturellement encore quelques instants à causer, Mlle de Norcy et moi, de ce qui venait de se passer. La vie calme et la douceur de cette jeune femme étaient d'un contraste frappant avec l'agitation qui venait de sortir. Je racontai à Mlle de Norcy l'histoire du bouquet, dont je n'avais pas parlé à Mme de Wine.

— Oui, me dit-elle, Charlotte est ainsi faite, et ce que vous me dites ne m'étonne pas. Elle aimait, elle aime encore M. de Feuil; elle eût été incapable de le tromper, comme elle serait incapable de lui pardonner maintenant. Elle a cet amour insuffisant qui va jusqu'à la fidélité, mais qui s'arrête au pardon. Cela vient de sa beauté impérieuse et de l'orgueil que lui en ont fait concevoir les hommages dont elle a été entourée toute sa vie. Elle n'admet pas de rivales et ne comprend pas qu'on la trompe. Tout à l'heure, en lui faisant cet aveu dont cinq minutes avant elle doutait encore, c'est moins son amour qui a souffert que son orgueil. Elle compte trop sur sa beauté et demande trop en échange. M. de Feuil, que j'aime beaucoup et qui causait avec moi à cœur ouvert, me l'a dit bien des fois. Il lui est impossible de ne pas faire attention à un homme qui lui dit qu'elle est belle, comme si elle ne le savait pas. Elle se prépare bien des chagrins pour l'époque où on ne pourra plus le lui dire. Jamais M. Jacques ne lui faisait un compliment, jamais il ne s'occupait de cette beauté; il la regardait comme un détail. Mme de Wine allait naïvement jusqu'à lui en faire des reproches.

— Si tous les jours je vous parlais de votre beauté, lui disait-il une fois, et que vous vous cassiez deux dents ce soir, qu'est-ce que je vous dirais demain? -

Ils avaient même à ce sujet de véritables querelles, dont elle sortait blessée; car M. Jacques y mettait toute la franchise de son caractère, et elle tout l'emportement et tout l'orgueil du sien.

— Vous devriez être fier d'être aimé d'une femme comme moi! lui disait-elle une fois ici même.

— Ma chère enfant, lui répondit-il, car devant moi ils ne se gênaient pas, l'homme qui est fier d'être aimé d'une jolie femme est un sot. J'ai mis ma vanité en moi et non dans les autres. Si l'on me regarde dans la rue, je veux que ce soit pour la musique que je fais et non pour la femme que j'accompagne, et en tout cas, je préfère qu'on ne me regarde pas du tout. Quand une femme est aussi belle que vous, elle n'a plus qu'une chose à faire, c'est de tâcher de l'oublier elle-même, et, à force d'esprit, de se le faire pardonner par les autres.

Elle sortait donc toujours un peu blessée de ces inutiles discussions, et les doutes de l'amour méconnu se joignaient aux petites rancunes de la vanité piquée. En somme, elle ne se trompait guère : M. Jacques n'avait pas pour elle ce qu'on peut appeler de l'amour. Avec son imagination d'artiste, enthousiaste, pleine de fantaisie et d'inattendu, il tentait quelquefois d'emporter avec lui Mme de Wine, et de s'en faire un compagnon sympathique dans les régions supérieures que visitait son talent; il faisait là des efforts inutiles. Charlotte ne pouvait pas le suivre. Il en est de son esprit comme de son amour : il s'arrête à mi-chemin; il va jusqu'au tact, il ne va pas jusqu'à l'originalité. Il y a en elle un côté bourgeois qui, tenant à sa naissance, nuit à sa position, et qui était incompatible avec l'intelligente sensibilité de M. de Feuil. Le père de Mme de Wine était un commerçant; elle a épousé un jeune homme qui avait quelque fortune, à ce qu'il paraît, je ne l'ai jamais connu, et qui se faisait appeler de Wine, d'une petite terre qu'il avait. Cette noblesse-là ne lui a pas ouvert toutes les portes, et, veuve, elle s'est trouvée mal assise entre un monde dont elle ne voulait plus et un monde qui ne voulait pas d'elle. Elle a pensé à utiliser son indépendance pour se créer une société d'artistes, et elle a compté pour cela sur M. Jacques, qui s'y est toujours refusé. Son goût, en matière d'art, est fait de traditions et non de sentiments, et les artistes amis de M. de Feuil eussent été mal à leur aise chez elle. Enfin, il est résulté de toutes ces petites incompatibilités, mortelles pour l'amour d'un homme supérieur, ce qui devait en résulter naturellement. Mme de Wine, en dehors de M. Jacques, a accepté des hommages, très-innocents, j'en réponds, mais indispensables à sa nature, et qui ont produit l'histoire du bouquet; d'un autre côté, M. de Feuil, quand il a rencontré une femme comme celle avec qui il est ce soir, dont j'ai entendu parler souvent, qui est une très-grande dame, une beauté charmante, une originalité réelle, s'est trouvé entraîné sans pouvoir, sans essayer même de se retenir à une liaison qui n'était plus qu'une habitude. Cependant Charlotte souffre, car elle aimait M. Jacques autant qu'il est dans sa nature d'aimer.

Je crains ce qui va arriver : ce n'est pas une de ces femmes à qui le souvenir ou la douleur impose la dignité; elle est accessible au dépit, sans compter qu'elle est faible et qu'elle a toujours besoin de s'appuyer sur quelque chose représenté par quelqu'un. Elle va sans doute s'engager trop rapidement dans quelque liaison nouvelle : voilà ce que je voulais empêcher, voilà ce dont M. Jacques, comme je vous le disais, se fût repenti s'il eût aimé encore Charlotte. Mais que faire maintenant? Les conseils de l'amitié sont bien peu de chose devant les conseils de la colère et de la jalousie. Ma vie à moi est toute tranquille, et, renfermée dans un petit cercle d'affections et d'habitudes, n'a que peu de temps à donner à des agitations étrangères, que je blâmerais si je parvenais à les bien comprendre. Je dirai à Charlotte tout ce qu'il est de mon devoir de lui dire, et à la garde de Dieu! si par hasard Dieu s'occupe de pareilles choses.

III

Comme vous le voyez, Mlle de Norcy était un esprit plein de finesse, d'autant plus appréciable qu'il se tenait dans l'ombre et s'enveloppait de modestie.

Il était minuit quand je me retirai. Pour rentrer chez moi, je devais passer devant la maison de Mme de Wine. Je vis de la lumière derrière sa fenêtre. Elle veillait encore. A quoi pensait-elle à cette heure? Je ne pus m'empêcher de la plaindre encore une fois. C'est une triste nuit que la première nuit que passe une femme après une rupture avec l'homme qu'elle aimait, si peu qu'elle l'aimât, et surtout quand veille à côté d'elle la certitude que celui qui l'abandonne passe cette nuit auprès d'une autre femme, sans regret, sans souvenirs, sans remords! Ne sont-elles pas alors bien excusables, ces pauvres créatures, de croire aux consolations que leur promet un autre amour? Avez-vous quelquefois songé à la quantité de femmes qui ont dû souffrir ainsi dans ce monde?

J'écris ces lignes à onze heures du soir, par une belle nuit du mois de juin, transparente et silencieuse. La lune, calme et pleine, se balance comme un globe d'albâtre dans la limpidité de l'air. Une grande forêt épaissit l'horizon de sa masse sombre, et des brises odorantes entrent à chaque minute par ma fenêtre ouverte, si légères qu'elles ne font pas même vaciller la flamme des bougies, auxquelles viennent se brûler de temps en temps les papillons nocturnes. Tandis que j'écris ce récit d'une douleur, peut-être à quelques pas de moi, sous ces allées ombreuses, passent de beaux et jeunes amants, croyant que l'amour vient d'être fait pour eux, se tenant par la main, se souriant et se promettant de longues et belles années! En effet, c'est bien là une soirée pour de pareils entretiens. Mais que de soirées pareilles a déjà eues le monde! que de mains se sont ainsi pressées! que de serments à mi-voix confiés aux ombres amies! que d'éternités jurées entre deux baisers!

Qu'est devenu le rêve de chacun? qu'en retrouvons-nous? Et puisqu'il devait mourir si tôt, pourquoi le faisaient-ils? A quoi bon alors? à quoi bon?... Mot cruel qu'a trouvé la philosophie envieuse des joies de l'âme, et qu'elle jette tout à coup avec un éclat de rire, au milieu de nos plus chères et de nos plus bienfaisantes folies. Hélas! ce n'est que trop vrai : jeune fille, d'autres jeunes filles ont passé comme toi, tenant la main d'un amant ou d'un fiancé; d'autres ont veillé comme tu veilles, avec de subites rougeurs aux joues et de secrètes espérances au cœur; comme toi, elles ont attendu un jour qu'elles tremblaient de ne jamais voir venir, et ce jour est venu, et d'autres à sa suite; et voilà qu'à cette heure, insensibles, froides et défigurées, elles dorment là-bas, dans un des plis de l'horizon! A quoi bon alors? Elles ont été heureuses!... quelques-unes. Mais la plupart ont souffert, car c'est la loi commune. Et, en tout cas, penchez-vous maintenant sur leur tombeau et parlez-leur de ce bonheur si grand; rien ne tressaillira en elles... et la destruction continuera sourdement son œuvre... Donc, à quoi bon rêver, puisque le résultat est certain, puisque le but est limité, puisque la mort est là?

Et cependant, tournez les yeux, et, le long même du cimetière, vous verrez un groupe confiant qui vient demander au voisinage des morts le silence et la solitude dont il a besoin pour aimer à plein cœur. Ici, la mort qui menace la vie; là, la vie qui raille la mort! Éternel défi, lutte éternelle où la vie triomphe encore. Eh bien! croyons, rêvons, aimons, tant que notre cœur bat, que notre esprit pense, que nos yeux voient! et si la main que nous pressons nous blesse, si la bouche que nous écoutons nous ment, si la mort nous attend au bout de l'allée, il sera toujours temps de nous plaindre, de revenir sur nos pas... et de mourir!

Le lendemain, Jacques m'envoya dire qu'il ne pourrait me voir dans le jour; mais que, comme il désirait connaître le résultat de ma démarche de la veille, j'allasse le soir au bal de l'Opéra, qu'il y serait.

A peine y étais-je arrivé, qu'un domino me prit le bras sans quitter la main d'un jeune homme que je ne connaissais pas, et nous entraînant tous les deux, lui dit:

— Continue, comte... Monsieur n'est pas de trop; d'ailleurs, tu n'as besoin de nommer personne.

Il m'était impossible de reconnaître ce domino, qui déguisait bien certainement sa voix. Quant à celui qu'il avait appelé comte, c'était un homme de trente ans à peu près, blond, aux yeux écartés, ce qui donne à la physionomie un air de fausseté mêlée de défiance, car ces sortes d'yeux ont l'air de s'être éloignés ainsi pour voir, non plus de face, mais de côté, et en même temps pour échapper aux regards francs et ne pas être vus autrement qu'ils ne voient. Je reconnus à son accent que ce comte était étranger, bien qu'il parlât notre langue aussi vite et aussi correctement que possible. Le comte reprit la conversation, qui, à ce qu'il paraît n'était qu'à son début quand j'arrivai.

— Eh bien! ce malheureux acteur a manqué de devenir fou! dit-il. — Un soir qu'elle l'avait applaudi et qu'il avait fini son rôle avant la fin de la pièce, il alla l'attendre à la sortie du théâtre, et s'approchant d'elle au moment où elle allait monter en voiture: « Madame, je vous en supplie, lui dit-il tout bas, laissez tomber votre bouquet! » Alors, sans détourner la tête, en mettant le pied dans sa voiture, elle laissa tomber son bouquet, que le pauvre garçon courut ramasser sous les roues, au risque de se faire écraser, car la voiture partit en même temps. Cependant je n'affirmerai pas qu'il y ait rien eu entre eux, quoiqu'on l'ait dit. Tout ce que je sais, c'est qu'elle venait au théâtre toutes les fois qu'il jouait, et qu'elle affectait de n'écouter que lorsqu'il était en scène. Cependant, un jour, il a trouvé le moyen de pénétrer dans son parc; elle l'a reconnu; elle a appelé un domestique et lui a dit: « Demandez à cet homme ce qu'il veut; c'est de l'argent, sans doute, donnez-lui vingt francs. » Le comédien entendit ces paroles et s'éloigna plus pâle qu'un mort. S'il avait eu de quoi la compromettre après une pareille insulte, il l'eût fait bien certainement. Il n'y avait donc rien, et ce n'était là qu'une extravagance de la grande dame qui s'ennuie.

— Mais, reprit le domino, ne disais-tu pas qu'à Hombourg...

— Oui, à Hombourg, il y avait en même temps qu'elle le baron d'Ic, un écervelé, joli garçon du reste. Un jour qu'elle était allée avec plusieurs dames à la promenade, le baron, excellent cavalier, connu pour sa témérité dans les paris de chevaux, passa à cheval.

— Baron, sautez donc ce mur, dit-elle.

Et en même temps elle montrait un mur de près de sept pieds, fermé par une petite porte de bois.

— C'est impossible, répondit le baron... avec mon cheval du moins; mais je parie, s'il ne passe pas, passer, moi, et tandis qu'il tombera d'un côté, aller tomber de l'autre.

— Soit. Faites cela.

— Mais à une condition.

— Laquelle?

— C'est que si je me tue vous viendrez à mon enterrement; et que, si je me casse un bras ou une jambe, vous viendrez me soigner.

— C'est convenu.

Toutes les dames supplièrent le baron de ne pas faire cette folie. Il ne voulut entendre à rien. Alors elles se retirèrent, ne voulant pas assister à un spectacle dont elles comprenaient le danger et dont le dénoûment les effrayait.

Seule la personne en question resta assise.

Le baron était prêt.

— Donnez le signal, madame, dit-il.

Elle frappa trois fois dans ses mains, le baron enfonça les

éperons dans le ventre de son cheval et partit comme le vent.

Cependant il était pâle, car il était trop bon cavalier pour ne pas comprendre qu'il jouait sa vie. Arrivé au mur, il enleva son cheval, bête admirable et souple comme l'acier, et pendant une demi-seconde on put croire qu'ils franchiraient ensemble l'obstacle proposé ; mais, malgré la vigueur de l'élan, le cheval heurta des genoux, retomba les jambes et le poitrail ensanglantés, et vint rouler sur le chemin. Quant au cavalier, avec une agilité inconcevable, il avait quitté les étriers et sauté par-dessus le mur.

Les dames s'étaient rapprochées, la curiosité l'avait emporté sur la crainte. On cria bravo, mais rien ne répondit. Alors on se regarda avec émotion et l'on alla ouvrir la porte pour voir ce qui s'était passé. Le baron était étendu de tout son long, évanoui et un bras cassé. On le transporta à son hôtel. Quand il revint à lui, elle était à son chevet, et le soigna, ainsi qu'elle s'y était engagée, jusqu'à parfaite guérison, c'est-à-dire trois semaines.

— Mais rien ne prouve qu'elle ait été la maîtresse du baron.

— Rien ne le prouve, mais ce n'est pas douteux. D'ailleurs, quand le bruit en a couru, il ne l'a démenti en aucune façon, se contentant de répondre que, lorsqu'on a perdu un pari, il faut le payer.

A Vienne, quand il y avait bal à la cour, elle s'enveloppait d'une fourrure et s'en allait à pied, au bras de quelque officier, au milieu des gardes, d'où elle se moquait tout haut des femmes qui descendaient de leur voiture, mais de celles-là seulement dont elle avait à se plaindre ; et pendant que celles-ci, arrivées dans le salon, racontaient qu'elles venaient de la voir, dans la cour, se livrant à ses inconvenances accoutumées, elle apparaissait tout à coup comme un démenti vivant, coiffée, habillée, transformée en un quart d'heure, belle, hautaine, entourée !... Enfin, partout où elle a passé — et par la position de son mari elle voyage beaucoup — en Italie, en Autriche, en Angleterre, elle a laissé une histoire à raconter sur elle. La voilà à Paris maintenant, et sa nouvelle liaison fait assez de bruit, je crois. C'est décidément une folle. Elle est ici cette nuit avec sa belle sœur ; en passant à côté de moi, elle m'a appelé par mon nom, tout haut, au risque d'être reconnue, et elle m'a jeté son bouquet que voici, et que je t'offre, mon charmant domino.

— Merci, je ne veux pas des restes de cette dame, si grande dame qu'elle soit. Et maintenant, il faut que je parle à monsieur ; je te retrouverai là tout à l'heure.

Et le domino m'entraîna, ne cherchant plus à déguiser sa voix; je reconnus Mme de Wine.

— Vous avez entendu? me dit-elle.

— Oui.

— Savez-vous de qui parlait cet homme?

— Non.

— De la nouvelle maîtresse de Jacques. Ainsi voilà pour qui Jacques m'a abandonnée! Croyez-vous que l'avenir me vengera?

— Et quel est ce monsieur?

— C'est un Russe; il se dit l'ami de la duchesse, et il parle d'elle dans les termes que vous venez d'entendre; il se dit l'ami de Jacques, et il écrit la lettre anonyme que j'ai reçue hier, car c'est lui qui l'a écrite, je le jurerais; enfin il se disait mon ami, et c'est lui qui a présenté Jacques à cette femme. Il avait l'air de ne pas savoir tout à l'heure à qui il parlait, mais il le savait. C'est bien un Russe, allez. Jacques est ici, je l'ai vu; d'ailleurs, puisque la duchesse y est, il doit y être. Je le plains, il y a une douleur pour lui au fond de cet amour. L'habitude seule le tenait à moi, a-t-il dit; la vanité seule l'engage à cette femme, croyez-le bien. Un jour il regrettera l'habitude. Dites-le-lui. Adieu.

Mme de Wine me serra la main, me quitta, prit le bras d'un jeune homme qui l'attendait près de la porte, le prit de façon que je le visse bien, descendit le grand escalier et disparut avec son nouveau compagnon. Je crois qu'elle était bien heureuse d'avoir un masque sur la figure, car, pendant qu'elle me parlait, malgré son air d'indifférence et même de pitié pour Jacques, je lisais à travers ce masque une agitation égale à celle de la veille.

Tout en réfléchissant ainsi, je regardais un masque qui, vêtu d'un pourpoint de satin bleu en loques, d'un maillot en tricot chocolat, d'un petit manteau à la Henri III couvrant à peine une épaule d'un morceau de velours orange, coiffé d'une perruque Louis XIV surmontée d'une couronne de roses, le visage couvert de rouge et de noir, méconnaissable enfin, agitait ses grands bras nus et haranguait la foule avec un esprit charmant et dans des poses d'une souplesse et d'une grâce parfaites. Cet homme s'amusait réellement. Heureux homme! Je me sentis toucher au bras, je me retournai, c'était Jacques.

— Sais-tu quel est ce grand diable? me dit-il.

— Non.

Il me nomma un de nos amis qui devait se marier dans trois semaines, qui se mariait par amour, car il apporte par ce mariage à une jeune fille qui n'avait rien cinquante mille francs de rente surmontés d'une couronne de baron.

Et voilà ce qu'il faisait en attendant ! Il y a une chose qu'on n'expliquera jamais : c'est l'homme.

— Maintenant, me dit Jacques, nous avons à causer ; viens avec moi.

Nous nous fîmes ouvrir une loge, et nous nous y installâmes. Je lui racontait alors la scène de la veille, et ce qui venait de se passer.

— En croyant me jouer un mauvais tour, ce Vladimir m'a rendu un grand service avec sa lettre anonyme. Elle me dispense de toute explication et de tout mensonge.

— Quel est ce Vladimir ?

— C'est ce Russe que tu as vu tout à l'heure. Tous les Polonais s'appellent Stanislas, tous les Écossais Mac Donald, et tous les Russes Vladimir ; sache cela une fois pour toutes.

— Mais ton Vladimir me fait l'effet d'un drôle ?

— Non. Il se croit méchant, il n'est qu'ennuyeux ; il se croit fin, il n'est que faux ; il se croit homme, il n'est que Russe. Il se trompe de moitié en tout.

— Que regardes-tu ainsi ? demandai-je à Jacques dont, tandis qu'il parlait, le regard se fixait sur une loge.

— Je cherche à reconnaître l'une de ces deux femmes.

Et des yeux il me montra une loge de la galerie avec deux dominos tout pareils.

— L'une des deux est *elle*... mais laquelle ? C'est honteux de penser que je ne le devine pas, d'autant plus qu'à visage découvert sa compagne lui ressemble peu !

Au même moment, l'une de ces deux femmes, comme si elle eût deviné ce que nous disions, prit son masque par la barbe, le fit glisser de haut en bas, le temps qu'il fallait pour être reconnue, et le remit en souriant de loin à Jacques.

— L'imprudente ! murmura-t-il ; toujours la même ! Elle est enchantée de ce qu'elle vient de faire. L'as-tu vue ?

— Oui.

— Elle est belle, n'est-ce pas ?

— Elle le paraît. Elle s'est démasquée assez pour être reconnue, mais pas assez pour qu'on la connaisse.

— Ah ! que j'aime cette femme, mon ami !... Mme de Wine dit que c'est de la vanité. Si la vanité donne de pareilles jouissances, qu'est-ce donc que l'amour ? Oh ! non, ce n'est pas de la vanité ; car cette femme, je voudrais l'enfermer entre quatre murs, la cacher aux yeux de ce monde qui l'admire, ne voir qu'ell et qu'elle ne vît que moi. Quelle nature délicate, franche, dévouée, obéissante, originale ! Tiens je vais t'en donner une idée. Je l'ai connue aimant les bals, passant les nuits, courant le monde, enfermant sa vie dans ses cartons, et s'en revêtant avec ses robes. Un soir... mais, au fait, il est bien plus simple que je te raconte tout, depuis le commencement, et tu verras quelle foi on peut ajouter à ce que tu viens d'entendre dire. Nous avons du temps devant nous; nous savons ce que c'est que le bal de l'Opéra; personne n'entrera dans notre loge; je suis ici par ses ordres, je ne la quitte pas des yeux et je parle d'elle... C'est là de la fidélité, ou je ne m'y connais pas.

Pendant ce temps, le bal croisait ses mille couleurs, bondissant, hurlant daus la poussière lumineuse et sous une musique éclatante. Les épaules nues, les groupes libertins, les danses obscènes, passaient devant nous et presque à portée de notre main. Cependant nous nous isolâmes facilement dans tout ce bruit; le spectacle que nous avions sous les yeux sembla s'éloigner de nous et ne fit plus bientôt que servir de fond animé, d'accompagnement en sourdine, au récit intime que Jacques allait me faire. Il reprit donc:

— Tu sais maintenant comment je vivais avec Mme de Wine. J'étais toujours à la piste d'impressions qu'elle ne pouvait me donner. Elle partit pour Bagnères au mois de juin, et moi je restai seul à Paris. Tu as vu comme elle s'en plaignait il y a deux jours encore. De ton côté, tu étais en voyage ; je me trouvai donc assez seul. C'est alors que je fis la connaissance de Vladimir. Il fut ce que sont au premier abord, mais ce que restent rarement après, ses compatriotes. De la politesse, de l'esprit, de l'élégance, du luxe, du savoir-vivre, ils en ont tant que tu en voudras, plus que nous peut-être; mais ils ne sont que saupoudrés de civilisation, et la nature primitive reparaît bientôt au contact de la civilisation réelle ; alors, on les trouve encore ignorants et barbares comme les peuples qui commencent, et déjà corrompus et dangereux comme les peuples qui finissent. Je te le répète, le premier abord est sympathique. Vladimir voulut devenir mon ami ; il ne pouvait se passer de moi, me demandait conseil dans tout ce qu'il faisait, m'appelait son frère, parlait de moi partout, m'adorait enfin, ou du moins paraissait m'adorer. Je ne suis pas d'une nature très-expansive; je n'ai pas la vanité de croire que je puisse inspirer de si brusques passions, surtout aux hommes. Cette promptitude, cette exagération dans l'amitié, le sentiment qui, à mon avis, demande le plus d'hésitation, commencèrent à me faire douter qu'elle fût sincère, et, pour ma part, je m'en tins aux relations superficielles. Cependant Mme de Wine revint, et je lui présentai Vladimir. Je te laisse à deviner les compliments qu'il lui fit; il devint son courtisan le plus assidu, lui dit combien il m'aimait et l'assura de son dévouement. Je repris ma vie accoutumée, avec Vladimir en plus, et nos rapports diminuaient même un peu quand un matin, que je déjeunais chez lui, il me dit:

— Vous m'avez présenté à une charmante personne; je vous dois la pareille. J'espère, d'ici à peu de jours, vous présenter à une amie à moi. Elle est encore à Bade; mais elle va arriver. Ah ! vous verrez là une femme originale et spirituelle, un peu folle...

Et là-dessus il me raconta toutes les histoires qu'il a racontées tout à l'heure, et qu'il va colportant partout.

— Mais, ajouta-t-il, que ceci reste entre nous deux, car c'est ici qu'elle viendra, vous comprenez que personne ne doit le savoir.

Il me disait cela d'un ton à me faire supposer qu'il était l'amant de cette femme. Par discrétion, je ne le lui demandais pas. Il y a des choses que la vanité laisse entendre, mais que la délicatesse la moins exagérée doit se refuser à dire. Je lui avais fait connaître Mme de Wine: il croyait me devoir la même preuve de confiance en me faisant connaître sa maîtresse. Ses rapports avec l'une étaient sous-entendus comme mes rapports avec l'autre; voilà ce que je supposai tout de suite, et je n'ajoutai pas d'abord une plus grande importance à cette présentation. Quinze jours après, je reçu de lui une lettre qui m'invitait à déjeuner le lendemain avec la personne en question, arrivée depuis trois jours. Le rendez-vous était à midi. A onze heures et demie, j'arrivai chez Vladimir.

— A peine vous avais-je quitté hier, me dit-il, que j'ai rencontré la duchesse. Elle est à Paris depuis deux ou trois jours, sans son mari, et elle ne me l'avait pas fait dire. Je l'ai grondée, en ajoutant que je ne lui pardonnerais que si elle venait déjeuner chez moi aujourd'hui. Elle a accepté. Alors, je l'ai prévenue qu'il y aurait un de mes amis, dont je ne me sépare jamais, et que qui veut me voir doit le voir aussi. Je lui ai dit tout ce que je pense de vous; j'ai terminé en lui apprenant votre nom. Dès qu'elle l'a entendu, elle a montré la plus grande curiosité de vous connaître. Ainsi, mon cher, vous voilà en bon chemin; mais rappelez-vous que, sorti d'ici, vous ne la connaissez pas, car c'est en cachette qu'elle vient.

Nous attendîmes tout en causant. Je ne sais quel désir me

vint alors de connaître cette femme. Chose bizarre que le cœur de l'homme, qui ne peut apprendre qu'il va se trouver en rapport avec une jeune femme sans que quelque chose tressaille en lui! Curiosité, péché de la première femme, comme je te comprends! et comme je t'aurais commis si j'avais été le premier homme! Voilà que je désirais connaître cette femme! Mais, l'as-tu remarqué, quand une personne que l'on désire voir doit venir dans un lieu où l'on est, il y a je ne sais où, dans l'air, dans le bruit extérieur, quelque chose qui l'annonce bien avant l'heure marquée, et qui lui dit: « Elle viendra! » Ce quelque chose se taisait. La pendule marchait sans rien promettre, et à midi personne n'était venu.

— Mon cher, dis-je à Vlamidir, elle ne se souvient même plus de votre invitation.

— Elle viendra, vous dis-je... Et tenez, c'est elle, continua-t-il en entendant sonner à la porte.

Au même moment, le valet de chambre parut et remit un petit billet à son maître.

— Voyez-vous! lui dis-je, car je devinais de qui était ce billet, elle écrit qu'elle ne viendra pas.

Il décacheta la lettre.

— Ah! toujours la même écriture! s'écria-t-il en me la passant: lisez donc cela, si vous pouvez.

Je pris le papier, illisible en effet. Des lignes régulières, des caractères séduisants à l'œil; on n'écrirait pas autrement avec la pointe d'une aiguille. Toutes les lettres ressemblaient à des *i*; toutes se donnaient la main. Pas un point, pas un accent, pas une virgule; enfin, l'écriture que tu as vu.

Eh bien, je lus, couramment. Était-ce un augure?

« Décidément, ne comptez pas sur moi aujourd'hui. J'ai autour de la table où je vous écris dix personnes que je ne sais comment congédier. Puis j'ai, réfléchi... Sur mes vieux jours je deviens sage, sans compter que vous m'avez promis un convive très-dangereux pour une tête si peu d'aplomb que la mienne, et Dieu sait que, si je la perdais chez vous, ce ne serait pas avec de douces paroles qu'on m'enverrait la rechercher. Venez me voir, je suis encore seule à Paris pour quelques jours. »

« On vous attendra jusqu'à ce que vous veniez, écrivit aussitôt Vladimir; on ne se mettra à table que quand vous serez là. Libre à vous, chère duchesse, de nous laisser mourir de faim. »

Le billet plié, Vladimir le remit à son domestique, lequel le rendit au porteur de la lettre. Pendant ce temps, je relisais une seconde fois cette première lettre.

Quelle était la véritable signification de cette excuse? Fallait-il s'en tenir au sens net du texte, ce qui est toujours bien chanceux quand c'est une femme comme celle-là qui écrit? fallait-il y chercher une intention secrète? Ne pouvait-elle réellement venir? Avait-elle sérieusement peur d'une nouvelle imprudence? Peut-être. Mais alors pourquoi parler de moi dans de pareils termes? à quoi bon même parler de moi? Voulait-elle me donner plus de regrets de ne l'avoir point vue, en ayant l'air d'avouer que ma vue seule pouvait être un danger pour elle, et me faire comprendre ce que je perdais par conséquent à ne la point connaître, cette occasion ne devant pas se représenter? Voulait-elle se faire prier, et venir sur une seconde invitation, et comme malgré elle et comme forcée, et qu'ayant lu alors ce qu'elle avait écrit de moi quand elle croyait ne point me voir, j'eusse déjà droit à cette intimité de courtisan déclaré, attitré même; intimité qui plaît tant aux femmes coquettes, et dans laquelle se déclarent ceux qu'elles y admettent? Faisait-elle simplement allusion aux compliments exagérés que Vladimir avait dû lui faire de moi, et se moquait-elle tout bonnement de ce monsieur qui avait la naïveté de croire qu'il allait déjeuner avec elle? ou bien enfin, et n'était-ce pas le plus probable, y avait-il derrière cette lettre quelqu'un ayant plus de droit que Vladimir et qui la retenait loin de nous? Telles étaient les questions que je me posais, et qu'à ma place et dans la situation d'esprit où j'étais à son égard depuis quelques instants, tu te fusses posées aussi consciencieusement.

— Faites-moi cadeau de cette lettre, dis-je à Vladimir; elle n'est pas signée.

— Prenez, cher ami, prenez.

Je mis la lettre dans ma poche, et je continuai de rêver à cette femme. Décidément il y avait déjà une affinité secrète entre nous; car, depuis que j'avais touché cette lettre, une sorte de parfum m'enveloppait et me donnait plus que le desir, me donnait la volonté, le besoin de connaître celle qui l'avait écrite. Pour quelque motif que ce fût, elle s'était occupée de moi; un instant j'avais pris place dans sa pensée. N'était-ce pas assez pour m'enhardir? Oui, il fallait que je reçusse un jour, adressées à moi et autrement intimes, d'autres lettres de cette charmante et indéchiffrable écriture que je lisais si facilement. Le croiras-tu? il me semblait déjà que j'aimais cette femme!

Etait-ce la vanité flattée qui parlait? était-ce cette première secousse souterraine, sans cause apparente, qui annonce à l'âme un bouleversement prochain? Etait-ce (j'espère pour moi que non), mon amour-propre blessé, désireux de prendre sa revanche de la raillerie possible de la lettre et de ce manque de parole au rendez-vous promis? Je ne sais. Toujours est-il que je ne quittais pas sa lettre des yeux, et que, par moments, je croyais voir les mots se décomposer et me dire, à moi, autre chose que ce qu'ils disaient pour tout le monde. Crois-le bien, quand une femme va prendre une grande place dans notre vie, tout ce qui vient d'elle, la chose même la plus insignifiante, a un langage secret. En attendant, cette voix intérieure qui m'avait dit quelques instants plus tôt : « Elle ne viendra pas! » me disait maintenant : « Elle viendra! » Mais à quoi bon tout cela, puisque cette femme était la maîtresse de Vladimir! Peut-être l'avait-elle été et ne l'était-elle plus? mais, en somme, il ne m'avait fait aucune confidence. Il n'existait, il n'avait peut-être jamais rien existé entre eux. Il s'agissait de le savoir avant qu'elle arrivât.

— La duchesse ne vient pas, dis-je à Vladimir, non pour la raison qu'elle donne, mais parce que c'est vous seul qu'elle veut voir, et que je la gênerais.

— Au contraire, elle n'avait accepté que pour vous. Il paraît que votre nom lui rappelle un souvenir, qu'elle a entendu parler de vous dans une circonstance particulière; enfin, elle veut vous connaître. Oh! elle viendra. Seulement, elle se fait un peu prier. Quand je lui ai offert de vous présenter à elle, chez elle : « Non, m'a-t-elle dit; j'aime mieux voir M. de Feuil chez vous. » Si vous ne profitiez pas de cette curiosité-là, vous seriez bien bon! Faites-lui la cour. Vous avez des chances.

— Comment! que je lui fasse la cour... Et vous?

— Moi, je ne suis qu'un ami.

— Un simple ami?

— Oui. Seulement, je lui ai rendu une fois un assez grand service, pendant un voyage qu'elle a fait en Russie; elle m'en est très-reconnaissante. De là notre intimité. Ainsi, mon cher, ne vous gênez pas.

Au même moment on sonna. Je me levai pour être debout quand elle entrerait. J'étais ému. Pourquoi? je te le demande un peu! Depuis une demi-heure je bâtissais toutes sortes de rêves sur cette femme inconnue, rêves qu'au premier souffle elle allait faire envoler... Le domestique entra.

— On demande monsieur le comte, dit-il.

Vladimir sortit et ferma la porte. Je restai seul. Alors j'entendis un frôlement de robe et une voix qui parlait vite et répétait sans cesse : « Non, non, je ne veux pas ! » Mais, à chaque reprise de ce mot, la volonté semblait moins forte et se rapprochait, comme si Vladimir eût attiré la visiteuse vers sa chambre. « Non, je vous en prie ! » dit une dernière fois cette voix... Puis des pas légers coururent vers le fond, la porte s'ouvrit brusquement et Vladimir me dit :

— Venez donc, cher ami, que je vous présente à une charmante dame.

Je m'avançai alors vers cette femme, qui tournait le dos au jour, et me souriait comme pour s'excuser de ses hésitations, peut-être fausses, à me connaître ; hésitations qu'elle ne pouvait douter que j'eusse entendues. Elle répondit à mon salut par un gracieux mouvement de tête, tout en rougissant et en faisant jouer ses petits doigts les uns avec les autres. Mon étonnement fut grand quand je la vis. Ce n'était pas ainsi que je me la représentais ; cependant c'était bien la grande dame dans son expression la plus complète. L'âme resplendissait en elle et se montrait partout où elle pouvait se montrer. Je vais essayer de te détailler tout ce qu'il y a derrière ce masque à travers lequel je devine un sourire. Et en même temps Jacques faisait quelques signes à l'impénétrable domino qu'il ne quittait pas des yeux.

Il reprit :

— Je vis une femme d'une taille ordinaire, et qui paraissait admirablement bien faite. Elle portait une robe de soie gros bleu, un mantelet de moire noire à bandes de velours, dont les opulentes dentelles traînaient presque à terre ; une capote blanche, moitié dentelle, moitié soie, évasée comme la corolle d'une fleur et encadrant avec une harmonie parfaite des cheveux châtains, ondés naturellement, divisés en deux bandeaux larges, épais, habilement gonflés et dont quelques mèches, irrégularité pleine de coquetterie, se séparant des autres, laissaient dans deux ou trois places glisser entre elles le ton blanc du front. On eût dit un sourire dans des cheveux.

Ce front est blanc, haut, admirablement fait. Les sourcils, d'une nuance un peu plus douce que les cheveux, ne chargeant en rien la paupière, laissaient aux yeux toute leur valeur.

Oh ! ces yeux, mon ami, ces yeux que je vois briller d'ici entre les deux fentes du masque, ces yeux sont indescriptibles. Ils ont toute la fierté, toute la hauteur des yeux noirs, et tout à coup toute la tendresse des yeux bleus. Ils sont grands et petits, car tantôt la curiosité, l'esprit, l'admiration, les tiennent tou grands ouverts; tantôt ils nagent, demi-clos, dans l'indolente langueur d'une âme lassée, et plus ils diminuent, plus leur feu devient intense et pénétrant; mais ce qui caractérise ces yeux, ce qui leur donne avec la mollesse des yeux du Nord l'éclat des yeux de l'Orient, c'est le cercle de bistre qui les entoure, et sous lequel on les sent palpiter, car ce cercle n'est autre chose que le reflet de leur orbe intérieur sur la peau plus fine et plus transparente qui les entoure.

Le nez! un nez d'enfant, tu sais, de ces petits nez mignons vivants, qui remuent légèrement quand la bouche parle. Un peu moins, il serait trop petit; un peu plus, il serait commun; il est juste ce qu'il doit être dans l'harmonie de ce visage, dont il est le seul point un peu mutin.

Des joues rondes, fermes, plus roses encore que de coutume à l'heure où je les voyais pour la première fois, mais cependant toujours teintés de l'incarnat de la vie jeune et saine.

Quant à la bouche, elle est étonnante, tout étroite, et lorsqu'elle s'ouvre tout à coup pour laisser échapper son rire franc et perlé, rebondissant gaiement sur toutes ses petites dents blanches, elle prête un instant à cette tête le mouvement et la grâce d'une tête d'oiseau qui chante.

Maintenant, donne à tout cet ensemble ce qu'on appelle la physionomie; anime de toutes les émotions familières aux femmes cette tête que j'essaye en vain de te décrire, et tu auras un des plus jolis types qu'on puisse voir. Pour moi, il était tout nouveau. Il me présentait une femme dont, dans la toilette où elle était, il était impossible de ne pas dire : « Voilà une grande dame! » et qui, vue dans une campagne, les bras nus, et portant un rayon de soleil dans les fleurs de sa gerbe, ferait dire à n'importe qui : « Voilà une belle fille! »

IV

Ainsi elle réunissait les deux caractères les plus opposés, qui, se mélangeant avec harmonie, se complétaient l'un par l'autre, ne donnant que ce qu'ils ont de beau et de pur. Cette femme, qui maintenant vit dans la soie et le velours, qui sait à peine marcher, a dû, enfant, soit par intention de ses parents, soit par instinct naturel, courir comme une paysanne, l'été dans les herbes, l'hiver dans la neige, s'y rouler et y puiser enfin cette pureté de sang, cette sûreté de vie prête à affronter tous les climats, prête à braver toutes les fatigues.

Aussi, plus je la regardais, plus je l'étudiais, plus je restais convaincu que ce qui l'avait poussée parfois en dehors du cercle où l'on voulait la maintenir, c'était l'exigence de sa nature le besoin invincible d'espace, de mouvement et de liberté. C'était là une plante trop vigoureuse pour se contenter de l'atmosphère tiède d'un salon. Comme ces arbustes qui brisent le granit des rochers pour aller au-devant de la lumière, elle avait dû impatiemment briser le granit social, et elle étalait maintenant à son aise ses larges pétales et son odorante floraison. Ce que le monde disait d'elle, peu lui importait. Elle s'appuyait sur trois choses qui la mettaient au-dessus de tout : son rang, son cœur et son esprit.

Une telle femme ne peut déchoir, quoi qu'elle fasse, car elle ne fera rien dehors de sa race et de son origine. Diane peut devenir Phœbé la nuit, et se donner à Endymion derrière un nuage ; au jour elle redevient la belle et fière déesse punissant tout Actéon curieux qui aura voulu surprendre les secrets de sa beauté redevenue chaste et pudique.

Voilà ce que je me disais.

Ah ! mon ami, il n'y avait plus à en douter, j'allais aimer cette femme ; je ne trouvais pas un mot... je regardais.

La présentation se fit donc comme elle se fût faite dans les salons d'un ambassadeur, sauf les regards confidentiels. La duchesse parut rassurée ; sans doute ma qualité d'artiste l'avait effrayée d'abord : de là ses dernières hésitations, de là sans doute son refus de me recevoir chez elle ; car tu sais que nous passons aux yeux des femmes du monde pour des hommes impossibles, mal élevés, qu'on peut admirer, mais qu'on n'ose guère recevoir ; on leur dit que nous sentons le tabac, que nous ne vivons qu'avec des courtisanes, que nous ne savons pas parler à une femme comme il faut, et que notre talent, quand on veut bien nous en reconnaître, a poussé par hasard sur nous comme une pêche sur une ortie. « Faites-vous apporter le fruit sur un plat d'argent ; mais au nom du ciel, madame, ne cherchez pas à voir l'arbre qui l'a produit, vous seriez trop désenchantée ! » Voilà ce qu'on leur dit, à ces pauvres femmes, et elles restent, pour la plupart, condamnées à ce qu'on appelle les hommes du monde ; c'est triste !

— Eh bien, duchesse, dit Vladimir, quand vous voudrez, nous nous mettrons à table.

— Oh ! merci, dit-elle, j'ai déjeuné ; je ne viens que pour que vous ne mouriez pas de faim, comme vous m'en menaciez mettez-vous à table, je vous regarderai; d'ailleurs, il faut que je m'en aille de bonne heure.

Nous nous mîmes à table, elle s'assit sur un canapé.

— Où allez-vous donc? lui demanda Vladimir.

Elle tira un petit portefeuille de velours, et montrant quelques lignes écrites de cette même écriture que je connaissais déjà :

— Voici l'emploi de ma journée, dit-elle : aller chez l'ambassadrice d'Angleterre, chez la duchesse de M...; mettre des cartes chez la baronne de F..., car j'espère bien qu'elle sera sortie; dîner chez ma belle-sœur, ce qui n'est pas amusant.

— C'est tout?

— Voyez plutôt.

Et elle montra son petit calepin.

— Il y a des visites qu'on n'inscrit pas.

— Comme celle-ci, parce qu'on est sûre de ne pas les oublier.

— Ou qu'on espérait ne pas les faire.

— C'est vrai, je ne voulais pas venir.

— Pourquoi?

— Je vous l'ai écrit.

Elle était certainement convaincue que je n'avais pas eu connaissance de sa lettre; sans quoi, à moins d'être une bien grande coquette, elle n'eût pas lancé aussi hardiment la conversation sur ce terrain dangereux; cependant elle était bien imprudente.

— Êtes-vous rassurée? fit Vladimir en me désignant du regard.

— Je ne sais pas encore.

— Vous n'avez donc rien qui vous protége?

— Rien.

— C'est impossible!

— Vous ne me croyez pas?

— J'ai peine à vous croire.

— Regardez ma voiture.

Vladimir s'approcha de la fenêtre.

— C'est votre voiture qui attend là?

— Oui.

— Que je vous reconnais bien!

— Comment?

— Faire attendre votre voiture devant ma porte... Demain tout Paris le saura.

— Je quitte Paris dans quelques jours, et d'ailleurs je ne fais pas de mal ici. Mais ce n'est pas cela que je vous demande. Regardez ma voiture.

— Je la vois.

— De quelle couleur sont les chevaux?

— Blancs.

— Eh bien, est-ce que j'aurais des chevaux blancs, si j'avais à aller quelque part sans qu'on le sût?

— Vous pouvez y aller à pied.

— Ce serait encore pis.

— Ou prendre une autre voiture.

— Vous savez bien que je ne sors jamais que dans la mienne. Êtes-vous convaincu, maintenant?

— Donnez-moi votre portefeuille.

— Tenez.

— Ah! duchesse, que vous devriez prendre un secrétaire ou changer d'écriture!

— Pourquoi?

— Vous êtes illisible. Je n'ai encore vu que Jacques qui vous lise couramment.

— Parce que monsieur n'a jamais reçu de lettres de moi... Est-ce cela que vous voulez dire?

— On ne lit pas que les lettres qu'on reçoit.

— Je ne comprends pas.

— C'est bien simple: la lettre que vous m'avez écrite ce matin est arrivée pendant qu'il était là.

— Eh bien?

— Eh bien! comme je ne pouvais pas arriver à la lire, il m'a rendu ce service.

Elle devint pourpre.

— Vous plaisantez? dit-elle.

— Pas le moins du monde, fit Vladimir, enchanté de son effet, assez habilement préparé.

— Est-ce vrai, monsieur? me demanda-t-elle.

— Oui, madame, c'est vrai; et voici même votre lettre, répondis-je en tirant la lettre de ma poche.

En femme d'esprit, elle accepta franchement la situation.

— Le fait est que vous l'avez bien gagnée, reprit-elle, si vous avez pu la lire jusqu'au bout.

— Malheureusement, madame, je n'ai pu en lire que la moitié.

Elle comprit l'intention de ce mensonge, et, du ton d'une femme familiarisée avec ces petites luttes, elle continua:

— Donnez-la moi, je vous lirai la suite.

Et, prenant la lettre, elle lut :

— « Puis, j'ai réfléchi... Sur mes vieux jours... » Est-ce à partir de là que vous n'avez pas pu lire ? demanda-t-elle avec un sourire railleur.

— Justement.

— Je m'en doutais; c'est pourtant bien facile : « Puis j'ai réfléchi... Sur mes vieux jours, je deviens sage, sans compter que vous m'avez promis un très-dangereux convive pour une tête aussi peu d'aplomb que la mienne, et Dieu sait que, si je la perdais chez vous, ce ne serait pas avec de douces paroles qu'on m'enverrait la rechercher. Venez me voir, je suis encore seule à Paris pour quelques jours. »

Et tandis qu'elle jetait à Vladimir un regard de triomphe, elle me rendait la lettre, que je remettais dans ma poche.

— Tenez, duchesse, lui dit Vladimir en se levant et en se mettant presque à genoux devant elle, il n'y a pas deux femmes comme vous dans le monde. Donnez-moi votre main...

Et en même temps il posait ses lèvres sur tout ce qu'un petit poignet souple laissait voir entre un gant et une manchette.

En ce moment trois heures sonnèrent.

— Trois heures ! s'écria-t-elle. Adieu.

Elle se leva de facon à faire comprendre qu'on essayerait inutilement de la retenir; puis elle dit quelques mots tout bas à Vladimir, qui lui répondit tout haut : « C'est convenu. » Elle me fit un charmant salut, me tendit sa petite main, tira de sa poche un voile épais, le jeta sur son chapeau sans même se regarder dans la glace, le plia devant son visage, et, ainsi voilée, passa devant nous, traversa le salon et disparut. Nous entr'ouvrîmes les rideaux de la fenêtre, et nous la vîmes monter dans sa voiture ; elle nous envoya un dernier adieu de la main, et les deux chevaux blancs partirent au grand trot.

— Quelle folle créature ! dit Vladimir en laissant retomber le rideau ; vous l'avez vue : eh bien, mon cher, elle est toujours la même. Avec quel aplomb elle vous a lu sa lettre ! elle adore ces coquetteries-là. Je voudrais que vous puissiez la suivre maintenant chez l'ambassadrice d'Angleterre ; toutes les femmes qui seront là auront l'air de petites filles à côté d'elle; nulle ne sait comme elle entrer dans un salon, le traverser, s'asseoir, et grouper sans effort autour de son fauteuil tout ce qu'il y a de jeune, de spirituel et d'élégant. Pour nous dédommager de cette courte visite, elle nous invite à souper ce soir tous les deux. C'est cela qu'elle m'a dit tout bas ; voilà où sont déjà ses belles résolutions. Allez vite, mon cher, allez vite; c'est à vous de faire changer la couleur des chevaux. Je vous assure que ce vous sera très-facile; elle vous l'a presque dit en vous lisant ainsi sa lettre.

A peine si j'écoutais Vladimir. J'avais comme besoin de prendre l'air. L'apparition de la duchesse avait été si courte, l'effet produit si prompt, que j'en étais un peu étourdi. L'amour grise comme le vin. Tu comprends bien que Vladimir ne sut rien de mes impressions, et je pris congé de lui; je ne devais plus le revoir qu'à minuit, en venant le prendre pour aller souper. Une fois dehors, la force de l'habitude me mit dans le chemin que je suivais tous les jours à cette même heure, et je me trouvai, presque sans savoir comment, à la porte de madame de Wine. Elle m'attendait avec impatience; j'étais curieux de la voir dans l'état où j'étais. Ah! mon ami, que toute cette beauté me parut pauvre à côté de l'image que je portais avec moi! Je fis bien les choses, et madame de Wine m'ayant rappelé que nous allions à l'Opéra, le soir, entendre la reprise de *Guillaume*, je m'occupai à la rendre aussi belle que possible; ce fut le dernier effort que je tentai sur moi pour elle. Si je résistais au succès qu'elle allait avoir bien certainement, car elle n'allait pas une fois à l'Opéra sans y faire sensation, j'étais un homme perdu, et je n'avais plus qu'à m'abandonner au courant en cherchant à me noyer le plus tard possible.

Jusqu'alors, je n'avais pas cru à ce bouleversement rapide que la première vue d'une femme peut opérer sur un homme. J'y crois maintenant.

En attendant, je parai de mon mieux Mme de Wine, qui, ne pouvant deviner à quel étrange sentiment j'obéissais, et me voyant plus empressé qu'à l'ordinaire, m'en remerciait naïvement et paraissait heureuse. Je lui offrais l'occasion d'une victoire: c'était à elle à la remporter. Je choisis loyalement sa robe, je lui fis mettre la coiffure qui lui allait le mieux; certainement elle allait être aussi belle qu'elle pouvait l'être. Elle alla chercher sa mère dans son petit coupé, et elles me trouvèrent à la porte de l'Opéra. Nous arrivâmes au moment où l'on commençait l'ouverture; la salle nageait en pleine harmonie. Quand on entre dans de la musique pareille, on se sent transporté au-dessus de la terre; elle isole complétement des autres sensations. Mme de Wine n'en fit pas moins son effet; toutes les lorgnettes des loges visèrent sur elle, et je dois dire qu'elle soutint le feu de cette curiosité en femme habituée à rester maîtresse du champ de bataille. Quelques amis à elle, tout fiers de connaître une personne qui interrompait Rossini, faisaient tous leurs efforts pour qu'elle les reconnût. La civilisation a mis de la vanité dans tout.

Une seule loge était vide encore, et sur le devant de cette loge apparut bientôt une femme qui, à son tour, attira l'attention, mais dans un autre sens. Comme tout le monde, je regardai. Figure-toi, mon ami, que cette femme était vêtue d'une robe de satin cerise, dont une berthe de dentelle noire tempérait à peine le fulminant éclat; elle était décolletée, bien entendu, et sur sa tête, hérissée de frisures blondes comme la tête d'un *bambino* — frisures qui donnaient à cette tête des proportions inouïes, — était posée, aussi maladroitement que possible, une grosse rose tout épanouie, et qui avait l'air, de loin, d'une seconde tête poussée sur la première. Cette femme était cependant une femme du monde, certainement; mais tu sais que quand les femmes du monde se mettent à avoir mauvais goût, ce n'est pas pour peu. Celle-là avait des diamants magnifiques aux oreilles, aux bras et même au cou; mais elle avait beau faire, elle avait l'air d'une grosse maman espagnole du temps de Louis XIV; et si tu l'avais vue rester debout et se dandiner pour qu'on la vît bien, et relever les plis de sa jupe, tu aurais fait comme moi, tu n'aurais pu t'empêcher de rire; et elle ne voulait pas s'asseoir, et elle se tournait à droite, à gauche, et elle souriait, et elle faisait du bruit, et elle avait l'air de dire: « Mais regardez donc comme c'est joli ce que je me suis mis là dans les cheveux! » Elle fit son effet aussi, je t'en réponds, et il fallait toute la puissance de la musique et tout le bon goût des auditeurs pour qu'elle n'en fît pas un plus grand encore. Enfin, elle consentit à prendre place et à écouter; on eût dit qu'elle était seule; mais évidemment non, car elle tournait à chaque instant la tête, si l'on peut laisser ce nom à la drôle de chose qu'elle avait sur les épaules, et causait avec quelqu'un resté dans le fond de la loge: elle insistait pour que ce quelqu'un vînt s'asseoir à côté d'elle; ce quelqu'un refusait: ce ne pouvait être qu'une femme qui refusât ainsi.

Je ne sais trop pourquoi j'eus la curiosité machinale de savoir qui c'était; je pris ma lorgnette et je regardai. Était-ce une hallucination de mon esprit occupé d'une seule image et la retrouvant partout? Il me sembla voir dans la glace l'ombre de la duchesse. C'était bien elle, mon cher; elle était là, comprends-tu! J'allais la voir toute la soirée, et si elle me voyait elle me verrait avec Mme de Wine, c'est-à-dire avec une des plus jolies femmes de Paris!... Quel avantage pour moi! Je méprisai beaucoup moins alors la beauté de ma maîtresse, et je compris, dans mon égoïme, de quelle utilité elle pouvait être. Quant à la duchesse, je pouvais l'examiner à loisir sans qu'elle soupçonnât cet examen... Elle était mille fois plus charmante que dans la journée. De très-simples et très-minces rubans, d'une nuance douce, étaient la seule parure qu'elle eût ajoutée à ses cheveux; ils cherchaient à toucher les épaules; à peine si on les voyait. Sa pelisse, qu'elle n'avait pas encore ôtée, entr'ouverte, laissait voir une poitrine d'une blancheur éblouissante et ferme, que faisait encore ressortir la couleur de sa robe, bordée de jais. Pas un bijou, si ce n'est autour du cou un étroit collier de grosses perles, fermé par un rubis. Ainsi vue dans une glace, dans la pénombre d'une loge profonde, elle avait quelque chose d'un rêve, et tous ses mouvements acquéraient plus de grâce, de mollesse, d'harmonie.

Pourquoi les peintres regardent-ils leurs tableaux dans un miroir quand ils travaillent? Pour leur donner ensuite le modelé caressant que le reflet prête aux contours.

Vers la fin du premier acte, dépouillée de sa pelisse et dans tout l'éclat de ses épaules et de ses bras nus, elle se glissa silencieusement sur le devant de sa loge, tournée plutôt vers la salle que vers la scène, mais cependant toute à la musique. Je me cachai pour qu'elle ne me vît pas tout de suite, et ne la quittai plus des yeux. Mais comment se trouvait-elle avec cette femme ridicule? Était-ce une nécessité? Sans doute, car elle était incapable d'une coquetterie aussi vulgaire, et sa seule beauté lui suffisait, sans besoin de contraste. Quoi de plus charmant que de regarder la femme qu'on aime, je pouvais déjà me servir du mot, à travers de la musique de Rossini? Cependant une femme, quelque précaution qu'elle y mette, n'entre pas dans une salle comme celle de l'Opéra sans être vue de toutes les femmes, qui n'ont même pas besoin de leurs yeux pour en être averties. Une voix secrète lui dit: « Voilà une femme à regarder, à critiquer, à envier! » et l'on voit une foule de petites mains, les unes prendre, les autres demander leurs lorgnettes, lesquelles montent à la hauteur des yeux sans que le bras oublie la pose qu'il doit avoir pour être gracieux; car, tandis qu'on lorgne on peut être lorgnée, et il ne faut pas se laisser surprendre. Si la femme ainsi examinée est jolie, les lorgnettes sont longtemps à redescendre et ne s'abaissent que lorsquelles ont découvert ce qu'elles cherchent, un défaut. Si la femme est insignifiante ou laide, c'est tout de suite fait, et l'on se rappelle qu'il y a de la musique à écouter.

Mme de Wine, par un mouvement sympathique, correspondant directement pour moi plus que pour personne avec l'apparition de la duchesse, prit tout doucement la lorgnette et regarda. L'examen dura deux minutes. Quel allait être le jugement après cet interrogatoire scrupuleux? Elle se pencha vers sa mère et lui dit, en lui passant la lorgnette pour l'inviter à regarder :

— Voilà une femme qui a un beau collier de perles.

— Comme celui de Mme S..., fit la mère après avoir lorgné.

— Oh! plus beau.

Et elle se remit à écouter.

Ainsi elle n'avait vu dans cette femme que les perles de son cou! elle n'avait pas vu mon regard qui l'enveloppait, elle n'avait pas deviné que cette femme et moi nous nous connaissions depuis le matin, que le soir j'allais me retrouver avec elle, que c'était pour cela que je la quitterais à minuit, elle, Mme de Wine, malgré toute sa beauté, malgré tout ce qu'après une pareille soirée cette beauté aurait dû éveiller en moi; rien ne l'avertissait que cette femme la ferait souffrir ou serait quelque chose dans sa vie; que je l'aimerais enfin, si je ne l'aimais déjà! rien! Elle avait de belles perles, voilà tout... Et les femmes parlent de leurs pressentiments en amour! et elles disent qu'elles devinent quand on va les tromper!... J'en ai trompé, j'en ai vu tromper, et je les ai toutes vues soupçonneuses à tort et jalouses à faux.

La toile tomba. Chacun chercha sa distraction pour l'entr'acte. Des amis de Mme de Wine vinrent lui faire visite; moi, je me tins dans l'ombre. La duchesse, adossée à son fauteuil, restait dans la pose d'une femme indolente et dédaigneuse de toute curiosité. Les spectateurs de l'orchestre et du parterre s'étaient levés et, tournant le dos à la scène, faisaient l'inspection des loges. Le succès de Mme de Wine recommençait, et, malgré son dédain, force fut à la duchesse de faire comme tout le monde, elle prit sa lorgnette. Je profitai de ce moment pour rentrer dans la lumière, et je me mis à causer avec les visiteurs; elle me vit et me lorgna assez longtemps. Tu penses bien que je ne perdais pas un seul de ses mouvements, tout en ayant l'air de m'occuper d'autre chose: c'est ainsi que je la vis se retourner pour tendre la main à un jeune homme qui entrait dans sa loge. C'était un des plus élégants, des plus spirituels garçons de Paris; il est vrai qu'il était étranger; une trentaine de mille livres de rente, je crois, un million dans l'avenir, rien à faire dans le présent, vingt et un ans, un beau nom et une charmante figure jeune et mâle, douce et fière à la fois : tel était le nouvel arrivant, le prince de Riva, qu'on appelait ordinairement le petit prince, surnom qui lui venait de sa jeunesse et non de sa taille, car il était très-grand. Il s'assit assez familièrement, ou plutôt avec l'aisance que donne l'habitude du monde, derrière la duchesse, et il commença de causer avec elle.

Ce fut une étonnante soirée, nous jouâmes sans nous regarder un jeu où le dessus me resta. Elle était bien naïve, bien enfant, cette grande coquette, en matière de coquetterie ! Elle affecta tellement l'intimité avec le prince, elle parut si enchantée de l'avoir auprès d'elle, elle le retint si ostensiblement quand il voulut s'en aller, que je ne doutai plus que ce petit manége ne fût à mon intention. Je la surpris vingt fois glissant un regard de mon côté pour s'assurer que je la voyais, et comme pour me dire : « Si vous êtes avec une jolie femme, je suis avec un charmant garçon. » N'était-ce pas là un véritable enfantillage, et un homme ayant un peu vécu pouvait-il s'y laisser prendre ? Elle alla jusqu'à passer tout un acte avec lui dans le fond de la loge. Tout cet acte, je le passai, moi, dans l'attitude la plus naturelle, causant de temps en temps avec Mme de Wine, et sans exagérer en rien la position d'un homme qui accompagne une femme au spectacle, que cette femme soit ou ne soit pas sa maîtresse.

Il paraît que le prince avait un rendez-vous, car au quatrième acte il se retira, non sans peine, et un homme qui quitte une femme comme la duchesse avant la fin d'un opéra comme *Guillaume Tell*, est un homme évidemment forcé de s'en aller. D'autres personnes lui succédèrent dans cette loge, mais aucune ne reçut le même accueil. Évidemment elle voulait me faire faire des suppositions très-vraisemblables, mais que je m'obstinai à ne point faire. Tu verras bientôt si j'avais raison.

Elle partit après le quatrième acte, il était onze heures et demie ; à minuit nous devions être chez elle, Vladimir et moi. Je donnai sa pelisse à Mme de Wine, et sous prétexte d'éviter la foule, mais en réalité pour ne pas être en retard, et dans l'espérance de rencontrer encore la duchesse dans les couloirs, je l'emmenai le plus vite que je pus. En arrivant au bas du grand escalier de droite, je l'aperçus sur la dernière marche de l'escalier de gauche ; elle attendait sa voiture comme Mme de Wine attendait la sienne. Je n'avais pas le droit de la connaître publiquement, comme me l'avait recommandé Vladimir ; il y avait donc déjà un secret entre cette femme et cet homme qui allaient souper ensemble et qui restaient cinq minutes en face l'un de l'autre comme s'ils ne s'étaient jamais vus. La voiture de Mme de Wine suivait la sienne, et les deux domestiques vinrent les prévenir en même temps ; la duchesse, en montant dans son coupé, jeta un coup d'œil sur celui qui attendait et dont le groom de Mme de Wine tenait déjà la portière ouverte.

— Adieu, mesdames, dis-je assez haut pour qu'elle m'entendît.

Et je pris congé de Mme de Wine et de sa mère.

Les deux voitures s'éloignèrent rapidement.

Moi, je me rendis chez Vladimir.

— Monsieur n'y est pas, me dit le valet de chambre, mais il a laissé un mot pour monsieur.

« Cher ami, me disait ce mot, allez tout droit où l'on nous attend ; je ne pourrai vous y rejoindre qu'à minuit et demi. »

Décidément, le hasard fait bien les choses, si toutefois c'était le hasard qui faisait celle-là.

Je me rendis à l'hôtel où était descendue la duchesse et dont elle occupait tout le premier étage. Quand je me présentai, la femme de chambre me dit que sa maîtresse n'était pas rentrée, et m'ayant demandé mon nom, elle ajouta qu'elle avait ordre de me faire attendre.

V

La duchesse, voyageant depuis deux ans, était descendue dans un hôtel pour y attendre quelques jours l'installation complète de sa maison. Je fus introduit dans le salon. Tu as vu des salons d'hôtel, n'est-ce pas ? Papier grenat glacé, à fleurs de velours, rideaux de damas, lustre du temps de l'Empire, cheminée de marbre blac, pendule de mauvais goût dont le sujet est à peu près invariable : le Char du Soleil, l'Education de l'Amour ou la Cathédrale de Reims ; candélabres à têtes de sphinx, chaises, fauteuils, canapé, durs comme des censeurs de collége, un tapis à rosaces, une table ronde, une table à jeu, une table pour écrire, une glace en face de celle de la cheminée ; quelquefois, entre les fenêtres, un petit meuble en bois de rose ou de bois des Iles pour relever un peu cette monotonie traditionnelle : c'est toujours la même chose, et tel était le salon où j'entrais. Mais une jeune femme habitait ce salon depuis quelques jours, et déjà il avait perdu l'odeur de vieux qu'elle avait trouvé en y entrant, elle l'avait animé de son âme et il devenait charmant.

Et comment avait-elle opéré ce miracle? Sans effort, comme tous les miracles qu'opèrent les femmes.

Là, elle avait adopté un fauteuil et l'avait fait rouler près du feu, en groupant tout à l'entour ses objets les plus familiers : le panier à tapisserie, le buvard, le livre nouveau; ici on trouvait un mouchoir oublié, là, un porte-monnaie, plus loin des bonbons. Un piano avait été apporté, il était ouvert, la musique dormait inclinée sur le pupitre; une robe de bal nouvelle attendait le coup d'œil de la maîtresse avant de rentrer dans son carton. L'arrivée récente et le départ prochain confondaient les objets et violaient forcément la spécialité des chambres. Sur le coin de la cheminée, un petit coffret d'argent, avec une figurine à chacun de ses angles, avec un émail du quinzième siècle sur chacune de ses faces, eût concentré sur lui toute la curiosité d'un homme de goût entrant dans cette chambre; il valait à lui seul tout ce qu'il y avait dans l'appartement; sans doute c'était une emplette nouvelle, un cadeau à faire, un souvenir à emporter. Sur la table, près d'une des fenêtres, à côté du buvard, un portrait de femme souriant dans son médaillon doré, reposant sur un châssis mobile; cette femme était belle : c'était probablement une amie de la duchesse; ce portrait représentant une affection, et un bouquet de violettes parfumant tout autour de lui, penché dans un verre d'eau, achevaient de donner la vie à la froide symétrie de ce salon. Et quel rayonnement sur toutes ces choses quand elle allait entrer!

J'étais seul, il était minuit, et je connaissais seulement depuis douze heures la femme que j'attendais; n'était-ce pas là un pas immense? En admettant la progression en amour comme en tout, où en serais-je dans huit jours, et pourquoi ce progrès n'eût-il pas lieu? Ma vue était déjà familiarisée avec tous les objets que je ne voyais que depuis quelques minutes! Comme j'enfermais volontiers mon horizon dans cette chambre! Je me voyais attendu à mon tour, ouvrant cette porte que je venais de franchir. Elle était là dans ce fauteuil; elle m'accueillait d'un sourire joyeux, elle me tendait sa main, elle me reprochait d'arriver trop tard, elle me remerciait d'arriver plus tôt... Je m'asseyais à ses pieds, sur ce tabouret de velours, et la douce causerie commençait; les heures tombaient rapidement de la pendule sur nous, pour nous rappeler que tout passe; mais nous ne le sentions pas.

Tels étaient mes rêves.

Cependant j'arrivais avec un certain plan de bataille basé sur le parti que je pouvais tirer de ma présence à l'Opéra avec Mme de Wine; mais, pour qu'il réussît, il fallait que tout marchât suivant mes prévisions, et la moindre ruse pouvait mettre en déroute toutes mes troupes mercenaires et me faire prisonnier. Là-dessus minuit et demi sonna, je me réveillai en sursaut... Que signifiait ce retard d'une demi-heure? Avait-elle oublié l'invitation faite? Me voyant avec une femme, avait-elle pensé que je ne pouvais venir? Était-ce volonté ou hasard? Où était-elle? que faisait-elle, cette folle toujours prête aux excentricités? Peut-être passait-elle sous les fenêtres où j'étais, et riait-elle en voyant, à travers les persiennes, le rayon de lumière prouvant que je l'attendais? Si j'en croyais Vladimir, elle était femme à faire toutes ces choses. Mais lui, Vladimir, pourpuoi ne venait-il pas non plus? Savait-il qu'elle manquerait au rendez-vous? était-il avec elle en ce moment? Se débarrassait-on de moi ainsi? était-ce une mystification? Me vois-tu galopant de nouveau sur la crainte, sur le soupçon, sur la jalousie? Les femmes de chambre ne pouvaient-elles pas être, derrière la porte, à rire de moi? Celle qui m'avait ouvert avait l'air bien railleur. Il fallait avoir le mot de la position; je tendis le bras pour sonner... La porte s'ouvrit tout à coup, et la duchesse entra, accompagnée de ce froufrou de soie qui est l'harmonie de la femme.

— Pardon, me dit-elle en souriant et d'une voix essoufflée qui, en prouvant qu'elle avait monté vite, donnait déjà un démenti à la plupart de mes mauvaises suppositions; pardon de vous avoir fait attendre, mais j'ai cru que je ne pourrais jamais me débarrasser de ma belle-sœur.

— Cette dame...

— Je sais ce que vous allez dire, interrompit-elle en riant : « Cette dame, avec une rose d'une livre dans les cheveux et une robe de satin cerise, c'est votre belle-sœur? » — Mon Dieu, oui.

En disant cela elle riait, ôtait ses gants et découvrait deux petites mains blanches, potelées, avec des fossettes et des ongles roses, des mains à la façon de Boucher, des mains naïves, naturelles, sans prétention, incapables de rien faire et forcées d'avoir chacune cent mille livres de rente; de ces bonnes petites mains sans os comme en ont les enfants, faites exprès pour prendre par poignées de gros baisers sur leurs petites bouches, et les éparpiller autour d'eux avec un joli bruit de lèvres. Ah! les mignonnes mains! mais ce n'était vraiment pas la peine d'en avoir pour en avoir si peu! Elles se mirent à voltiger comme des oiseaux dans les cheveux de leur maîtresse, gonflèrent un peu les bandeaux affaissés par le capuchon, redescendirent sur les épaules, rejetèrent plus en arrière les rubans flottants, coururent sur le haut du corsage et dans les garnitures de la robe; puis, une des deux se détacha de l'autre et s'étendit vers moi. Je portai à mes lèvres cette main au petit doigt de laquelle brillait une seule bague, bien simple : deux anneaux soudés l'un à l'autre et portant au milieu, l'un une perle, l'autre un diamant : cette bague était certainement un souvenir, cette bague me contraria.

— Et Vladimir, me demanda-t-elle, où est-il ?

— Il va venir.

— Vous n'êtes donc pas venus ensemble ?

— Non, madame; voici ce qu'il m'a écrit.

— Il n'en fait jamais d'autres.

Je m'adossai à la cheminée.

— Vous permettez ? me dit-elle.

Et sans attendre ma réponse, elle ouvrit une porte à glace, parallèle à celle par où j'étais entré, et passa dans une autre chambre sans refermer tout à fait cette porte. Or, par l'entre-bâillement, je voyais le coin d'une toilette de bois de rose, un miroir ovale, incliné pour recevoir l'image qu'on allait lui présenter; et, sous l'éclat des bougies, des ustensiles de toilette en argent et vermeil ajoutaient des points lumineux à ce bout de tableau que complétaient les plis massifs de lourds rideaux de damas vert tombant derrière la toilette. Voilà tout ce que je voyais; mais, de temps en temps, l'ombre d'une ombre passait devant ce miroir, et je devinais ce que je ne voyais pas.

— Me voici, dit-elle en reparaissant, après avoir revêtu par-dessus sa robe, pour couvrir ses épaules, une casaque de drap noir soutachée de broderies de soie et d'or; puis elle s'assit, alluma une de ces cigarettes de paille destinées à faire croire aux femmes qu'elles fument quand elles approchent cela de leurs lèvres, me tendit une cigarette pareille, et avec un mouvement de tête et un regard qui prouvaient que, depuis son arrivée, c'était là qu'elle voulait en venir :

— Vous êtes-vous bien amusé à l'Opéra ? me demanda-t-elle.

— Et vous, madame ?

— Beaucoup! J'aime tant la musique, celle de Rossini surtout ! Et pourtant j'ai laissé passer tout un acte sans entendre.

Elle comptait sur une réponse que je me gardai bien de

faire. Je voulais la voir venir. Je gardai donc le silence. Elle reprit :

— Vous donniez, en sortant, le bras à une bien belle personne.

— Je lui répéterai ce que vous me dites là, madame, et, de votre part, le compliment lui sera précieux.

— Malheureusement, elle n'en saura rien.

— Elle? Comment?

— Pour lui répéter ce compliment il faudrait lui dire que vous me connaissez.

— Elle le sait déjà.

— Vous le lui avez dit?

— En vous quittant.

— Voilà comme vous êtes discret!

— Qu'y avait-il à cacher? D'ailleurs, je n'ai pas de secret pour cette personne.

— Alors elle sait où vous êtes ce soir?

— Parfaitement. Elle a été reconduire sa mère qui demeure à quelques pas de l'Opéra, puis elle est venue me reprendre et m'a mené chez Vladimir dans sa voiture, et de là ici.

— Et puis?

— Et puis elle est rentrée chez elle.

— Et elle dort?

— Je le crois.

— Savez-vous que sa confiance en vous n'est guère polie pour moi.

— Je ne comprends pas, madame.

— Elle m'a vue à l'Opéra?

— Oui.

— Et elle vous a laissé venir?

— Elle a fait mieux, puisqu'elle m'a amené.

— De deux choses l'une, alors : ou cette femme ne vous aime pas, ou je suis laide; choisissez.

— Ni l'une ni l'autre de ces deux choses, madame. Cette femme sait qui vous êtes; elle n'a donc rien à craindre de vous.

Avoue que mes troupes n'allaient pas trop mal et que la coquette était déjà battue sur un point.

— Et cette *dame* connaît Vladimir? reprit-elle après un silence.

— Oui, madame; c'est même chez elle qu'il m'a adressé hier la lettre qui m'invitait à déjeuner avec vous aujourd'hui.

— Comment savait-il que vous étiez chez elle?

— Il sait que j'y passe toutes mes soirées.

— Depuis longtemps?

— Depuis quinze mois.

— Est-ce une habitude?

— C'est un plaisir. On n'a, heureusement, pas encore d'habitudes à mon âge.

— Est-ce qu'elle a lu la lettre de Vladimir?

— En même temps que moi; il fallait bien qu'elle la lût pour m'autoriser à accepter.

— Comment! vous lui avez demandé permission?

— Oui, madame.

— Et si elle eût refusé?

— Je ne serais pas venu.

— Vous êtes donc esclave?

— Non, je suis heureux.

Tu comprends avec quel sérieux, avec quelles intonations vraisemblables j'alimentais cette conversation, dans laquelle ma charmante adversaire entrait de plus en plus sans la moindre défiance; si elle eût gagné un coup, elle eût abandonné la partie; mais j'étais bien sûr maintenant qu'elle perdrait, j'avais tous les atouts dans la main.

J'attendais donc de pied ferme; elle s'obstina, N'était-ce pas une bien grande naïveté en matière de coquetterie?

Elle continua donc, après avoir à la hâte dressé son plan de nouvelle attaque.

— Dans quelle loge étiez-vous? Je ne vous ai pas vu.

Cette fois elle était cernée comme le général Mack à Ulm. Comprends-tu cette question, à moi qui l'avais vue me lorgner et regarder dix fois dans notre loge!

— J'étais dans une loge de face, sur le même rang que la vôtre, et moi, madame, je vous voyais admirablement.

Je faisais une fausse manœuvre pour qu'elle se découvrît tout à fait; elle n'y manqua point. Ah! l'imprudent général! comment conduirait-il mon cœur quand il l'aurait sous ses ordres? serait-ce mon cœur qui serait forcé de le conduire?

— Il est venu un charmant garçon dans ma loge, continua-t-elle en jouant avec sa cigarette, tout en poussant la fumée en petits filets bleuâtres, tout en affectant des mines destinées à souligner ce qu'elle venait de dire, tout en me regardant pour dépecer ma réponse.

— Le prince de Riva, lui dis-je.

— Vous le connaissez?

— Pas particulièrement ; mais enfin je le connais.

— Franchement, comment le trouvez-vous ?

— Au physique ?

— D'abord.

— Charmant ! comme vous disiez madame.

— Et au moral ?

— Aussi distingué, aussi spirituel que possible. Il est musicien jusqu'au bout des ongles ; il dessine très-joliment ; c'est un homme du monde accompli, greffé d'artiste et prince par-dessus le marché : s'il n'était pas charmant et heureux avec cela, je ne vois pas trop avec quoi il le serait.

— Enfin, voilà donc une voix d'homme qui ne dit pas de mal de mon petit prince !

— Le mal qu'on dit des hommes comme M. de Riva est tout à leur éloge : il prouve la jalousie qu'ils inspirent, et d'un autre côté les espérances qu'ils font naître. Moi, je n'ai aucune raison d'être jaloux du prince, et je dis la vérité.

— Je lui répéterai votre opinion, et, de la part d'un homme comme vous, elle lui sera précieuse.

Évidemment elle voulait faire la contre-partie de ce que j'avais fait ; soit ! et puisqu'elle me disait à peu près ma phrase, je lui répondis à peu près la sienne :

— Pour lui répéter cette opinion, madame, il faudrait lui dire que vous me connaissez.

— Je le lui ai déjà dit, je lui dis tout ; c'est lui qui me conseille, me guide, m'accompagne.

— Alors, il sait que j'ai l'honneur de souper avec vous ?

— Parfaitement. Je voulais même qu'il fût des nôtres.

— Est-ce qu'on le lui aurait défendu ?

— Oh ! il ne reconnaît un pareil droit à personne.

— Qui l'en a donc empêché ?

— Il accompagne sa mère au bal.

— C'est pour cela qu'il est parti avant la fin de l'Opéra.

— Justement. Vous voyiez donc tout ce qui se passait dans notre loge ?

— Nous voyions tout.

— Ah ! cette dame regardait aussi ?

— Certainement. Dès que je vous ai vue entrer, je vous ai nommée à elle, et naturellement elle vous a lorgnée tout de suite, avec une curiosité bien excusable.

— Cette dame connaît-elle le prince ?

— Je ne crois pas.

— Tant mieux !

— Pour qui, madame?

Elle hésita un instant.

— Pour moi, répondit-elle ; elle l'empêcherait peut-être de venir me voir.

— Pourquoi, puisqu'elle ne m'en empêche pas?

— Oh ! ce n'est pas la même chose; il y a ici pour lui des dangers qu'il n'y a pas pour vous.

— Mais auxquels cette dame s'intéresserait fort peu, car elle n'aurait pas pour lui le même genre d'intérêt que pour moi, et, au contraire, ne verrait qu'un bonheur là où vous voyez un danger.

— N'importe, je dis encore tant mieux pour moi ; car si mon petit prince connaissait cette dame, il s'apercevrait bien vite de sa supériorité sur toutes les autres femmes et me délaisserait, non plus de force, mais volontairement : que deviendrais-je alors?

— Vous n'en souffririez pas longtemps, vous devez voyager encore bientôt.

— Je compte partir ; mais vous savez : *Souvent femme varie.*

— *Bien fol est qui s'y fie...* Vous oubliez le second vers, madame.

— Je ne l'ai jamais su.

— Et qui pourrait vous retenir à Paris, madame?

— Comment un homme d'esprit peut-il faire une pareille question à une femme de mon âge?

— Quand cette femme a des chevaux blancs à sa voiture...

— C'est juste, j'avais oublié.

— Vladimir me l'avait bien dit.

— Quoi?

— Que vous oubliez facilement.

— Vladimir est un menteur.

— Je le lui ai dit ce matin.

— A propos de quoi?

— A propos de récits qu'il me faisait et de conseils qu'il voulait me donner.

— Voyons ces récits et ces conseils.

— C'est inutile, madame, je ne veux pas croire aux uns, et je ne veux pas suivre les autres.

Elle ne put s'empêcher de rougir un peu.

— Je vous en prie, fit-elle, oubliant déjà son petit prince et se montrant ainsi plus curieuse qu'habile; je vous en prie, racontez-moi ce que Vladimir vous a dit de moi.

— Et qui vous dit, madame, que ce soit de vous qu'il m'ait parlé ?

— J'en suis sûre... voyons, que vous a-t-il dit?

— Tout ce qu'on peut dire de vous, madame.

— On peut dire tant de choses.

— Aussi, madame, n'ai-je cru que ce que je devais croire.

— Raison de plus pour me le répéter.

— Je lui ai promis la discrétion.

— Il l'exige donc de tout le monde?

— Comment cela ?

— Il l'a exigée de moi quand il m'a parlé de vous.

— Ah ! il vous a parlé de moi ?

— Longuement, quand il a voulu me faire faire votre connaissance.

— Et je vois qu'il ne vous a dit que du bien de moi, puisque cette connaissance s'est faite.

— Qui sait? Une femme est quelquefois plus désireuse de voir un homme dont on dit du mal qu'un homme dont on dit du bien ; en général, les hommes dont on médit sont des hommes de mérite, témoin mon petit prince.

— Alors, je suis dans une admirable position vis-à-vis de vous, madame : dans la position d'un homme dont on vous a dit tant de bien, que vous avez pu hardiment faire sa connaissance; ou d'un homme dont on vous a dit assez de mal pour que vous désirassiez le connaître.

— Mais ce que Vladimir n'a pu vous dire, et ce que vous ne savez pas, c'est qu'en dehors de tout cela il y a une raison particulière pour que, sans aller au-devant de l'occasion de vous connaître, je saisisse avec plaisir cette occasion quand elle se présenterait.

— Et cette raison, madame?

— Qu'il vous suffise de savoir qu'elle existe, et que, bien que je ne vous connaisse que depuis ce matin, il y a longtemps que vous n'êtes plus un étranger pour moi.

Parlait-elle sérieusement ? En tout cas, elle jouissait franchement ne ma curiosité et semblait dire :

— A mon tour.

— Eh bien confidence pour confidence, madame.

— Non, il vaut mieux que je ne pense pas à ce temps-là; d'ailleurs, je sais tout ce que Vladimir vous a dit, et le marché ne serait pas égal.

— Une heure ! comment n'est-il pas encore arrivé ?

Au même, moment, on sonnait à la porte, et la duchesse,

convaincue que c'était Vladamir qui arrivait, appela sa femme de chambre et lui dit :

— Qu'on serve.

Puis elle ouvrit elle-même la porte du salon pour aller au-devant du retardataire ; mais à peine l'eut-elle ouverte qu'elle la referma, et que, me prenant par la main, elle me conduisit à la porte d'une autre chambre et me dit :

— Je vous en prie, monsieur, entrez là un instant.

Et, sans attendre ma réponse, mais avec un regard qui me promettait l'explication de cet étrange incident, elle referma la porte sur moi. J'étais dans l'obscurité la plus complète ; je collai mon oreille à la porte et je me disposai à écouter ; mais, au moment même, la lumière se fit autour de moi, je me retournai ; c'était la femme de chambre qui m'apportait des bougies, et qui se retira aussitôt avec la gravité inhérente à sa qualité d'Anglaise. J'étais dans la chambre à coucher ; il fallait que la situation fût grave pour qu'on me fît cacher là. C'était là, en effet, que la duchesse était entrée quelques minutes auparavant. Sa pelisse était sur un fauteuil, toute chaude et toute odorante encore de la vie du soir ; le lit entr'ouvert attendait la belle dormeuse, et je me trouvai, moi, initié tout à coup aux plus charmants secrets de la chambre à coucher d'une jeune femme, chambre qui, même pour l'amant, conserve longtemps, quelquefois toujours, le mystère qu'il m'était permis de pénétrer, et c'était d'un pareil lieu que j'allais apprendre encore un secret sans doute. Qui eût dit, en me voyant là, que je ne connaissais cette femme que depuis le matin ? Cependant le pas d'un homme s'était fait entendre. La duchesse disait :

— Comment, prince, c'est vous !

C'était le prince de Riva à une heure du matin. Ah ! le cœur me battit. Cependant la duchesse ne pouvait être complice de cette visite ; d'ailleurs, il y avait dans sa voix plus que de l'étonnement.

— Que se passe-t-il donc, prince, que je vous vois arriver à pareille heure ? demanda-t-elle.

— Rien, duchesse, rien ; la baronne m'a dit que je vous trouverais, et je suis venu.

— Pourquoi ?

— Pour causer quelques instants avec vous.

— Les conversations que nous pouvons avoir ensemble se lèvent à deux heures et se couchent à minuit.

— On peut les réveiller...

— Vous avez beaucoup d'esprit dans le jour, mon cher

prince; raison de plus pour le laisser reposer la nuit, croyez-moi.

— Qu'avez-vous donc, duchesse?

— J'ai... que je trouve votre visite, même autorisée par ma belle-sœur, du plus mauvais goût! j'ai... que je me demande qui me fera respecter, si dans ma propre famille on autorise ainsi le manque de respect envers moi! Il n'y a que les maris et les amants, continua-t-elle en s'animant de plus en plus, qui puissent ouvrir à une heure du matin la porte d'une femme, d'une femme comme moi, et vous n'êtes ni l'un ni l'autre; je m'étonne donc que vous ayez ouvert cette porte.

— Pardonnez-moi, je ne croyais pas...

— Ce n'est pas à vous que j'en veux; on vous fait, sans que vous vous en doutiez, jouer un rôle qui ne va ni à votre caractère ni à votre nom... Retournez chez ma belle-sœur, et dites-lui que, par sa faute, j'ai été forcée de voir une impertinence dans une de vos visites, et de traiter mal un homme dont, il y a cinq minutes encore, j'appréciais l'éducation, le cœur et l'esprit. Allez, prince, allez. Demain, quand vous viendrez me faire vos excuses, je ne me rappellerai que vos visites d'autrefois.

Et là-dessus j'entendis se refermer les portes sur monsieur de Riva.

J'étais heureux, non pas de l'humiliation du prince, mais de la fierté de cette femme, et je m'approchai de la porte pour être le plus vite possible près d'elle quand elle viendrait me délivrer; mais, à mon grand étonnement, elle ne parut pas. Cependant je l'entendais marcher dans le salon, et le bruit d'une voiture qui se détachait de la maison me prouva que le prince était bien parti. D'où venait que j'étais encore là? Ne savait-elle comment s'excuser?... Je prêtai l'oreille : le bruit des pas avait cessé. J'entrai dans le salon... Elle était sur le canapé, essuyait ses yeux rougis de larmes. Je m'approchai d'elle, et je lui dis avec émotion :

— Pourquoi pleurez-vous, madame?

— Comment voulez-vous que je supporte une pareille insulte? me dit-elle. Je suis donc tombée bien bas, pour qu'on me traite ainsi? Je vous jure pourtant que le prince n'a aucun droit d'agir comme il le fait... je vous le jure!

— A quoi bon ce serment, madame? N'êtes-vous pas libre de toutes vos actions? Ai-je le droit, moi, de vous en demander compte, et qui vous force à me les expliquer?

Je répondis cette phrase d'un ton qui, si elle n'eût été si agitée, eût pu l'éclairer tout de suite sur mes véritables sentiments pour elle.

— Mais que pensez-vous de moi après une pareille scène?

— Ce que j'en pensais auparavant.

— Vous êtes cruel!

— Oh! vous vous méprenez au sens de mes paroles, madame! Quelques choses que je visse ou entendisse, mon opinion sur vous est arrêtée depuis que je vous ai vue. Pensez-vous que je prenne au sérieux notre badinage de tout à l'heure, et les efforts que vous faisiez pour me faire croire ce qui n'existe pas? La façon dont vous venez de recevoir le prince ne serait-elle pas d'ailleurs le démenti le plus formel à votre conversation? Croyez-vous que, d'un autre côté, j'ajoute foi à tout ce qu'on m'a dit de vous? Les larmes que vous versez en ce moment ne seraient-elles pas la preuve du contraire, si ce contraire avait besoin de preuve?... Non madame, non, rien de tout cela n'est vrai, je ne le veux pas! Laissons les sots croire et les méchants répéter de pareilles médisances, et nous, gens de cœur, faits pour nous entendre, prenons-les de plus haut et comme elles doivent être prises.

A ces mots, elle se leva, et me prenant les deux mains, elle me dit:

— Oh! merci de toute mon âme! Vous m'avez devinée.

— Je vous ai comprise, madame; j'ai compris que votre cœur inoccupé laisse tout faire à votre esprit, et l'esprit est quelquefois, toujours même, un mauvais conseiller pour une femme jeune et belle. Voyez où toutes ces imprudences peuvent vous entraîner, madame. Je vous connais à peine, et ce peu de temps a suffi pour me donner presque des droits sur vous. Regardez en face la situation où nous sommes vis-à-vis l'un de l'autre, et ce que j'en pourrais faire si j'étais un malhonnête homme ou seulement un homme mal élevé. Vous avez écrit une lettre où vous parliez de moi en termes dont ma vanité pourrait se souvenir... Il est près de deux heures du matin; je suis seul avec vous; vous m'avez fait cacher dans votre chambre à coucher; je puis m'appuyer sur l'opinion que le prince a eue de vous en venant à cette heure et sur la façon dont Vladimir vous traite en ne venant pas; le moins impertinent des deux est encore celui qui est venu. Vous vouliez savoir ce que Vladimir me disait ce matin? Il me disait: « Soyez donc l'amant de la duchesse, mon cher; ce sera très-facile. » Il ne vient pas; pourquoi? Pour me donner l'occasion après m'avoir donné le conseil. C'est par Vladimir que je vous ai connue; c'est votre ami; il sait donc à quoi s'en tenir sur votre compte. Voilà ce que je pourrais me dire. Et si maintenant, après tout ce qui s'est passé, il me prenait fantaisie de suivre son conseil, il vous serait bien difficile de me congédier comme le prince; et, en tout cas, en laissant les choses dans leur état le plus régulier, je ne mentirais pas en lui disant demain : « Vous êtes venu cette nuit chez la duchesse; j'étais caché dans sa chambre, j'ai tout entendu. » Ce serait de très-mauvais goût, je le sais bien; mais ce mauvais goût ne serait-il pas excusé d'avance par votre propre inconséquence; et pourquoi me demander de vous traiter autrement que vous vous traitez vous-même?... Quoi que vous disiez, un homme caché à une heure du matin dans la chambre d'une femme, et d'une femme comme vous, c'est l'amant de cette femme. Je puis donc demain, en racontant la seule vérité, vous compromettre, et les bruits passés feront un chemin facile à ce bruit nouveau. Et cependant, nous ne sommes rien l'un à l'autre? je vous donne la main comme à un homme et je vous appelle *madame*, comme s'il y avait cinquante personnes autour de nous. Qu'est-ce que cela prouve? que vous avez fait dans votre vie je ne sais combien d'imprudences du même genre, qui semblaient ne devoir pas amener de conséquences, et qui en ont eu... Est-ce vrai?

— Oui, c'est vrai, me dit-elle, oui!... Que c'est bien à vous de me parler ainsi!... voyez, je ne pleure plus: mais je vous dirai tout, vous verrez que je ne suis pas si coupable que j'en ai l'air.

— Eh bien, madame, il faut vous arrêter dans cette route, puisqu'il est temps encore. Après vous avoir encouragée, le monde vous attaquera, c'est sa tactique ordinaire. Après les impertinences isolées, comme celle de ce soir, viendront les impertinences publiques, n'en doutez pas... Ne donnez pas cette satisfaction à ce monde envieux, jaloux et corrompu qui vous guette; faites que votre dignité vous précède et vous protége, sans que vous ayez besoin de l'appeler à votre aide comme vous avez fait tout à l'heure. C'est étrange, n'est-ce pas, qu'un homme de vingt-six ans vous donne un pareil conseil et dans un pareil moment? mais il y a une raison à cela, raison que vous saurez un jour; en attendant, le conseil n'en est pas moins bon à suivre, quelle que soit la raison qui le donne.

— Je le suivrai, je vous le jure! me dit-elle en me suppliant du regard de croire à ce serment.

Et avec l'enthousiasme des franches natures :

— Vous m'aiderez, n'est-ce pas? Il y a déjà une bonne chose

en moi : j'aime mon père, mon bon et excellent père ; je l'aime à l'adoration. Quand je ne serai pas sage, continua-t-elle d'un ton dont il est impossible de te rendre à la fois la câlinerie coquette et la sincérité pleine de grâce ; quand je ne serai pas sage, vous me menacerez de le lui dire, et vous verrez comme je redeviendrai docile.

Et en me parlant ainsi, elle me regardait de bas en haut et me souriait avec confiance, avec tendresse.

Vois quel chemin on peut faire vers une femme par les belles et larges routes du cœur. Pour moi, j'avais des larmes dans les yeux ; je la regardais avec amour, retenant à peine entre mes lèvres un mot que je ne voulais pas dire encore et qui ne demandait qu'à s'échapper.

— Ainsi, c'est convenu ? reprit-elle.

— Tout ce que vous voudrez.

— Vous viendrez me voir ?

— Tous les jours.

— Vous me donnerez des conseils ?

— Oui ; mais prenez garde, je serai bien exigeant.

— Tant mieux.

— Je défendrai les bals...

— Qui me fatiguent.

— Les veilles...

— Qui me font mal.

— Certaines visites...

— Qui m'ennuient. Oh ! je vous en prie, prenez de l'empire sur moi ; ordonnez, punissez, maltraitez s'il le faut. Je suis lasse de commander toujours, d'être approuvée sans cesse. Je le sais bien, je suis de ces femmes qui ont besoin d'être dominées ; ma force est dans les autres.

— Vous oubliez, madame, qu'une femme de votre âge et de votre nature ne se laisse dominer que par un seul homme.

— Lequel ?

— Celui qu'elle aime.

Elle me regarda en souriant.

— Eh bien ? reprit-elle.

— Eh bien ? repris-je, pour attirer à moi la fin de cette phrase timide.

— Vous m'avez promis de me rendre sage ; si je fais mal, ce sera votre faute. Ainsi, reprit-elle, je me remets entre vos mains, je me confie à vous ; je ne m'appartiens plus ; disposez de moi comme bon vous semblera.

— Alors, adieu.

— Comment, adieu!...

— Oui, madame, je vous quitte.

— Quelle est cette folie?

— Il est deux heures du matin.

— Qu'est-ce que cela fait?

— Ce qui était inconvenant de la part du prince le serait de la mienne.

— Pas le moins du monde. D'abord, le prince n'est pas vous; le prince n'est plus ou plutôt n'a jamais été mon maître; ensuite, le prince n'était pas invité à souper avec moi, et vous l'êtes: l'inconvenance, au contraire, serait donc de vous en aller.

— Oui, mais pour exécuter tout de suite les conventions auxquelles vous venez de souscrire, pour entrer franchement dans la voie nouvelle, pour que mon autorité ait droit et valeur, il ne faut pas qu'une seule fois je sois complice d'une imprudence; cr c'en serait une que de me garder ici; le souper se prolongerait au moins deux heures, il serait quatre heures quand je sortirais de l'hôtel; demain, tout Paris le saurait... Serais-je bien fondé ensuite à vous faire de la morale?

— Oh! répliqua-t-elle avec une adorable petite moue, il ne faut pas me faire les commencements si difficiles; vous me décourageriez au début... Restez, je vous en prie; à moins que vous n'ayez compté que ce souper serait fini à deux heures, et que vous n'ayez pris un engagement pour cette heure-là; alors je ne vous retiendrais pas.

— Oh non! je suis libre.

— Eh bien! restez... Nous allons, continua-t-elle avec un esprit charmant, enterrer le passé mort et commencer l'avenir. Quoi de plus innocent.

En même temps elle sonnait :

— Servez ici, dit-elle en anglais au domestique qui parut. Nous aurons un témoin qui pourra voir et qui ne pourra entendre, il ne comprend pas le français : ce sont là deux garanties de plus.

Qu'elle était jolie, avec ses yeux plus brillants et ses joues plus rosées depuis les larmes répandues!

VI

Nous nous mîmes à table. Quel charmant souper! Elle avait de petites manies qui avaient besoin de toute sa grâce pour ne pas paraître ridicules; elle ne buvait que du porto, et n'en buvait qu'un verre; elle ne mangeait que des petits pains anglais qu'on lui servait dans un sac, et ne prenait que ceux du milieu; elle avait un couvert à elle, un petit couvert d'argent qu'après le repas on renfermait dans son étui de chagrin, et rien au monde, chez elle, ne l'eût fait manger avec un autre.

Ce fut par ces confidences légères, et qui du reste se faisaient toutes seules, qu'elle arriva aux autres. La table était près du feu, chargée à l'avance de tous les mets du souper. Cette table était ronde, petite, familière. La pendule sonnait les heures intimes et calmes de la nuit. Le domestique, silencieux, servant comme une ombre, ne pouvait nous comprendre. Je te le répète, ce fut un charmant souper, avant la fin duquel elle congédia le domestique, si peu gênant qu'il fût, et après lequel, sans savoir comment, mais tout naturellement, je t'assure, je me trouvai assis sur le tabouret où elle avait posé ses petits pieds, la regardant et l'écoutant. Que de charmes avait ce commencement d'intimité! Elle me disait tout et ne songeait pas à mentir; c'était cet éternel roman du cœur, toujours le même, et dont toutes les femmes de ce monde qui ont souffert par le cœur ont cru avoir la première épreuve.

On l'avait mariée à dix-huit ans, et elle en a vingt et un, à un homme qu'elle n'aimait pas; on l'avait refusée à l'homme qu'elle aimait; celui-ci n'avait pas de fortune, celui-là avait ou plutôt devait en avoir une très-grande un jour. A ce manque d'amour indépendant de sa volonté, le duc joignait d'autres raisons personnelles pour que cette union fût placée, dès le principe, dans les plus désastreuses conditions : non-seulement il n'aimait pas sa femme, mais il n'aimait pas davantage les autres. C'était un homme d'un grand nom, doué certainement d'un esprit original, jeune encore, placé tout naturellement dans une des premières positions de son pays; et noblesse, esprit, fortune à venir, position présente, il traînait, abrutissait, gaspillait, compromettait tout dans les fatigues du jeu, les plus énervantes, les plus basses, les plus honteuses des fatigues. Je comprends la pâleur, l'anéantissement même qui résultent des orgies et de l'amour des femmes : il y a dedans une énergie qui les relève, un résultat qui les poétise, une cause qui les excuse. L'âme y a un instant sa part; tous les sens y ont fait leur office : les yeux en voyant de belles formes; les mains en les touchant; les oreilles en entendant des mots d'amour, qui vrais ou faux, sont toujours doux à entendre; la bouche, en savourant à tort et à travers les vins et les baisers; l'odorat, en aspirant les parfums concentrés et mêlés des fleurs, des fruits et des femmes. Mais cette pâleur, reflet d'un tapis vert; mais ces paupières brûlées et rougies par un regard toujours fixe; mais ce dos vouté par la tension de la tête vers un seul point; mais ce tremblement nerveux né d'émotions qu'il faut cacher; mais cette orgie muette dans les parties inférieures de l'âme; mais ce concubinage monstrueux, stérile, d'un homme et d'une carte, est pour moi, pour tout être sensé, et à plus forte raison pour la femme qui doit en souffrir, une des plus repoussantes choses qu'il y ait... Cependant le duc, malgré ses trente-quatre ans, ne pouvait plus aimer que cela. Des débauches précoces, des maladies inexorables auraient fait de lui un homme dangereux en amour, si elles n'avaient pris le parti plus simple d'en faire un homme inutile. Tout était mort en lui, excepté la soif de l'argent et la passion du jeu.

Tiens! regarde-le : c'est lui qui est au fond de la loge de la duchesse; cet homme blond avec des favoris et des moustaches à l'anglaise! D'ici tu peux voir comme il est pâle; mais c'est plus que de la pâleur qui couvre son visage amaigri, c'est la teinte plombée d'un sang corrigé à force de métaux. Cet homme avait l'œil doux et fier; si tu le voyais de près, l'œil est vitreux maintenant, la paupière est plissée, la bouche est démeublée, avachie pour ainsi dire; la lèvre inférieure pend sans force, incapable de lancer un mot énergique ou de donner un baiser nerveux; regarde-bien cet homme qui cause et rit dans ce moment: il a l'air d'un homme du monde, il l'est : eh bien, en sortant de ce bal, il va s'enivrer avec des filles qui redeviendraient vierges à être ses maîtresses; il va perdre quinze ou vingt mille francs, et demain, chancelant, pâle, aviné, il entrera chez sa femme et lui prendra des diamants pour payer ses dettes de jeu, c'est ainsi qu'il les paye le plus ordinairement. Voilà l'homme! Étant donné un pareil mari, on trouvera facilement ce que peut devenir la femme!

Et cependant, jusqu'alors, la facilité de ce mari corrompu, la liberté illimitée qu'il laissait à sa femme, avaient produit un effet tout contraire à celui que l'on devait attendre. La nature distinguée de la duchesse, qui se fût révoltée contre une tyrannie, s'entêta à n'avoir rien de sérieux à se reprocher à elle-même, s'obstina dans ses devoirs, seul moyen de rester fidèle au souvenir de l'homme qu'elle avait aimé et qu'elle ne devait plus revoir. Mais, un jour, cet homme qu'elle espérait toujours retrouver, cet homme fut tué, les uns disent par accident, les autres par volonté. Et quand elle apprit cette mort, son premier mouvement fut de se retirer du monde. Le duc s'y refusa, bien entendu. Alors elle tenta d'oublier en se jetant dans le bruit; et par une de ces réactions si fréquentes chez les femmes, de l'exagération de la retraite elle tomba dans l'exagération contraire. L'appui mystérieux de sa vie sérieuse venant à lui manquer, elle vacillait. Un instant elle douta de Dieu; et alors commencèrent toutes les folies que tu connais, folies tout extérieures, car on n'a pas une réalité à lui mettre sous les yeux, et pas un de ceux qu'on cite tout haut comme ses amants n'oserait affirmer qu'il l'a été; elle n'est pas femme à se donner à moitié; elle ne pouvait déjà aimer assez pour se donner tout à fait, et elle est d'une race trop pure pour appartenir à un homme qu'elle n'aimerait pas. J'avais donc eu raison de lui dire que je ne croyais pas au mal que j'avais entendu dire d'elle, et je savais déjà à quoi m'en tenir sur ce qu'on dit si facilement de nos grandes dames. Tu souris... Je sais bien ce que tu penses : que j'ai tout intérêt à exalter les femmes du monde, parce que j'en aime une. Erreur, mon ami; je les ai toujours défendues quand je les entendais attaquer, et, crois-moi, ne tombe jamais dans les travers de certains écrivains qui, pour se faire lire et applaudir de quelques basses jalousies et d'une masse bourgeoise toujours prête à attaquer un monde dont elle voudrait faire partie, trempent leur plume dans la faute d'une de ces femmes, et l'impriment au grand jour, mentant ainsi à la mission de l'écrivain qui est de protéger les faibles. D'ailleurs, j'aime et je défends toutes les femmes; elles valent mieux que nous, et jamais la nature n'aurait eu l'idée de nous charger des difficiles missions dont elle les charge. Si elles font mal, c'est à nous qu'il faut s'en prendre; et quand vient le châtiment, c'est notre orgueil, notre égoïsme, notre cruauté qu'elles expient. Que te dirai-je ? la duchesse est une des femmes dont j'ai entendu raconter le plus de choses; et dans sa haute position, sans son esprit qui est un des plus prompts et des plus mordants que je connaisse, bien des portes lui seraient fermées par où passent cependant des fautes plus graves que les siennes. Eh bien, je suis devenu le confident du passé de cette femme, je le connais dans ses moindres détails; elle me l'a confié dans un de ces moments où le cœur des femmes s'épanche sans honte, sans réticence, librement, naïvement; et je te le répète, dans toute cette vie, il n'y a rien que je puisse sérieusement lui reprocher, moi, son amant, c'est-à-dire le plus sévère et le plus inflexible de ses juges. Pourtant je lui ai exagéré le mal commis, et elle m'a dit souvent : « Que vous êtes bon de m'aimer après tout ce que j'ai fait ! »

A l'époque où je la connus, elle commençait à se lasser de cette réputation bruyante qui l'accompagnait partout. Cependant ce genre de vie était un peu passé à l'état de besoin, et comme toutes les femmes, elle n'en pouvait sortir que si quelqu'un lui tendait la main. Elle avait donc, ne sachant pas quel homme j'étais, engagé avec moi, dès qu'elle m'avait vu, une de ses coquetteries accoutumées, ainsi qu'avec le petit prince, qui, comme tu l'as vu, les avait un peu trop prises au sérieux; mais cette belle et noble créature sentait bien qu'elle était dans le faux, que son âme tenait une epèce de pari impossible à tenir longtemps; et sans savoir où elle la mènerait, mais comprenant qu'elle y était accompagnée par un honnête homme, elle s'engagea brusquement avec moi dans la voie des confidences et des expansions intimes, et me demanda franchement mon appui. Tous les badinages, tous les petits mensonges furent donc laissés de côté, et il n'y eut plus là que deux âmes amies et sympathiques. Quant à son premier amour, il était encore capable, quand son souvenir se représentait, de voiler ce beau front d'un peu de mélancolie, de mouiller ces beaux yeux d'une larme nouvelle; mais il ne pouvait pas emplir à lui tout seul cette âme devenue plus exigeante, et, elle me l'avoua, elle en était arrivée à tenter d'aimer une seconde fois; elle n'en gardait pas moins de cet enfant — je l'appelle ainsi, car, s'il eût vécu encore, ils auraient eu à eux deux à peine quarante ans — elle n'en gardait pas moins de cet enfant une mémoire religieuse et sainte. Seulement, elle devait comprendre bientôt, si elle ne comprenait déjà, que ces premières amours, tendres comme les premières feuilles d'avril, fraîches comme la rosée, parfumées comme les fleurs, ces amours passent comme les feuilles, la rosée et le parfum.

Toutes les femmes ont connu ces amours sans s'y arrêter; elles s'exercent avec elles pour se préparer à de plus sérieuses. La tombe avait un peu plus poétisé celui-là, et c'était à la mort qu'il devait d'avoir vécu si longtemps. C'eût donc été pour le mari de cette femme, s'il eût été digne d'elle, une facile et profitable victoire à remporter que de la consoler de ce souvenir, tout en le respectant comme mérite d'être respectée toute chose innocente, et de l'en faire doucement passer à l'amour qui, dans les volontés de la nature, doit succéder à celui-là. On l'a dit, on le dira encore inutilement : bien coupables sont ces parents qui marient deux fortunes, deux noms, deux positions, sans s'occuper des âmes qui sont dessous...

La duchesse se sentait donc poussée malgré elle vers des

besoins nouveaux, vers des révélations qui lui étaient restées inconnues. Était-ce moi qui étais destiné à la recevoir sur le seuil de cette autre vie? Était-ce moi qui l'y accompagnerais? J'en puisai la conviction, la volonté, la force, dans la façon dont elle me livra tout de suite ses secrètes pensées et me questionna sur le travail étrange que son âme faisait en elle. Ah! la douce nuit que nous passâmes! Certainement elle m'appartenait déjà, et de cette confiance infinie elle fût entrée sans s'en apercevoir, j'en suis sûr, et à la première tentative que j'aurais faite, dans toutes les volontés de mon amour; mais ce sentiment n'eût peut-être pas subsisté, et ce que je voulais maintenant de cette femme, c'était son âme, sa pensée, tout le bien que je découvrais en elle, tout l'amour qui devait y naître un jour, et non la vulgaire expansion des sens surpris en un moment de faiblesse. Je l'écoutais m'inondant de cette douce voix étrangère à moi la veille encore, et dont le son allait, à partir de cette nuit, vibrer constamment à mon oreille; je tenais sa main dans la mienne, et mon âme allait de moi à elle et me revenait chaque fois plus heureuse, plus riche, plus fière. J'avais joué un rôle dans son passé, m'avait-elle dit; ce rôle eût été bien insignifiant sans le hasard qui nous réunissait dans ces conditions exceptionnelles, et il se réduisait à ceci : qu'elle avait trouvé charmante, et dans les commencements de son premier amour, la première valse qu'elle avait dansée avec l'homme qu'elle aimait; elle l'avait prié de la lui apporter le lendemain. Depuis ce temps, ils l'avaient jouée souvent ensemble; elle était restée pour elle l'écho harmonieux des temps heureux de sa vie, et cette valse est de moi.

Le feu était éteint, les lumières pâlissaient, le jour parut; il fallait se séparer.

— Adieu, lui dis-je.

— Oh non! au revoir, me dit-elle; allez prendre un peu de repos, et revenez dans la journée; je ne recevrai que vous.

Je partis. Il faisait grand jour; les domestiques de l'hôtel me regardèrent avec étonnement, avec curiosité, en se souriant les uns aux autres. En effet, cette sortie matinale pouvait faire faire les plus promptes suppositions; j'avoue que je m'en préoccupais peu, j'étais tout entier à d'autres idées.

Il n'y avait plus à essayer de lutter, mon cher, et, d'ailleurs, à quoi bon? j'aimais bien décidément; j'avais complétement oublié Mme de Wine; et quant à mes combinaisons, mes plans et mes théories, tout s'était envolé avec les heures heureuses de cette nuit. La duchesse était mon unique pensée, je lui appartenais, elle pouvait disposer de moi comme bon lui semblerait; enfin j'aimais, je te le répète, et ce mot n'a pas deux sens.

Quand je fus dans la rue, je me retournai et je la vis à sa fenêtre, me souriant et m'envoyant un dernier adieu dans de charmants signes de tête. Quel enchantement ce devait être que d'être aimé de cette femme!

Je n'avais pas la moindre envie de dormir, je me promenai dans les rues. A neuf heures, Vladimir devait être réveillé; j'allai chez lui : c'était le seul avec qui je pusse causer de la duchesse, et j'avais encore besoin de m'entretenir d'elle.

— Eh bien, me dit-il d'un air satisfait en me voyant entrer, ne suis-je pas aimable?

— Comment?

— Qu'est-ce que j'ai fait hier au soir? Est-ce que ce n'est pas d'un ami, de vous laisser seul où nous devions être deux? Et vous aurez mis le temps à profit, j'espère. Voyons, contez-moi cela!

Oh! oh! ce n'était plus ainsi qu'il fallait me parler de cette femme!

— En effet, je vous remercie, mon cher Vladimir, répondis-je d'un ton un peu froid; mais je n'ai rien à vous conter.

— Cependant vous avez dit quelque chose.

— Naturellement, nous avons causé.

— De quoi?

— De tout ce dont on peut causer.

— Et de quoi encore?

— De rien de plus.

— Vous plaisantez!

— Pas le moins du monde.

— Allons, mon cher, la discrétion est une belle vertu! répliqua-t-il d'un air un peu piqué.

Cependant Vladimir n'était pas de ces hommes qu'on puisse faire franchement les confidents de ses impressions intimes; c'était à lui que je devais de connaître la duchesse, et, en somme, outre que c'eût été la compromettre que de n'avouer rien du tout, il y eût eu presque ingratitude de ma part à paraître me trop défier d'un ami commun. Il s'agissait donc de lui dire ce qui pouvait être dit.

— Il n'y a discrétion, repris-je, que là où il y a secret, et je vous répète, cher ami, que malheureusement je puis avouer toute cette nuit; la duchesse n'était pas rentrée quand je suis arrivé; nous vous avons attendu, nous avons soupé vers deux heures du matin, nous sommes restés à causer, et voilà.

— Et vous êtes sorti de chez elle... quand ?

— Ce matin.

— Et vous dites... Ah ! mon cher, c'est trop fort !

— Je vous donne ma parole d'honneur que je ne suis pas plus à la duchesse que je n'étais hier, alors que je ne la connaissais pas; d'ailleurs, vous savez bien, malgré tout ce qu'on dit, qu'elle n'est pas femme si prompte; et, si vous avez un peu d'amitié pour elle et pour moi, eh bien, mon cher Vladimir, vous ne parlerez plus d'elle comme vous le faites; c'est un service que je vous demande, et, après tout, c'est votre devoir d'ami.

— Vous aussi, vous donnez dans les histoires que se fait Annette, et vous croyez à sa vertu ! Bien, bien, bien ! allez, vous avez du chemin devant vous. Voulez-vous que je vous dise une chose ? dans huit jours elle nous aura brouillés, car elle a une fantaisie pour vous; elle voit que vous voulez la prendre au sérieux, elle fera donc tout au monde pour vous éloigner de moi, qui sais la vérité; et puis elle partira, elle vous laissera là, et alors vous viendrez me dire que j'avais raison. Je vous attends, et je ne vous en voudrai pas.

Un ami véritable n'eût pas mieux parlé; ces paroles tombèrent sur moi comme la glace, et me firent un trou froid dans le cœur; je sentis que mon amour allait avoir un adversaire dans cet homme, et que, si je le voyais souvent, il empoisonnerait toutes mes joies.

— La duchesse ne nous brouillera pas, lui dis-je; elle n'en a pas le désir et n'en aurait pas le pouvoir. Elle se sert à votre sujet des termes les plus affectueux, et je crois qu'elle mérite l'appui de tout homme, et surtout d'un homme dont elle parle comme elle de vous. Vous m'avez raconté vingt fois que vous aviez été amoureux fou d'une danseuse, et que vous pouviez affirmer qu'elle vous avait été fidèle; ai-je essayé de vous détromper ? Non, car tout est possible. Croyez-moi, quand un homme du monde a aimé une femme de théâtre ou une femme entretenue il a pris l'habitude, pour flatter sa maîtresse et pour s'excuser lui-même à ses propres yeux, de dénigrer toutes les autres femmes au profit de celle qu'il aime, et de dire que les femmes du monde sont plus corrompues que les courtisanes: c'est un de ces vieux dictons auxquels l'intérêt des uns, la méchanceté et la sottise des autres, et de temps en temps une preuve isolée, ont donné une fausse vraissemblance, mais vous avez trop de bon sens pour vous en faire l'écho, surtout maintenant que votre amour pour la dame est un peu sorti de votre cœur sur les remontrances de votre bourse. Soyez donc l'ami de la duchesse, comme il faut être l'ami des femmes, pour les défendre, et vous ferez pour elle ce que, dans l'occasion, elle ferait pour vous.

Voilà ce que je répondis à Vladimir, qui parut accepter cette petite leçon franchement, et qui me dit:

— Je ne parlais d'Annette que comme elle parle d'elle-même· mais vous avez raison, c'est aux amis à aimer les gens mieux qu'ils ne savent s'aimer eux-mêmes. Il suffit, d'ailleurs, que ceci vous soit agréable pour que je le fasse.

Là-dessus il me tendit la main, tout en laissant percer dans sa voix et dans son regard une sorte de pitié retenue. Je pris la main qu'il me tendait, et nous nous séparâmes.

Te l'avouerai-je? ma précipitation à repousser à l'avance ce que Vladimir pouvait me dire encore n'était pas faite seulement de l'estime sincère que je rapportais pour la duchesse; non: il s'y mêlait la crainte de voir mes illusions s'évanouir devant une preuve que cet homme, lié avec elle depuis longtemps, avait peut-être entre les mains. Comme tu le vois, ma conviction était jeune, et, faible encore, vacillait au moindre souffle. Nous sommes ainsi, surtout depuis cinquante ans; notre esprit a sucré un lait tourné par le scepticisme du dix-huitième siècle: nous n'osons pas plus croire tout à fait que nous n'osons douter complétement, et nous trébuchons sans cesse en notre cœur et notre raison. Ces fois aveugles qui faisaient jadis les grands dévouements, les grandes actions et les grandes amours ont disparu; notre intelligence a courbé notre âme, comme l'âme avait vaincu le corps, et l'a forcée à n'aimer et à ne croire qu'après analyse et dissection; l'une a besoin maintenant de l'autorisation de l'autre, sous peine de doute, de chagrin et de ridicule. Chaque homme a aujourd'hui dans l'âme un grain de cette triste semence jetée à pleines mains dans le monde par nos derniers philosophes, et à la moindre occasion, ce grain germe sourdement.

Malgré mes réponses à Vlamidir, je sortis de chez lui moins heureux que je n'y étais entré; sa conviction, à lui, paraissait si certaine, si solide, que j'étais mal à mon aise après l'avoir heurtée de nouveau, je lui en voulais de n'avoir pas deviné et respecté tout de suite mes sentiments; et tout en me promettant de ne pas démordre vis-à-vis de lui de mes illusions, je me promis d'acquérir de nouvelles preuves pour mettre ma confiance dans son droit. Ajoute à cela les détails si inattendus de cette nuit, je dirai presque si invraisemblables, que, par mo-

moments, ils prenaient dans ma tête, fatiguée du reste par la veille et les émotions, les formes mobiles, fugitives et trompeuses d'un songe. Je rentrai donc, et je dormis un peu pour remettre l'équilibre dans mes facultés. Je me réveillai à l'heure où j'avais coutume d'aller chez Mme de Wine; l'idée de la voir me fut insupportable. Je me rendis tout droit, je n'ai pas besoin de dire où. Au moment où, sûr d'être attendu, je mettais le pied sur la première marche de l'escalier, un garçon de l'hôtel courut après moi et me remit un papier plié, mais sans cachet, et qui contenait ces seuls mots:

« Impossible de vous recevoir maintenant; venez à sept heures ce soir, j'aurai beaucoup de choses à vous conter. »

Ce billet, démenti trop prompt des promesses de la veille, me fit de la peine; il me remit devant les yeux le sourire railleur de Vladimir.

« Déjà! » me disais-je; et je me sentis blessé dans mes sentiments comme dans mon amour-propre. Pourquoi ne me recevait-elle pas? Qui était chez elle? Elle ne m'avait donc pas tout dit?

Tel était le cercle de questions inquiètes dans lequel je tournais en revenant tout triste vers le boulevard. Je compris alors la peine qu'on peut éprouver à ne pas voir une personne aimée à l'heure où l'on s'est promis de la voir, et ce sentiment de pitié m'amena chez Mme de Wine à l'heure où elle m'attendait. J'étais maussade, agité, silencieux; elle me demanda ce que j'avais; je prétextai la préoccupation d'un travail difficile, et j'ajoutai même que, pendant plusieurs jours, ce travail me retiendrait chez moi et m'empêcherai de la voir souvent. A tout hasard, je me semais un peu de liberté.

— Travaillez, me dit-elle; moi, je resterai ici à lire, et quand vous aurez une minute, vous viendrez.

En somme, je n'ai rien à lui reprocher, à cette femme: elle était bonne et douce; elle pliait sa vie aux exigences de la mienne; enfin le cœur est là qui commande en maître. Passons.

A sept heures je retournai chez la duchesse; je la trouvai assise et lisant, mais tout habillée et prête à sortir.

— Ce n'est pas ma faute, me dit-elle en répondant au reproche muet de mon premier regard; c'est ma belle-sœur qui était ici quand vous êtes venu, et, en conscience, je ne pouvais, ni pour vous ni pour moi, vous faire trouver avec elle: en vous voyant, elle eût deviné ce que je veux qu'elle ignore, non que j'ai peur d'elle, mais j'aime à la taquiner. Figurez-vous qu'il y a déjà des cancans... Ce maladroit de prince, en s'en allant cette nuit, tout honteux d'avoir été si mal reçu, a dit au domes-

dit : «Pourquoi m'avez-vous laissé entrer puisque Mme ne reçoit pas?» Le domestique a répondu : «Je croyais que monsieur était la personne que madame attendait.» Vous comprenez l'ébahissement de mon petit prince... Sans méchanceté, il a tout conté aujourd'hui à la baronne, qui est venue, avec ses grands airs de vertu, qu'elle n'a pas de peine à défendre, puisque personne ne l'attaque plus, me dire qu'en l'absence de mon mari elle devait me surveiller; qu'elle n'entendait pas que je renouvelasse les scandales que j'avais faits partout; enfin, une foule de choses désobligeantes qu'elle a terminées en me demandant qui j'avais reçu cette nuit. A quoi je lui ai répondu que cela ne la regardait pas, que j'étais libre et n'avais de comptes à rendre à personne. Elle a disparu, furieuse, dans un feu d'artifice de menaces. J'ai beaucoup ri. Et voilà pourquoi je ne vous ai pas reçu. Maintenant, vous n'avez rien à faire ce soir n'est-ce pas? Je vous emmène; j'ai envoyé prendre une loge pour un théâtre du boulevard, où l'on joue, à ce qu'il paraît, une pièce superbe.

Là-dessus elle me tendit la main, sonna, demanda sa voiture, et me dit en se dirigeant vers la porte :

— Venez, je veux voir le commencement.

VII

Nous montâmes dans la voiture au chevaux blancs et nous partîmes. Nous n'échangeâmes pas dix mots pendant la route, qui est cependant assez longue. Elle m'avait abandonné sa main, et nous rêvions chacun de notre côté. Était-ce à la même chose? je ne sais : car lorsque le domestique vint nous ouvrir la portière, sans que nous nous fussions aperçus que nous étions arrivés, elle échangea avec moi un sourire, et nous nous serrâmes légèrement la main, comme si nous eussions été au moment de nous quitter.

Nous entrâmes dans une baignoire obscure et impénétrable. Elle se mit sur le devant de la loge, et elle écouta la pièce d'un bout à l'autre. Le plaisir, l'émotion, l'intérêt, se reflétaient sur son visage aussi facilement que des nuées sur un lac. Elle s'amusait. Tout est jeune et franc en cette femme; elle eût connu ma conversation du matin avec Vladimir, pour me donner une nouvelle preuve qu'il avait menti, elle n'eût pas eu besoin d'autre démonstration que sa seule attitude au spectacle. Figure-toi que, pendant le second acte, que moi je n'écoutais guère, je vis ses yeux se remplir de larmes, sans que pour cela elle cessât de regarder la scène, sans qu'elle songeât à les essuyer, soit qu'elle n'osât pas faire un mouvement, de peur de perdre une parole, soit plutôt qu'elle ne sentît même pas ces larmes si naturelles roulant à leur aise le long de ses joues, s'égrenant ensuite en perles brillantes et animées sur les fermes contours de sa robe de soie. Si on la voyait ou non, elle s'en occupait peu; elle trouvait de quoi pleurer dans ce qu'elle entendait, pleurer lui faisait du bien, elle pleurait. Je la contemplais avec bonheur. Quel parti à tirer d'une âme pareille! Cette femme-là mentir! allons donc! Quand la toile fut tombée, elle écoutait encore. Cependant elle se retourna et me sourit dans ses belles larmes que j'essuyai moi-même.

— Je me suis bien amusée! me disait-elle en revenant et comme un enfant l'eût dit. Si vous le voulez, nous reviendrons souvent dans ces petits théâtres; les grands m'ennuient.

J'ai remarqué, surtout avec Annette, que les véritables femmes du monde prennent un grand plaisir aux choses qui les séparent brusquement de la vie symétrique à laquelle leur position les condamne. Si la duchesse eût pu aller avec moi à la première galerie, avec les grisettes et les bourgeois, elle eût été enchantée. Je l'ai vue souvent, en sortant du spectacle, congédier sa voiture pour prendre un fiacre. Plus le fiacre était laid, plus les chevaux étaient maigres, moins vite ils marchaient, plus elle était contente.

— Pourquoi cela vous amuse-t-il d'aller en fiacre? lui disais-je.

— Parce que je n'y vais jamais, me répondait-elle, et qu'il n'y a d'amusant que ce qu'on ne peut pas faire.

Raisonnement qui fut celui de la première femme, et qui, probablement, sera celui de la dernière.

Puis, le lendemain du jour où nous avons été si mystérieusement et gaiement courir les petits théâtres, elle rentre dans les nécessités de sa vie de grande dame, et elle va à l'Opéra ou aux Italiens, avec son mari ou une amie, ou une parente. Elle me le fait savoir. J'arrive, et je vois alors, belle, calme, éclatante, admirée, cette femme que, la veille, à la même heure, j'accompagnais voilée, dans quelque loge mystérieuse et cachée. La transformation est complète, et cependant c'est toujours la même femme, parce que cette femme est de race pure, et que quand ce n'est pas son rang qui l'éclaire, c'est son cœur. A peine suis-je entré dans la salle où elle est, que, d'un coup d'œil rapide comme un éclair, elle me découvre, n'importe où je suis, un sourire imperceptible me remercie, et tout en causant avec celui-ci, tout en s'adressant à celui-là, tout en étant séparée de moi par des centaines d'individus, c'est à moi qu'elle parle.

Tous ceux qui ont aimé gardent le souvenir de soirées semblables. On ne se regarde pas, on n'a pas l'air de se connaître, et que de choses on se dit! Cette main qui joue dans une dentelle, ce gant ôté à un certain moment, cette coiffure, cet éventail, cette lorgnette qui se promène sur tout le monde et qui ne voit que vous; ces fleurs, cette couleur de robe : tout a un sens particulier pour deux yeux attentifs, perdus dans la salle, pour un cœur qui bat dans l'ombre. Tout cela veut dire : « J'ai reçu votre lettre; je pense à vous; les gens qui sont là m'ennuient! Je vous aime! A ce soir! à demain! » Que de douces paroles s'échangent ainsi dans une salle de spectacle, sans que personne les devine! Pendant deux heures, le bourdonnement de la foule, la voix des acteurs, le chant de l'orchestre, bercent cet amour invisible et flottant; puis la grande dame rentre chez elle. Une ombre la suit et rôde devant sa maison, jusqu'à ce qu'un rayon de lumière, glissant entre les rideaux d'une fenêtre indiquée, donne un signal attendu. Oh! ces amours-là n'ont rien de commun avec les autres, et il me semble que le jour où l'on en meurt on ne paye pas encore assez le bonheur qu'on a eu.

Pour en revenir aux premiers jours, je ne saurais te faire dans tous ses détails, minute par minute, le récit de la vie que nous commençâmes. Annette semblait avoir la volonté de me prendre tout mon temps, de disposer de mes heures les plus intimes; elle semblait tout étonnée que je ne prétextasse jamais autre chose à faire, et que je fusse si libre. Quelquefois elle avait l'air de dire : « Mais la dame de l'Opéra, que devient-elle? » Cependant il n'en était pas ouvertement question, et je la laissais s'engager dans une habitude dont j'espérais que bientôt elle ne pourrait plus sortir. Quant à moi, je m'abandonnais à la joie toute nouvelle d'aimer sans le dire; mais je voyais bien où nous allions par cette pente douce, et elle le voyait certainement aussi. Du reste, elle m'avait tenu parole : sa porte était fermée à tout le monde, excepté à sa belle-sœur, à une tante et à une belle cousine, dont la vie, toute jeune encore, est déjà un poëme d'amour poétique, de résignation et de dévouement.

Cependant nous avions revu Vladimir; il nous avait même souvent accompagnés à la campagne ou au théâtre, parties qui se renouvelaient tous les jours et tous les soirs; à peine si j'avais quelques minutes à moi pour courir chez Mme de Wine, et les plus grands diplomates eussent pâli d'admiration devant la logique des prétextes que je trouvais à ces rares et rapides visites. Vladimir ne me questionnait plus; seulement, deux ou trois fois après souper, à l'heure où justement il eût été de bon goût qu'il m'attendît, il s'esquivait et me laissait seul avec la duchesse; alors je courais après lui, je le rejoignais dans la rue, et il m'arrivait même de ne plus le quitter jusqu'au matin, pour le convaincre qu'il s'était trompé sur l'emploi de ma nuit. Cette affectation le blessa sans doute, comme devait s'en blesser tout esprit étroit : il n'eut plus d'autre souci que d'engager une lutte de finesse, et dans nos relations, plus affables, plus amicales que jamais en apparence, commença de s'infiltrer l'aigreur secrète qui nous a menés peu à peu où nous en sommes, c'est-à-dire à des échanges de poignées de main, dernières expressions d'habitudes amicales que nous ne pouvons cesser tout à fait sans nous déclarer une guerre ouverte dont Annette serait publiquement la victime. Bientôt il parut prendre le contre-pied de sa conviction première et passa d'un extrême à l'autre. Quand il se trouvait avec nous, il faisait tomber, avec un air de parfaite innocence, la conversation sur les sujets qui devaient, à son avis, m'embarrasser le plus; il parlait de Mme de Wine : il comprenait, disait-il, l'amour qu'une pareille femme devait inspirer; rien n'était beau comme elle; pour elle il se fût jeté au feu. Et il terminait toutes ces belles choses par ces mots : « Elle nous attend, venez. » Sur quoi il m'emmenait. La duchesse prenait tout cela au sérieux, avec sa franchise accoutumée; et quand je revenais le soir ou le lendemain, je la trouvais souvent un peu triste. Tout en lui donnant mon temps, tout en paraissant heureux auprès d'elle, je ne lui parlais pas de mon amour; elle avait donc toute raison de croire que j'aimais toujours cette femme que jadis je lui avais déclaré aimer; cependant il eût été impossible à l'amant le plus amoureux d'être plus tendre, plus obéissant que moi.

Je ne pouvais plus douter que j'aimais, moi; d'où venait que je ne lui avouais rien encore? Ce n'était pas la crainte d'échouer : elle était entrée, naïve et confiante, dans une route d'où elle ne pouvait sortir qu'avec moi, et le corps n'eût pas fait à me suivre plus de résistance que l'âme, j'en étais sûr; mais, le croirais-tu? j'avais peur... De là mon hésitation. En effet, quel empire énorme cette femme pouvait exercer sur moi, avec la double influence physique et morale de la femme aimée! et que deviendrais-je si Vladimir ne m'avait pas trompé; si elle n'était capable que de fantaisie; et si, insoucieuse et légère, elle reprenait, ainsi que cela était convenu, sa route au bout de quelques semaines? Je sentais que j'en deviendrais fou; il y avait donc des moments où je me raisonnais ainsi; je me disais: « Contentons-nous de cet amour sans forme et sans réalité; n'aimons en cette femme que ce que tout le monde a le droit d'aimer en elle. » Je me jurais à moi-même de ne jamais être son amant; je voulais tant voir en elle une créature en dehors des autres, que j'étais parfois honteux de l'idée de l'assimiler, par la possession, aux amours vulgaires que j'avais eues précédemment. Une fois ma maîtresse, elle me paraissait devoir rentrer dans la catégorie de toutes les femmes, et je ne le voulais pas. L'expression physique de mes sentiments me paraissait insuffisante, quoi que je fisse, inutile pour moi, dégradante pour elle. J'étais amoureux de mon amour, c'est-à-dire d'une chose immatérielle; de là, l'immatérialité de mes désirs. J'étais heureux vis-à-vis de ma conscience, et, en réponse aux médisances de Vladimir, de pouvoir me dire à moi-même: « Elle est tellement pure, qu'elle l'est même pour moi. »

Te le dirai-je, je ne me trouvais ni assez beau, ni assez chaste, ni assez au-dessus des autres hommes pour oser prétendre à la possession complète d'une pareille femme. J'aurais voulu que cette révélation matérielle nous vînt malgré nous, sans science acquise de ma part, sans consentement de la sienne, et par l'entraînement naturel de deux innocences longtemps mises en contact. Enfin, j'en étais arrivé à cet état de cœur qui, s'il eût été connu, eût fait dire de moi: « Voilà un fier imbécile! » Quant à la duchesse, elle paraissait par moments tout étonnée de ce silence, et son regard semblait alors me dire: « Qu'attendez-vous donc pour me dire que vous m'aimez? Vous ne m'aimez donc pas? »

Cependant le mari était toujours à Bade et ne parlait pas de revenir: il jouait... La nouvelle vie d'Annette pouvait prêter aux commentaires: elle n'allait plus nulle part; elle ne recevait plus personne. Les suppositions générales, greffées de tous les bavardages de notre ami Vladimir, donnaient donc de beaux fruits à la médisance. Nous nous en inquiétions peu. Elle n'est pas femme à se cacher de quoi que ce soit. Nous ne nous quittions plus. Pour moi, je ne savais plus s'il y avait d'autres femmes sur la terre. Toutes mes raisons de vivre étaient et sont en elle. C'était donc là cette grande dame insensible, folle! une enfant, un cœur naïf, une nature vierge, qui se sentait aimée de moi, et qui, elle me l'a avoué plus tard, ne s'expliquait pas ce peu d'exigence de mon amour! Pourtant elle ne me questionnait pas; mais elle me sondait avec d'adorables coquetteries, car son esprit est plein de fantaisie et de grâce.

— Un soir, — c'est là ce que je voulais te raconter d'abord, — un soir, j'arrive chez elle à onze heures; mais au lieu de la trouver sur son canapé, lisant de Musset, son poëte favori, je la vois tout debout au milieu de la chambre, la tête chargée de fleurs, les épaules et les bras nus, le cou et la poitrine rayonnants de ces perles opulentes qu'elle adore et qui lui vont si bien. Elle était vêtue d'une robe éblouissante de couleurs, de broderie, de dentelles, de bouillons, de fraîcheur, de tentations de toutes sortes. Ses petites mains étaient toutes gantées, sa pelisse était toute prête. La femme de chambre harmoniait les derniers plis de la jupe : le tout dans cette chambre où je m'étais caché, au milieu de ce parfum indescriptible qu'exhale et de cet admirable fouillis que crée si facilement, si involontairement autour d'elle une jeune femme qui s'habille pour un bal. Quand elle me vit entrer et m'arrêter avec étonnement, avec admiration, sur le seuil de la porte, elle tourna la tête, me regarda avec malice, puis elle prit chaque côté de sa jupe du bout de ses petits doigts, et, avec une pose gracieusement maniérée de bergère Pompadour à l'avant-deux d'un menuet, elle tourna lentement sur elle-même pour bien se faire voir, et quand elle se retrouva en face de moi :

— Avouez, me dit-elle avec sa voix d'enfant, avouez que je suis une belle petite duchesse.

— Je le crois bien. Vous avez l'air d'un panier de fruits et de fleurs. Et pourquoi toute cette parure? pour me recevoir? ajoutai-je en m'approchant, en prenant la main et en baisant le bras.

— D'abord, répondit-elle en souriant; puis pour aller au bal.

— Vous allez au bal?

— Naturellement; à cette heure et dans une pareille toilette, où voulez-vous que j'aille?

— Eh bien, et moi?

— Vous, fit-elle d'un ton câlin; vous, vous allez m'admirer encore pendant cinq grandes minutes, puis vous me verrez monter en voiture, puis vous rentrerez à pied chez vous, parce que ce n'est pas loin et qu'il fait beau; vous vous coucherez, vous vous couvrirez bien pour ne pas avoir froid, vous dormirez comme un homme raisonnable; vous rêverez de moi; demain matin, vous vous lèverez de bonne heure, vous penserez à moi et vous travaillerez bien... Voilà!...

— Et qu'est-ce qui a arrangé tout cela? lui dis-je en souriant à tant de charmes de toutes sortes.

— C'est moi.

— Eh bien, ma belle petite duchesse, il faut faire une croix sur ce bel arrangement.

— Pourquoi?

— Parce que, moi, j'ai arrangé autre chose.

— Quoi donc?

— J'ai arrangé que nous passerions tranquillement notre temps au coin du feu comme hier : vous, en robe de chambre, sur votre canapé; moi, sur un coussin, par terre, tenant vos petits pieds entre mes mains et les embrassant comme ils le méritent. Ayez donc la bonté de leur faire savoir qu'ils ont à quitter leurs souliers de satin; qu'ils ne sont plus faits pour danser comme des pieds de femme qui n'a rien dans le cœur, et qu'il n'y aura pas de bal pour eux ce soir.

— Et si je dis : « Je veux! » s'écria-t-elle avec un air mutin et en frappant le tapis d'un de ses petits pieds révoltés.

— Je dirai : « Je ne veux pas! » et nous verrons qui aura le dernier.

— Je serais curieuse de voir cela, fit-elle; dites-moi : « Je ne veux pas que vous alliez au bal! »

— Soit. Je ne veux pas que vous alliez au bal..

— « Parce que vous êtes jolie et qu'on vous ferait la cour. »

— Parce qu'on vous ferait la cour.

— Vous ne voulez pas dire que je suis jolie?

— Parce que vous êtes jolie et qu'on vous ferait la cour.

— « Et que je suis jaloux et que je vous aime! »

— Et que je suis jaloux et que je vous aime! répétai-je comme un enfant.

— Est-ce bien vrai?

— Quoi?

— Tout ce que je vous ai fait dire?

— Vous me le demandez!

— Ainsi, vous me défendez sérieusement d'aller au bal?

— Oui.

— Aujourd'hui?

— Et toujours.

— Parce que vous êtes jaloux?

— Parce que je suis jaloux.

— A la bonne heure! s'écria-t-elle en me sautant au cou et en chiffonnant plus sa belle robe dans ce baiser qu'elle ne l'eût fait en deux heures de valse. C'est bien, cela! vous avez raison... voilà comme il faut être toujours.

Et, d'une main, elle enleva de sa tête les fleurs qu'elle jeta au hasard dans la chambre; de l'autre elle fit tomber toutes ses perles dans mes deux mains réunies à temps pour les recevoir; et, cinq minutes après, la robe, fort humiliée, faisait semblant de dormir sur le lit, tandis que je tenais dans mes mains les petits pieds obéissants, dont un bas de soie, fin comme une aile d'abeille, voilait à peine la peau blanche et les ongles roses. Alors elle m'avoua qu'elle ne voulait pas aller à ce bal, mais qu'elle voulait que la défense lui en vînt de moi.

— Quel chagrin j'aurais eu, me dit-elle, si vous m'eussiez laissée aller.

Mais ce petit incident devait avoir des conséquences assez promptes, lesquelles ne devaient servir qu'à précipiter les obscures et tranquilles péripéties de cet amour. Cette belle-sœur que j'avais vue à l'Opéra et qui est là dans cette loge, à côté d'elle, qui la quitte le moins possible maintenant; cette belle-sœur, qui avait été informée de la retraite de la duchesse, qui en cherchait la cause et commençait à la soupçonner sans toutefois pouvoir lui donner un nom; cette belle-sœur avait prié Annette de venir à ce bal; elle l'attendait, elle devait l'y mener. Elle ne se fit donc pas prier pour se mettre en colère quand elle se vit forcée d'y aller seule. Le lendemain, elle arriva chez la duchesse, et après lui avoir reproché son absence très-remarquée et très-commentée de la veille, elle lui en demanda la raison.

Annette lui fit la réponse ordinaire en pareil cas :

— J'étais souffrante.

Mais la baronne savait, disait-elle, à quoi s'en tenir; et elle lui rapporta les bruits nouveaux qui couraient sur son compte, en ajoutant :

— Vous êtes liée, à ce qu'il paraît, avec un Russe, dangereuse connaissance, qui va racontant partout qu'il ne vous quitte pas, qu'il vous a présenté un de ses amis que vous recevez tous les jours, quand votre porte reste fermée à tout le monde; et que la nuit où le petit prince s'est présenté ici, cet ami était caché chez vous. Cet ami est un artiste, dit-on, un musicien... A quoi songez-vous d'avoir de pareilles relations ? Votre nom court de bouche en bouche; ce qui n'est pas agréable pour la famille qui vous a donné ce nom !

— D'abord, ma chère baronne, répondit Annette, votre famille ne m'a pas donné, mais vendu son nom, qui me coûte deux millions, sans compter ce que me coûte tous les jours la passion de monsieur votre frère pour le jeu. J'ai donc presque le droit de faire de ce nom ce que bon me semble. Ensuite, si peu mariée que je sois, je le suis assez pour ne rendre compte de mes actions qu'à mon mari, qui a le bon goût de ne pas me demander ce compte. Enfin, si vous trouvez que ma société soit dangereuse pour vous et que vous pensiez vous y perdre, libre à vous de ne plus me voir. Je reçois qui bon me semble, et quand un homme a franchi deux fois le seuil de ma porte, c'est que, dès la première fois, j'ai été convaincue que c'est un homme comme il faut. Prévenez votre frère : voilà votre seul droit. Il fera ce qu'il jugera convenable de faire.

Le soir même, Annette me conta cette petite scène. Elle était enchantée de ce qu'elle avait répondu. Je lui dis, moi, qu'elle avait eu tort, et que cette belle-sœur pouvait lui faire beaucoup de mal. En effet, cette baronne était une de ces vertus rances, qui ont passé vingt ans de leur vie à préparer, à rembourrer, à capitonner le fossé où elles devaient choir un jour, et à prendre devant une glace la pose qui leur siérait le mieux pour tomber. Mais le fossé fait, préparé, rembourré, capitonné, il n'est venu à l'idée de personne de les pousser dedans; à cinquante ans, elles attendent encore, et, à mesure qu'elles voient les chances de chute diminuer, elles se redressent, disent : « Moi, qui n'ai jamais failli !... » et font de leur honnêteté forcée et tournée à l'aigre une morale perpétuelle, une surveillance haineuse contre les femmes jeunes, belles et aimées. Il y avait donc tout à craindre de cette femme, ayant à se venger sur quelqu'un d'avoir été si respectée. D'un autre côte, il fallait autant que possible empêcher Vladimir de continuer des cancans qu'il faisait peut-être moins par méchanceté que par bêtise, moins par mauvaise intention que par habitude. Dès que les Russes se trouvent dans une nation libre comme la nôtre, ils prennent leur revanche en parlant trop, du silence auquel les condamne la compression de leur pays.

J'allai trouver Vladimir, je lui racontai ce qui se passait, et je le priai d'être plus circonspect à l'avenir. Il me jura ses grands dieux qu'il n'avait pas dit un mot de la duchesse; il se fit de petits signes de croix dans le creux de l'estomac pour donner plus de valeur encore à ses serments; jura de tuer le premier qui l'accuserait d'une pareille infamie ; me reprocha de le négliger, lui qui m'aimait tant, et me pria d'assurer Annette de son dévouement éternel. Il avait seulement, disait-il, à lui reprocher de n'avoir pas été reçu les deux ou trois dernières fois qu'il était venu pour la voir ; sans doute j'étais auprès d'elle quand il s'était présenté, et il était tout naturel que l'ancien ami fût un peu sacrifié à l'ami nouveau. Il ne lui en voulait donc pas. Du reste, aucune réflexion, aucune question, aucun commentaire ; au contraire, un parti pris de ne se mêler en rien de cette histoire, qui, à son avis, s'ébruitait un peu trop, et qu'il niait opiniâtrément à tous ceux qui lui en parlaient.

Je fis part de ma démarche à Annette. Elle me donna tort d'avoir soupçonné Vladimir. Elle a pour lui une indulgence inépuisable, elle a en lui une confiance sans bornes. C'était le moment de lui demander d'où venait cette intimité, quelles circonstances l'avaient fait naître, et quel était ce service véritable que le comte se vantait de lui avoir rendu.

— Il m'a rendu un très-grand service, se contenta-t-elle de me répondre, dans un temps que je veux oublier, et dont il est inutile de nous entretenir. Jusqu'à ce que j'aie les preuves qu'il nous trahit, je ne le croirai pas, et je continuerai à l'obliger, comme je l'ai fait chaque fois que j'en ai eu l'occasion. Sans lui nous ne nous connaîtrions pas : ne l'oublions jamais, puisque nous sommes heureux de nous connaître.

Je n'insistai pas ; mais si j'ignore de quelle nature était le service qu'Annette a reçu de Vladimir, je sais maintenant de quel genre sont ceux qu'il réclame d'elle. Il est loin de son pays, où il a laissé des affaires en assez mauvais état ; il a souvent besoin d'argent, et la bourse de la duchesse lui paye, à titre de prêt, le revenu de la dette que son cœur a contractée. Je n'ai qu'une médiocre estime pour ce genre de spéculation, et nos relations ont été se refroidissant de jour en jour, bien que la nature généreuse de la duchesse trouve tout naturel d'obliger un ami quand, pour le faire, il n'y a qu'à ouvrir un tiroir. Je me tiens en garde néanmoins, car on peut s'attendre à n'importe quoi de la part d'un homme qui touche la main d'une femme pour autre chose que pour la lui serrer. Comme je te l'ai dit, j'ai lieu de croire que la lettre anonyme que Mme de Wine a reçue vient de Vladimir. Il ira plus loin. Il me déteste autant qu'il a paru m'aimer, j'en suis convaincu. D'où lui vient cette haine ? Elle résulte des événements auxquels notre intimité a donné naissance.

Puisque j'aime la duchesse et la prends au sérieux, puisqu'elle le voit moins souvent que par le passé, il ne peut douter que mon amour ne l'ait éclairée sur son amitié, et que je ne lui aie fait connaître quelle opinion il a d'elle et de toutes les femmes du monde. Il ne connaît que celles de son pays, et, à l'entendre, elles seraient aussi avancées en corruption que l'étaient chez nous les femmes du siècle de Louis XV et de la Régence. Il généralise, et procède par exception pour arriver à la règle. Je ne connais pas les grandes dames russes, mais je connais trop Vladimir pour me faire avec son opinion une opinion sur elles; j'ai sur les femmes du monde de tous les pays une théorie invariable, inflexible, qui est celle-ci :

Il y a trois sortes de grandes dames. Il y a celles qui naissent nobles, fières, hautaines, qui mettent le respect de leur nom avant toute chose, qui marchent tout droit dans la vie : ces femmes, que nous voyons et admirons de loin, passent au-dessus des conditions vulgaires de l'humanité, et ne touchent à la terre que par l'exemple qu'elles lui donnent; sévères pour elles-mêmes, indulgentes pour les autres, elles vont les yeux fixés sur leur blason, une armure sur le cœur. Celles-là sont les chevaliers de leur race. Si elles souffrent, nul ne le sait. Spartiates chrétiennes, elles immolent tout à leur honneur. L'homme qui aimerait une de ces femmes sans être son mari n'aurait plus qu'à mourir de son amour. Celles-là, respectons-les ; inclinons-nous devant elles, ce sont des saintes!

A côté de ces créatures privilégiées, il en est d'autres, aussi nobles, aussi fières, mais moins fortes. Celles-là entrent dans le monde avec la volonté d'enfermer leur cœur dans leur noblesse, leur bonheur dans leur devoir ; seulement elles se croient en droit de demander à la vie la réalisation de certains rêves de leur âme; et si la vie les trompe, si le bonheur du foyer conjugal leur fait défaut, elles se livrent à un cœur qui les comprend, et succombent, à un moment donné, une fois dans leur vie. Celles-là, protégeons-les, ce sont des femmes.

Mais il en est d'autres du même rang, sinon de la même race; du même titre, sinon du même rang, qui entrent sans lutte dans un premier amour, comme si c'était d'avance une chose convenue, puis dans un second, puis dans un troisième; qui, se croyant inattaquables derrière leur position de grandes dames, défient l'opinion, étonnent de leurs scandales, et se parent de leurs fautes comme on se pare de fleurs; qui vivent pour l'amour, et dont l'amour souriant et fragile tue qui les aime sincèrement. Celles-là, prenons-les, quittons-les, méprisons-les... ce sont des filles ! Mais elles ne déshonorent pas plus la classe à laquelle elles appartiennent que trois ou quatre fuyards ne déshonorent l'armée quand ils l'abandonnent.

Cependant, c'est dans cette dernière catégorie que Vladimir range toutes les femmes du monde. Il n'a malheureusement que trop d'imitateurs, non-seulement dans les classes inférieures, d'où il est tout naturel qu'on essaye de salir les classes élevées, mais encore parmi les hommes du monde, qui ne s'aperçoivent pas que leur règle générale insulte leurs mères, leurs femmes, leurs sœurs, leurs filles, et par conséquent eux-mêmes. Or, le véritable projet de Vladimir, en me présentant à la duchesse, en désirant que je devinsse son amant, était de faire une partie carrée avec elle, moi, lui et une maîtresse qu'il a été prendre dans un théâtre du boulevard, et que les emprunts qu'il fait à Annette l'aident à entretenir. Il trouvait l'idée drôle et simple à la fois...

Tu hausses les épaules, tu ne me crois pas? Rien n'est plus vrai, j'en ai acquis la certitude. Il faut, à ce qu'il paraît, de ces stimulants-là pour aiguillonner la sensibilité duréfiée de certains hommes dits *comme il faut*; et si j'avais le temps, je te raconterais bien des histoires que j'ai surprises dans ce monde où je me glisse mystérieusement par la porte dérobée que m'ouvre la femme que j'aime. Mais quittons les études générales pour revenir aux événements particuliers.

VIII

La conversation d'Annette avec sa belle-sœur devait porter ses fruits.

Quelques jours après, je reçus d'elle un billet ainsi conçu;

« Venez me voir aussitôt que vous le pourrez. J'ai sujet d'être bien triste. »

Malgré l'heure matinale, je me rendis chez la duchesse. Que pouvait-il lui être arrivé? La veille, je l'avais quittée souriante et sans pressentiments. En me voyant paraître, elle vint à moi, me prit la main et me dit avec la voix d'une femme qui implore un pardon:

— Je pars.

A ce mot, je pâlis.

— Vous partez!... Et quand partez-vous?

— Ce soir.

— Ce soir!

— Oui.

— Et qui vous force à partir?

— Mon mari.

— Il vous rappelle?

— Il est très-malade; il désire que j'aille le rejoindre à Bade, il me l'a fait demander par ma belle-sœur... Impossible de refuser.

— C'est juste.

Je baissai la tête.

— Mais je reviendrai, reprit-elle.

— Jamais.

— Pourquoi ?

— Quelque chose me dit que, si vous partez, je ne vous reverrai pas.

— Bade n'est pas loin.

— Le duc vous emmènera plus loin...

— Peut-être est-il malade pour longtemps; alors...

Elle hésita.

— Dites.

— Alors nous pourrions nous voir encore.

— Comment ?

— Si vous veniez à Bade, vous aussi.

— Je ne puis pas quitter Paris, moi.

— Qui vous en empêche ?

Elle devina ma réponse avant que je la fisse, car je n'eus pas besoin de la faire, et elle reprit en rougissant et en regardant d'un autre côté :

— Ah ! que le monde est mal fait !

Elle avait compris que ma vie, comme celle de tous les artistes, est attachée à certaines relations, à certains intérêts compatriotes, et que je n'ai pas le moyen d'en disposer à ma fantaisie.

— Que faire ? ajouta-t-elle.

— Partir.

— Vous me le conseillez ?

— Oui.

— Cela vous est donc indifférent que je reste ou parte ?

— Non, j'aime mieux que vous partiez maintenant que plus tard... Cela vaut mieux pour vous et pour moi...

Elle baissa la tête à son tour et parut réfléchir.

— Vous avez raison, dit-elle; mais je reviendrai, je vous epromets, et jusque-là je vous écrirai; vous le voulez bien, et vous me réprondrez, n'est-ce pas ?

Elle me disait ces douces paroles avec cette voix déjà humide qui révèle l'émotion intérieure et annonce les larmes prochaines. Moi aussi, j'étais ému; car la distance donne la véritable mesure des sentiments; et, à l'idée de cette séparation, je commençais à me rendre compte de l'étendue de mon amour.

— Mais vous m'oublierez ! reprit-elle.

— Jamais !

— Bien sûr?

Je serrai sa main.

— En tout cas, continua-t-elle, je veux vous forcer à vous souvenir.

— Comment?

— Je veux que vous ayez quelque chose qui vienne de moi, que j'aie porté et que vous portiez à votre tour, si bien que vous ne puissiez pas le voir sans vous rappeler au moins mon nom... Pour moi, rien ne me fera oublier!

Tenez, continua-t-elle en ouvrant le petit coffret d'argent que j'avais remarqué lors de ma premiere visite, et en y prenant un bague; tenez, voici une turquoise : cette pierre porte bonheur, dit-on. C'est ma mère qui m'a donné celle-ci; je l'ai portée, jeune fille, à l'époque où j'étais le plus heureuse... portez-la toujours en souvenir de moi, qui souhaite que vous soyez heureux...

En parlant ainsi elle s'apprêtait à passer cette bague à mon doigt, et j'allais la laisser faire quand je vis à sa main la petite bague qu'elle portait toujours : la vue de cette bague m'égratigna le cœur... Pauvre et méprisable chose que l'homme! J'eus une minute de mauvais sentiments; je fus humilié de voir à cette main qui m'offrait un souvenir, un bijou qui lui en rappelait un. Celui que je lui offrirais n'aurait pas le même honneur: on le partagerait avec cette bague. Mon orgueil me monta aux joues; je vis presque un affront dans ce léger cadeau : j'en oubliai l'intention pour n'en plus voir que la valeur; je repoussai la main qui me le tendait.

— Vous n'en voulez pas! me dit-elle d'une voix triste.

Ce départ me faisait de la peine, la vue de cette bague m'irritait tout à coup; alors, avec cette injustice si fréquente chez l'homme, chez l'homme amoureux plus que chez tout autre, j'éprouvai le besoin de m'en prendre à qui m'aimait de ce chagrin et de cette irritation, et au lieu de savoir gré à la duchesse de l'émotion où la mettait l'idée d'une séparation même momentanée, et d'adoucir le chagrin qu'elle voulait bien se faire à cause de moi, je la rendais solidaire et victime de sensations indépendantes d'elle et nées de ma méchante nature et de ma mauvaise disposition. Je repris donc d'un ton froid:

— Vous voulez me laisser de vous un souvenir qui me soit cher?

— Oui.

— Vous me permettrez de choisir celui que je voudrai?

— Certainement.

— Et vous me le donnerez sans regret ?

— Sans regret.

— Eh bien, donnez-moi cette bague qui est à votre doigt.

— Ah ! j'ai du malheur ! s'écria-t-elle.

Et je vis deux larmes briller dans ses yeux.

— Je ne puis vous donner cette bague ! reprit-elle en joignant les mains comme dans une supplication. C'est la seule chose au monde que je ne puisse vous donner... Ne m'en veuillez pas, je vous en supplie... Cette bague me vient d'une personne qui est morte et à qui j'ai juré de ne la quitter jamais... Vous savez maintenant de qui elle me vient... Oh ! vous m'en voulez !

— Moi ! pas le moins du monde, lui répondis-je d'un ton sec ; n'en parlons plus.

— Mais vous prendrez cette turquoise : c'est, après cette bague, celle à laquelle je tiens le plus.

— Permettez-moi de la refuser. Je ne viendrais qu'en second dans votre souvenir, et je suis comme César : je veux être le premier partout où je suis.

— Vous êtes méchant !

Elle reposa avec tristesse sur la cheminée cette bague à laquelle elle tenait et qu'elle s'était fait un plaisir de me donner ; elle me tourna le dos, et, dans sa glace, je la vis qui essuyait ses yeux. Je fus au moment de lui demander pardon ; je sentais bien que je n'étais pas dans mon droit de la faire pleurer ainsi, et que, le lendemain, quand elle serait partie, j'aurais honte et regret des larmes que je lui faisais répandre... Cependant l'amour-propre, ce sentiment d'acier qui ne plie que pour se redresser plus vibrant et plus fort, l'amour-propre l'emporta sur la justice et la pitié ; je me dis que je ne céderais pas. Les commencements de l'amour ressemblent souvent à une lutte : quand l'un des deux aura prouvé qu'il est le plus fort, les deux combattants se jetteront dans les bras l'un de l'autre, celui-ci avec la tendresse du vainqueur qui a à se faire pardonner sa victoire, celui-là avec la câline humilité de l'être qui appartient à qui l'a vaincu ; mais jusque-là ils combattent franchement, et toutes les armes leur sont bonnes.

J'en étais là. J'aimais cette femme ; j'obéissais aveuglément, sans savoir où elles me mèneraient, aux exigences de cet amour. Je suis hardi en toutes choses ; je jouai le tout pour le tout : ou je m'emparerais de cette pensée entière, jusqu'à en effacer la trace de tout autre souvenir ; ou, en partant, la duchesse, elle, n'emporterait rien de moi avec elle, et tout serait fini entre nous...

J'aimais, j'étais jaloux même du passé, surtout du passé; c'était de l'égoïsme, c'était tout ce que tu voudras; — c'était, voilà ce qu'il y a de certain, un sentiment naturel et vrai, puisque je le subissais et que je suis homme dans les conditions humaines.

Je changeai brusquement la conversation et j'en entamai une sur le sujet où l'aurait placée un visiteur ordinaire. Annette se retourna comme se retournerait un individu qui, au milieu d'une ardente journée d'août, se sentirait de la neige sur les épaules.

— Adieu, lui dis-je.

— Comment! adieu... Déjà?... je ne vous reverrai pas avant mon départ?

— Si fait, je reviendrai.

— Vous me le promettez? fit-elle en me tendant la main.

— Je vous le promets.

— Nous passerons cette dernière soirée ensemble

— Si cela peut vous faire plaisir.

— Vous viendrez de bonne heure?

— A l'heure que vous m'indiquerez.

— A sept heures.

— Soit.

Je lui baisai la main et me disposai à sortir. Elle me retint.

— Donnez-moi votre parole que vous ne m'en voulez pas de mon refus.

— Je vous l'ai déjà dit; je ne vous en veux pas.

— A ce soir, alors.

— A ce soir.

Elle me suivait d'un regard doux et ami, comme pour faire fondre au fond de mon cœur la froideur que j'affectais. Enfin, je pris congé d'elle. Arrivé dans la rue, je me retournai; elle était à sa fenêtre et me souriait; elle ne disparut que lorsqu'elle ne put plus me voir.

Dieu sait quelles réflexions je faisais, avec un semblant de raison! Je prenais les plus belles résolutions du monde, de ces résolutions qui ressemblent aux décors des théâtres : elles ont des avenues immenses, des perspectives infinies; on veut y faire un premier pas; on se heurte le nez contre une toile flottante. Cependant je te le répète, il y avait du vrai dans mes réflexions. Arrivé à l'air, échappé au cercle étroit que trace autour de nous la femme aimée, j'essayai de secouer son influence, et je me dis :

« A quoi ai-je été penser de prendre au sérieux le passe-temps qu'une grande dame s'est donné avec un artiste, pour la rareté du fait? Suis-je son amant? m'aime-t-elle? Suis-je sûr de l'aimer? Le sentiment qu'elle a pour moi vaut-il le souvenir d'une autre? L'empêche-t-il seulement d'aller rejoindre un mari qu'elle n'aime pas? L'impression que je lui ai causée il y a quelques jours a duré jusqu'aujourd'hui par la mise en scène de l'incident du souper; survivrait-elle encore un mois? Ne m'a-t-on pas prévenu de la légèreté de cette femme? Il y aurait folie à espérer quoi que ce soit. J'ai le bonheur sous la main, et je vais le chercher où il n'est pas! J'accrocherais mon cœur à la robe d'une femme qui part ce soir, et que je ne reverrai jamais, tandis que je le refuse à une femme qui m'aime et ne songe pas à me quitter! Non, il ne faut pas que cela soit! Inutile même de discuter avec ma résolution; je ne dois plus songer à Annette, je ne dois même plus la voir... Elle partira sans m'avoir revu... Je vais lui écrire qu'elle ne m'attende pas... Etc., etc. »

Tu sais ce que c'est qu'un homme pris entre l'amour et le dépit. Je me montais la tête, c'est le véritable mot; je voulais punir la duchesse du refus qu'elle m'avait fait, et c'était moi qui allais, je le sentais bien, le plus souffrir de cette punition. Je m'y entêtai cependant, comme les enfants qui refusent un gâteau qu'on ne leur a pas donné quand ils le voulaient, et qui pleurent de ne l'avoir pas pris quand ils voient un autre le manger.

En effet, pour peu qu'Annette eût eu le même caractère que moi, au reçu de ma lettre, sur le sens de laquelle elle ne se méprendrait pas, elle partirait, emportant le droit de penser que je n'étais même pas un homme bien élevé. Le lendemain, je serais bien avancé! Tandis qu'en revenant, comme je l'avais promis d'abord, j'aurais toute une bonne soirée à passer avec elle, peut-être toute une nuit, comme à notre première entrevue; ce serait à moi de fortifier en elle le souvenir que je voulais lui faire garder de moi. Elle partirait avec la volonté de revenir; elle reviendrait peut-être, qui sait! En tout cas, elle m'écrirait... Puis, l'avenir est là, et le hasard est grand.

Ces dernières pensées étaient les plus raisonnables; mais cette raison est-elle le fait d'un homme de notre âge! Je n'admettais ni combinaisons ni probabilités; je raisonnais avec ma passion blessée, ce qui veut dire que je ne raisonnais pas... Un homme qui n'eût pas aimé, ou un roué de quarante ans, eût attendu; moi, j'étais jeune, j'aimais, j'étais sans patience! Cependant, je le sentais bien, il suffirait d'un moment de faiblesse ou de remords pour changer ma résolution; aussi, je voulus me mettre dans la nécessité de la tenir quand même. J'écrivis à la duchesse qu'une circonstance indépendante de moi disposait de ma soirée; que je ne la verrais qu'à son retour, si elle revenait...

Je lui envoyai cette lettre, et pour m'ôter tout moyen de retour, je me rendis chez Mme de Wine, à qui je dis:

— Je viens dîner avec vous, et je vous mène au spectacle ce soir.

Elle me sauta au cou. Une pareille promesse faite à une femme qui aime est la plus étroite prison où l'on puisse entrer. J'étais bien sûr de n'en pas sortir.

Quelle soirée! mon ami! — Comme les prévenances, les sourires, les regards de Mme de Wine m'étaient insupportables! — comme je la trouvais laide, sotte, maladroite! comme j'aurais voulu qu'elle devinât ma pensée et me chassât de sa présence! comme j'aurais couru sous les fenêtres d'Annette! Chaque minute qui s'envolait emportait avec elle une suite d'espérances et de certitudes... Elle part ce soir! ce mot maintenant m'apparaissait formidable, il grandissait à mesure que j'approchais du moment de sa réalisation... Vingt fois je fus sur le point d'ouvrir la loge du théâtre où nous étions et de me sauver à toutes jambes. Mme de Wine, elle, écoutait la pièce et s'amusait. De temps en temps, elle cherchait ma main et la serrait en me souriant derrière sa lorgnette. Quel supplice!

A minuit, nous quittâmes le spectacle. Il n'y avait plus d'espoir. La duchesse était partie depuis deux heures... C'était à dix heures qu'elle partait. Je ramenai Charlotte, et je montai chez elle. Je voulais l'aimer à toute force. Je voulais reporter instantanément sur la première femme venue le trop-plein de mon cœur. Je restai jusqu'à deux heures du matin chez Mme de Wine; mais c'est tout ce que je pus faire... Je me sentais étouffer! J'aurais mieux aimé errer sous les arches des ponts que de subir une minute de plus les caresses de cet amour usé jusqu'à la corde... Je me sauvai, c'est le mot, comme on se sauve d'une étuve au moment d'y être asphyxié. J'avais besoin d'air, j'avais besoin d'être seul, de marcher, de voir des gens qui ne m'aimeraient pas.

Je descendis l'escalier en me demandant ce que j'allais faire. Au moment où je mettais le pied dans la rue, il me sembla entendre une voix faible qui m'appelait; je me retournai, et je vis une femme voilée, à trois pas de moi, immobile comme une statue. J'allai au-devant de cette femme.

— C'est moi que vous appelez, madame? ne soupçonnant pas qui ce pouvait être.

Elle releva son voile. C'était la duchesse, pâle et chancelante... Je croyais rêver.

— Vous!... vous!... balbutiai-je en prenant ses mains frissonnantes.

— Je suis allée chez vous, me dit-elle d'une voix mal assurée, j'ai dit qu'il fallait que je vous parlasse tout de suite. On m'a dit que vous étiez peut-être dans cette maison, j'y suis venue vous demander, vous veniez d'en sortir avec une dame dont on m'a dit le nom, que je ne veux pas me rappeler. Je vous ai attendu, vous n'êtes pas rentré seul, je ne pouvais donc vous aborder. J'ai attendu de nouveau, j'eusse attendu jusqu'au jour, puisque je voulais vous voir et vous parler.

— Eh! que voulez-vous me dire? demandai-je avec une anxiété pleine d'amour.

— Je voulais vous remettre moi-même ceci, me dit-elle.

Et elle me tendit une petite boîte; je l'ouvris, la bague était dedans. J'étouffais, les larmes me vinrent aux yeux.

— Oh! reprenez cette bague! m'écriai-je; c'est moi qui suis un sot, un méchant, de l'avoir demandée!

— Non, me dit-elle avec une sorte de résignation et du ton d'une femme qui s'était longtemps combattue elle-même avant de se résoudre au sacrifice qu'elle faisait; non! vous doutez facilement. Un jour vous croiriez peut-être que je ne vous ai apporté cette bague qu'avec l'espérance que vous me la rendriez. J'exige qu'elle vous reste. Je ne vous demande pas le serment de la garder toujours, moi qui ai fait ce serment et vois qu'on peut y manquer; mais, si vous la donnez jamais, tâchez que je ne le sache pas, cela me ferait trop de peine. Et maintenant, marchons, car j'ai bien froid.

L'intonation qu'elle donna à ces trois derniers mots est impossible à rendre. Elle renfermait le reproche le plus mérité, l'aveu le plus clair, le pardon le plus franc. Seules, les femmes savent mettre une âme dans une note de leur voix, et, de plus, ces trois mots gardaient leur signification technique, car elle était toute pâle et grelottait.

Je la pris dans mes bras et je fus près de tomber à ses genoux : la rue était déserte à cette heure. Elle ne disait plus rien; elle paraissait en proie à l'émotion d'une femme ayant obscurément combattu un sentiment qui a fini par la vaincre. Elle me regardait avec une sorte de terreur. Elle venait de me donner la plus grande preuve d'amour que je pusse lui demander, en me sacrifiant le seul objet, souvenir matériel, qui lui restait des jours heureux de son cœur d'autrefois; elle m'aimait donc, et cependant son amour n'avait aucune expansion. La dignité vaincue dans la démarche et l'aveu tacite qu'elle venait de faire vibrait encore en elle, comme une flèche d'acier lancée vigoureusement vibre dans l'obstacle qu'elle mord avant d'y rester éternellement fixée.

— Vous ne partirez pas! lui dis-je à voix basse.

— Si.

— Je vous en supplie.

— Il le faut.

— Pourquoi?

— Parce que je vous aime trop pour ne pas être à vous, et qu'il me serait impossible d'être à vous en ce moment. Non, continua-t-elle avec l'accent de la résolution; non, je veux partir pendant quelques jours. Voyez donc où je suis venue vous chercher, à quelle porte je vous attondais tout à l'heure... Moi! à la porte d'une autre femme des bras de laquelle vous sortez! Il me serait impossible de croire à ce que vous me diriez, après toutes les réflexions que j'ai faites en vous attendant. Et cependant je vous ai attendu! C'était plus fort que moi... Mais il faut que je parte, que je reste loin de vous pendant quelque temps; j'oublierai peut-être alors cette nuit! Si Dieu était bon, il permettrait que je vous oubliasse aussi; mais c'est impossible. Que de malheurs je me prépare en m'abandonnant ainsi à vous, si prompt au doute! Enfin, c'est ma destinée, à ce qu'il paraît, puisque, malgré tout, je vous aime. Voyez si vous vous sentez le courage de me faire souffrir.

Ah! cette nuit, je me la rapellerai toujours, quand je vivrais cent ans; mais je ne saurais t'en donner le recit exact, clair, détaillé. L'émotion que je garderai éternellement de ces deux heures de ma vie est certaine, vivante, palpable pour moi; mais le souvenir que mes yeux et mes oreilles auraient voulu en conserver est vague, mobile, insaisissable comme l'ombre qui nous enveloppait.

Nous marchâmes jusqu'au jour, au hasard, restant quelquefois vingt minutes sans nous parler, ou nous parlant par monosyllabes que la situation seule faisait compréhensibles, et qui n'auraient aucun sens pour toi en ce moment... Le cerveau fatigué par la veille, par toutes mes émotions, par l'étonnement de cette rencontre, par l'ennui des heures passées chez Mme de Wine, par l'impuissance où j'étais de convaincre de mon mour une femme qui venait de me voir, à deux heures du matin, sortir de chez une autre, par l'attendrissement où me jetait la façon simple, touchante, dont cette bague m'était offerte, j'avais même peine à donner corps et forme à tout ce qui se passait, mes sensations me tournaient, pour ainsi dire, autour de la tête au lieu de s'y fixer nettement, et, par instants, j'en arrivais à me demander ce que nous faisions à nous promener ainsi par une nuit obscure et froide dans les grandes rues désertes de Paris.

— Vous m'écrirez, lui disais-je, comprenant moi-même qu'elle voulût partir et qu'elle partît.

— Oui. Et vous ?

— Tous les jours.

— Et cette femme, vous ne la reverrez plus ? ajoutait-elle, car c'était là sa pensée continue, incessante.

— Vous le demandez !...

— Enfin nous verrons bien l'avenir.

Le jour allait paraître. Nous avions parcouru les boulevards; nous étions revenus par les quais. Les grandes rues ne nous semblaient jamais assez grandes, assez aérées, tant il y avait d'oppression sur nos poitrines. Je la ramenai à sa porte. Nous restâmes encore une demi-heure à causer dans la première ombre de la première aube. La nature, qui ne nous donne en réalité par jour qu'une somme de sensations à éprouver et à dépenser, la nature reprenait le dessus sur nous. Nous avions la fièvre, nous avions froid. En prolongeant cette situation, nous allions peut-être devenir ridicules à nos propres yeux. Il nous fallait à chacun un peu de repos, sinon de sommeil, pour nous revoir plus lucidement une dernière fois avant son départ. Nous nous quittâmes.

Je la revis dix minutes seulement.

— Si vous ne reveniez plus ? lui dis-je.

— Est-ce que cela me serait possible de ne plus vous voir ? me répondit-elle.

Elle partit.

Je rentrai chez moi, abruti, me demandant comment j'allais faire pour vivre pendant les jours de cette séparation. Je pris du papier et je lui écrivis. Je suis sûr qu'à ce moment-là elle n'était pas encore à la barrière.

Enfin, elle est revenue; elle est là, à quelques pas de moi ; elle m'aime. Oublions les heures tristes et continuons

IX

Oh ! c'est une histoire étrange que celle de ce voyage, non par elle-même, mais par ce qu'elle m'a encore révélé de la nature de cet homme, continua-t-il en montrant le duc, et par l'influence qu'elle aura bientôt sur la vie de la duchesse et la mienne. Voici ce que c'est...

Au moment où Jacques allait me faire ce récit, il s'arrêta, et ses yeux se fixèrent sur la loge des deux dominos. Quelques signes visibles pour eux seuls et pour moi, qui cependant avais l'air de ne pas les voir, s'échangèrent entre eux, pendant que le duc ouvrait la porte de la loge et s'apprêtait à en sortir avec sa sœur. Au milieu de ces signes, j'étais désigné personnellement, et j'entendis Jacques murmurer, sans pouvoir être entendu de si loin, surtout parlant si bas, mais comme pour accentuer mieux encore le dernier mouvement de tête qu'il faisait: « C'est bien, c'est bien ; » puis il se tourna vers moi et me dit :

— Tu n'as rien à faire cette nuit ?

— Non.

— Veux-tu venir souper ?

— Volontiers. Où ?

— Laisse-toi faire ; tu ne t'ennuieras pas et tu verras quelque chose de curieux.

— Allons. Et l'histoire du voyage ?

— Tu la comprendras mieux encore après le souper. Tu vas connaître d'abord les effets, après tu connaîtras la cause. Maintenant, viens.

La duchesse, la baronne et le duc avaient quitté leur loge ; nous quittâmes la nôtre, et nous attendîmes en haut de l'escalier. Une minute après, le duc apparut, fendant difficilement la foule avec ses deux dominos. Comme il passait devant nous, il regarda Jacques obliquement, et je vis en pleine clarté la figure de cet homme.

Les plus mauvaises passions l'avaient ravagée, creusée et laissée dans l'état où reste un champ de bataille après les charges d'escadrons furieux. Quand mon ami me l'avait montré, ne le voyant, moi, que dans une demi-teinte, j'avais trouvé dans le portrait un peu de cette exagération naturelle à tout amant qui parle du mari. Maintenant que je le voyais en face, je ne trouvais plus rien de trop dans les paroles de Jacques. Cette homme représentait fidèlement la corruption, la bassesse. Il devait être lâche. Je l'ai dit, il jeta sur Jacques un regard destiné à ne pas être vu, mais que je surpris ou qu'il me sembla surprendre plein d'ironie, de menaces, et dont le pâle et froid rayon me fit tressaillir malgré moi. Jacques, lui, l'avait regardé en face ; le duc avait détourné les yeux comme un homme qui, dans une foule, n'a eu aucune intention en regardant un visage plutôt qu'un autre, et ne se croit pas obligé à regarder toujours celui qu'il a regardé en passant.

— Le duc te connaît ? demandai-je à Jacques.

— Non, me répondit-il.

— Tu en es sûr ?

— J'en suis sûr. Il ne m'a jamais vu.

— Pourquoi le regardais-tu ainsi, alors ?

— Parce que je voudrais qu'il ne lui plût pas d'être ainsi regardé. Ce serait là le moyen le plus simple de nous débarrasser de lui. Je ne sais pas pourquoi je suis convaincu que, si je me battais avec cet homme, je le tuerais comme un chien.

— Mais, si tu ne le connais pas, comment es-tu reçu chez la duchesse ?

— Je la vois sans le voir.

— Tu ne le rencontre jamais.

— Jamais.

— Comment fais-tu ?

— C'est ce que je vais te montrer.

— Tu vas chez elle ?

— Oui.

— Tout de suite ?

— A l'instant même.

— Je croyais que nous allions souper ?

— Eh bien, oui, nous allons souper là.

— Moi aussi ?

— Toi aussi.

— A quatre heures du matin ?

— C'est la bonne heure.

— Que diable veux-tu que j'aille faire chez la duchesse ?

— Étudier nos mœurs, mon cher. Tu fais des romans, il faut que tu connaisses tout.

Au fond, j'étais assez curieux de connaître la duchesse, et bien que j'eusse préféré voir la connaissance se faire dans des conditions un peu plus normales, comme, ainsi que me le promettait Jacques, il y avait peut-être pour moi un détail intéressant et nouveau à apprender, je le suivis.

Ici je demanderai la permission d'avouer à mon lecteur, si

j'en ai un, que l'histoire que je lui raconte est parfaitement vraie. J'ai déjà dit, dans un autre livre, que je ne me donne pas la peine d'inventer, et si cette fois je me mets si franchement en scène à côté de mon héros, c'est pour prouver mieux encore que j'ai vu, de mes propres yeux vu, ce que je raconté. Il m'eût été très-facile d'inventer un ami quelconque, de lui donner le premier nom venu, et de le faire marcher et parler à ma place; mais Il me semble, je me trompe peut-être, qu'il est un genre de littérature tellement intime, qu'il vaut mieux y dire naïvement les choses et ne pas s'astreindre à toutes les froides conventions du livre.

J'essaye, autant que possible, de causer avec ceux qui me lisent, par le moyen du roman, comme je causerais avec eux si nous étions au coin du feu, le soir, avec des cigares et du temps devant nous. J'écrirais mes mémoires que je n'écrirais pas autrement. Quand je me suis trouvé, tout jeune, au milieu de notre société parisienne, elle m'a étonné, en bien comme en mal, et il m'a semblé qu'il y avait encore beaucoup de choses intéressantes à dire sur elle, mais à la condition qu'elles seraient dites franchement. Je me suis mis alors à monter et à descendre l'échelle sociale, de ses profondeurs les plus sombres à son sommet le plus lumineux. J'ai vu, j'ai entendu, j'ai touché toutes les sensations de mon âge. Je ne fais fi d'aucune. Je les redis sincèrement. Si elles ne sont pas vraies, ce n'est pas moi qui me trompe, c'est la vérité qui ment.

Maintenant, notre science personnelle, exprimée du mieux que nous pouvons, sert-elle à celui qui nous lit? Non : un livre console peut-être, mais ne corrige jamais. L'homme ne reçoit de leçons que de lui-même, et encore l'expérience, qui lui arrive toujours trop tard, résulte-t-elle bien plutôt de la fatigue de ses sens que de la conviction de son esprit. Cependant, au bout d'un certain temps que nous faisons cet étrange métier, qui consiste à reproduire avec de l'encre et du papier, c'est-à-dire sous une forme intelligible seulement pour l'esprit et par induction, les mœurs, les caractères, les passions qui posent, passent ou s'agitent sous nos yeux, au bout d'un certain temps de travail, tout en nous se réduit à l'étude égoïste des sentiments humains que nous n'admettons que si nous pouvons, pour nous servir du terme familier, *en faire quelque chose.* Notre cœur s'endurcit à répercuter sans cesse, au profit de notre imagination, les sensations des autres. A force de se faire la pierre de touche des vérités psychologiques qui se présentent à lui, il devient pierre à son tour, si bien qu'à un moment donné, il a besoin d'être frappé plus vigoureusement que tout autre pour sentir le coup et rendre un son. De là, chez certains écrivains, dans la seconde période de leur talent, certaines études navrantes, certains désenchantements qui communiquent aux autres, momentanément, la tristesse du cœur qui les a conçus, et qui passent pour des exagérations quand ce ne sont que des vérités coulées en bronze ou taillées en marbre, au lieu d'être modelées en cire ou reproduites en plâtre. Notre ardent désir de découvrir quelque filon nouveau, quelque veine inconnue dans le *cœur humain*, puisqu'il faut toujours se servir du même mot, nous fait commettre de véritables crimes qu'absout à peine le talent, ou tout au moins la volonté d'en avoir.

Un ami vient de nous conter une douleur, il croit trouver en nous une consolation, nous cherchons en lui une étude. Nous retenons les mots, les nuances, les mouvements de cette émotion qu'il s'agit de nous assimiler, afin de la reproduire quand besoin sera. Nous le questionnons, nous ouvririons ce cœur ami pour bien voir ce qu'il renferme, et si, à la fin, nous lui disons quelque chose, c'est, le plus souvent, une phrase philosophique qui pourra nous servir un jour. J'ai entendu un grand écrivain de ce temps-ci dire : « J'en suis arrivé, par moments, à désirer voir mourir mon père, pour apprendre jusqu'où peut aller la douleur d'un fils. » Il est mort d'une hypertrophie du cœur, le fils, bien entendu. C'était un grand homme; mais tout génie meurt un jour de ce qui l'a fait naître, et plutôt jeune que vieux.

Imbu de pareilles idées, ayant découvert dans le récit de mon ami des personnages intéressants, à mon avis, des détails originaux, je n'étais pas près de le quitter; et comme il me promettait une scène plus intéressante encore, j'acceptai son invitation, et nous nous dirigeâmes vers la maison de la duchesse. Je flairais déjà ce livre. Nous arrivâmes au moment où la voiture, après avoir reconduit la baronne, déposait le duc et sa femme dans une maison de la rue de Rivoli.

— Attendons un peu, me dit Jacques.

Nous nous promenâmes le long des grilles du jardin, dans la rue, complétement déserte à cette heure. Nous allions de la rue Castiglione à la rue des Pyramides. A chaque instant Jacques regardait devant ou derrière lui une seule et même maison, muette et silencieuse comme les autres. On n'entendait, dans toute la longueur de la rue, que le bruit de nos pas sur le pavé sonore. Nous parlions à peine. Nous songions chacun de notre côté. La pensée ne peut s'empêcher de trouver une certaine solennité dans le mystère de ces amours illégitimes où la femme joue son honneur et l'homme sa vie. J'accompagnais Jacques dans cette imprudence nocturne, avec l'âcre curiosité dont j'ai donné le motif tout à l'heure ; mais je ne pouvais pas ne pas réfléchir sur les conséquences que tôt ou tard elle pouvait amener.

Le duc, avec sa nature corrompue, avec ses passions basses, ne me paraissait pas homme à chercher une querelle à l'amant de sa femme ; mais il me paraissait avoir en lui l'étoffe nécessaire pour attendre une occasion ou même pour préparer un guet-apens dont Jacques pouvait être victime. Le regard qu'il avait jeté sur mon compagnon éclairait dans mon esprit la possibilité de ce danger. Cependant, autant eût valu parler chinois à Jacques que de lui faire une observation sur ce sujet. Une des principales excuses de ces sortes d'amours est justement dans le courage de celui qui les accepte. D'un autre côté, ce qui me rassurait un peu pour de Feuil, c'était la confiance de la femme. Elle l'aimait, elle ne l'eût donc pas exposé. Pour le recevoir ainsi, la nuit, non-seulement lui, mais un étranger, elle devait être bien sûre de ne lui faire courir aucun péril.

Souvent, dans ces sortes de situations, les femmes se sont acquis la certitude de l'impunité ; elles en profitent en laissant à leurs actions l'apparence du mérite du danger, pour que l'homme qu'elles aiment n'ait pas à rougir du marché mystérieux qu'elles font avec un mari assez vil pour l'accepter. La première condition d'un amour réel, c'est l'estime réciproque. Un homme de cœur n'aimerait pas longtemps une femme qui lui avouerait la complicité d'un mari complaisant. Peut-être la duchesse obtenait-elle sa liberté à force de concessions d'un autre genre, et, afin qu'il pût satisfaire à ses dépenses de jeu, mettait-elle assez d'or sous les yeux du duc pour qu'il ne songeât pas à regarder d'un autre côté. On voit tous les jours, dans un ménage, deux passions différentes, destinées, selon les lois de l'honneur et de la société, à se combattre jusqu'à la mort, faire alliance pour se satisfaire, chacune de son côté : trafic ignoble, mais qui a lieu dans les plus hautes classes, seules *assez civilisées* pour le concevoir et assez riches pour mettre le prix nécessaires à de pareilles concessions.

Le duc pouvait fort bien, d'après ce que je savais déjà sur son compte, être le propre marchand de son honneur, et, dans le regard ironique qu'il avait jeté sur Jacques, on pouvait lire aussi bien : « Tu ne te doutes pas, toi qui va me suivre et monter avec émotion chez ma femme, combien ta visite de ce soir me rapportera demain. » Cette possibilité était celle que je préférais pour Jacques, comme étant la moins dangereuse ; mais c'est la plus humiliante, et je le connaissais trop pour lui en faire part. Il était de ceux qui aiment avec toutes leurs fiertés. Or le dédain du mari souille la femme, si belle et si pure qu'elle soit. Ce n'est plus elle qui se donne, c'est lui qui la prête. L'amant, s'il aime sincèrement, à cette condescendance du mari, condescendance qui sauve tout, préfère un danger véritable, une surveillance à vaincre, une force à combattre. Il aime, il veut que celle qu'il aime soit respectée de tout le monde, surtout de son mari, surtout de l'homme qu'il trompe. C'est là une exigence paradoxale en apparence, mais, en réalité, indispensable à la noblesse des véritables amours. Un mari qui respecte sa femme est une garantie pour l'amant.

Pour ma part, moralement et littérairement parlant, puisque j'espérais trouver un livre dans cette histoire dont le commencement m'intéressait, j'aurais été désespéré qu'elle n'eût pas d'autre raison d'être qu'un calcul du mari, et que mon héros ne fût qu'un niais cueillant des fleurs poussées dans la fange d'une pareille convention. Je faisais donc mille réflexions de ce genre quand Jacques les interrompit en me disant :

— Nous pouvons monter.

En effet, une des fenêtres de la maison si souvent regardée venait d'entr'ouvrir un de ses rideaux, et une ombre, éclairée par derrière, y avait apparu un instant. Jacques se dirigea vers la grande porte de cette maison, et sonna comme s'il en eût été un des véritables locataires. La porte s'ouvrit. Le péristyle était complètement obscur. Mon compagnon me prit la main et me conduisit. Comme nous mettions le pied sur la première marche de l'escalier, une lumière courut sur les barreaux de la rampe, et une femme de chambre, tenant une bougie au-dessus de sa tête, descendit au-devant de nous. Elle s'approcha de façon à nous éclairer, et remonta l'escalier, sans un geste, sans une parole : elle se laissa suivre. Cette femme de chambre était Anglaise, jolie, distinguée. On eût dit qu'elle gardait vis-à-vis d'elle-même le droit d'ignorer ce qu'elle faisait, et qu'elle récusait toute complicité dans ce mystère, tout en obéissant à l'ordre donné, avec calme, je dirai presque avec dignité. Elle ne profitait pas de sa position d'intermédiaire pour protester ou pour se familiariser, ce que n'eût pas manqué de faire une femme de chambre française, par un mot, par un signe quelconque. Elle agissait comme une machine muette, par devoir, et peut-être par dévouement, mais sans y mettre ni une importance ni une expansion toujours gênantes de la part des inférieurs. Cette fille, sage et presque prude, comme je l'ai appris depuis, se serait fait tuer pour une faute de sa maîtresse, que, dans sa conscience, elle n'approuvait pas. Sa contenance me frappa pendant les deux minutes que nous la suivîmes.

— Voilà une fille sûre, dis-je tout bas à Jacques.

— Oui, me dit-il, on peut compter sur elle.

Arrivés au premier étage, Jacques me montra une porte.

— La porte du mari, me dit-il.

Pendant ce temps, Fanny tirait une petite clef de sa poche et nous ouvrait la porte parallèle à celle qui m'avait été montrée. Nous entrâmes dans l'antichambre, éclairée par une lampe. Fanny referma la porte sans dire une syllabe, et nous laissa seuls pour monter chez elle.

— Suis-moi, fit Jacques.

Nous traversâmes une grande salle à manger, faiblement éclairée par la lampe de l'antichambre, puis un vaste salon, dont les portes blanches et or surmontées de riches panneaux, dont les glaces opulentes, les amples tentures, les meubles de soie et les ornements de toutes sortes dormaient dans ce ton harmonieux que la demi-teinte donne aux objets inanimés. A gauche, une porte entr'ouverte laissait deviner un boudoir dont quelques détails étincelaient aux rayons brisés des lumières. Jacques marcha vers une porte entre-bâillée et la heurta doucement.

— Entrez, dit une douce voix.

Nous entrâmes dans la chambre à coucher, toute tendue de satin blanc comme une boîte. De longs et somptueux rideaux, hermétiquement fermés, cachaient le lit. La cheminée, de marbre blanc. à cariatides gracieuses, surmontée d'une glace dépolie qui permettait de voir dans le salon quand on ouvrait des rideaux, fermés à cette heure, supportait toutes sortes de chinoiseries, d'émaux, de boîtes, groupés, assis, pour ainsi dire, autour des trois objets principaux : la pendule et les candélabres, véritables merveilles de Saxe, avec des grappes d'Amours dégringolant, grimpant, s'abattant, s'enroulant, se contournant dans les poses les plus impossibles le long de leurs arbres de porcelaine. Grandes étagères hollandaises en bois sculpté et doré, avec glaces au fond, supportant toute une population de figurines maniérées; des fauteuils couverts en étoffe Louis XV, brodée de fleurs de soie et d'or; des coupes de Sèvres, deux potiches gigantesques d'où sortaient, supportant des bougies transparentes et diaphanes comme le lait, des gerbes de lis d'or aux feuilles longues, souples et nonchalantes; un chiffonnier de bois de rose, surmonté d'une glace, dont le cadre de porcelaine de Saxe n'était qu'une ceinture de fleurs et de divinités roses et blanches; un admirable fouillis sans désordre, de tout ce que peut inventer l'alliance de la fortune, du goût et de l'art : telle était cette chambre au milieu de laquelle nous attendait une petite table toute servie de viandes froides et de vins fins, sur la nappe blanche comme la neige, damassée d'oiseaux fantastiques.

Quand je me rappelle cette soirée et le spectacle que j'ai vu plus tard dans cette même chambre, je me demande lequel de ces deux souvenirs est un rêve. Il est vraiment remarquable combien le hasard se plaît à charger de tableaux navrants les places où notre esprit se plaisait à retrouver les scènes les plus riantes. Il aime ces douloureux pendants, et alors nos souvenirs joyeux tombés dans le passé, cette éternité sans résurrection, n'ont plus sur nos tristesses nouvelles d'autre effet que de les attrister encore par le contraste.

La duchesse n'avait ôté que le camail de son domino et chauffait ses petits pieds en nous attendant. Elle ne pût s'empêcher de rougir quand elle me vit paraître et pénétrer ainsi tout à coup dans sa plus secrète intimité. Cependant, avec un de ces regards où les femmes savent mettre en même temps que la confidence l'excuse d'une fausse position, elle me tendit la main et se fit de moi un ami instantané. Je compris tout l'amour que pouvait inspirer cette femme. J'avais été aussi dans l'intimité de Mme de Wine; mais Jacques avait raison : quelle différence ! La duchesse, elle, n'avait pas besoin de me dire une parole ni de m'en dire jamais; son premier regard m'avait tout dit. Recevant, à quatre heures du matin, son amant et un étranger dans sa chambre, mystérieusement, à quelques pas d'un mari qui n'en devait rien savoir, sans m'avouer rien, sans tenter de me rien cacher, comment, dans cette situation délicate, parvint-elle à être aussi à son aise que si tout se fût passé régulierement ?

Comment fit-elle pour être pleine de grâce, d'esprit, de confiance et d'aménité avec l'ami ; de tendresse, d'expansion, d'amour avec l'amant, sans que la susceptibilité la plus scrupuleuse pût y être embarrassée un seul instant ? C'est là un de ces tours de force dont, seules, les femmes de sa race ont le secret, et que je ne tenterai pas d'expliquer. Tout ce que je puis dire, c'est que Jacques eût été son mari et moi son ami depuis dix ans, que l'intimité n'eût pas été plus complète et en même temps plus convenable, plus distinguée, plus noble; tout ce que je sais, c'est que, lorsque nous sortîmes publiquement de chez elle, à huit heures du matin, je comprenais combien de charmes Jacques avait dû trouver dans un pareil amour.

J'ai revu souvent la duchesse dans des conditions à peu près analogues, et je l'ai toujours trouvée la même. Décidément, les fautes des grandes dames ne ressemblent pas aux autres. Ce qui fait la faute d'une femme, et c'est encore notre amour-propre, à nous, hommes, qui a établi cette théorie, c'est l'abandon du corps bien plutôt que celui de l'âme. Nous pardonnons plus facilement à la femme que nous aimons d'aimer éternellement un autre homme que nous, que d'avoir appartenu une fois, par faiblesse, par dépit, par quelqu'un de ces sentiments indéfinissables qui conseillent les femmes, à un homme qu'elle n'aime pas et qu'elle ne reverra jamais. Nous ne nous regardons trompés que lorsqu'un autre a partagé physiquement notre maîtresse ou notre femme. *Il ne l'a pas eue*, voilà la grande consolation que notre vanité se donne. Le crime est donc dans le consentement du corps, dans l'abandon de la matière, dans cette minute d'exaltation où l'amour dit son dernier mot, et sans laquelle, quoi qu'on fasse, il n'est pas d'amour possible. Eh bien, chez les femmes du rang de la duchesse, la pudeur et la grâce de l'esprit, la retenue habituelle, le rayonnement de la race, les sentiments élevés et délicats de l'âme, l'âme enfin, enveloppent si bien la faute, qu'elle disparaît derrière ce voile immatériel comme disparaissaient jadis aux yeux des hommes, derrière la moindre nuée voguant dans l'infini du ciel, les mystérieuses amours des déesses et des mortels qu'elles avaient choisis. On a beau savoir que ces grandes dames sont femmes comme les autres, avec toutes les exigences et dans toutes les conditions humaines; on a beau chercher dans sa mémoire le souvenir des expansions intimes qu'on a partagées; on a beau, enfin, savoir ce que c'est que l'amour, on est tellement habitué à les voir fières, imposantes, dignes, respectées, qu'on ne parvient pas à se les représenter dans l'attitude amoureuse de la première fille venue.

Tel est l'effet que me produisait la duchesse quand je la voyais, et cependant je la voyais presque toujours dans la plus grande intimité. Il n'y avait pas de semaine que je n'eusse une ou deux fois l'occasion de la rencontrer ou de recevoir d'elle une lettre, toujours signée : *la Dame aux Perles*, surnom que Jacques lui avait donné pour la désigner sans la compromettre quand nous avions à nous entretenir d'elle devant les étrangers, et qui lui venait des bijoux qu'elle portait de préférence et du titre d'un livre que je faisais à cette époque, dont la duchesse avait lu quelques fragments et à l'héroïne duquel elle s'intéressait, bien que cette héroïne fût une simple courtisane.

—Si jamais vous écrivez mon histoire, me disait-elle en riant, vous l'intitulerez *la Dame aux Perles*; cela vous fera un pendant dans un autre genre; mais mon histoire ne sera peut-être pas assez intéressante pour que vous l'écriviez jamais.

Pauvre femme! elle ne se doutait pas alors du dénoûment fatal qui devait clore les événements de sa vie, dont j'étais le confident presque quotidien. En attendant, elle était heureuse.

Plusieurs fois Jacques m'a convié à déjeuner avec elle dans son modeste appartement de garçon. Elle s'amusait au possible pendant ces repas, où il manquait toujours quelque chose. Ces jours-là, nous renvoyions le domestique. Elle nous aidait à mettre la table; elle défendait à Jacques de faire aucuns frais pour elle; elle se faisait bonne fille et trouvait moyen de rester grande dame. Sous un prétexte quelconque, je m'en allais seul, je les laissais ensemble. Eh bien, mon esprit n'avait pas un seul instant l'audace de se représenter les realités auxquelles mon départ ouvrait la porte; mais je vous assure que Jacques ne devait pas être à plaindre. Quand à elle, elle paraissait bien heureuse. Elle riait comme un enfant. On dit que les amours illégitimes cachent des remords. J'ai vu bien des femmes coupables, je ne leur ai jamais connu de remords. Quand une femme est aimée de l'homme qu'elle aime, à quelque classe qu'elle appartienne, elle mange, boit et dort comme la vierge la plus pure. Sa conscience attend, pour lui reprocher quelque chose, que l'homme ne l'aime plus. Le remords naît de l'abandon et non de la faute.

X

En attendant, Annette et Jacques ne se quittaient pas. Toutes les nuits, la porte que nous avions franchie ensemble se rouvrait pour lui. Leurs amours s'épanouissaient dans une sécurité si complète, que, par moments, j'en étais effrayé. La limpidité trop prolongée du ciel, sous certaines zones, fait prévoir des orages terribles.

Presque tous les jours, vers deux heures, la duchesse venait prendre Jacques, et tous deux, cachés au fond d'une voiture, s'en allaient courir les bois dépouillés et déserts. Il faisait froid pour les autres, mais non pour eux. L'hiver, avec la femme qu'on aime, est le printemps, dit-on. Au milieu de tout cela, Jacques trouvait moyen de travailler mieux encore qu'il ne l'avait fait. A chaque instant son cœur prêtait à son talent une composition nouvelle, fraîche, jeune, colorée. Il avait raison de le dire : « Le génie n'est que le trop-plein des sensations. » C'est la flamme du cœur qui fait bouillir le cerveau. Son art ne lui suffisait même plus. Il devenait poëte en vérité. Un matin il arriva chez moi, se mit au piano, et me récita, sur un accompagnement simple, mais plein d'harmonie et de sentiment, les vers suivants qu'il venait de faire, lui, musicien :

Hier, nous sommes partis au fond d'une voiture,
Enlacés l'un à l'autre, ainsi que deux frileux,
Emportant, à travers une sombre nature,
Le printemps éternel qui suit les amoureux.

Nous avions confié le sort de la journée
Au cocher, qui devait nous mener au hasard,
Où bon lui semblerait, et notre destinée
Reposait dans ses mains à compter du départ.

Cet homme pour Saint-Cloud avait des préférences!
Eh bien! va pour Saint-Cloud, c'est un charmant pays!
D'ailleurs, quand nous mêlons nos douces confidences,
Peu m'importe l'endroit, je suis bien où je suis.

A la grille du parc il nous fit donc descendre.
Le parc était désert, triste, silencieux :
Le vent roulait au ciel des nuages de cendre ;
Les arbres étaient noirs et les chemins boueux.

Nous nous mîmes à rire. En vérité, madame,
C'était risible à voir ; mais on ne voyait pas,
Et j'en suis enchanté, la belle et noble dame
Qui relevait sa robe et laissait voir ses bas.

Vous aviez l'embarras, embarras plein de grâce,
Des femmes comme il faut qui marchent, n'ayant pas
L'habitude d'aller à pied, et votre race
Aurait pu se prouver rien que par vos faux pas.

Vous teniez d'une main votre robe de soie
Relevée en deux plis par devant ; vos jupons,
Dentelés et brodés, se donnaient cette joie
De rire avec la boue en battant vos talons.

Vos pieds, à chaque instant, s'enfonçaient dans la terre,
Comme si cette terre eût voulu vous garder,
Pour les ravoir, après, c'était tout une affaire,
Et vous n'aviez pas trop de moi pour vous aider.

La belle promenade ! et la charmante chose
Que l'amour dans un bois par un temps pluvieux!
La bise vous faisait un petit nez tout rose,
Empourprait votre joue et mouillait vos grands yeux.

Eh bien ! c'était charmant plus qu'en la saison verte.
Le parc était à nous, à nous seuls, à nous deux ;
Pas un visage humain sur la route déserte ;
Pas d'importun témoin qui nous cherchât des yeux.

Nous avons traversé les longues avenues
Que terminait toujours le même horizon gris,
Sans même regarder les déesses connues,
Posant en marbre blanc, sous les arbres maigris...

Nous sommes arrivés près d'un bassin où rôde
Un cygne encor plus blanc que le lait, et nageant
Silencieusement, et, comme une émeraude,
L'eau verte reflétait le bel oiseau d'argent.

Il vint nous demander quelque chose, une miette
De pain ; et pour nous plaire, il tordait son long cou ;
Vous lui dites alors : « Pauvre petite bête,
Je ne le savais pas, et je n'ai rien du tout. »

Si bien qu'il nous quitta, nous méprisant sans doute,
Et s'en alla, rayant le miroir du bassin,
A côté du jet d'eau, qui, tombant goutte à goutte,
Faisait, à lui tout seul, tout le bruit du jardin.

Nous restâmes alors appuyés l'un sur l'autre,
Regardant le beau cygne, écoutant le jet d'eau.
La tristesse du bois faisait cadre à la nôtre ;
Et le soir commença d'étendre son rideau.

Dans ma poche je pris une clef de ma chambre,
Et, sur un piédestal plein de mots au crayon,
A mon tour j'incrustai ces mots : *Trente décembre*,
Puis, auprès de ces mots, je gravai votre nom.

Maintenant, quand l'été va rire dans les arbres ;
Quand les gais promeneurs repeupleront le bois ;
Quand les feuilles auront leurs reflets sur les marbres ;
Quand le parc sera plein de lumière et de voix ;

A la saison des fleurs, enfin, j'irai, madame,
Revoir le piédestal portant le nom tracé,
Ce doux nom dans lequel j'emprisonne mon âme,
Et que le vent d'hier a peut-être effacé.

Qui sait où vous serez alors, ma voyageuse ?
Je serai seul peut-être, et vous m'aurez quitté.
Aurez-vous donc repris votre course joyeuse,
En me laissant l'hiver au milieu de l'été ?

Car l'hiver, ce n'est pas la bise et la froidure,
Et les chemins déserts qu'hier nous avons vus ;
C'est le cœur sans rayons, c'est l'âme sans verdure :
C'est ce que je serai quand vous n'y serez plus.

Cependant cette vie presque ostensiblement maritale de Jacques et de la duchesse avait, en dehors de leur amour commun, une raison particulière qui, non-seulement en excusait l'effronterie apparente, mais encore le rendait logique, respectable même. Ce n'étaient pas deux vulgaires amours, faisant gaiement de l'adultère : c'étaient deux cœurs loyaux, deux confiances sincères unies par une même volonté et marchant, par un chemin que les événements leur avaient fait, vers un but irréalisable peut-être, comme tout ce qui appartient à l'avenir, mais que, dans l'honnêteté de leurs cœurs, ils se croyaient en droit d'atteindre un jour.

Vous savez quelle scène avait précédé, quelque temps auparavant, le départ d'Annette pour Bade ; quel doute elle avait eu à reprocher à Jacques, quelles tentatives elle comptait faire encore contre cet amour envahisseur ; eh bien, à son retour, qui avait lieu cinq jours après son départ, elle était venue elle-même trouver de Feuil, et elle lui avait dit :

— M'aimez-vous sérieusement ?

— Pouvez-vous en douter ? avait répondu le jeune homme.

— Êtes-vous prêt à me donner toute votre vie ?

— Je vous le jure !

— Eh bien, je vous donne la mienne tout entière. Je ne suis pas votre maîtresse, je suis votre femme.

Elle lui avait alors raconté ce qui s'était passé entre elle et son mari, et comment ce dernier avait tranché les derniers liens qui la retenaient encore dans le devoir. Le fait est que l'histoire était curieuse, et qu'un pareil mari eût fini par corrompre un ange. Jugez-en !

Elle était partie croyant, comme le lui avait dit sa belle-sœur, le duc très-malade, et obéissant, non pas à son cœur, avouons-le, car elle n'aimait pas, elle ne pouvait pas aimer, ni même estimer cet homme ; mais obéissant aux lois du monde et à sa conscience, qui, en cas de malheur, eussent eu à lui reprocher de n'avoir pas fait un pas facile à faire vers un mari mourant peut-être. La mort a le privilége d'absoudre, et celui qui va mourir, éclairé déjà du reflet de l'éternel mystère où il va pénétrer, quelques choses qu'on ait à lui reprocher, devient un instant respectable pour ceux-là mêmes que sa mort délivrera. En outre, dans la pensée de la duchesse, ce voyage, en la séparant un instant de l'homme vers lequel elle se sentait entraînée, en la rapprochant de celui à qui le mariage la condamnait, lui paraissait une dernière occasion offerte de revenir sur ses pas, de replacer toutes choses à leur véritable place et de décider plus sûrement de sa vie. Dirons-nous que quelquefois, pendant la route, le souvenir des années passées avec le duc, le rêve d'une vie plus heureuse, n'aidèrent pas, dans son esprit, à une probabilité que la santé du duc, minée par les excès de tous genres, pouvait rendre assez vraisemblable, et qu'au nouveau point de vue de son cœur, elle eût regardé comme un bienfait? La mort du duc, ne serait-ce pas sa liberté? Nous faut-il avouer que cette réflexion se reproduisait avec une certaine persistance dans l'esprit d'Annette, malgré les efforts qu'elle faisait pour la chasser?

J'ai entendu les gens les plus probes déclarer que, s'ils n'avaient rien à se reprocher par actions, ils se regardaient souvent comme bien coupables par pensées, et que, dans certains moments, sans pouvoir dire ni comment ni d'où elles venaient, les plus mauvaises tentations avaient envahi leur esprit, et qu'ils les avaient admises un instant au conseil des intérêts ou des passions qu'elles eussent servis. Notre vertu n'est que le total de nos victoires intérieures sur nous-mêmes. Qu'elle est la femme qui, n'aimant pas son mari et aimant un autre homme, ne s'est pas dit au moins une fois : « Si mon mari mourait! » Étouffée le plus souvent dans les nécessités sociales, la femme se croit toujours en droit, quand elle en souffre, de discuter sa vie avec le sort qui la domine, et quand, prise entre un amour selon ses rêves et le déshonneur qui en peut résulter, elle se dit qu'il ne faudrait que la volonté de Dieu pour supprimer le seul obstacle qui s'oppose à la légitimité de cet amour, peut-elle s'empêcher d'espérer de Dieu la suppression d'un fait auquel sa justice miséricordieuse doit tôt ou tard un dédommagement? Si la société lui donnait un autre moyen de s'échapper, elle ne songerait pas à celui-là; cette mauvaise pensée est donc encore la faute des hommes.

En arrivant chez le duc, à Bade, Annette le trouva levé, déjeunant.

— Ah! c'est vous, chère amie! lui dit-il; que c'est bien à vous d'être venue!

— Vous allez mieux?

— Je vais parfaitement.

— Je suis heureuse que votre maladie n'ait pas eu de suites.

— Je n'ai jamais été malade.

— Que me disait donc votre sœur?

— C'était le seul moyen de vous faire venir à Bade, et comme j'avais à vous parler...

— Ne pouviez-vous venir à Paris?

— Non.

— Qui vous en empêche?

— Une carte.

— Une carte! Quelle est cette mauvaise plaisanterie?

— Asseyez-vous, chère Annette, et veuillez m'écouter. Je vous assure que, malheureusement, je ne plaisante pas. Connaissez-vous le baccarat?

— Non, monsieur.

— Ah! c'est un beau jeu, duchesse, c'est un beau jeu; vous allez voir comme il est simple.

— Je ne tiens pas à cette description.

— Moi je tiens à vous la faire. Vous comprendrez mieux les événements que j'ai à vous raconter. Figurez-vous donc, chère Annette, que le jeu de baccarat consiste en ceci : un joueur qu'on appelle le banquier s'assied à une table; il met une somme de... devant lui; les autres joueurs se rangent autour de la table, partagés en deux camps, et mettent devant eux des sommes qu'ils risquent contre la banque, somme dont le total peut égaler, mais non dépasser la mise du banquier. Vous comprenez bien?

Croyez-vous qu'en ce moment la duchesse regrettait d'avoir quitté Paris! Oui, n'est-ce pas?

Le duc reprit :

— Le banquier donne deux cartes couvertes : nous appelons couvertes les cartes tournées de façon qu'on ne puisse les voir. Le banquier donne deux cartes couvertes à droite, deux à gauche, et en prend deux pour lui. Chaque côté a le droit de demander une carte, si le point qu'il a ne lui suffit pas. Même droit pour le banquier. Celui qui a neuf ou huit du premier coup abat ses cartes; il a gagné, à moins que le banquier n'ait le point égal. A partir de ces deux points-là, c'est le point qui s'en rapproche le plus qui gagne : sept, six, cinq, ainsi de suite, jusqu'à un, qui gagne quelquefois, quand l'adversaire a dix, c'est-à-dire baccarat, le point le plus mauvais. Eh bien, figurez-vous, chère amie, que, l'autre soir, le marquis de Herne... vous connaissez le marquis de Herne?

A ce nom la duchesse rougit légèrement.

— Oui, répondit-elle, je connais le marquis de Herne.

— Eh bien, le marquis de Herne, un des plus beaux joueurs qu'il y ait, fit sauter la banque de trente et quarante de la maison des bains. Cela fit révolution, car la chose n'arrive pas souvent; et comme la banque ne pouvait se reconstituer que le lendemain, et que nous étions fort en train de jouer, il nous offrit, à plusieurs personnes qu'il connaissait et à moi, de nous tailler un baccarat chez lui, avec les cent mille francs qu'il venait de gagner. On ne pouvait être plus gracieux. Nous acceptâmes.

— Vous feriez peut-être mieux d'aller tout de suite au bu que je pressens, interrompit Annette.

— Non, chère amie, non. Il faut que vous sachiez tout. Comme vous l'avez vu, le baccarat est un jeu purement de hasard. Cependant un joueur exercé, intelligent, peut à peu près, quand le banquier regarde ses cartes, à moins que celui-ci ne soit bien impassible, deviner, sinon le véritable jeu qu'il a, du moins si ce jeu est bon ou mauvais. Un homme qui risque une grosse somme ne regarde pas du même œil la carte qui peut le faire perdre et celle qui peuvent le faire gagner. Si imperceptible que soit l'influence de la carte sur son visage, cette influence existe ; on peut la surprendre et en faire son profit. C'est, à mon avis, un des droits de cette bataille muette. Cependant cette science des physionomies est complétement inutile quand la chance ne s'y mêle pas un peu. C'est si vrai, qu'au bout de deux heures que je jouais contre le marquis, je perdais déjà cinquante mille francs.

— Alors, c'est cinquante mille francs qu'il vous faut ?

— Attendez, chère amie, attendez. Le marquis avait une veine si puissante, que je ne voulus pas m'obstiner contre lui, et je déclarai que je ne jouais plus. Bien m'en prit, car il passa encore deux ou trois fois. Cependant vous connaissez, ou plutôt vous ne connaissez pas l'attraction des cartes. Il me sembla que la chance tournait un peu, et, malgré moi, au moment où il allait donner les cartes, je m'écriai :

— Je fais les cinquante mille francs que je vous dois.

— De quel côté?

— A droite.

Il accepta. Il donna les cartes.

— Je vous assure, chère Annette, qu'il y a une réelle émotion à contempler l'envers d'une carte qui, en se retournant, va vous donner ou vous prendre cinquante mille francs. Je ramassai les miennes et je les regardai, en me rendant aussi impassible que je le pouvais, car je sentais l'œil du marquis rivé à moi. J'avais un cinq et un deux, c'est-à-dire sept, c'est-à-dire un des plus beaux points du jeu. Je respirai intérieurement, car, depuis que j'avais accepté le coup, je pensais à vous, chère Annette, à qui, en cas de perte, j'allais encore être forcé d'avoir recours. Le marquis regarda ses cartes et ne les abattit pas. Le plus grand malheur qui pût m'arriver était donc qu'il eût le même point que moi, et ce malheur ne m'eût pas fait perdre

— Je donne des cartes, dit-il.

— Je m'y tiens, répondis-je.

Alors il abattit son jeu. Il avait le droit de se donner une carte à lui-même.

— J'ai cinq, dit-il.

Et il parut réfléchir.

Dans une partie ordinaire, on se tient toujours à cinq. Si à cinq on prend une carte, on a quatre chances de gain contre cinq chances de perte. Mais, comme je m'étais tenu à mon premier jeu, il était probable pour le marquis, que j'avais un point supérieur au sien. Peut-être surprit-il en moi, malgré ma tranquillité apparente, un signe quelconque d'espérance de gain, car il s'écria tout à coup :

— Tant pis, je tire.

Et, en même temps, il amenait une carte. Devinez laquelle! Il y a des chances extraordinaires! Il amena la carte la plus belle qu'il pût avoir ; il amena un quatre! un quatre de pique que je me rappellerai toute ma vie. Il avait donc neuf. J'avais donc perdu. Je me levai. Je devais cent mille francs.

A ce mot, la duchesse tressaillit.

— Et, sans doute, vous avez continué le jeu? dit-elle.

— Non, malheusement, reprit le duc avec un soupir, car le coup suivant, le marquis l'a perdu. Une minute de plus d'imprudence, je ne devais plus rien. Enfin, j'ai pris le quatre de pique, qui m'avait fait perdre ; j'ai écrit au milieu : « Bon pour cent mille francs. » J'ai signé, et j'ai remis au marquis cette reconnaissance de ma dette.

— Ainsi, vous me demandez cent mille francs. Je ne les ai pas. Savez-vous combien vous avez perdu au jeu depuis notre mariage?

— Six cent mille francs, je le sais.

— Cela fait deux cent mille francs par an, c'est-à-dire juste notre revenu; si bien que, pendant six ans, notre revenu sera de moitié.

— Mais, pendant ces six ans, mon oncle mourra peut-être.

— Mauvaises espérances, celles qu'on base sur la mort.

— Enfin, cette mort arrivera, et alors, chère Annette, je vous rendrai tout ce que je vous dois. Que n'avez-vous aussi quelque chose à vous faire pardonner, vous? Je saisirais l'occasion d'être aussi indulgent pour vous que vous l'êtes pour moi. Mais rien, absolument rien à vous dire, ni dépenses, ni caprices, ni coquetteries. Un peu d'inconséquence quelquefois ; mais cela tient à votre âge, et c'est la faute de cette fatale passion qui m'éloigne de vous. C'est ce que j'ai répondu à ma sœur, qui m'écrivait que vous vous compromettiez à Paris Elle me parlait d'un artiste que vous recevez, d'un monsieur Jacques, Jacques de Feuil, un musicien. J'ai dit à ma sœur, dans ma dernière lettre : « La duchesse est libre de recevoir qui bon lui semble. Elle aime la musique; ce n'est pas une raison pour qu'elle aime les musiciens, mais c'est une raison pour qu'elle les reçoive. » N'avais-je pas raison?

Il y avait une intention visible dans les dernières paroles du duc, malgré l'indifférence qu'il affectait. Annette comprit qu'en venant à Bade elle avait donné dans un piége. Il s'agissait de s'échapper.

— D'ailleurs, ce n'est pas positivement de l'argent que je vous demande, reprit le duc.

— Que me demandez-vous donc?

— Le lendemain de cette perte, je suis allé trouver le marquis. Je lui ai avoué que je n'avais pas les cent mille francs, et je lui ai demandé deux mois. Il m'a gracieusement répondu : « Mon cher duc, tout le temps que voudrez; mais à une condition, c'est que la duchesse me le demandera. Je désire qu'elle connaisse votre perte, pour qu'elle vous gronde, et que vous ne soyez plus si joueur à l'avenir. » Alors, chère amie, je vous ai fait dire que j'étais malade; je le suis en effet, sinon de corps, du moins d'esprit. Vous êtes venue. Le marquis est encore à Bade pour une semaine. Rendez-moi le service de l'aller trouver et de lui demander un délai de quelques mois.

— C'est sérieusement que vous me faites cette proposition?

— Très-sérieusement. La situation est assez grave pour que je ne plaisante pas.

— M'accompagnez-vous chez le marquis?

— Non; c'est vous seule qu'il veut voir.

— Avez-vous bien tout votre bon sens, monsieur?

— Je le crois.

— Alors, vous savez que vous me proposez une infamie?

— Comment donc?

— Et ce qu'il y a de pis, c'est que le marquis vous a cru capable de la commettre, puisqu'il vous l'a demandée.

— Je ne comprends pas du tout, répondit le duc du ton le plus naïf. Quoi de plus naturel, quoi de plus honorable que ce qui arrive? J'ai le malheur de perdre cent mille francs, mais, heureusement, contre un homme du même monde que moi. Je ne puis les payer le lendemain, comme doit être payée une dette de jeu; je demande du temps. Mon partenaire, en galant homme, est prêt à me l'accorder ; seulement, il veut avoir le plaisir de faire cette concession à ma femme; il désire que ce soit elle qui la lui demande. Quel crime voyez-vous à cela? C'est au contraire de la gentilhommerie, ou je ne m'y connais pas. Une femme peut demander sans honte, pour son mari, ce qu'un homme a toujours un peu de honte à demander pour lui-même. Le marquis m'évite cet ennui et se contente d'une visite de vous pour l'intérêt de la somme qu'il a le droit d'exiger aujourd'hui. Je le tiens pour un très-galant homme, et je douterais de votre intelligence, de votre cœur, si vous n'étiez pas de mon avis. Songez que le marquis peut me déshonorer avec cette malheureuse carte, qui représente une dette sacrée.

— Alors, il faut que vous sachiez ce que vous paraissez ignorer encore.

— Quoi donc?

— Le marquis prétend m'aimer.

— C'est toujours le droit d'un homme de faire la cour à une femme jeune et belle comme vous.

— Mais le marquis ne s'en est pas tenu là.

— Vraiment!

— Pendant une absence que vous avez faite, j'ai été forcée de lui fermer ma porte pour échapper à ses persécutions.

— Je le reconnais bien là, mais il vous a demandé pardon, j'en suis sûr?

— Il m'a écrit qu'il m'aimait toujours, et que, tôt ou tard, je serais à lui.

— Quel gros fat!

— Maintenant vous devez comprendre ce que me veut le marquis.

— Parfaitement.

— Et vous me demandez toujours d'aller le trouver?

— Je vous en prie.

— Quel homme êtes-vous donc?

— Ce serait à moi de vous dire, ma chère Annette : Quelle femme êtes-vous donc, si je ne puis vous laisser aller chez un créancier demander un délai pour le payement d'une dette, sans craindre pour mon honneur ou pour le vôtre? Vous êtes une honnête femme; je n'ai donc pas à vous dicter votre conduite. Vous employerez les moyens que vous jugerez convenables; que vous me rapportiez ce quatre de pique, c'est tout ce que je vous demande.

— Soit, monsieur, j'irai chez le marquis. Mais, en admettant qu'il m'accorde du temps pour vous, deux ou trois mois, comment, d'ici à deux ou trois mois, vous procurerez-vous cette somme?

— Ah! chère amie, vous êtes trop intelligente pour n'obtenir d'un homme qui vous aime qu'une si faible concession.

— Que voulez-vous dire?

— Je veux dire qu'il dépend de vous que cette partie soit non avenue. Une visite de vous vaut bien cent mille francs.

— Misérable! murmura Annette en pâlissant devant les étranges combinaisons de cet homme. — C'est bien, ajouta-t-elle tout haut. Dans deux jours vous ne devrez plus rien.

La duchesse venait de prendre un parti décisif. Elle rentra dans son appartement; elle écrivit à Paris une lettre dont elle reçut la réponse quarante-huit heures après. A peine eut-elle reçu cette réponse, qu'elle se rendit chez M. de Herne. En la voyant paraître, la figure du marquis s'éclaira d'un rayon de triomphe.

— Enfin, c'est vous, duchesse! fit-il en s'approchant d'elle, je désespérais presque de vous voir.

Et en même temps il s'apprêta à sonner.

— Que faites-vous là, monsieur?

— Je vais donner l'ordre qu'on ne laisse entrer personne.

La duchesse rougit sous ce mot, qui était déjà une insulte.

— Tout le monde peut entrer chez vous quand j'y suis, monsieur le marquis, répondit-elle; nous n'avons à nous dire que des choses que tout le monde peut entendre.

— Alors, je vous écoute, madame.

— Le duc a perdu cent mille francs contre vous?

— C'est vrai, madame.

— N'avez-vous pas une carte portant la reconnaissance de cette dette?

— Oui.

— Veuillez me la donner.

Le marquis se leva, ouvrit un tiroir, y prit un quatre de pique portant écrits quelques mots au crayon. La duchesse prit cette carte, l'enferma dans son sein, ouvrit un petit portefeuille de velours et en tira un papier qu'elle déplia et qu'elle présenta à M. de Herne.

— Voilà ces cent mille francs, monsieur, en un bon à vue, à votre nom, sur le premier banquier de la ville. Je suis venue moi-même pour vous remercier d'avoir bien voulu attendre quatre jours pour le payement de cette dette.

Après quoi, elle salua le marquis et se retira, laissant M. de Herne quelque peu confondu.

— Déjà de retour! fit le duc en voyant reparaître sa femme.

— Faut-il donc tant de temps pour payer cent mille francs?

— Ainsi le marquis est payé?

— Oui, monsieur.

— En argent?

La duchesse parut ne pas comprendre.

— En une traite, répondit-elle.

— De cent mille francs?

— De cent mille francs.

— Que vous vous êtes procurés?

— En faisant vendre, à Paris, cent mille francs de diamants.

— Ah! fit le duc, dont le visage témoigna un réel et honteux désappointement. Ah! c'est bien, je vous remercie.

Mais il ne put s'empêcher de courber un instant la tête sous la supériorité de sa femme. A quel degré de corruption les débauches et le jeu peuvent faire arriver un homme du monde, voilà ce qui est à peine croyable. Le marché dont le duc avait eu l'idée, et dont il avait tacitement tenté de faire la duchesse complice, était déjà chose immonde, n'est-ce pas? Eh bien, vous verrez par la suite qu'il ne devait pas s'en tenir là, et qu'il avait peut-être basé sur cette visite de bien plus viles espérances.

— Rien ne vous retient plus à Bade? lui demanda Annette.

— Rien.

— Partons alors.

XI

Le soir même ils étaient en route vers Paris; le lendemain ils y arrivaient, et la duchesse courait à l'amour jeune et généreux de Jacques, comme en sortant d'un marais fétide on court à une source d'eau fraîche. Elle lui raconta ce qui s'était passé, lui déclara qu'il ne pouvait plus exister rien de commun entre elle et cet homme, et sans lui expliquer comment, afin que l'amour de son amant n'eût rien à discuter avec la conscience, lui jura que, dans un temps prochain, elle serait redevenue libre et lui appartiendrait sans réserve, sans obstacles, sans danger.

Peu à peu, j'étais entré plus avant dans l'intimité de la duchesse. Il m'arrivait souvent de la voir sans que Jacques fût là. Deux ou trois fois, la première fois surtout, je fus tout étonné en la voyant ouvrir la porte de la chambre où je travaillais. Elle venait causer quelques instants avec moi seul, me parler de Jacques me dire les choses qu'elle ne pouvait dire devant lui, bien qu'elles eussent rapport à lui, à l'avenir commun de leurs amours. Elle me questionnait sur son passé, sur ses habitudes, sur sa famille, sur son travail. Elle s'assurait qu'elle n'embarrassait en rien sa vie. Elle voulait savoir de moi si la mère de Jacques connaissait cette liaison, si elle l'approuvait ou non, si elle avait dans cette autre et grande affection de Jacques une adversaire ou une alliée. Elle se faisait de moi un auxiliaire par les moyens les plus délicats et les plus fins. Elle flattait ma vanité d'ami en ayant l'air de croire que son amour avait besoin de cette amitié comme d'un appui, en reconnaissant que j'avais une grande influence sur Jacques, et qu'il dépendait un peu de cette influence qu'elle fût aimée comme elle voulait l'être. Elle semblait aussi s'intéresser à ma vie; elle s'astreignait à me demander sur mes travaux des détails qui devaient l'intéresser fort peu au milieu des grandes occupations de son cœur; mais je ne lui en savais que plus de gré de cette sollicitude à laquelle je gagnais encore la connaissance plus intime et plus sûre d'un monde que je n'avais vu que superficiellement ou par ses côtés les plus tranchés. La duchesse m'a donné en art des conseils excellents, de ces conseils qu'aucune étude ne donne. Elle m'instruisit aussi de la résolution qu'elle avait prise.

— J'ai écrit à mon père, me dit-elle; mon père m'aime. Il fut toujours opposé à ce mariage. Ma mère l'a voulu. Le duc avait un grand nom, et elle ne voulait pas me marier à un nom inférieur au nôtre. Quand elle est morte, elle me croyait heureuse. Mon père a bien le soupçon que je ne le suis pas, et je suis sûre de trouver en lui un appui le jour où j'en aurai besoin. Mon père est bon, il est faible même. Tant mieux, je suis la seule affection qu'il ait; j'obtiendrai donc de lui ce que je voudrai. Sans cette faiblesse, il n'eût pas cédé à ma mère; cette faiblesse a fait mon malheur, elle me doit une compensation. Malheureusement mon père est loin. Notre fortune est presque toute aux États-Unis. Il y est en ce moment pour réaliser. Je lui ai écrit la dernière scène que j'ai eue avec mon mari, l'étrange démarche qu'il m'a demandée, quelle somme j'ai payée pour lui. Je lui ai fait entrevoir une ruine certaine pour moi, si j'ai à subvenir toujours à cette désastreuse passion du jeu. Je lui dis enfin tout ce que je dois lui dire pour le convaincre, et je le rappelle en France de toutes mes forces. Une fois qu'il sera ici, je lui avouerai tout, jusqu'à mon amour pour Jacques, s'il le faut. Je l'aimerai tant, je prierai tant, que j'obtiendrai de lui le bonheur de mon avenir. Je veux une séparation. Le monde dira ce qu'il voudra, peu m'importe. Je suis résolue. D'ailleurs, cette séparation pourra se faire sans bruit, sans scandale. Le duc partira, je resterai; cela se voit tous les jours, et c'est une concession que Dieu fait aux douleurs que notre société impose. Beaucoup de femmes du monde vivent ainsi, et nul ne se reconnaît le droit de les en blâmer quand on sait que les torts viennent de leurs maris. Mon père doit avoir reçu ma lettre maintenant. Il ne tardera pas à venir. C'est encore quelque temps à patienter. Le duc ne se doute de rien. Il m'a même dit dernièrement qu'il comptait voyager un peu. Il ne m'a pas proposé de l'accompagner, il sait que je refuserais. Voilà où en sont les choses, et voilà pourquoi je vous questionne sur Jacques, à qui je n'ai pas clairement annoncé mon projet, bien irrévocablement arrêté dans mon esprit, en ce qui me regarde, mais que j'abandonnerais aussitôt si je pensais qu'il pût embarrasser sa vie en le liant définitivement à moi. Et cependant j'ai tout prévu, même la possibilité que Jacques cesse de m'aimer un jour; mais qu'importe? je vous le répète, il s'agit d'être heureux en attendant. Dieu se chargera de l'avenir; et, quoi qu'il arrive, ce sera toujours un bonheur certain de ne plus être au pouvoir d'un homme que je n'aime pas et que je ne puis même estimer.

Comme on le voit, cette liaison prenait des proportions sérieuses; cela devenait grave. Mon intimité avec la duchesse ne pouvait aller jusqu'à lui faire une observation ou lui donner un conseil. J'entrevoyais pour elle bien des difficultés dans l'accomplissement de cette résolution, et pour Jacques bien des dangers si elle s'accomplissait. La duchesse arrangeait l'avenir avec une confiance effrayante. J'allai trouver Jacques et je lui fis part de cette conversation. Elle ne parut pas l'étonner.

— Oui, me dit-il avec la gravité que méritait une pareille nouvelle, oui, Annette est capable de ce sacrifice, et bien qu'elle ne m'en ait jamais parlé ouvertement, j'ai deviné depuis longtemps qu'elle le prépare. Je l'accepte; c'est te dire combien j'aime cette femme. J'ai réfléchi beaucoup, et la conclusion a été que mon bonheur est là. Elle est entrée si profondément dans ma vie, que depuis que je la connais je ne me souviens même plus de mon passé. Quand je pense aux autres femmes que j'ai cru aimer, à Mme de Wine, par exemple, il me semble que ce sont de vagues souvenirs d'une autre vie que j'aurais vécue il y a des milliers d'années. D'ailleurs, notre amour est dans des conditions exceptionnelles. Le duc est, heureusement, un misérable. Il n'aime pas sa femme, il a fait une affaire en l'épousant ; on lui jettera de l'argent, il se taira. Je ne vivrai pas publiquement avec Annette ; nul ne connaîtra nos relations ; j'y mettrai d'autant plus de mystère, qu'après cette séparation on l'épiera davantage pour en connaître la véritable cause. Elle est prête à tout braver, je le sais ; mais c'est à moi de l'empêcher de descendre aux yeux d'un monde dont j'entends qu'elle soit respectée. Elle est jeune, elle est belle ; je l'aime, je suis artiste ; c'est-à-dire que mon imagination place ma vie un peu en dehors des conventions vulgaires. J'en ai fini avec les amours légères et faciles ; je les ai toutes épuisées ; et aujourd'hui elles me dégoûtent. Je n'ai jamais eu le désir du mariage, tu le sais. Il n'y a que deux raisons au mariage : une naturelle, qui est l'amour ; une sociale, qui est l'intérêt. Je n'aime que la duchesse, que je ne puis épouser, et je n'épouserai jamais une femme pour avoir sa dot. J'aime mon art, Annette et ma mère ; je renferme ma vie dans ces trois amours, dont pas un ne me fait défaut à cette heure. Eh bien, je ne vois pas que je sois bien à plaindre et que j'aie tort de laisser un des trois arranger ma vie de façon à satisfaire les deux autres. Tu vois que je raisonne avec calme, presque froidement, et que par conséquent je sais ce que je fais.

Maintenant, veux-tu que je te parle plus franchement encore ? Cette direction unique, donnée à la vie de la duchesse, est un aussi grand bonheur pour elle que pour moi. Dieu sait ce qu'elle eût pu devenir avec un pareil mari ! Libre comme elle est, coquette et indépendante comme elle était, oisive, abandonnée à elle-même, jeune, sans appui, sans conseils, tôt ou tard elle eût été prise au jeu qu'elle jouait. C'était inévitable, et une fois ce premier pas fait, tu sais où mène le second, qui ne se fait jamais attendre. Dans ma conviction, cette femme était perdue ; je la sauve ; et si on le savait, j'aurais l'air de la perdre, aux yeux de certaines gens ; car le monde croit toujours qu'on perd une femme quand on la sépare d'un mari, quand bien même le mari est ce qu'est le duc. J'ai donné une cause à cette vie sans but, je l'ai brusquement fait entrer dans une voie nouvelle ; je suis un honnête homme, elle n'y court donc aucun danger. Comme elle l'a dit elle-même, « elle n'est pas ma maîtresse, elle est ma femme. »

Il n'y avait pas d'observations à faire ; d'ailleurs, en bonne conscience, je n'aurais pu dire que les choses vulgaires qu'on dit en pareil cas, et qui ne servent plus de rien depuis longtemps contre la passion arrivée à son dernier degré. Le mari céderait-il ainsi sa place ? Le père se ferait-il aussi facilement le complice de l'amour de sa fille ? Je prévoyais de plus en plus toutes sortes d'impossibilités. C'est toujours une chose sérieuse de tenter de détruire, ou tout au moins de fausser un fait comme le mariage, fait sanctionné par les hommes, signé par Dieu. On ne peut se défendre d'une certaine émotion, d'une certaine crainte, quand on voit un ami, un être que l'on aime, s'apprêter à porter à une des bases fondamentales de la société, et sans autre raison que son intérêt personnel, un premier coup qui ne peut manquer d'avoir un retentissement énorme. La première pierre qui en tombera ne va-t-elle pas écraser l'imprudent ? Disons-le, ces braves gens qui restent en dehors de ces passions-là, ces bons bourgeois dont on se moque trop, ce qui, du reste, leur est bien égal ; qui naissent, vivent et meurent dans l'acajou ; qui ne tentent rien en dehors du cercle où le sort les a placés ; qui se marient le samedi, font une noce, chantent des chansons au dessert, mettent le travail traditionnel sur le premier plan de leur existence, aiment leurs femmes à une température tiède, *au bain-marie*, pour ainsi dire ; font des enfants qui apprennent le piano, vont au spectacle avec des billets qu'ils nous demandent, trouvent les passions invraisemblables parce qu'elles sont d'un étage ou deux au-dessus du rez-de-chaussée de leurs sensations calmes ; qui disent : « C'est gentil, » devant quelle œuvre d'art que ce soit ; engraissent à partir de trente ans ; disent : « Moi aussi, j'ai fait mes farces ; » meurent d'apoplexie à soixante ans et dorment, au cimetière, sous une inscription de mauvais goût ; disons-le, ces gens-là sont les heureux de la terre, et il n'est pas un de nous qui, en dégringolant d'un de ses rêves les plus chers, ne donnerait la poésie de son imagination pour la béate figure d'une de ces admirables nullités.

Presque tous les jours, en sortant de chez la duchesse, Jacques venait me voir et me tenait au courant des incidents de leurs amours. Chaque fois il revenait plus amoureux et plus confiant dans l'avenir. Annette avait reçu une lettre de son père, qui ne pouvait partir tout de suite, mais qui lui promettait d'être en France avant deux mois. Il s'inquiétait, il lui promettait son appui, il l'assurait de son affection. Bons présages ; mais ce père qui arrivait ainsi ne connaissait pas toute la vérité ; peut-être changerait-il d'avis quand il la connaîtrait. Jacques ne songeait pas à faire cette réflexion.

Cependant le duc devenait plus prévenant pour sa femme. Voulait-il faire oublier l'histoire de Bade? Peut-être. Toujours est-il qu'il avait pour elle des attentions qu'il n'avait jamais eues. Devenait-il amoureux? Cela s'est vu. Beaucoup de maris n'attendent pour cela que d'être trompés. Mais le duc n'était pas un mari ordinaire. Lui, amoureux!... allons donc!... D'ailleurs, pourquoi faire? En attendant, il s'était mis à recevoir. Annette restait donc un peu plus chez elle. Jacques ne la voyait guère que la nuit, et encore souvent était-il forcé d'attendre jusqu'à une heure du matin que le duc eût quitté l'appartement de sa femme; car, sans doute pour lui prouver qu'il ne jouait plus et se convertissait, au lieu d'aller au club il passait la soirée avec elle ou la menait au spectacle. Au retour, il passait dans la chambre de la duchesse, et congédiait ses domestiques avec une certaine affectation, comme pour faire croire qu'il passerait la nuit avec sa femme. Le plus souvent, celle-ci faisait rester Fanny auprès d'elle tout le temps que durait ces inutiles entretiens; mais quelquefois le duc renvoyait la femme de chambre. Qu'est-ce que tout cela signifiait? Annette et Jacques n'y comprenaient rien, mais n'y soupçonnaient rien non plus. A leur place, je crois que je me fusse défié.

La belle-sœur elle-même devenait charmante. Il lui arriva deux fois de demander pardon à la duchesse des mauvaises suppositions qu'elle avait pu faire et des paroles un peu dures qu'elle avait laissé échapper. Deux ou trois fois aussi elle la complimenta sur sa résignation, fit même des reproches à son frère, et chercha peu à peu à gagner la confiance d'Annette, trop fine pour se laisser prendre à ce brusque retour. Elle alla jusqu'à provoquer les confidences.

— Mon frère est bien coupable, disait-elle, et je serais maintenant la première à comprendre que vous eussiez cherché une consolation autre part. Pour ma part, il me semble que je n'aurais pas résisté.

Un peu plus, elle eût avoué à la duchesse qu'elle avait trompé le baron.

Où voulait-on en venir avec toutes ces avances? Annette y puisait de nouvelles raisons de sécurité. Comme dernière garantie, le duc lui annonça un jour que, définitivement, il allait partir pour trois ou quatre mois. C'étaient non-seulement trois ou quatre mois de liberté pleine et entière, mais encore le père de la duchesse arriverait pendant cette absence, et il lui serait d'autant plus facile de faire ce que sa fille voudrait, c'est-à-dire de la reprendre avec lui; car, pour le monde, elle ne pouvait quitter son mari que pour son père ; mais, une fois avec son père, elle ferait ce qu'elle voudrait.

Le duc faisait faire les préparatifs de son départ. Tout allait donc pour le mieux. Cependant cette belle cousine dont Jacques m'avait dit deux mots, qui vivait retirée du monde au sein du monde même, et qui avait pour la duchesse une réelle affection, cette belle cousine, elle aussi, était venue la voir, non pas pour la rassurer, comme le faisaient taciment les autres, mais pour la prévenir, au contraire.

— Tu connais un Russe du nom de Vladimir ? lui avait-elle dit.

— Oui.

— C'est par lui que tu as connu une autre personne ?

— C'est vrai.

— Ce Russe a des lettres de toi ?

— Quelques-unes.

— Où il est question de son ami ?

La cousine mettait une certaine affectation à ne pas nommer Jacques, bien qu'elle connût parfaitement son nom ; mais, comme elle ne venait pas chercher des confidences, mais donner un conseil, elle voulait paraître ne pas savoir ce qu'il était nécessaire qu'elle sût pour le renseignement à donner.

— En effet, reprit Annette, il y a quelques lettres où je lui parle sans défiance d'une personne qu'il voyait tous les jours à cette époque et à qui je n'écrivais pas directement.

— Eh bien, ces lettres, il les montre.

— C'est impossible !

— J'en ai vu une.

— On t'a trompée... Il est incapable...

— Tiens ! la voici.

En effet, la lettre était bien d'Annette, et pour une femme dans sa position, elle était déjà compromettante par la seule présence du nom de baptême.

— C'est lui qui t'a donné cette lettre ?

— Non... Tu comprends bien que je ne reçois pas ce monsieur.

— De qui la tiens-tu alors ?

— D'un ami qui me l'a remise pour te la remettre.

— Et cet ami la tenait ?

— D'une femme.

— Qu'on nomme ?

— Mme de Wine. La connais-tu ?

— Pas personnellement ; mais je m'explique l'intérêt qu'elle peut avoir à se procurer mes lettres.

— Elle en a d'autres encore, qu'il faudrait reprendre.

— A quoi bon ?

— On peut les envoyer à ton mari.

— Que m'importe ?

— Autant éviter un scandale avant l'arrivée de ton père.

— Tu sais donc ?...

— Que tu lui as écrit.

— Je ne l'ai pourtant dit à personne.

— Mais lui, il m'a écrit tout de suite pour me demander ce qui se passait ; il sait combien je t'aime, et il a confiance en moi.

— Et tu lui as répondu ?

— Que sa présence est indispensable à Paris ; que tu es malheureuse et que tu as besoin de sa protection.

— Tu as fait cela ?

— Oui.

— Sans m'en rien dire. Comme tu es bonne !

— Tu vois que je prends ton parti, et si je suis venue aujourd'hui, c'est que je me défie de quelque chose. Tu es sûre que le duc ne sait rien de ta correspondance avec ton père ?

— J'en suis sûre.

— Ni ta belle-sœur ?

— Non plus.

— Cependant il devient plus aimable pour toi ?

— Oui.

— Et elle ?

— Elle a l'air de m'adorer.

— Je te le répète, défie-toi. En attendant, il faut ravoir ces lettres. En admettant qu'elles n'arrivent pas jusqu'à ton mari, il est inutile, dangereux même, qu'elles restent entre les mains de cette femme, qui, à ce qu'il paraît, a un intérêt quelconque à en faire un mauvais usage.

— Je vais faire venir Vladimir et les lui redemander.

— Il vaut mieux que tu cesses toutes relations avec cet homme.

— Alors, qu'il fasse de ces lettres ce que bon lui semblera.

— Soit. Mais, je te le répète, si ce n'est pour toi, au moins pour ton père, ménage ta réputation. S'il doit apprendre ce qui se passe, que ce soit de ta bouche et non de la bouche des autres.

— Tu as raison. Que faire alors ?

— Ne peux-tu avertir la personne dont le nom est mêlé au tien dans ces lettres, et ne peut-elle se charger de les ravoir ?

— Cette personne est déjà dans de mauvais termes avec Vladimir; je craindrais une querelle.

— C'est juste ; eh bien, je me charge de la démarche, moi.

— Comment ?

— Je vais faire écrire à ce Russe de venir me parler. Il faudra bien qu'il s'explique.

— C'est cela.

— Demain, je t'apporterai la réponse.

La belle cousine écrivit à Vladimir de se rendre le soir même chez elle. A neuf heures, il se rendait à cette invitation.

— Monsieur, lui dit-elle sans préambule, vous connaissez la duchesse Annette ?

— Oui, madame.

— Elle est ma parente.

— Je le sais.

— Elle m'a chargée d'une commission auprès de vous. J'espère qu'elle aura le résultat que je lui ai promis.

— J'en suis convaincu, madame, si ce résultat dépend de moi.

— La duchesse vous a écrit plusieurs lettres ?

— Oui, madame, en Russie.

— Ce n'est pas de celles-là qu'il est question, mais de celles qu'elles vous a écrites à Paris, depuis peu de temps.

Vladimir ne répondit rien.

— Une de ces lettres a été égarée.

— Vraiment, madame! fit Vladimir avec étonnement.

— Oui, monsieur, elle est même arrivée jusqu'à moi.

— Comment cela se fait-il ?

— Je l'ignore; mais les autres pourraient s'égarer comme celle-là, et pour des yeux moins amis, elles auraient peut-être une signification compromettante.

— C'est vrai, madame, car il y est question...

— Je ne vous demande pas ce qu'elles contiennent, cela ne me regarde pas; je me suis seulement chargée de vous réclamer ces lettres.

— La duchesse n'avait qu'à dire un mot, elles lui eussent été rendues tout de suite.

— Ainsi, monsieur, ces lettres sont encore en votre possession ?

— Oui, madame.

— Et vous pouvez me les remettre ?

— Le temps de rentrer, de les prendre et de vous les apporter.

— Merci monsieur... Jusqu'à onze heures, je reste chez moi.

Vladimir se leva et sortit. Mais, au lieu de revenir chez lui, il se rendit chez Mme de Wine. Mme de Wine n'était pas seule. On fit attendre Vladimir dans le salon. Mme de Wine vint le recevoir en femme qui désire que le visiteur ne prolonge pas sa visite, et cela d'une façon si visible, que Vladimir lui dit:

— Je n'ai que quelques mots à vous dire, madame.

— Parlez, mon cher monsieur Vladimir.

— Vous avez toujours les lettres que je vous ai prêtées?

— Quelles lettres?

— Vous savez bien.

— Non, en vérité!

— Les lettres de la duchesse Annette.

— Ah! très-bien... Non, je ne les ai plus.

— Où sont-elles donc?

— Je les ai déchirées.

— Vous m'aviez promis de me les rendre.

— Je ne vous voyais plus... Et d'ailleurs vous me les aviez données.

— Prêtées.

— Données, mon cher monsieur Vladimir, je vous en réponds, données même avec l'espérance que j'en ferais un très-mauvais usage contre Jacques et la duchesse.

— Vous vous trompez, madame, et si j'avais su...

— Voyons, cher monsieur Vlamidir, depuis quand met-on un couteau dans la main d'un individu en colère pour qu'il ne s'en serve pas? J'étais fort irritée contre M. de Feuil; vous m'avez donné ces lettres, vous saviez bien ce que vous faisiez. Vous connaissez mieux que personne la valeur des lettres.

— Pourquoi cela, madame?

— Parce que vous en écrivez beaucoup.

— Je ne comprends pas, fit Vladimir en rougissant malgré lui.

— Alors, il faut, continua Mme de Wine en se donnant un visage indifférent, mais d'un ton visiblement railleur, il faut que je vous demande un renseignement.

— Lequel, madame?

— Le cabinet noir existe-t-il réellement?

— Quel cabinet noir, madame?

— On m'a affirmé qu'à toutes les ambassades russes il y a une salle secrète, qu'on appelle le cabinet noir, où l'on décachette et lit les lettres qui arrivent avec de certains signes. Ces lettres contiennent des renseignements sur toutes sortes de personnages, dont la police de votre pays a un intérêt quelconque à connaître les habitudes, les relations, la vie, la pensée même. Ceux qui écrivent ces lettres sont, la plupart, des Russes de distinction. Je ne parle que par *on dit;* et ces correspondances mystérieuses sont rétribuées si généreusement, que nous prenons souvent pour des millionnaires de première noblesse des compatriotes à vous qui n'ont d'autres revenu que leurs yeux, leurs oreilles, leur mémoire et leur papier. Pouvez-vous me dire si cela est vrai, mon cher monsieur Vladimir?

— Je l'ignore, madame, et ne sais d'ailleurs quel intérêt vous pouvez avoir à être renseignée sur ce sujet.

— Je connais deux ou trois Russes qu'on m'a dit faire ce métier, et si cela était vrai, je ne les recevrai plus.

Vladimir avait peu à peu repris contenance, et il était facile de voir qu'il préparait une riposte à cette attaque visible de Mme de Wine.

— Vous auriez tort de ne pas les recevoir, madame.

— Pourquoi donc?

— La conversation de ces Russes peut être très-utile.

— Comment?

— Ils peuvent vous renseigner, *pour rien*, sur les gens dont vous avez intérêt à connaître la vie particulière. Ainsi, moi, par quelques-uns de mes compatriotes, j'ai appris bien des choses que beaucoup de gens ignorent.

— Quoi donc?

— Nous autres étrangers, nous désirons être éclairés sur le comptes des femmes, par exemple, afin d'être trompé le moins possible.

— C'est tout naturel, répondit Mme de Wine en regardant fixement Vladimir comme pour lire au fond de son esprit l'intention de ses dernières paroles.

Mais Vladimir continua du ton le plus innocent du monde.

— Ainsi, figurez-vous, madame, que, dernièrement, j'ai eu un caprice pour une Parisienne très-jolie.

— Blonde?

— Brune.

— Quel genre de femme?

— Genre amphibie, comme vous allez voir. Cette femme, qui porte un nom de noblesse, passe pour veuve.

Ce fut au tour de Mme de Wine de rougir légèrement.

— Et elle ne l'est pas? reprit-elle en affectant l'indifférence. Son mari vit encore?

— Son mari n'a jamais vécu. Or un mari qui n'a jamais vécu peut-il tenir lieu d'un mari mort? C'est là la question. Cependant cette dame va dans le monde, dans le demi-monde des finances et de la bourgeoisie, dans celui où une femme, avec de la jeunesse, de l'aplomb et de la fortune, peut toujours s'introduire, mais qui, le jour où il apprend la vérité, devient d'autant plus impitoyable qu'il n'a pas, comme l'aristocratie, droit de pardon par droit de naissance.

— Et tout le monde croit cette dame mariée ?

— Tout le monde. On la croit même riche.

— Et elle ne l'est pas ?

— Non. Elle a beaucoup d'argent, mais elle n'a pas de fortune, car cet argent lui vient d'une personne qui demain peut ne plus lui en donner.

— D'un parent, peut-être ?

— Non, madame, d'un amant.

La colère chassa la première émotion de Mme de Wine; aussi pâlit-elle au lieu de rougir.

— Amant très-riche, étranger, reprit Vladimir, amant qui, comme tout le monde, la croit veuve, qui a peur de la compromettre, et qui emploie les moyens les plus délicats, la sachant sans fortune, pour lui faire accepter une partie de la sienne; mais, d'un autre côté, cet amant la croit sage, et s'il apprenait qu'elle le trompe, il pourrait bien l'abandonner.

— C'est à elle de prendre ses précautions, et il y a des précautions qu'une femme intelligente peut toujours prendre.

— Lesquelles ?

— Celles de ne pas écrire de lettres qui, confiées à de faux amis, peuvent devenir dangereuses et tomber entre les mains du mari ou de l'amant responsable.

— Ainsi, les lettres que je vous redemande, madame ?...

— Je les garde, mon cher monsieur Vladimir.

— Vous ne les avez donc pas déchirées ?

— Vous le savez bien. Ce n'eût pas été la peine de les prendre pour les anéantir.

— Et, sans indiscrétion, puis-je vous demander ce que vous comptez en faire ?

— Je compte en faire ce que vous en avez fait en me les donnant; je compte en faire du mal à quelqu'un, à moins que je ne les rende à M. de Feuil, en lui apprenant que je les tiens de vous.

— Mais, parmi ces lettres, il en est qui ne regardent pas M. de Feuil.

— C'est vrai. Il y a celles que la duchesse a écrites à son premier amant quand il est venu la rejoindre en Russie et que vous avez servi leurs amours. Vous êtes, à ce qu'il paraît, l'homme de ces choses-là. Mais, dans cette dernière circonstance, vous avez joué un assez vilain rôle. Faire frapper son ennemi par la main d'une femme, ce n'est pas bien brave, et je suis heureuse de ne l'avoir pas fait. En somme, il vaut mieux prendre le parti des honnêtes gens. Je rendrai ces lettres à M. de Feuil, car cette duchesse me devient sympathique rien que par le mal que vous vouliez lui faire. Allons, adieu, mon cher monsieur Wladimir, je pense que nous ne nous reverrons plus. Je vous demande pardon de vous quitter sitôt, mais j'ai quelqu'un dans ma chambre, quelqu'un qui arrive d'Angleterre, ajouta Mme de Wine avec un sourire ironique, quelqu'un qui me croira veuve, jusqu'à ce qu'il reçoive une lettre anonyme.

Sur ce, Mme de Wine congédia le comte, lequel, rentré chez lui, n'eut pas le courage d'aller porter lui-même cette réponse à la cousine de la duchesse, et lui écrivit simplement que les lettres en question lui avaient été prises, et qu'à son grand regret il ne savait ce qu'elles étaient devenues. Informée de cette réponse, Annette ne s'en préoccupa que médiocrement. Elle acceptait, comme elle l'avait dit à sa cousine, toutes les conséquences de son amour pour Jacques. Elle se sentait de force à lutter contre tout le monde, et qui sait si, avec sa nature franche au delà de toute expression, elle n'eût pas souhaité même que cet amour fît assez de bruit, fût assez connu pour qu'à l'arrivée de son père, si complaisant que fût son mari, il fût, sous peine de ridicule, dans l'impossibilité de rester avec elle. Que voulait Annette? donner toute sa vie, appartenir librement à Jacques. Pour cela, tous les moyens étaient bons, et le meilleur serait celui qui réussirait. Peu lui importait l'opinion du monde. Aimée et estimée de son amant, elle ne souhaitait plus rien. Elle se promit donc de ne pas même parler de cet incident à Jacques.

J'ignorais tous ces détails, que j'ai appris par la suite, quand, le lendemain de la scène que je viens de raconter, Jacques arriva chez moi et me dit :

— J'ai reçu une lettre de Mme de Wine.

— Que te dit-elle ?

— Rien, sinon qu'elle désire me voir pour me rendre un service.

— Elle n'a pas de service à me rendre. C'est un prétexte pour me parler du passé, peut-être pour me dire du mal de la duchesse. Inutile de nous voir.

— Il y a dix-neuf chances sur vingt pour que ce que tu dis soit vrai : mais il y en a une pour qu'elle ne te mente pas. A ta place, j'irais.

— Ma foi, non.

— Il y a peut-être un moyen de tout arranger.

— Lequel ?

— Tu négliges beaucoup Mlle de Norcy, qui a toujours été charmante pour toi ; va la voir. Elle est très-bien avec Mme de Wine; elle sait peut-être ce qu'elle te veut.

— Tu as raison. J'irai.

En effet, Jacques se rendit chez Mlle de Norcy, qu'il n'avait pas vue depuis trois semaines au moins.

— Mademoiselle est malade, lui répondit la femme de chambre.

— Sérieusement malade ? demanda Jacques avec intérêt.

— Elle va un peu mieux aujourd'hui; mais on a été bien inquiet.

— Elle est au lit?

— Oui, monsieur.

— Depuis longtemps ?

— Depuis quinze jours environ.

— Elle ne reçoit pas?

— Non, monsieur.

— Vous lui remettrez ma carte. Je viendrai prendre demain de ses nouvelles.

Le lendemain, Jacques revint. Il avait une grande sympathie pour cette jeune femme, et, d'un autre côté, il n'était pas fâché de savoir ce que Mme de Wine lui voulait. Cette fois, il fut reçu. Mlle de Norcy était toujours couchée. Elle n'était plus reconnaissable, tant elle était pâle, tant elle était maigre. Elle sourit à Jacques du triste sourire des malades, lui tendit une main longue et blanche qu'il pressa doucement, et lui fit signe de s'asseoir près de son lit.

— Je reçois très-peu, lui dit-elle, car je suis bien faible ; mais j'ai voulu vous voir, pensant que vous aviez à me parler.

— Parlons de vous d'abord, madame. Qu'avez-vous donc ?

— J'ai fait dernièrement un voyage qui m'a beaucoup fatiguée. J'ai pris une fluxion de poitrine, j'ai beaucoup souffert; mais, enfin, je vais mieux. Vous avez reçu une lettre de Charlotte ?

— C'est vrai.

— Elle m'a dit vous avoir écrit. Cinq minutes plus tôt, vous vous seriez rencontré avec elle. Elle sort d'ici. Elle vient me voir deux fois par jour. C'est vraiment une bonne personne, et qui vous aimait bien.

— Qui aime-t-elle maintenant?

— Ne plaisantez pas; elle n'a jamais aimé que vous.

— Cependant elle a un amant?

— Je ne crois pas. Elle est toujours seule; elle passe une partie de son temps chez moi.

— Enfin, peu importe. Cela ne me regarde pas. Seulement, elle m'a écrit qu'elle avait un service à me rendre. J'aurais bien voulu savoir ce que c'est avant d'y aller; car je ne tiens pas à renouer des relations avec elle. J'avoue donc être un peu venu à vous dans le but d'apprendre de vous ce qu'elle a à me dire.

— Elle veut réellement vous rendre un service.

— Quel service? Nous ne nous sommes pas quittés de façon qu'elle cherche jamais l'occasion de m'être agréable.

— Vous vous trompez. Charlotte a beaucoup d'amitié pour vous, et, sérieusement, sans passion, sans arrière-pensée, elle veut vous éclairer sur certaines choses.

— Quelles choses? Voyons, causons à cœur ouvert. Elle veut me parler de la duchesse?

— Oui.

— Si c'est pour m'en dire du bien, elle ne m'en dira pas autant que j'en pense; si c'est pour m'en dire du mal, il est inutile que je me dérange.

— C'est pour vous dire la vérité.

En ce moment on sonna légèrement à la porte de l'appartement, Mlle de Noircy tressaillit et porta son mouchoir à ses lèvres pour éteindre une petite toux sèche. La femme de chambre parut; mais sa seule apparition disait le nom du visiteur, à ce qu'il paraît; car elle n'eut pas besoin de prononcer un mot pour que la malade, qui avait encore pâli en la voyant paraître, lui dit:

— C'est bien. Dites que je vais mieux.

— Madame ne veut pas recevoir?

— Non.

Jacques fit mine de se retirer.

— Restez, au contraire, fit Mlle de Norcy.

Jacques commença à croire que la maladie de la jeune femme avait une autre cause que celle qu'elle lui avait dite. Il eut l'air de ne pas comprendre cependant, et quand la femme de chambre se fut retirée, il se contenta de regarder avec un certain attendrissement cette pauvre alitée, qu'une émotion visible contraignit à garder le silence pendant quelques instants. Quand elle eut entendu la porte se refermer derrière la personne qui était venue, elle reprit :

— Êtes-vous toujours lié avec monsieur Vladimir?

— Non, je ne le vois plus.

— Vous avez raison; c'est un méchant homme. Si Charlotte ne vous a pas fait de mal, ce n'est pas la faute de ce Vladimir.

— Quel mal pouvait-elle me faire?

— Elle pouvait en faire à la personne que vous aimez.

— Je ne crois pas.

— Si... Elle a entre les mains de quoi la compromettre.

— Quoi donc?

— Des lettres.

— De qui?

— De la duchesse.

— Adressée à qui?

— A M. Vladimir.

— Et que Vladimir à données à Mme de Wine?

— Oui.

— C'est impossible.

— Je les ai vues.

— De quoi est-il question dans ces lettres?

— De vous.

— Ces lettres, je les connais, elles n'ont rien de compromettant; et, du reste, qu'importe à la duchesse qu'elles soient connues?

— Mais il y en a d'autres où il est question d'une autre personne.

— De qui donc?

— Voyez Charlotte. Son intention est de vous rendre toute cette correspondance.

— Je n'ai pas besoin de voir Mme de Wine; je verrai tout bonnement Vladimir, de qui elle tient ces lettres, et je lui donnerai vingt-quatre heures pour me les restituer. Aussi bien, je serai enchanté d'en finir avec ce sot prétentieux et méchant.

— Mme de Wine ne lui rendra pas ces lettres, et la preuve, c'est qu'elle les lui a refusées l'autre jour, quand il est venu les lui redemander, sans doute pour les rendre à la duchesse.

— La duchesse ne m'a pas parlé de cela.

— Voyez Charlotte. Une visite ne vous engage à rien. Au moins vous saurez à quoi vous en tenir. Il sera toujours temps, après, d'avoir affaire à M. Vladimir, bien qu'il ne mérite pas autre chose que le mépris.

— Je verrai Mme de Wine, répondit Jacques, que tracassait fort cette histoire de lettres réclamées par la duchesse sans qu'elle lui en parlât, et où il était question d'un autre que de lui.

Que signifiait tout cela ? En tout cas, il y avait matière à soupçon et à calomnie. Quel est le cœur amoureux qui ne saisit pas l'occasion d'être jaloux, c'est-à-dire de se donner beaucoup de peine pour s'en faire.

Jacques prit congé de Mlle de Norcy, que cette longue conversation avait un peu fatiguée ; il lui promit de la venir voir tous les jours, et il se rendit chez Mme de Wine, mal à son aise, irritable, inquiet.

XII

Charlotte venait de rentrer. En entendant annoncer son ancien amant, elle sentit une secousse intérieure. Elle l'avait positivement aimé ; elle l'aimait peut-être encore. Elle se leva et marcha droit à lui en lui tendant la main et en lui souriant, de façon à établir tout de suite leur position respective vis-à-vis l'un de l'autre.

Les femmes ont le privilége de pouvoir, dans un premier mot, donner le ton d'une situation difficile ; ainsi, dans le : « Bonjour, Jacques, » que Mme de Wine dit à de Feuil en lui tendant la main, il y avait, grâce au geste, à l'intonation et au regard : « Je suis contente de vous voir, je ne vous en veux pas ; il ne sera question de rien d'embarrassant pour vous ; je vous ai bien aimé, je ne suis pas heureuse, je veux être votre amie. »

D'autre part, si amoureux que vous soyez d'une femme, quand vous vous retrouvez pour la première fois en présence de celle que vous aimiez ou croyiez aimer auparavant, quand cette femme est jeune et belle, quand elle vous traite en ami et paraît accepter sans rancune la place inférieure que votre cœur lui assigne dans l'avenir, vous vous sentez pris d'un certain attendrissement, et pendant une minute, sans souhaiter de renouer l'habitude d'autrefois, vous vous demandez si vous n'avez pas eu tort de la rompre, et si, bien sérieusement, votre nouvel amour vaut mieux que l'ancien.

Jacques éprouva ce sentiment commun à tous les hommes, d'autant plus qu'il apportait, malgré lui, chez Mme de Wine, la crainte vague d'apprendre que la duchesse l'avait trompé en quelque chose; si peu que ce fût, il en souffrirait, et si son amour devait recevoir une pareille atteinte, il aimait autant que le coup ne vînt pas de Charlotte, qui avait trop le droit de le porter · ainsi, peu à peu, son amour pour la duchesse reprenant le dessus sur tout autre sentiment, il se prépara à ne se laisser entamer en rien, et se mit en devoir de ne permettre aucune chance de représailles à Charlotte, qui, derrière son sourire amical et sous le prétexte d'un service à rendre, se réservait peut-être, après tout, la petite satisfaction d'une revanche. C'est ainsi que la réflexion corrompt toujours un peu la sincérité de notre premier mouvement.

Cependant Jacques prit assez franchement la main de Mme de Wine. Elle le fit asseoir près d'elle en lui disant :

— Pourquoi n'êtes-vous pas venu quelquefois? Vous savez bien que j'aurais été heureuse de vous voir.

— Excusez-moi, je ne savais pas si je serais reçu.

— Et vous aviez autre chose à faire, c'est tout naturel; mais soyez convaincu que ma porte vous est toujours ouverte et que je voudrais pouvoir vous être bonne à quelque chose.

C'était une manière d'amener la conversation sur le service en question; mais Jacques, craignant d'apprendre trop tôt ce qu'il venait savoir, changea la conversation; mais ce détour l'embarqua dans une explication qu'il eût voulu éviter, et qui cependant, étant donné ce premier rapprochement de deux amours passés, ne pouvait manquer d'avoir lieu.

— Vous venez de chez Mlle de Norcy? dit-il.

— Oui; comment le savez-vous?

— J'ai été la voir.

— Vous saviez qu'elle est malade?

— Non, je l'ai appris hier en allant lui faire une visite; je suis revenu aujourd'hui, et elle m'a reçu. Elle est bien changée.

— Pauvre fille! elle a eu tant de chagrin!

— Cette maladie est donc plus morale que physique

— La maladie physique n'existe que trop, malheureusement, puisque le médecin a désespéré d'elle un instant, et qu'à cette heure même il n'en répond pas encore; mais elle résulte d'un grand chagrin.

— C'est ce que m'a fait supposer un incident survenu pendant que j'étais là.

Et Jacques raconta à Mme de Wine l'émotion où un coup de sonnette avait mis la malade, et la réponse qu'elle avait faite à la femme de chambre.

— Vous ne vous êtes pas trompé, c'est *lui* qui venait savoir de ses nouvelles. Il vient tous les jours, il se repent, mais elle ne veut plus le voir.

— Que lui a-t-il donc fait?

— Cela se devine. Il l'a trompée, mais dans des conditions impardonnables.

— Elle pardonnera.

— Je ne crois pas. A l'heure qu'il est, elle mourrait plutôt que de le revoir, elle mourra peut-être de ne le voir plus. Songez donc qu'Élisabeth a tout sacrifié à cet homme: fortune, réputation, avenir. Elle est d'une excellente famille; elle est brouillée avec sa mère; son père est mort presque en la maudissant; elle n'a pour exister que la seule partie de son héritage qu'il n'a pu lui retirer, quatre ou cinq mille livres de rente, tout au plus. Elle a renoncé au monde, elle ne voit personne, excepté moi; toute sa vie est renfermée dans cet amour, qui date de douze ans, douze ans de luttes, de persévérance, de sacrifices de toutes sortes. Elle pouvait prévoir tous les malheurs, excepté celui d'être trompée par un homme en qui elle avait une confiance sans bornes. Maintenant, que voulez-vous qu'elle devienne? Je me demande parfois si ce ne serait pas un bonheur pour elle de ne pas se relever de son lit.

— Mais comment son amant ne l'a-t-il pas épousée depuis longtemps, puisqu'elle était de bonne famille, qu'il l'aimait et qu'il était sûr d'être aimé?

— Elle ne l'a pas voulu.

— Pourquoi?

— Parce que la famille de cet homme est très-riche et s'opposait à ce mariage. Élisabeth est la femme de tous les dévonements et de toutes les franchises. Elle a accepté les conséquences de sa faute sans vouloir les faire partager à celui qu'elle aimait. Elle ne voulait pas que son amour coûtât quoi que ce fût à son amant. Elle croyait être aimée, elle ne demandait pas autre chose, et vivait dans une sécurité complète quand le hasard lui a appris la vérité.

— Que s'est-il donc passé?

— Dernièrement, M. Georges dit qu'il part pour Bordeaux. Il s'agissait, prétendait-il, d'affaires importantes. Plusieurs fois il avait voyagé ainsi. Ce nouveau départ ne devait donc inspirer aucune défiance à Élisabeth. D'ailleurs, il promettait de n'être pas absent plus de huit jours. Elle l'accompagne à la voiture, il part. Ces huit jours, elle comptait les passer chez elle, à lire, à travailler, à lui écrire. Elle reçoit une première lettre: il était arrivé heureusement; seulement, il prévoyait une absence un peu plus longue. La voilà déjà triste; mais ce n'était rien encore. Il lui donnait quelques commissions. Elle se hâte de les faire, et comme elle passait devant la maison du voyageur, elle y monte pour donner au domestique quelques ordres relatifs aux commissions faites. L'heure de la poste approchait; elle pense que, pour que sa lettre parte, — car elle n'aurait pas pu passer un jour sans écrire à Bordeaux, — elle aura plus court de l'écrire où elle est; elle entre dans la chambre de M. Georges, où il ne se doutait pas qu'elle viendrait en son absence et où le domestique la laisse pénétrer, la sachant aussi maîtresse chez son maître que son maître lui-même. Elle ouvre le secrétaire et cherche du papier; elle voit des lettres dans un tiroir; elle allait le refermer sans y faire plus d'attention, quand le mot *Bordeaux* la frappe au milieu d'une ligne. Elle jette les yeux machinalement sur la page, et un *e* muet à la fin d'un participe passé lui prouve qu'elle est écrite par une femme; elle court à la signature: Marguerite...

Plus de doute, c'est une femme qu'il est allé retrouver à Bordeaux, et chaque fois qu'il y est allé, ç'a été pour le même motif. Cette liaison dure depuis plus d'un an. Il aime cette femme. Voilà Élisabeth à moitié folle. Elle garde la lettre; elle court chez elle, prend de l'argent, part le soir même, arrive le lendemain au soir. Elle se fait conduire à l'hôtel où il était descendu. Elle demande après lui; il était sorti. Il était chez cette femme sans doute! mais où demeurait-elle? Élisabeth eût donné la moitié de sa vie pour connaître cette adresse. Elle attend dans la rue, de neuf heures du soir à une heure du matin. Croyez-vous qu'elle a dû souffrir pendant ce temps-là! Elle n'avait rien mangé depuis la veille : elle grelottait de fièvre.

A une heure du matin, elle entend venir un homme et une femme causant et riant. C'était lui! Il rentrait avec sa maîtresse, tranquillement; ils passent à côté d'elle; la femme était jolie. Ils rentrent ensemble à l'hôtel, elle sans la voir, lui sans la reconnaître. Élisabeth faillit tomber à la renverse, puis elle se dit : « Je rêve; c'est impossible! » Elle frappa à la porte de l'hôtel et demanda M. Georges; on lui indiqua le numéro de son appartement. Au moment de heurter à la porte, elle comprit qu'elle allait jouer en une minute tout le bonheur de sa vie passée, toute l'espérance de sa vie à venir; elle essaya de calmer un peu ses sens, de mettre de l'ordre dans ses idées; mais la raison n'a rien à faire là où il y a passion; et au moment où elle se disait le plus qu'elle avait tort, elle frappa un coup qui retentit dans toute la maison. On ne répondit pas. Elle frappa de nouveau;

cette fois la porte s'ouvrit. M. Georges parut, une lumière à la main.

— Vous ! dit-il, comme un homme qui ne voulait être entendu que de la personne à qui il parlait, mais en pâlissant tout à coup.

— Oui, moi ! répondit Élisabeth à haute voix.

— Comment vous trouvez-vous là ?

— J'arrive de Paris.

— Pourquoi ?

— Pour vous voir. Je m'ennuyais. N'est-ce pas mon droit d'aller où vous êtes ?

— C'est selon.

Il est rare, il est même presque impossible qu'un homme ne devienne pas injuste, cruel peut-être, envers la femme qui le met dans une position aussi fausse que celle où Élisabeth mettait M. Georges ; mais elle, du moment qu'elle avait franchi le seuil de cette chambre, elle devait forcément aller jusqu'au bout de la situation.

— Enfin me voilà, reprit-elle, je suis épuisée de fatigue, de froid et de faim ; faites-moi donner à souper et allons nous chauffer.

En disant cela, elle marchait vers l'autre chambre, espérant peut-être encore s'être trompée.

M. Georges se plaça devant elle.

— Je vais vous faire donner un appartement, lui dit-il.

— Ne puis-je habiter le vôtre ? en sommes-nous à nous gêner ?

Et elle fit de nouveau un pas.

— Vous ne pouvez entrer.

— Pourquoi donc ?

— Je vous prie, Élisabeth, n'essayez pas d'entrer.

— Il y a donc là quelqu'un ?

— Oui.

— Que m'importe ?

— Quelqu'un que vous ne pouvez voir.

— Renvoyez cette personne.

— C'est impossible.

— Eh bien, c'est moi-même qui chasserai cette femme ! s'écria-t-elle.

Et cette créature distinguée, frêle et délicate que vous connaissez, eut un moment de folie véritable, et, se précipitant sur son amant, essaya par la force d'arriver jusqu'à la porte qu'il lui barrait.

La scène devenait ridicule pour lui, humiliante pour elle.

Heureusement, cette surexcitation tomba sous l'épuisement où l'avaient mise les émotions des deux jours précédents, sous la faiblesse d'un jeûne de quarante-huit heures ; et ne comprenant plus qu'une chose au milieu du vertige qui s'emparait de son cerveau, c'est qu'elle allait se trouver mal dans cette chambre où elle ne devait ni ne voulait rester ; elle prit sa tête entre ses deux mains pour y retenir la vie qui s'en échappait, et elle marcha jusqu'à l'escalier en chancelant, comme si elle eût dû tomber à chaque pas, et en répétant convulsivement : « Laissez-moi, laissez-moi, je vous méprise ! »

Arrivée dans la rue sans savoir comment elle avait descendu l'escalier et comment elle était sortie de l'hôtel, elle suivit les maisons en s'y appuyant de la main. Elle gagna ainsi une place avec des arbres, se laissa tomber sur un banc et fondit en larmes, ne se rendant plus compte de ce qui s'était passé, souffrant machinalement, le cerveau vide, semblable à une idiote. Quand le jour parut, elle était encore sur son banc. Les ouvriers qui se rendaient à leur travail la regardaient avec étonnement, avec curiosité. Ceux-ci semblaient la plaindre, ceux-là s'éloignaient en souriant. La vue des autres lui rappela qu'elle vivait encore, et que, vivante, elle ne pouvait rester toujours où elle était.

Elle se leva, ne pleurant plus, les tempes serrées, le corps engourdi par le froid. Elle marcha comme une machine jusqu'à la boutique d'un boulanger. Elle y prit un petit pain dont elle mangea un morceau qui lui fit mal, et dont elle donna le reste à un pauvre déjà accroupi à l'angle d'une rue, car toutes les souffrances sont matineuses. Elle entra dans une église qui ouvrait une de ses chapelles, à la pâle lueur d'une lampe suspendue. Elle n'y pria pas, sa pensée n'avait plus la force de formuler une prière, mais elle s'y rafraîchit un peu à la prière des fidèles agenouillés. Puis, comme il n'y avait pas autre chose à faire, elle revint à Paris dans un état facile à concevoir. C'est un miracle qu'elle ne soit pas morte en route. A peine arrivée, elle a été prise de la fièvre, du délire ; fièvre cérébrale, fluxion de poitrine, rien n'y a manqué. Pendant quinze jours elle a été entre la vie et la mort. Depuis avant-hier seulement elle va un peu mieux. Du reste, vous l'avez vue.

Voilà l'histoire de sa maladie. Quant à M. Georges, il est arrivé à Paris quelques heures après elle. Il est accouru tout de suite chez moi, car il n'osait se présenter chez Élisabeth. Il m'a raconté qu'en la voyant entrer chez lui, à Bordeaux, il avait complétement perdu la tête ; que, d'un autre côté, il ne pouvait chasser la femme qui se trouvait chez lui; qu'il aurait voulu retenir Élisabeth, lui faire comprendre que cette infidélité n'avait pas d'importance; mais qu'il n'avait pas eu le courage d'affronter des récriminations justes, des reproches mérités, et qu'il avait commis, en apparence volontairement, mais en réalité sans savoir ce qu'il faisait, cette lâcheté insigne de laisser partir, la nuit, de chez lui, désespérée, insultée, mourante, une femme qui lui a dévoué sa vie, qu'il respecte et qu'il aime mille fois plus que celle qu'il avait l'air de lui préférer.

Enfin, il m'a expliqué sa conduite, comme les hommes trouvent toujours le moyen de le faire en pareil cas; — et voyez comme les événements les plus dramatiques de la vie peuvent quelquefois renfermer un détail comique, — moi-même, tout émue que j'étais sur le malheur d'Élisabeth, malgré les craintes que son état m'inspirait, je n'ai pu m'empêcher de rire quand, à la fin, M. Georges m'a raconté qu'en entrant dans sa chambre il avait trouvé, presque entièrement cachée dans une armoire, tremblante de peur et dans la pose la plus grotesque, la femme qui était la cause involontaire de cette scène, car elle ignorait que M. Georges eût une liaison sérieuse. Elle n'osait plus sortir de l'hôtel, elle croyait qu'Élisabeth était une très-méchante femme, qui allait l'assassiner dans la rue; et, d'un autre côté, comme elle est mariée et qu'elle ne voyait M. Georges que pendant les absences de son mari, elle craignait le scandale et ne voulait plus entendre parler de le revoir. Où s'étaient-ils connus? je l'ignore; ce qu'il y a de certain, c'est qu'ils se connaissaient et que leurs relations duraient depuis un an. Le lendemain, elle est rentrée chez elle et M. Georges est revenu à Paris.

Dès que j'ai vu Élisabeth aller un peu mieux, j'ai essayé de lui raconter en gaieté ce qui avait suivi son départ de l'hôtel. Si j'avais pu la faire rire un instant de la scène dont elle a failli mourir, cette scène eût perdu instantanément ses proportions sérieuses: ce n'eût plus été qu'une peccadille très-pardonnable et facile à enlever sous les nouvelles protestations du coupable repentant. Mais cette pauvre âme est trop profondément blessée dans sa dignité, dans sa confiance, dans son amour; mes plaisanteries ont été les malvenues, elle a secoué tristement la tête et m'a répondu sans colère, sans exaltation, avec la douceur des inébranlables résolutions: « Non, tout est fini. » Alors, il ne m'est plus resté qu'à lui demander ce qu'elle comptait faire une fois qu'elle serait guérie; elle n'en savait rien. Je lui ai offert de l'accompagner à la campagne, dont l'air lui fera d bien ; et, si le mieux continue, dans une quinzaine de jours nous partirons ensemble.

Maintenant, M. Georges, qui vient tous les jours savoir des nouvelles de la malade, et qui demande son pardon, aime-t-il encore assez pour la poursuivre jusqu'à ce qu'elle pardonne ? ou n'obéit-il qu'à des remords sans persévérance, qui s'éteindront avec la maladie ? J'ai peur que cette dernière supposition ne soit la plus vraisemblable. L'amour d'Élisabeth a un grand tort, c'est d'être âgé de dix ans, et d'être passé, peut-être, pour celui qui en est l'objet, à l'état de simple habitude, que la délicatesse seule et la pitié renoueraient en cas de réconciliation. Ce ne sont pas là des liens assez solides pour rattacher un cœur auquel cette liaison n'a plus rien de nouveau à offrir à une âme qui a perdu toute confiance, et qui aura toujours le droit de douter. Joignez à cela l'influence de la famille, dont les conseils ne manqueront pas d'intervenir, l'attrait de la liberté, attrait puissant sur l'esprit de l'homme, même lorsqu'il ne sait que faire de cette liberté. Enfin, de quelque côté que je me tourne, je ne vois rien de bon dans l'avenir de ma pauvre Élisabeth. Décidément, l'amour est une triste chose.

Jacques ne répondit rien. Ce récit l'avait rendu pensif. Il se demandait si, lui aussi, il en arriverait un jour à tromper ce qu'il aimait tant.

XIII

En attendant, l'histoire de Mlle de Norcy, si triste pour la pauvre femme, avait eu cela de bon pour les deux interlocuteurs, qu'en occupant leur esprit d'émotions étrangères à eux, elle les avait distraits de souvenirs personnels qui, sans cela, n'eussent pas manqué de se faire entendre, et qui, maintenant, s'amoindrissant au rapprochement d'une passion véritable, leur paraissaient à tous deux trop petits et trop loin pour valoir la peine d'être rappelés. En effet, après s'être entretenus de cet amour violent et presque mortel, Jacques et Charlotte auraient eu grand'peine à se parler sérieusement de leur amour, dont la mort sans convulsion les avait laissés bien portants tous les deux, et sur le tombeau duquel ils pouvaient causer, tranquillement assis, de leurs nouvelles impressions.

Jacques, après tout, ne demandait qu'à être dans de bons termes avec Mme de Wine. Il l'avait quittée volontairement, et comme il aimait passionnément d'un autre côté, il n'avait pas à en vouloir à Charlotte de s'être consolée par les moyens qu'offre toujours le hasard à une femme jeune et belle. Aussi pensa-t-il pouvoir passer sans transition de l'histoire de Mlle de Norcy au sujet qui l'amenait chez son ancienne maîtresse.

— Maintenant, chère amie, lui dit-il, voyons le service que vous désirez me rendre.

— Pour en finir tout de suite avec le passé, répondit Charlotte, laissez-moi vous dire, Jacques, que je vous ai beaucoup aimé.

— Je le crois, fit Jacques en souriant.

— Et si vous l'aviez voulu, continua Mme de Wine sans se laisser déconcerter par ce sourire quelque peu incrédule, ce qui prouve qu'elle parlait franchement, si vous l'aviez voulu, je vous aurais aimé bien davantage.

— Je puis vous en dire autant, ma chère Charlotte.

— Vous plaisantez ; c'est mal.

— Je ne plaisante pas, je vous en donne ma parole, répliqua Jacques avec une certaine gravité ; ce que je vous dis là, je l'ai dit souvent à Mlle de Norcy quand nous parlions de vous, et puisque nous ne pouvons nous retrouver une première fois ensemble sans nous entretenir une dernière fois du passé, voulez-vous que je vous fasse ma confession en quelques mots?

— Oui.

— Vous ne m'en voudrez pas?

— Je vous le promets.

— Eh bien, chère amie, si vous aviez été sincère avec moi, rien ne serait changé entre nous.

— Ne l'ai-je donc pas été?

Non. Je n'ai peut-être qu'une qualité, mais je l'ai, c'est la franchise. Je me suis aperçu d'une chose dans la vie, c'est que rien n'est en même temps plus honorable et plus commode que de dire toujours la vérité. Ce serait même, je crois, pour un homme qui voudrait tromper les autres, le meilleur moyen à employer. D'un autre côté, je comprends que quelquefois le mensonge paraisse indispensable à une femme vis-à-vis d'un mari à qui l'aveu de la vérité donnerait des droits dangereux, ou d'un amant vulgaire dont l'amour-propre ne saurait l'entendre ; mais quand elle a affaire à un homme intelligent, à un esprit loyal, elle peut toujours tout dire, surtout lorsqu'il s'agit d'un passé qui ne leur appartient plus ni à l'un ni à l'autre.

La femme qui aime tient à l'estime de l'homme dont elle veut être aimée, et cherche à lui paraître aussi pure que possible dans toutes les portions de sa vie : soit ; mais elle n'a pas besoin pour cela d'échafauder péniblement une histoire qui s'écroulera tôt ou tard, et dont les débris enseveliront du même coup l'amour et l'estime de son amant. Quand je vous ai rencontrée, quand je vous ai connue, quand j'ai eu quelques droits sur vous, vous ai-je une seule fois interrogée sur votre position, sur vos antécédents? Me suis-je fait jurer par vous que j'étais votre premier amant, et autres sottises du même genre? Non. Le dernier amant d'une femme est toujours le premier qu'elle ait eu; c'est convenu d'avance. Aucune raison, en dehors de notre volonté mutuelle, de notre double sympathie, ne nous liait l'un à l'autre; vous n'aviez qu'à vous laisser aimer, ce que je ne demandais pas mieux que de faire. Le jour où j'aurais appris la vérité et où je vous en aurais fait des reproches, ce qui eût été bien injuste, puisque votre passé ne me regardait pas, vous auriez été en droit de me répondre : « Je ne vous ai jamais rien dit sur ce sujet, je ne vous ai donc jamais menti. »

Au lieu de cela, vous avez tenu à me raconter toute votre existence dans ses moindres détails, et, de ce récit, il résultait que vous aviez été mariée, que votre mari était mort, que vous aviez une fortune indépendante et que vous n'aviez jamais, en dehors du mariage, appartenu qu'à moi. Cela pouvait être vrai; je n'avais pas de preuves contraires, je n'en cherchais pas; je crus ce que vous me disiez, n'ayant aucune raison de croire autre chose. Puis, un beau jour, j'ai appris, de source certaine, que vous n'aviez jamais été mariée; que, pendant cinq ou six ans, vous aviez vécu à l'étranger, vécu richement, quoique sans fortune, et qu'enfin vous aviez inspiré une très-grande passion à un très-riche Anglais, qui passe neuf mois de l'année hors de France et qui vous croit ce que vous lui avez dit être. A partir de ce moment, vous aviez été prise d'une ambition louable: vous aviez essayé d'oublier les nécessités par lesquelles le besoin d'argent avait fait passer votre cœur; vous aviez tenté de monter d'un degré l'échelle sociale; vous aviez étudié, appris; vous vous étiez transformée, vous aviez changé de nom, de visage, d'habitudes, et vous étiez enfin arrivée à un résultat que bien des femmes de la société n'atteignent pas. Loin de moi de blâmer ce travail mystérieux et persévérant de votre volonté. Seules, les natures distinguées tendent à s'élever au-dessus de la condition où le sort les a placées, par mégarde pour ainsi dire; et comme vous n'aviez aucun mauvais dessein en faisant cette tentative, il est heureux que vous ayez réussi, bien que vous ayez dû, dans le commencement, à chaque pas nouveau que vous faisiez en avant, trembler qu'une indiscrétion du hasard, ce grand indiscret, ne fît écrouler tout votre édifice derrière vous.

Bref, je vous ai connue dans le monde, et vous êtes ce qu'on appelle une femme du monde. Eh bien! sans deviner la vérité, je trouvais en vous des choses discordantes. Je vous en prie, ne vous blessez pas de cet aveu. Je sentais que vous n'étiez pas une individualité complète. Il vous manquait quelque chose, je ne sais quoi, la confiance en vous-même peut-être. Une certaine raideur, raideur de la femme qui se tient sans cesse prête à une lutte possible, glaçait un peu toutes vos actions. J'étais votre amant, sans avoir avec vous toute l'intimité morale de l'amour. Il y avait un obstacle inexplicable que je ne parvenais pas à franchir et derrière lequel se cachait votre véritable nature.

Je ne suis peut-être pas un homme tout à fait ordinaire, je suis un honnête homme; un secret qui me serait confié mourrait avec moi; je désirais vous aimer, il m'allait d'être votre amant; c'était à vous de deviner ces sentiments et de me dire ce qui était. Alors, tout m'eût été expliqué; je vous aurais laissée être pour le monde la femme que vous vouliez être, et je n'eusse gardé pour moi que la femme vraie, originale, naturelle, dans les relations de laquelle mon cœur et mon esprit eussent trouvé ce qu'ils cherchaient. Je vous eusse aimée sincèrement, je n'aurais jamais songé à une autre femme; même j'eusse admiré votre volonté, en vous aidant de mon mieux à devenir une femme supérieure.

Vous n'avez pas compris cela; vous m'avez toujours, tout en me prenant pour amant, tenu à distance de la vérité, si bien que, le jour où je l'ai apprise, j'ai été humilié. Les mensonges que vous m'aviez faits ont détruit à mes yeux toute la dignité de votre amour, et j'ai été presque en droit de ne voir en vous qu'une aventurière réussie. Je ne pouvais plus vous prendre au sérieux pour quoi que ce fût, et je me suis aperçu que je ne pourrais jamais vous aimer. Cependant je n'ai parlé à personne, pas même à Mlle de Norcy, qui est sur votre compte dans l'erreur où tout le monde est, pas même à vous, de ce que je venais d'apprendre; mais j'ai joué le jeu que vous jouiez, et me suis gardé cette porte dérobée pour m'échapper de chez vous quand la fantaisie m'en prendrait. Voilà pourquoi j'ai rompu si facilement. Ajoutez à cela que le hasard avait mis sur mon chemin une personne d'un caractère tout opposé au vôtre, et en qui j'ai trouvé les qualités qui vous manquaient : l'abandon et la franchise. Je serai franc jusqu'au bout. Je vis bien que j'allais aimer cette femme. Je fus épouvanté. Cet amour avait beaucoup de dangers pour moi.

Je tentai alors une chose bizarre, que vous avez assez d'esprit pour comprendre et dont vous me saurez gré en y voyant la dernière preuve d'amour que je pusse vous donner. J'essayai de faire passer en vous les choses sympathiques qui m'attiraient vers elle. De là, ces petites scènes que nous eûmes ensemble, dont vous ne pouviez vous expliquer la cause, et qui naissaient souvent des plus futiles prétextes : d'un chapeau, d'une robe, d'une coiffure. Je devais vous blesser dans votre orgueil, vous avez commencé à vous décourager. Là-dessus sont arrivées l'histoire du bouquet, notre rupture, votre nouvelle liaison, mes nouvelles habitudes. Nous aurions pu être heureux ; je regrette que nous ne l'ayons pas été.

Je suis bien aise de vous avoir donné cette explication, qui ne pouvait avoir lieu pendant les premières secousses de notre séparation ; maintenant, une poignée de main, et soyons bons amis.

Mme de Wine tendit la main à Jacques et garda quelques instants le silence. Son amour-propre avait eu à souffrir plusieurs fois pendant cette confession, et elle ne savait pas bien si elle n'en voulait pas un peu à son ancien amant d'avoir été si franc avec elle.

— Allons, dit-elle, c'est moi qui ai eu tort, n'en parlons plus ; à mon tour de vous prouver que je suis votre amie.

Elle se leva, passa dans sa chambre, et reparut avec un petit paquet de lettres.

— J'ai aussi ma confession à vous faire, reprit-elle. Dans le commencement de notre rupture, je l'avoue, j'ai voulu me venger de la femme à laquelle vous me sacrifiiez ; car, si je ne savais pas vous aimer comme il le fallait, je ne vous en aimais pas moins pour cela et ne devais pas moins souffrir de votre abandon. C'est alors que j'ai utilisé la connaissance de ce Vladimir, qui ne vous a pas présenté à la duchesse pour autre chose que pour vous détourner de moi, m'apprendre que vous me trompiez, et profiter de mon dépit pour prendre ici votre place. Ce monsieur me faisait l'honneur d'être amoureux de moi ; du moins il le disait. Je me suis servie de cet amour, vrai ou faux, — faux, je pense, comme tout ce qui émane de cet homme, — pour me renseigner sur la duchesse et me faire donner les lettres que voici, dont une seule est sortie de mes mains pour passer dans celles d'un ami de la cousine, et que j'avais envoyée en avant comme un général envoie un tirailleur, pour reconnaître le terrain et annoncer le combat.

Parmi ces lettres, il en est de bien antérieures à ce temps-ci, continua Mme de Wine, certainement avec une secrète intention, et qui regardent une autre personne que vous.

Jacques ne sourcilla pas, et laissa passer ce mot comme s'il n'avait rien caché. Charlotte reprit :

— Vladimir avait gardé ces lettres avec cette prévoyance russe qui sait que toute lettre peut servir un jour ; mais il ne les avait pas en France. Il a eu la constance d'écrire en Russie et de se les faire envoyer. Comme c'était là tout ce que je voulais de lui ; comme, après tout, je trouvais assez méprisable l'homme qui faisait un pareil usage de la confiance d'une femme, quand j'eus ces papiers en ma possession, je fermai ma porte à ce monsieur et à son amour. Je m'en fis un ennemi. J'en ai acquis la preuve récemment, et, sans nul doute, il va essayer de me nuire, car il sait ce que j'aimerais autant qu'il ignorât ; mais peu importe.

J'ai lu ces lettres. En somme, cette femme ne m'a qu'indirectement fait du mal, puisqu'elle ne me connaît pas. Elle vous aime, ce n'est pas un crime que je puisse lui reprocher, moi qui vous ai aimé aussi. Je ne suis pas méchante ; j'ai réfléchi et me suis résolue à ne me servir de l'arme que j'avais entre les mains que pour vous la rendre, et, en vous donnant cette preuve d'amitié, à faire cesser la froideur qui existe entre nous. Voici ces lettres, reprenez-les ; la duchesse n'a rien à craindre de ce côté.

Jacques prit le petit paquet que lui tendit Mme de Wine:

— Merci, lui dit-il, je vous suis très-reconnaissant.

Évidemment Charlotte avait encore quelque chose à dire, et Jacques le pressentait sans doute, car il s'apprêta à prendre congé d'elle. Depuis qu'il tenait ces lettres, dont une partie avait rapport à un autre amour que le sien, il se sentait mal à son aise et avait hâte d'être dehors pour lire cette correspondance, pour comparer, pour juger lequel avait été le plus aimé de lui ou de l'autre. Charlotte le retint doucement, au moment où il allait faire le premier pas pour se retirer.

— Voulez-vous me permettre de vous donner un conseil ? lui dit-elle en hésitant encore.

— Oui, dites.

— Vous aimez cette femme ?

— Beaucoup, puisque cet amour m'a séparé de vous. A quoi bon cette question, ma chère Charlotte ? fit Jacques, qui comprit qu'il allait encore avoir une dernière lutte à soutenir contre l'orgueil blessé de son ancienne maîtresse.

— Eh bien, ne lisez pas ces lettres !

— Pourquoi ?

— Parce qu'elles vous feraient de la peine, à vous qui aimez la franchise, en vous apprenant une chose que, si franche qu'elle soit, la duchesse ne vous a certainement pas avouée.

— Vous vous trompez, ma chère Charlotte, répondit Jacques en dominant autant que possible son émotion ; je connais toute la vie de la duchesse. J'allais lui reporter ces lettres, que je n'ai pas besoin de lire, en effet, puisque je sais ce qu'elles contiennent. Je n'ignore rien de ses relations avec la personne dont traitent ces lettres.

En parlant ainsi, Jacques essayait de lire au fond de la pensée de Mme de Wine. Il s'agissait pour lui, à la fois, de ne pas être ridicule aux yeux de Charlotte, qui en savait peut-être plus long que lui, de ne pas admettre qu'Annette pût lui avoir menti, de la maintenir cependant au-dessus de tout autre soupçon, et d'apprendre la vérité.

— Alors, reprit Charlotte, vous savez qu'elle a beaucoup aimé cette personne ?

— Je le sais.

— Et qu'elle le lui a prouvé autant que possible ?

— Parfaitement.

— Alors, vous avez raison ; rendez-lui ces lettres sans les lire.

— Je n'ai pas besoin de les lui rendre. La personne est morte, tout est mort ; meurent donc ces lettres !

Et Jacques jeta au feu le paquet qu'il tenait à la main, en se disant : « Mieux vaut douter encore ! » mais il avait la poitrine serrée. Charlotte fit un mouvement involontaire pour empêcher Jacques de détruire ces lettres, qu'elle s'efforçait de faire valoir comme des preuves.

— Décidément, dit-elle, avec un sentiment de dépit presque douloureux, décidément, vous aimez cette femme. Adieu, mon ami ; soyez heureux !

Et elle rentra dans sa chambre, pour ne pas laisser voir à Jacques qu'elle était sur le point de pleurer. Une fois seule, elle cessa de retenir ces larmes auxquelles elle n'eût pu assigner leur cause véritable, mais qui n'en étaient pas moins des larmes. Au bout d'un quart d'heure, elle essuya ses yeux en se disant : « Allons, je suis folle ! » Elle sonna, demanda sa voiture, et comme il faisait beau, elle alla se promener et entendre des gens dire en la voyant passer : « Voilà une jolie femme ! »

Quant à Jacques, il revenait assez soucieux de cette entrevue. Il était content de ce qu'il avait fait, et il le regrettait ; il était heureux de son doute, et il eût voulu avoir une certitude. Il était fier d'avoir tacitement prouvé sa confiance dans la duchesse, et cette confiance vacillait.

Non, Annette ne lui avait pas menti, elle n'avait jamais été la maîtresse de ce jeune homme ni d'aucun autre. Mais pourquoi Charlotte mettait-elle tant de persistance à lui faire lire ces lettres ? Pourquoi lui-même, pour éviter de les lire, avait-il été presque jusqu'à reconnaître qu'Annette avait eu un amant ? — Qu'importe, si elle ne l'avait pas eu ? — C'est vrai ; mais le soupçon, dans certain cas, ne tient-il pas lieu de la réalité ?

Ces lettres ne renfermaient peut-être aucune preuve, et Charlotte, comme on dit vulgairement, plaidait peut-être le faux pour savoir le vrai. Cependant elle avait l'air d'être bien sûre de son fait. Il s'agit de savoir la vérité. Mais comment, maintenant que les lettres sont détruites ?

Et puis, cette vérité, pourquoi chercher à la connaître ? En quoi changera-t-elle ce qui est ? En admettant qu'Annette ait été la maîtresse de ce jeune homme, lui, Jacques, l'aimerait-il moins pour cela ? Non. Mais alors pourquoi ne lui a-t-elle pas tout avoué ?

Elle lui a avoué qu'elle l'avait aimé ! Eh bien ? Eh bien, ce n'est pas la même chose. Est-ce qu'une femme avoue jamais qu'elle a appartenu à un homme quand elle peut le nier, quand elle craint que cet aveu ne nuise à son amour nouveau ? D'ailleurs, qui prouve qu'elle lui ait apparenu ? Ces lettres l'eussent prouvé, mais elles sont détruites. Il ne faut donc plus y penser. C'est juste, mais il y pense toujours.

Allons ! Jacques verra la duchesse ce soir, et, tout en lui parlant d'autre chose, il l'étudiera : il devinera ce qu'il veut savoir ; ou bien il lui dira franchement ce qui s'est passé, et il verra si elle se trouble, si elle hésite, si elle a peur.

C'est cela ; voilà le meilleur moyen. Annette est une nature si franche !

XIV

En se parlant ainsi, Jacques arriva chez moi. Je m'aperçus bien vite de sa préoccupation. Je m'attendais toujours à apprendre que sa nouvelle vie trébuchait dans quelque catastrophe. Je m'empressai donc de lui demander ce qu'il avait. Il ne le dit pas d'abord, puis il finit par me raconter la scène qu'on vient de lire et les doutes qu'elle lui avait suggérés.

Tu es trop lié à cette histoire, me dit-il alors, pour que je t'en cache le moindre détail. Voyons, que penses-tu de cela ?

— Tu me demandes mon avis sincère?

— Oui, me répondit-il, d'un ton qui me prouvait qu'il eût déjà préféré ne m'avoir rien dit.

— Eh bien, d'abord, que t'importe que la duchesse ait ou n'ait pas été la maîtresse de ce garçon, qui était bien jeune et qui n'a peut-être su ni trouver l'occasion ni avoir l'audace de la posséder complétement? Mais, après tout, puisqu'elle l'aimait, le reste n'est plus qu'un détail; nous savons bien ce que veut dire le mot *aimer*; et, pour ma part, si une femme me disait: « J'ai beaucoup aimé cet homme, » je ne lui demanderais même pas s'il a été son amant. A mon avis, cela irait sans dire.

— Mais, moi, je le lui ai demandé; elle m'a juré que non.

— Il faut la croire.

— Mais Charlotte paraissait si certaine du fait !

— C'est à toi de voir qui tu as le plus d'intérêt à croire, de Charlotte ou de la duchesse.

— Bien, mais ta conviction à toi ?

— Ma conviction ?

— Oui.

— Ma conviction est que, si la duchesse n'a pas été la maîtresse de l'homme qu'elle aimait, c'est que les circonstances seules l'en ont empêchée. Or l'intention étant réputée pour le fait, pour moi il a été son amant, et, à moins d'être un sot, tu ne dois pas plus savoir gré à Annette d'une résistance forcée, que tu ne dois lui en vouloir d'un abandon presque inévitable. Quant à la vérité, je te défie de la savoir. La duchesse te dira toujours que non, Charlotte te dira toujours que oui; et quand même celle-ci t'avouerait que ces lettres ne renfermaient aucune preuve, et te le jurerait sur n'importe quoi, ton amour-propre la croirait un instant, mais ta raison continuerait de douter, avec cette supposition en plus qu'elle te traite en enfant et se moque de toi.

Il y avait une chose bien plus simple à dire à Jacques; mais c'était un peu embarrassant vis-à-vis d'un amour aussi délicat, et par conséquent aussi susceptible que le sien.

Il y avait à lui dire : « A quoi bon ces questions, ces doutes, ces suppositions ? La duchesse ne t'a-t-elle pas dit que son premier amour est resté à l'état immatériel, et qu'elle n'a jamais appartenu à celui qui le lui inspirait? Ne t'a-t-elle pas affirmé, en outre, que le duc n'a jamais été et qu'il ne saurait être son mari que de nom? Ne t'a-t-elle pas juré qu'elle n'a jamais eu d'amant? Oui! Eh bien! puisque tu es son amant, toi, tu dois bien savoir à quoi t'en tenir. »

C'était un dilemme trop infranchissable pour que je pusse le poser aussi nettement, même vis-à-vis d'un ami aussi intime.

Pour ma part, je ne crois guère à ce paradoxe d'une femme mariée qui a aimé un autre homme que son mari et qui arrive, vierge de corps, au second homme qu'elle aime. Ce sont choses que, de temps en temps, les femmes ont peut-être raison de dire, mais que nous ne sommes pas forcés de croire. Pour qu'on les crût, elles ne devraient jamais appartenir à celui à qui elles font ces sortes de récits.

Il y avait donc peut-être dans le doute de Jacques le souvenir positif d'une réalité convaincante, que, probablement, il s'était plu à se voiler à lui-même dans les premiers transports de son bonheur; sans quoi il eût affirmé avec l'autorité d'un saint Thomas qui a vu et qui est bien forcé de croire.

Et cependant, comme il est dit que la femme est un abîme dont on ne connaîtra jamais le fond, une énigme dont on ne saura jamais le véritable mot, eût-il eu la preuve physique que la duchesse avait menti, ce n'eût pas encore été une raison de croire au mensonge, puisqu'elle était mariée. Mais, me direz-vous, puisque le mari...

Voyons, entre nous, si fort qu'on aime une femme mariée et qu'on soit aimé d'elle, faut-il la croire aveuglément sur le compte du mari qu'elle trompe? Quelle est celle qui n'a pas dit à son amant, ce qui, du reste, est une consolation morale et un danger physique: « Mon mari n'a aucun droit sur moi? » Faut-il prendre cette affirmation au pied de la lettre? Ce serait un peu naïf.

Je sais bien que la duchesse était plus qu'aucune autre en position de se permettre cette phrase traditionnelle; et la suite a montré que le duc, s'il se fût trouvé dans la position de Joseph avec Putiphar, n'aurait eu besoin ni de se sauver, ni d'abandonner son manteau, et qu'il fût resté tranquillement auprès de l'Égyptienne, comme y restait monsieur Putiphar lui-même, le grand eunuque de Pharaon; mais cette indifférence forcée n'avait peut-être pas toujours existé; et la jeune vieillesse du duc, harcelée par certains intérêts particuliers que le lecteur connaîtra bientôt, n'avait pas dû s'incliner sans discussion sur la conscience de son inutilité.

Tout était dit alors, et c'était vers cette probabilité que l'esprit de Jacques avait le plus de raisons de pencher; aussi finit-elle par se développer à ce point sous ses yeux, qu'il ne vit plus autre chose et qu'à sa sérénité première lui revint. Tant mieux!

O amour, petit dieu grassouillet et rose ! quand donc seras-tu conséquent avec toi-même ? Tu mets des lunettes quand il s'agit de soupçonner, et tu mets ton bandeau quand il s'agit de voir.

N'allez pas vous figurer, par cette exclamation, que je mette en doute un instant la sincérité de la duchesse, et que j'ai cessé de prendre au sérieux et que je veuille railler maintenant ce que j'ai exalté tout à l'heure. Non. Plus que personne, moi qui ai été le témoin du douloureux dénoûment de cette histoire, j'en respecte les deux héros; mais je ne puis écrire ce livre comme une mélopée, sur la note triste des derniers événements : je dois compte des impressions différentes que me produisaient les différentes péripéties du drame, et j'avoue dès lors que, dans un coin de cet amour noble, digne, sympathique, je voyais, à mon grand regret, s'infiltrer une conséquence indirecte que j'avais été loin de prévoir, et qui, en s'élargissant, pouvait lui donner un côté dangereux, et, qui pis est, ridicule pour Jacques.

Ce n'était pas la faute de la duchesse, loin de là ; mais c'était la faute de sa position supérieure, qui, par moments, tournait un peu la tête à de Feuil. Jacques était un artiste ; il n'était et ne pouvait être quelque chose que par le travail. Or cette liaison, tout en aidant à la poésie, au sentiment mystérieux de son art, tout en influençant en bien l'âme de son talent, nuisait d'un autre côté à son expression matérielle, à sa manifestation indispensable. Jacques réduisait un peu l'art, qui jusqu'alors avait été son élément unique et dont il avait besoin pour vivre, aux satisfactions intimes de son cœur. Il s'isolait des relations nécessaires à son avenir, et au lieu d'élargir la musique avec son amour, il la rétrécissait et ne la faisait servir qu'à le glorifier. Il oubliait que l'art ne saurait s'enchaîner sans s'amoindrir, et tout en travaillant beaucoup pour sa maîtresse, il ne faisait plus rien pour lui. Chaque jour il lui apportait une gerbe de mélodies nouvelles dont elle avait été le souffle inspirateur ; il les jetait à ses pieds; mais il eût cru les profaner en les livrant au public, les avilir en les vendant. Il faisait de la musique comme un homme du monde qui aurait par hasard du talent, et il n'osait plus, disons le mot, gagner sa vie.

La société continuelle d'une femme à qui la fortune était venue toute seule, et qui n'avait à s'occuper que des difficultés morales de la vie, lui avait fait prendre peu à peu les habitudes du monde où sa réputation lui permettait d'entrer, mais où il ne pouvait se maintenir qu'avec les ressources légitimes de son travail. Enfin il rougissait du *métier*, qui est cependant l'expression forcée de l'art, et sans lequel l'artiste meurt de faim quand il n'a pas fortune. Et quel est l'individu né riche qui cherche à devenir un artiste dans la véritable acception du mot?

Par un sentiment dont la duchesse l'eût blâmé si elle l'eût connu, car il eût été la preuve que l'amour de Jacques manquait de confiance sur certains points, il craignait de paraître ridicule à la grande dame qu'il aimait et de dimineur de valeur à ses yeux, s'il continuait de s'asservir aux exigences de sa position. Pour un empire il n'eût pas voulu qu'une amie de la duchesse pût lui dire : « Ma fille ou ma sœur a pour professeur de musique M. Jacques de Feuil. » Professeur et domestique lui paraissaient être sur le même rang, pour l'argent qu'ils reçoivent tous les deux pour faire une chose commandée.

Il ne faisait plus cette distinction que l'un n'est que le valet des services physiques, tandis que l'autre est le révélateur des meilleures parties de l'âme. Son esprit se révoltait à l'idée de se faire entendre en public, à être forcé de faire des révérences à des gens qu'il ne connaissait pas, et d'entendre dire par quelques ignorants mille fois inférieurs à lui : « Quel est ce monsieur qui va jouer du piano ? »

— Je suis sûr, me disait-il naïvement, que si elle était dans une salle de concert et qu'elle me vît paraître sur l'estrade et faire les simagrées qu'un artiste est forcé de faire, son amour-propre serait mal à son aise, et qu'un instant elle rougirait de moi ; or j'aimerais mieux mourir que d'être humilié une seconde devant cette femme.

Il y avait du vrai dans ce raisonnement, comme il y en a au fond de tous les raisonnements humains. Toute chose qui fait plaisir ou peine est vraie, par cela même qu'elle enfante une sensation ; seulement la chose à côté peut être plus vraie encore.

Jacques n'était donc ni aussi aimé qu'il croyait l'être, ni aussi artiste qu'on le croyait, puisqu'il doutait en même temps de la noblesse de l'amour et de la dignité de l'art : telle est l'objection que je pouvais lui faire. Soupçonner que la duchesse pût rougir de lui en le voyant dans la situation que nous venons de dire, c'était faire injure à son cœur, à son esprit, à tout ce qu'il y avait de bon en elle ; c'était en contradiction avec les sacrifices qu'elle comptait lui faire ; c'était peut-être se nuire à soi-même en abdiquant le prestige de l'homme de talent, prestige qui ne pouvait pas ne pas avoir sa part dans la masse de raisons qu'Annette se donnait pour aimer Jacques. Non-seulement elle l'aimait trop pour rougir de sa position, mais encore elle était fière, j'en suis sûr, d'être aimée d'un homme comme lui ; et elle eût assisté avec bonheur à chaque manifestation nouvelle, quelle qu'en eût été la mise en scène, du talent de celui qu'elle aimait, talent qui, à ses yeux, lui donnait sur les autres hommes la supériorité qu'il croyait reprendre en s'assimilant à eux. Jacques manquait donc d'intelligence en n'utilisant pas cette supériorité.

Il n'y a de positions ridicules que celles qu'on n'accepte pas franchement, et, en fuyant un ridicule imaginaire, il ne s'apercevait pas qu'il tombait dans un ridicule certain.

En effet, jusqu'à ce qu'il ait passé de l'état de talent à l'état de génie, jusqu'à ce qu'il soit reconnu et sacré grand homme, un artiste conserve longtemps des relations avec des confrères qui, eux, s'arrêtent en chemin et composent ce qu'on appelle la bohême de l'art, cette classe de gens stationnaires à partir d'un certain point, grouillant confusément, sans nom, sinon sans originalité, dans les couches inférieures, classe dont Murger a si admirablement raconté la vie, les mœurs, la misère et l'esprit. Eh bien, pour ces premiers compagnons, Jacques était devenu ce qu'ils appellent un poseur. Quand il en rencontrait un par hasard, il ne lui donnait que timidement la main en regardant à droite et à gauche si la voiture de la duchesse ne passait pas dans la rue; son cœur ne changeait pas pour cela; il était toujours bon et obligeant, mais il sacrifiait un peu plus aux exigences extérieures, et il eût été désespéré d'être rencontré causant avec un de ses confrères débraillés. Il est évidemment pour les artistes certaines connaissances qu'ils doivent savoir perdre de vue à un certain moment, mais ce moment n'était peut-être pas encore arrivé tout à fait pour notre ami.

Talent remarquable, exceptionnel même, il s'élevait déjà au-dessus des masses, mais il n'avait pas encore donné, comme l'ange de Tobie du tableau de Rembrandt, ce vigoureux coup de pied qui, lançant l'élu de Dieu dans l'immensité des rayonnements infinis, le sépare à tout jamais de la terre.

La nouvelle vie de Jacques faisait donc naître des railleries, des jalousies et jusqu'à des haines. Rien n'est plus susceptible que l'infériorité. Je vous laisse à penser si ses confrères du dessous l'épargnaient.

« Jacques devenait un monsieur bien mis! Jacques avait été rencontré à cheval! Jacques se faisait appeler monsieur le comte! Il ne jouait plus du piano qu'avec des gants! il faisait donner ses leçons par ses domestiques! Il avait acheté un coupé à huit ressorts! »

Telles furent d'abord les plaisanteries inoffensives qu'on se permit; puis Jacques avait été vu avec une femme voilée dans une voiture mystérieuse; on avait entendu un mot d'un côté, un mot de l'autre; on avait recueilli une supposition, appris un détail, ramassé une médisance, demandé des renseignements: inventé des probabilités; on avait ensuite rapproché, réuni, soudé le tout, et l'on était arrivé à cette conclusion assez désobligeante que Jacques, qui ne travaillait plus, qui était élégant, qui montait à cheval et qui ne prêtait plus d'argent à ses anciens amis, ne pouvait qu'être entretenu par une femme du monde. Heureusement, cette belle chose se disait dans un cercle qui n'avait d'écho nulle part, mais qui, à force de crier. pouvait finir par en avoir.

Les ca[illegible]ans sont comme les champignons, on ne sait jamais qui les plante, mais là où il en pousse un, il en poussera mille. Jacques n'était pas sans entendre parler de temps en temps des bruits de toute sorte qu'éveillait sa manière de vivre. Il faut être bien fort, bien au-dessus des conditions humaines, pour marcher tout droit dans son chemin, sans se préoccuper des broussailles qui vous accrochent toujours par quelque côté. Notre héros n'avait pas encore atteint l'âge de cette indifférence philosophique, et il s'inquiétait, il s'irritait d'autant plus de toutes ce piqûres, qu'à moins d'être fou il était bien forcé de temps en temps de reconnaître qu'il suivait une voie au moins irrégulière, que l'amour excusait peut-être, mais qu'aucune déduction, si subtile, si éloquente qu'elle fût, ne pouvait démontrer comme complétement logique. Il n'y avait même à la discuter avec personne, puisque cette position était un secret; et vis-à-vis de lui ou de moi, son seul confident, comment se cacher de certaines difficultés visibles et palpables?

Quand on rencontre un roc sur sa route, on peut s'y frayer un sentier à coups de hache, ou le tourner plus ou moins habilement: en s'accrochant aux aspérités, en se faisant un appui des obstacles mêmes, on peut arriver sain et sauf de l'autre côté, je ne le nie pas; mais on ne saurait prétendre que ce soit aussi commode et aussi agréable que de traverser une plaine, et en tout cas, il n'y a pas à s'étonner si l'on s'y déchire quelque peu les pieds et les mains, ou si l'on s'y casse un bras ou une jambe, puisqu'on peut s'y tuer.

Or Jacques avait à lutter contre l'impassible obstacle de ce rocher social qu'on appelle le mariage, et qui barre la route de toutes les amours adultères. S'il en était quitte pour quelques égratignures, il serait bien heureux. Mais il avait l'air d'un homme qui redoute autre chose; car, depuis quelque temps, il paraissait visiblement préoccupé, et chaque fois que je l'avais questionné sur les causes de cette préoccupation, il m'avait répondu : « Plus tard, tu sauras tout. » En attendant, en cas de lutte, il s'était, à part lui, choisi son premier adversaire, qu'il se plaisait à rendre responsable de ces premières difficultés. Cet adversaire, c'était Vladimir, avec lequel, surtout depuis l'histoire des lettres, il ne cherchait qu'une occasion d'avoir une querelle. Tous les cancans qui se faisaient ou se feraient devaient venir du comte, c'était là son idée fixe.

Chaque fois qu'il avait un sujet d'irritation quelconque, en dehors même de la duchesse et de ses amours, il lui venait tout de suite l'idée de passer cette irritation sur Vladimir. Il avait sans cesse sous les yeux sa figure plate et fausse, et il lui semblait qu'il y manquerait quelque chose tant qu'il ne l'aurait pas souffletée. Il l'eût fait déjà depuis longtemps si je ne l'en avais empêché. Cependant, je comprenais que ce drôle lui portât sur les nerfs, comme on dit vulgairement. On a de terribles démangeaisons de casser les reins à un monsieur qui s'est dit votre ami, qui a voulu vous prendre votre maîtresse, qui essaye de compromettre la femme que vous aimez, qui lui emprunte de l'argent, qui montre ses lettres, qui est forcément de moitié dans un secret que l'on voudrait cacher à tout le monde, qui dit du bien de vous partout, qui affecte une discrétion mille fois plus compromettante que les indiscrétions les plus hautes, car c'était la nouvelle tactique de Vladimir, et à qui on ne peut chercher querelle que sous un prétexte étranger à la raison véritable.

Maintenant, disons-le, ce que Jacques pardonnait le moins au comte, — mais cette raison, il ne me la donnait même pas à moi, — c'était d'avoir été le confident et l'intermédiaire du premier amour d'Annette, de savoir qu'elle avait aimé, de connaître là-dessus des détails que lui, Jacques, ignorait, auxquels il eût voulu être initié, et dont il n'aurait jamais le dernier mot. Oh ! cela, et la pensée que Vladimir, en le voyant aimer sérieusement la duchesse, se moquait de lui intérieurement, l'exaspérait plus que je ne pourrais dire. Il avait alors contre son ancien ami des moments de haine véritable pendant lesquels, s'il l'avait tenu, il l'aurait massacré sans pitié.

L'amour, dans de certaines conditions, n'envahit pas le cœur et le cerveau d'un homme jeune et ardent sans communiquer de sa furie à toute son organisation. Tant qu'il dure, il hausse d'un ton ses sentiments et ses passions, et les exagère pour le bien comme pour le mal. Si Jacques n'avait pas adoré Annette, il n'aurait pas haï Vladimir.

Quant à ce dernier, il se rendait parfaitement compte de la disposition d'esprit où Jacques était vis-a-vis de lui. Après sa visite à Mme de Wine, il s'était attendu à quelque catastrophe ; mais, ne la voyant pas venir, et augurant mal de ce silence, il s'était bien douté que de Feuil attendait un autre genre d'occasion. Alors, comme il n'avait aucun goût pour les duels, il avait essayé de parer le coup qu'il prévoyait, dût-il pour cela faire quelque platitude. Il s'était présenté deux ou trois fois chez la duchesse, mais il n'avait jamais été reçu. Il s'était trouvé, avec préméditation, sur le chemin de Jacques, tout prêt à lui sourire, à lui tendre les mains, à lui donner toutes les explications possibles ; Jacques l'avait vu, et n'avait répondu à ses avances tacites qu'en détournant la tête et en ayant l'air de ne pas le voir. Alors Vladimir avait cherché de nouvelles armes dont il pût se servir en cas de lutte, et, comme on va le voir, il en avait trouvé.

XV

Un soir, il y avait bal chez un de nos grands peintres, dont les salons reçoivent toute l'aristocratie de la noblesse et de l'art, et, naturellement, le duc et la duchesse étaient au nombre des invités. Annette, sachant qu'elle y verrait Jacques, dérogea à ses nouvelles habitudes en acceptant l'invitation, et quand notre héros entra dans le premier salon, il la vit entourée de toute cette petite cour qu'une femme élégante apporte avec elle partout où elle va. Il ne pouvait se mêler à ceux qui lui parlaient, puisqu'il ne lui avait pas été officiellement présenté. Ils échangèrent un regard, et Jacques passa dans une autre chambre, d'où, sans que son attention pût être remarquée, il ne la perdait plus de vue. Par la position qu'elle occupait, elle lui tournait le dos, et cependant elle ne voyait que lui, ne causait qu'avec lui.

Si, dans un bal, on vous montre une jolie femme et qu'on vous dise : « Cette belle personne a un amant ici, devinez qui ce peut être, » ne vous amusez pas à chercher parmi ceux qui l'entourent, mais bien parmi ceux qui l'approchent le moins; et si vous découvrez un homme qui, après l'avoir été saluer et lui avoir dit les quelques mots d'usage, se rejette immédiatement dans la foule, s'éloigne comme par hasard des salles où elle entre, ne danse pas, ne joue pas, cause avec des indifférents dans des embrasures de porte, examine, sans les voir, les curiosités des salles les plus désertées, feuillette les albums, regarde passer les plateaux sans y rien prendre, ait l'air de s'ennuyer et pourtant ne s'en aille pas, il y a cent à parier contre un que vous aurez découvert celui que vous cherchez, et vous pourrez vous dire : « Voilà un monsieur qui est ici *par ordre*, pour qu'*on* le voie, pour être vu; pour prouver qu'il n'est pas autre part. »

De son côté, la femme, que ce petit manége amuse toujours, cause, sourit, se promène, danse. Elle est charmante, parce qu'elle est heureuse; elle accapare les jeunes gens les plus recherchés du bal, lesquels s'évertuent à se rendre agréables, font des mots, rient, se dandinent, regardent si on les voit bien, croient la compromettre un peu, et ne s'aperçoivent pas que, de temps en temps, son regard va dire à un invité silencieux, caché dans un coin, ou causant avec quelque personnage chauve et sérieux qui se croit écouté : « Regardez donc tous ces imbéciles, comme ils se donnent de la peine et comme je me moque d'eux! »

Si vous êtes intelligent, ne vous faites jamais, dans un bal, le cavalier d'une jolie femme, à moins que vous ne soyez son confident ou son amant. Elle ne vous prendra que comme pour rassurer quelqu'un, et le rôle du monsieur sans conséquence est assez humiliant.

Parmi les courtisans de la duchesse, il se trouvait un des premiers acteurs de cette histoire, le prince de Riva. Il ne pouvait pas être rangé dans la catégorie des comparses dont nous venons de parler. Son rang, sa position, son esprit, sa délicatesse lui imposaient naturellement un autre rôle. Sans avoir reçu aucune confidence directe de la duchesse ni de Jaques, il n'en était pas moins au courant des événements auxquels sa malencontreuse visite d'un certain soir avait quelque peu aidé; mais, avec une discrétion du meilleur goût, il paraissait les ignorer, même vis-à-vis des deux intéressés, et se promettait de ne s'en souvenir que si le hasard le mettait en position d'obliger l'un des deux. Le prince était une âme élevée. Il avait aimé sincèrement Annette, et loin d'en vouloir au rival préféré, ce qui n'eût servi à rien, il avait pris le beau rôle qu'il y a à prendre dans ces sortes de défaites, et son amour pour la femme s'était changé en une discrète sympathie pour les deux amants, qui, un jour ou l'autre, il le prévoyait, auraient besoin de quelque amitié dévouée.

Les nobles cœurs, quand ils aiment, n'aiment pas pour eux seuls. Ils doivent par conséquent, prouver la sincérité de leur affection par le seul moyen qui leur soit permis, et ce moyen, c'est l'abnégation poussée jusqu'au dévouement; ce moyen, c'est d'aimer la femme jusqu'à aimer qui elle aime. Ils forcent ainsi à la reconnaissance le cœur qu'ils n'ont pu obliger à l'amour. Quelle plus noble revanche pourraient-ils prendre? Ces abnégations, ces dévouements sont rares; raison de plus pour les mentionner quand on les rencontre.

Ainsi le petit prince était au courant des relations de Jacques et de la duchesse. Qui les lui avait dites? Il les avait surprises. Amoureux comme il l'était, n'avait-il pas un peu le droit de surveiller la vie d'Annette? Rôdant trois ou quatre nuits autour de sa maison, il avait vu Jacques y venir régulièrement, et, par quelques mots recueillis de part et d'autre, il avait bientôt su à quoi s'en tenir. Depuis lors il s'était plusieurs fois rencontré avec Vladimir. Il avait flairé dans cet homme un ennemi de la duchesse, et d'après le mal que le comte avait essayé de dire de Jacques, il s'était mis à penser du bien de notre héros. Les gens reconnus méchants ont le don de rendre sympathiques aux esprits justes les absents qu'ils attaquent.

Le prince avait alors tenu à lier connaissance avec Jacques; ils s'étaient rencontrés chez un ami commun. Présentés l'un à l'autre, ils s'étaient jugés tout de suite ce qu'ils étaient, des cœurs francs et loyaux, et de leur première poignée de main avait daté entre eux la convention tacite d'une réciprocité de bons sentiments. Jamais le nom de la duchesse n'avait été prononcé dans leurs conversations les plus intimes; mais, pour Jacques, évidemment, le prince connaissait cette liaison, et tout naïvement, dans une circonstance difficile où il eût eu besoin d'un intermédiaire sûr auprès d'Annette, il se fût adressé à M. de Riva, dans lequel il estimait le type, se dégradant de jour en jour, des véritables hommes du monde restés chevaliers dans les moindres actions de leur vie.

Le prince était redevenu un des visiteurs les plus assidus d'Annette, et dans le monde, quand un des mille colporteurs de bruits nouveaux dont la société fourmille disait : « Il paraît que la duchesse a un amant, » il arrivait souvent que son interlocuteur, aussi bien informé, répondait : « Oui, le prince de Riva. »

Lorsque le prince vit Jacques, il vint à lui, et ils se mirent à causer. Ils s'entretenaient depuis quelques instants quand ils aperçurent Vladimir, qui était de ce bal, comme il trouvait moyen d'être de tous ceux qu'on donnait. Le comte, soit par bravade, soit pour tenter une dernière fois une réconciliation, s'approcha de Jacques, et comme s'il n'y avait pas eu entre eux de rupture définitive, il lui tendit la main. Jacques eut l'air de ne pas voir ce mouvement, et continua de causer avec le prince. Vladimir fit semblant à son tour de n'avoir pas compris l'intention de de Feuil, et se tourna vers M. de Riva.

— Votre santé est bonne, prince ? lui dit-il.

— Très-bonne, reprit sèchement celui-ci.

Et il reprit sa conversation avec Jacques.

— Dites-moi, prince, reprit Vladimir sans se déconcerter cette fois et du ton d'un homme qui va prendre sa revanche, savez-vous si la duchesse Annette est dans le bal ?

— Je ne sais pas, monsieur.

— C'est que j'ai à lui parler.

Le prince ne répondit rien.

Jacques se retourna malgré lui.

— Tiens ! c'est vous, mon cher ? fit Vladimir du ton le plus naturel, et convaincu que là où l'on était, il n'avait rien à craindre.

En effet, Jacques se contint.

— Oui, c'est moi, répondit-il ; me voulez-vous quelque chose ?

— Certainement : dites-moi donc si la duchesse est ici ?

— Je ne connais pas la personne dont vous me parlez.

— La duchesse Annette ?

— Je ne la connais pas, vous dis-je !

A la façon dont lui répondit de Feuil, à la manière dont il le regardait, Vladimir vit bien que les choses pouvaient mal tourner, malgré les efforts de Jacques pour être calme ; il essaya alors de réduire la situation à une simple plaisanterie.

— Eh bien, répondit-il, si je la trouve, voulez-vous que je vous présente à elle ?

— Merci ; je crains d'être mal reçu.

— Mon cher, ce n'est pas poli ce que vous me dites là, continua le comte en affectant de rire.

Jacques allait répondre une impertinence, bien probablement, quand le prince, lui touchant le bras, lui dit tout bas :

— Pas ici, on nous écoute.

— C'est juste, fit Jacques.

Et tournant le dos au comte, il s'éloigna en haussant les épaules.

— Quel cuistre ! murmura Jacques.

— Ah ! vous pouvez dire quelle canaille ! réplique le prince.

Pendant ce temps, Vladimir, comme si rien ne s'était passé, s'était mis en quête de la duchesse. Il l'aperçut enfin, à côté de sa belle-sœur, laquelle, mise toujours avec le même goût, ne quittait pas Annette et paraissait prévenante pour elle comme elle ne l'avait jamais été.

Le prince, prévoyant que Vladimir allait se rattraper sur la duchesse de la façon dont Jacques l'avait accueilli, et pensant que sa présence le retiendrait un peu, quitta un instant de Feuil et se rapprocha d'Annette, que Vladimir abordait en ce moment. Jacques avait sans doute eu la même pensée, car, après avoir fait un tour dans le salon, il vint s'embusquer dans un coin d'où il pouvait tout voir.

Annette parut assez étonnée de l'audace de Vladimir, car, bien qu'ils n'eussent eu aucune explication ensemble, elle ne pensait pas qu'il dût ignorer sa résolution de cesser tous rapports avec lui.

— Bonsoir, duchesse, fit le comte.

— Bonsoir.

— Je me suis présenté plusieurs fois chez vous pour avoir l'honneur de vous voir.

— Je le sais.

— Vous ne m'avez pas reçu.

— Je ne recevais personne.

— C'est ce qu'on m'a dit, vous étiez souffrante ?

— Oui.

— Je le sais. Vous n'allez pas mieux ?

— Pas encore.

— Ces indispositions-là sont assez longues; elles durent plusieurs mois.

La duchesse tressaillit.

— Si vous le voulez, duchesse, ajouta Vladimir de façon à n'être entendu que d'Annette, je serai parrain.

Il n'y avait pas à en douter, Vladimir savait une chose qu'Annette ne croyait connue que d'elle et de Jacques.

La baronne était tout oreilles.

Annette se leva.

— Pardon, comte, dit-elle, en faisant un signe à M. de Riva qui s'approcha d'elle, pardon, mais j'ai à parler au prince.

Et prenant le bras du prince, sans songer à cacher son agitation, elle s'éloigna rapidement.

— Q'avez-vous, duchesse ? lui demanda M. de Riva.

— Cet homme m'a insultée, dit-elle. Où est M. de Feuil ? Il faut que je lui parle.

Ils se mirent à chercher Jacques.

Pendant ce temps, Vladimir, qui n'avait plus rien à faire dans le bal, ou qui comptait, en se retirant, éviter les suites de la petite infamie qu'il venait de commettre, avait pris son manteau et attendait, sur le perron de l'hôtel, sa voiture qu'il avait fait demander.

Il paraît que les correspondances du cabinet noir allaient bien, puisque le comte avait toujours une voiture.

Cependant le prince et la duchesse ne trouvaient pas Jacques, par cette bonne raison que lui aussi venait de quitter le bal. Il avait vu, sinon entendu, ce qui s'était passé entre Vladimir et Annette, et devinant, à l'émotion de l'une, quelque impertinence de la part de l'autre, il n'y avait plus tenu, et ne sachant pas que la duchesse voulût lui parler, il avait suivi Vladimir. Au moment où ce dernier allait monter en voiture, il lui toucha l'épaule et lui dit :

J'ai à causer avec vous.

Jacques était fort pâle. Le comte comprit que le moment décisif était venu. Il essaya cependant de le retarder.

— Demain ne sera-t-il pas temps ? dit-il.

— Non, autant en finir ce soir. Quittons l'hôtel; il fait beau, la rue est déserte, personne ne nous dérangera.

Il n'y avait pas à reculer. Vladimir suivit Jacques de l'autre côté de la rue.

— Allons droit au fait, dit Jacques, lorsqu'il tint le comte en face de lui; vous me détestez, je vous déteste. Prenez deux témoins et finissons-en demain.

— Encore faut-il une explication.

— C'est inutile. Demain, à deux heures, mes témoins seront chez vous; et, je vous en préviens, ils n'accepteront ni excuses ni rétractation.

— C'est bien. Demain, à deux heures, j'attendrai ces messieurs.

Vladimir fit un salut et se retira.

Jacques rentra dans le bal. Il respirait comme si on lui avait retiré une montagne de dessus la poitrine.

Il rencontra bien vite le prince.

— D'où venez-vous donc ? lui dit M. de Riva. Nous vous avons cherché, la duchesse et moi.

— La duchesse et vous ! ne put s'empêcher de répéter Jacques.

— Oui. Elle avait à vous parler.

— Où est-elle ?

— Elle vient de partir, vous croyant parti.

— C'était sans doute à propos de ce Vladimir qu'elle cherchait ?

— Je l'ignore.

— Peu importe! j'ai vu ce qui s'est passé, et j'espère qu'il ne recommencera pas.

Jacques raconta au prince ce qu'il venait de faire.

M. de Riva réfléchit quelques instants.

— Il ne se battra pas, dit-il.

— Il faudra pourtant bien qu'il s'y décide.

— Monsieur de Feuil, il vous faut des témoins qui puissent entendre tout ce que le comte va dire, et qui ne le répètent pas.

— Voulez-vous être un de ces témoins, prince?

— J'allais vous le proposer. Vous avez l'autre?

— Oui.

— Nous nous réunirons demain, chez vous, à une heure.

— Merci.

— Rien ne vous retient plus au bal?

— Non.

— Allons-nous-en, alors.

Jacques et le prince se retirèrent. Rendez-vous était pris pour le lendemain à une heure. La duchesse devait, bien entendu, ignorer cet incident. Dès le matin, je reçus un mot de Jacques, qui me priait de passer chez lui à midi. Il avait déjà une lettre d'Annette qui, ayant à lui parler le plus tôt possible, ne voulait pas attendre au soir, et lui indiquait un endroit où ils pourraient se rencontrer dans le jour.

XVI

Le prince arriva. Nous nous rendîmes chez Vladimir. Pour ma part, j'étais assez curieux de juger par moi-même ce personnage malfaisant. Le comte avait dressé son plan avec une certaine habileté. La lâcheté de sang-froid et de parti pris est une bonne conseillère en pareille circonstance. Un homme brave ne nous eût pas reçus avec un premier sourire plus franc et plus tranquille que celui que nous trouvâmes sur les lèvres de Vladimir,

Il nous témoigna cette politesse exagérée qui fait le côté dominant du caractère russe, nous fit asseoir, nous offrit des cigares que nous refusâmes, et se posa, ou du moins essaya de se poser en gentilhomme pour qui ces sortes d'affaires sont choses familières et sans importance.

— Messieurs, nous dit-il, M. de Feuil m'a annoncé votre visite; je vous attendais; mais, à vrai dire, je n'ai pas bien compris le but ni la raison de cette visite. Voulez-vous être assez bons pour m'expliquer à quoi j'en dois l'honneur ?

Je laissai la parole au prince, qui, témoin des faits de la veille, pouvait mieux parler que moi.

— Monsieur le comte, dit-il, la position est assez délicate, et cependant, comme nous connaissons tous trois la véritable cause du différend qui nous amène, nous irons droit au but, d'autant plus que cette cause doit rester secrète entre nous.

Le comte fit un signe d'assentiment.

— Cette nuit, au bal, vous avez été parler à une dame, dans des termes tels, que cette dame a dû se lever et venir prendre mon bras. C'est au sujet de ce fait que nous venons aujourd'hui vous demander une explication de la part de M. Jacques de Feuil.

— Pardon, prince, répliqua Vladimir ; mais de quel droit M. de Feuil, qui m'a dit hier ne pas connaître cette dame, se fait-il son champion ? A-t-il entendu mes paroles ? Était-elle avec lui ? Est-ce son parent ? N'a-t-elle pas un mari pour la défendre, si tant il y a que j'aie dépassé les bornes des relations auxquelles j'ai droit avec cette dame, ce que je nie tout d'abord ?

— J'aime à croire que nous sommes tous gens d'honneur ici ; n'admettons donc aucunes subtilités. Vous savez mieux que qui que ce soit, monsieur le comte, que la personne dont il s'agit ne peut demander protection à son mari pour l'offense que vous lui avez faite, qu'elle ne peut vous en demander raison elle-même, et que M. de Feuil, qui n'a le droit de prendre sa défense vis-à-vis de personne, a le droit implicitement de le prendre vis-à-vis de vous. Ce droit, il le tient de vos rapports antérieurs, puisque c'est ici, chez vous, qu'il a connu cette dame, qu'aux yeux du monde il ne doit pas connaître. Voilà justement ce qui donne à la situation une délicatesse si sensible. Dans votre bouche, dans la bouche d'un homme que cette dame et Jacques ont cru leur ami, leur confident même, dont plus tard, à tort ou à raison, ils ont pensé avoir à se plaindre, la moindre parole choquante pour elle devient blessante pour lui. Du reste, M. de Feuil, s'il faut l'en croire, et je le crois, a posé cette nuit, vis-à-vis de vous, la question si nettement, que nous sommes dispensés aujourd'hui de revenir sur sa cause et que nous n'avons plus à nous occuper que de ses suites. Bref, nous sommes ici moins pour vous demander une explication que pour vous dire qu'il ne peut y en avoir.

— Alors, messieurs, c'est une provocation que vous m'apportez ?

— Oui, monsieur le comte.

— Soit; mais vous admettrez bien, messieurs, que si disposé que l'on soit à accepter un cartel, on ait le droit d'en discuter les raisons avant d'en accepter les conséquences. Comme vous l'avez dit, la position est un peu exceptionnelle et a besoin de pas mal d'arguments relatifs pour arriver à une ombre de vraisemblance. Enfin, supposons que je reconnaisse à M. de Feuil qualité pour prendre la défense de la duchesse (inutile, n'est-ce pas, de continuer entre nous l'incognito de cette dame?), encore faut-il que j'aie fait une insulte réelle ! Quelle est cette insulte, messieurs ?

— Nous ne pouvons en préciser les termes; mais l'agitation où vos paroles ont mis la duchesse suffit pour constituer une mauvaise intention de votre part. M. de Feuille en a jugé ainsi, puisque, sans attendre d'autres détails, rien qu'à la vue de cette émotion, il a couru après vous et vous a annoncé notre visite aussi clairement que possible.

— Vous comprenez, messieurs, que ce serait vraiment trop commode si une supposition suffisait pour chercher querelle à la première personne venue. Je connais la duchesse depuis longtemps, je la connaissais avant que M. de Feuil eût appris son nom. J'ai été mêlé aux incidents les plus graves et les plus secrets de sa vie; je puis donc, dans certains cas, avoir à lui dire certaines choses qui, sans être des insultes, doivent l'agiter plus ou moins. M. de Feuil a cédé à un mouvement d'emportement; il m'a cherché une mauvaise querelle; c'est à moi, avant d'en venir à la dernière extrémité, de vous éclairer sur certains points complétement obscurs pour vous. Si, une fois cette lumière faite, vous acceptez toujours le rôle que vous tenez en ce moment, alors, messieurs, l'affaire aura son cours, mais à de certaines conditions qui mettront mon honneur et mon amour-propre à couvert de tout soupçon et de tout ridicule. Si je suis tué, je veux l'être pour de bonnes raisons; si je tue, je veux avoir quelque chose à répondre aux juges qui me demanderont compte de cet homicide.

Que répondre à un pareil raisonnement, fait d'une voix si simple, avec un regard si loyal, que, par instants, j'en arrivais à me demander si Jacques ne se trompait pas sur le compte de cet homme ? Il reprit :

— J'étais très-lié avec M. de Feuil; nous nous voyions tous les jours; c'est par moi qu'il a connu la duchesse. Qu'ai-je fait pour que nous arrivions où nous en sommes ? Rien Cette liaison est connue de nous trois, nous pouvons donc en parler franchement. J'ai eu l'occasion de rendre, dans mon pays, la duchesse, un service qui pouvait me compromettre et me faire le plus grand tort. Le lui ai-je refusé? C'est moi qui le lui ai offert. A moins d'être bien ingrate, et bien que ses affections ne soient plus les mêmes aujourd'hui, elle ne saurait l'oublier. Est-ce ma faute si elle regrette maintenant que je sois initié à certains événements de sa vie, si elle a peur que j'en informe M. de Feuil? Cependant, c'est elle qui nous éloigne l'un de l'autre, qui nous brouille, qui va nous mettre l'épée à la main. Elle ne me reçoit plus. M. de Feuil a l'air de ne pas me connaître. Ce serait à moi de me plaindre; je ne dis rien; je fais la part de la passion, de l'aveuglement, et même de l'injustice de l'homme amoureux. Hier, prince, vous avez été témoin de la façon dont il m'a reçu. Si je ne me fâche pas, est-ce donc que j'aie peur? Non. Si M. de Feuil le croyait cependant, il n'aurait pas grand mérite à m'envoyer un cartel. J'ai l'air de ne pas m apercevoir de ce changement, parce que le temps, j'en suis certain, me justifiera mieux que toute explication. C'est un moment de fièvre à laisser passer. Puis, il est inutile de compromettre une femme qui se compromet peut-être déjà trop. Non, messieurs, il n'y a dans tout ceci que l'irritation d'un homme qui, gêné par les premiers embarras d'une position difficile, dont les difficultés augmentent de jour en jour, a besoin de s'en prendre à quelqu'un des ennuis qu'il s'est créés lui-même. Pour ma part, je n'ai aucune inimitié contre M. de Feuil. Au contraire, si je pouvais lui rendre service, je le ferais avec bonheur, et dans les quelques paroles que j'ai dites à la duchesse hier, et qu'elle a mal interprétées à ce qu'il paraît, il y avait, en lui apprenant que j'étais informé d'une circonstance très-grave, le désir de me mettre à sa disposition, si je pouvais lui être utile, car elle sait bien, au fond, qu'elle peut compter sur moi. Eh! mon Dieu! messieurs, ajouta Vladimir pour achever d'ébranler notre conviction, comme le prince l'a dit tout à l'heure, nous sommes tous gens d'honneur ici; ne nous cachons donc rien. Savez-vous ce qui se passe? La duchesse est enceinte. Croyez-vous que, dans sa position, la chose valût la peine que je lui en parlasse? Je lui en ai parlé au bal, parce qu'elle ne me reçoit plus chez elle. J'ai voulu l'avertir que d'autres peuvent savoir ce que moi j'ai appris. La façon dont elle vit avec son mari étant de notoriété publique, n'est-il pas dangereux pour elle que cette nouvelle se répande? Et vous expliquez-vous maintenant son agitation en apprenant que je me trouve informé d'un fait que M. de Feuil ignore peut-être lui-même; car je vois, à votre étonnement, continua

Vladimir en me désignant, que vous l'ignoriez, vous, monsieur, son meilleur ami. Eh bien, messieurs, je vous fais juges. Suis-je dans mon tort? Est-ce le moment d'avoir un duel et de faire un scandale auquel la duchesse ne peut que perdre, auquel M. de Feuil n'a rien à gagner.

Nous nous attendions si peu à cette nouvelle, que nous nous regardâmes le prince et moi. Nous étions battus, comme on dit vulgairement, par la péroraison de Vladimir, et notre mission se bornait maintenant à réclamer le silence d'un homme à qui nous étions venu imposer une réparation.

Avec son habileté ordinaire, il alla au-devant de nos paroles.

— Il est bien entendu, messieurs, nous dit-il, que vous êtes les seules personnes, vous et la duchesse, à qui j'aie parlé et à qui je parlerai de ce malheureux, très-malheureux événement.

Il appuya sur l'adjectif.

— Mais comment l'avez-vous appris, vous, monsieur le comte? demandai-je.

— Par une domestique, renvoyée dernièrement de chez la duchesse; renvoi qui est une grande imprudence. Il est des moments où une femme ne devrait jamais renvoyer ses domestiques, quoi qu'elle eût à leur reprocher; car c'est parfois de ces auxiliaires inférieurs qu'elle a le plus besoin, et de ces rancunes de bas étage qu'elle a le plus à craindre. On peut cacher ces choses-là au monde entier, on ne les cache pas à ses filles de chambre. Elles en sont les confidentes inévitables par l'intimité de leur service.

Cette fille qui m'avait vu chez la duchesse, est venue me trouver pour que je la place; et comme elle me croyait quelque raison d'en vouloir à sa maîtresse, elle m'a fait part de cette situation, qu'elle a peut-être fait connaître à d'autres personnes, bien que je lui aie recommandé le silence. Voilà ce que j'ai dit hier, aussi bas que possible, à la duchesse, qui a mal compris mon intention. Quand j'ai abordé M. de Feuil, je voulais l'avertir aussi. Enfin, messieurs, je regrette moins ce qui s'est passé, puisque le résultat est le même et que votre ami sera prévenu. Maintenant, s'il persiste dans sa provocation, permettez-moi de vous le dire, ce sera plus que de l'ingratitude, ce sera de la maladresse; je n'en reste pas moins à ses ordres. Veuillez le voir, messieurs, et lui porter, quoi qu'il décide, ma parole d'honneur que j'ai gardé et garderai le plus profond secret sur l'événement dont le hasard m'a informé.

Il était impossible de se tirer d'un mauvais pas mieux que ne le faisait Vladimir. Nous étions presque obligés à des remercîments. Il ne l'avait pas dit, mais il était bien évident que si Jacques, ce qui en effet eût été maladroit, donnait suite à sa provocation, son adversaire mettrait, et, pour ainsi dire, aurait le droit de mettre en avant le nom de la duchesse, qu'on ne tirerait rien de lui et que le beau rôle lui resterait.

Quand nous l'eûmes quitté, le prince me dit :

— Ceci est peut-être très-grave. Il vaut mieux, je crois, que vous retourniez sans moi apprendre à M. de Feuil le résultat de notre démarche. Il y a dans cette conversation certains détails inattendus qu'il aimerait mieux entendre de la bouche d'un ami très-intime. Il serait sans doute embarrassant pour lui de m'y voir mêlé, bien qu'il puisse compter sur ma discrétion. Faites-lui comprendre que le meilleur parti à prendre est de ne plus s'occuper de ce Russe, qui est lâche, mais qui est fin, jusqu'au jour où il aura manqué à la parole que nous avons reçue, ce qu'il n'osera pas faire. Assurez-le de toute ma sympathie, et il va sans dire que, si j'ai le pouvoir de lui rendre un service quelconque, il peut s'adresser à moi.

On ne saurait agir avec plus de délicatesse.

J'allai retrouver Jacques ; il n'avait pas encore vu la duchesse, mais l'heure approchait où il devait la voir. Je lui fis part textuellement de ce qui s'était passé entre le prince, Vladimir et moi. Il s'émut fort à ce récit. Je n'avais pas à lui reprocher de m'avoir caché un secret qui n'était pas à lui seul ; mais j'essayai de lui démontrer quelles graves conséquences il pouvait avoir. Il ne les prévoyait que trop, et je m'expliquai la préoccupation où je l'avais vu depuis quelque temps.

— Le fait existe, me dit-il, il n'y a donc plus à le discuter ; il y a à se mettre en garde contre les inimitiés auxquelles il va donner des armes.

— Que dit la duchesse ?

— Elle ! tu la connais : elle s'en réjouit comme d'un bonheur.

— Mais, en attendant, elle croit la chose ignorée de tous.

— Oui, ou du moins elle le croyait hier encore.

— Et à en juger par son émotion en apprenant que Vladimir en était informé, elle pourrait bien commencer à s'apercevoir que ce bonheur n'est pas aussi grand qu'elle le pensait.

— Enfin, je vais la voir.

— Et le Vladimir, qu'en faisons-nous ?

— Rien, puisque nous avons besoin de son silence ; mais je le retrouverai.

— Tu lui en veux donc réellement ?

— Oh ! je le hais ! Et qu'il prie Dieu qu'il n'arrive aucun malheur, car c'est lui qui payerait pour tout le mondre. Reviens ce soir, je te dirai les nouvelles.

Jacques partit pour son rendez-vous. L'histoire se compliquait... Ce serait peut être l'occasion d'énumérer les dangers nouveaux dans lesquels nos deux amants entraient; mais vous les connaissez aussi bien que moi. Je procéderai donc par les faits, plus intéressants en pareil cas que les conjectures et les analyses. Le soir, je revins chez Jacques, qui était peut-être un peu moins calme que le matin.

— Eh bien, lui dis-je, tu as vu la duchesse?

— Oui!

— Que t'a-t-elle dit?

— Elle voulait une chose impossible.

— Quoi donc?

— Devine.

— Comment veux-tu...

— Elle voulait se sauver.

— De chez son mari?

— Oui.

— Pour aller?

— N'importe où, pourvu qu'elle se sauvât.

— Qu'arrive-t-il donc?

— Rien encore; mais elle est femme, c'est-à-dire prête instantanément aux sensations les plus opposées. Elle n'a pas dormi de la nuit; elle ne veut plus me quitter; elle a peur de tout ce dont elle se réjouissait hier.

— Et elle voulait te faire partir avec elle?

— Naturellement.

— A cette heure-ci, vous seriez arrêtés tous les deux.

— C'est ce que je lui ai dit. C'est un moyen pour les dernières extrémités.

— Et encore.

— Il ne faut jurer de rien.

— Tu enlèverais cette femme?

— Je ferais n'impore quoi pour la conserver.

— J'espère que vous n'en viendrez pas là.

— Moi aussi, je l'espère; mais s'il le faut, à la garde de Dieu

— Voyons, tu réfléchiras.

— Les réflexions sont faites. Il est tel malheur auquel on ne peut échapper que par un malheur plus grand.

— Enfin, elle a entendu raison?

— Oui. Cependant sa résolution était bien prise. Elle avait un passe-port au nom de Fanny; elle avait une trentaine de mille francs, tous ses diamants; que sais-je, moi?

— Te vois-tu enlevant une femme dans cette position? Que n'aurait-on pas dit? Ce n'était plus de l'amour, c'était de la spéculation; tu n'enlevais pas une femme aimée, tu enlevais une femme riche. Oh! mon cher, que tu as bien fait!

Et je serrai la main de Jacques.

— Je lui ai expliqué tout cela, et c'est à cette raison seule qu'elle s'est rendue.

— Quand dois-tu la revoir?

— Cette nuit; il y aura encore du nouveau.

— Quoi donc?

— Ce qui ne contribue pas moins à effrayer Annette, c'est qu'elle a reçu une lettre de sa belle-sœur.

— Qui sait tout?

— Elle le craint.

— Que dit cette lettre?

— Elle est tout sucre.

— Raison de plus pour s'en défier.

— Évidemment.

— Enfin, que dit-elle?

« Ma chère enfant, j'ai à vous parler des choses les plus graves; vous savez quel intérêt je vous porte; attendez-moi ce soir, soyez seule et ne désespérez pas, vous avez une bonne amie. »

— Quelle tendresse!

— Ce ne peut être qu'un piége. J'ai fait la leçon à la duchesse, qui n'avouera rien. Elle est payée pour ne pas croire à l'amitié de la baronne, quoique depuis quelque temps celle-ci soit complétement changée à son égard. Je voudrais bien être à demain.

— Moi aussi; tout cela m'inquiète. En tout cas, crois-moi, ne reste chez la duchesse cette nuit que le temps d'apprendre ce qui se sera passé. Pas d'imprudences inutiles. Tu peux tomber dans quelque guet-apens. Songe à ta mère.

— Sois tranquille. Maintenant passe chez le prince, laisse-lui un mot pour le remercier de nouveau, si tu ne le trouves pas; nous pouvons avoir besoin de lui. Moi, je vais voir Mlle de Norcy.

— Que diable vas-tu faire là.

— C'est une idée que j'ai; je l'ai vu souvent dans ces derniers temps, elle m'est reconnaissante de l'intérêt que je lui ai témoigné. Elle paraît avoir de l'amitié pour moi; c'est un cœur loyal. Elle pourrait m'être d'un grand secours. Il faut tout prévoir.

Je laissai Jacques à la porte de Mlle de Norcy et je m'acheminai vers la demeure de M. de Riva. J'avais à peine fait quelques pas quand Jacques me rejoignit.

— Mlle de Norcy est à la campagne, me dit-il, depuis deux jours. Tant mieux; ce n'est qu'à quatre ou cinq lieues d'ici ; j'ai le temps d'y aller, de causer avec elle et de revenir pour l'heure où Annette m'attend.

— Cette visite est donc vraiment importante?

— Oui.

— Va.

XVII

Je trouvai le prince. Je ne lui fis mystère de rien. Les circonstances où il s'était montré si galant homme ne permettaient plus la moindre réticence vis-à-vis de lui ; c'était mon opinion et celle de Jacques.

— Quel bonheur que M. de Feuil n'ai pas emmené la duchesse ! Quel scandal cela eût fait! d'autant plus qu'il y a peut-être moyen d'aller au-devant du danger, si toutefois, avec un homme comme le duc, ce danger existe.

Tels furent les premiers mots de M. de Riva. Puis il se mit à réfléchir.

— Si la duchesse était une femme ordinaire, dit-il en souriant, je me chargerais bien de la tirer d'embarras.

— Comment?

— Il s'agirait de faire au duc ce que l'on a fait jadis à M. de Parabère dans la même circonstance : de le mener souper, de le griser, — ce qui serait assez facile, — et quand il se réveillerait le lendemain, dans la chambre de sa femme, au vu et au su de tous ses gens, il faudrait bien qu'il en acceptât les conséquences...

— Oui ; mais la duchesse est incapable de se prêter à cette supercherie.

— Je le sais pardieu bien ! Tant pis, car le seul moyen qu'il y ait en dehors de celui-là est plus qu'une supercherie, c'est un crime, et la duchesse s'y prêtera encore bien moins. Écoutez, reprit-il quelques instants après en souriant de nouveau ; voulez-vous avoir ma conviction bien sincère?

— Oui.

— Eh bien, on s'alarme à tort, et tout cela finira pour le mieux.

— Vous croyez?

— J'en suis sûr. Il n'y a absolument rien à faire qu'à attendre l'événement. Je connais le duc, il a peur du ridicule et du scandale ; il aura besoin d'argent à ce moment-là, comme il en a toujours besoin ; la duchesse lui donnera cent mille francs pour les dragées, et il sera enchanté d'avoir un rejeton. Parions que cela finira ainsi.

— Dieu le veuille ! mais je crois malheureusement que la duchesse prend la question au sérieux. Elle aime Jacques : elle veut que cet enfant lui appartienne, elle ne le laissera jamais au duc.

— Ah ! alors elle est folle ! Qu'elle s'en prenne à elle seule des malheurs qui arriveront. Mais elle réfléchira ; elle comprendra, je le répète, qu'il n'y a rien à faire qu'à attendre. Quand il n'y aura plus moyen de cacher la vérité, elle la dira au duc. Il sera toujours temps. Ou il ne se fâchera pas, ce que je continue à croire, alors l'honneur sera sauf et tout ira bien ; ou il se fâchera, alors il y aura séparation : c'est ce qu'elle désire, je crois, et elle gardera son enfant. Certainement ce dénoûment-là est le plus honorable, mais c'est le plus triste. Pour moi, si j'étais à la place de M. de Feuil, ce que je voudrais bien, je vous jure que, connaissant le duc comme je le connais, je dormirais sur mes deux oreilles et ne m'inquiéterais de rien. Du reste, ne m'avez-vous pas dit que la baronne doit avoir une entrevue ce soir avec la duchesse ?

— Oui.

— Eh bien, elle lui parlera dans ce sens-là, j'en suis convaincu ; la famille, si elle sait la vérité, a plus peur du scandale que personne, et la belle-sœur va offrir les moyens de tout concilier.

— C'est, en effet, ce qui pourrait arriver de plus heureux.

— Dites bien à votre ami de ne s'exagérer rien, de ne pas plus dramatiser les choses qu'il ne le faut ; que certaines situations ont plutôt besoin d'esprit et de finesse que de force et d'emportement ; qu'il n'y a rien de plus honorable, après tout, que de sauver l'honneur de la femme que l'on aime. Il a déjà très-bien agi en refusant une fuite plus que dangereuse, ridicule, il ne doit pas céder à l'exaltation de la duchesse ; il lui arrive ce qui est arrivé à bien d'autres ; pour le bonheur même de l'enfant, il vaut mieux que sa naissance soit régulière, et quand on a de ces sortes de liaisons, il faut savoir leur sacrifier quelque chose. Si je vois la duchesse, elle sait que je suis son ami, je lui en dirai autant : la gravité des événements m'y autorise, et le monde n'aura rien à dire ; c'est le principal.

Le prince avait raison ; dans certaines amours, un peu de philosophie est plus nécessaire que beaucoup de loyauté. Certes, au premier aspect, une femme, dans la position de la duchesse, semble faire une belle et digne action quand, plutôt que de tromper son mari et le monde, elle avoue hautement sa faute, en subit les conséquences, et ne substitue pas au véritable père de son enfant le père que la loi lui donne, et que, par des roueries quelconques, elle peut lui conserver. C'est une action noble, comme toute action qui a la franchise pour base ; mais, au point de vue de la société telle qu'elle est organisée, c'est une action bête, comme toute action qui a le déshonneur pour résultat.

Avant tout, une femme ne doit pas tromper son mari, voilà la première loi de la société ; mais comme il y a beaucoup de femmes qui ne s'y soumettent pas, la société a été forcée de créer une seconde loi, post-scriptum de la première, et qui est celle-ci : mais si la femme trompe son mari, elle doit employer tous les moyens possibles pour qu'on l'ignore. Avec ces deux lois, l'une écrite, l'autre traditionnelle; l'une de fondation, l'autre de nécessité, la société croit avoir fait tout ce qu'elle devait et pouvait faire ; et quand une femme est assez faible pour transgresser la première, et assez maladroite ou assez franche pour ne pas se conformer à la seconde, la société devient impitoyable et lui jette toutes les imprécations dont elle s'est arrogé le droit de poursuivre les vaincus.

Le prince avait donc raison, socialement parlant ; et depuis que nous avions causé ensemble, je ne trouvais plus la situation aussi difficile que je l'avais jugée d'abord. Le monstre perdait de ses proportions, et je commençais à croire qu'avec un peu de patience et d'adresse la duchesse parviendrait à le renverser.

Il s'agissait d'abord de connaître la raison et le résultat de la visite de la baronne ; mais, de ce côté aussi, à en juger par les apparences, et comme l'avait prévu le prince, la duchesse paraissait avoir trouvé aide et protection. En effet, bien que depuis quelque temps la baronne se fût sensiblement humanisée à l'endroit de sa belle-sœur, celle-ci n'aurait jamais pu prévoir qu'elle en arriverait au point de complaisance où elle la voyait dans ces circonstances difficiles.

La baronne était-elle donc une bonne femme au fond, capable de dévouement à la dernière extrémité ? Peut-être bien ; mais, étant donné le caractère qu'on lui connaît, croira-t-on que, sachant tout ce qui se passait, et le sachant à n'en pouvoir douter, par cette même domestique qui avait prévenu Vladimir, et que celui-ci, *toujours dans l'intérêt de la duchesse*, avait envoyée prévenir la baronne, croira-t-on qu'elle vint proposer à la duchesse son assistance et ses conseils pour cacher à tout le monde ce malheureux événement, comme l'avait appelé le comte? Le croira-t-on? C'est vrai cependant.

Avant tout, disait-elle, il faut préserver la dignité de la maison; elle allait jusqu'à reconnaître son frère capable d'accepter un résultat sans cause; mais le scandale n'en serait pas moins grand, et il fallait l'éviter à tout prix. Ne valait-il pas mieux voyager pendant quelque temps avec elle, qu'on ne soupçonnerait jamais d'une pareille complicité? Elle se faisait fort de parer à tout, et, au retour, nul ne se douterait qu'un enfant était né d'une mère inconnue. Et voyez jusqu'où la baronne poussait la bonté. Elle comprenait que la duchesse ne voulût pas se séparer du père de cet enfant, et, de son propre mouvement, elle proposa que Jacques accompagnât les voyageuses, non pas ostensiblement, mais à une certaine distance, de façon à ne pas les compromettre, et en même temps de manière à se rencontrer avec la duchesse aussi souvent que possible.

Pouvait-on mieux dire? S'il était aussi loyal qu'on le disait, s'il aimait réellement Annette, qui empêchait qu'il prît cet enfant, qu'il le reconnût? Et comme il était sans fortune, on constituerait, dans tous les cas et facilement, à son fils une rente honorable, qui assurerait à tout jamais son indépendance, et qui, si l'enfant venait à mourir, serait reversible sur la tête du père.

Il n'était pas possible, en voulant trop faire, de terminer plus mal des offres de service déjà suspectes par leur exagération, et de blesser plus profondément la duchesse en portant atteinte à la loyauté de l'homme qu'elle aimait. Les expansions qui ne viennent pas directement du cœur ont toujours un côté maladroit auquel on reconnaît leur bâtardise. Il en est de ces amitiés apparentes, issues de quelques intérêts mystérieux, comme de cette fermentation spontanée qui couvre certains marais d'une mousse verdâtre. De loin on dirait une prairie véritable avec de véritables fleurs. On s'en approche, l'émanation est fétide; on la croit ferme et solide, on veut marcher dessus, le pied y enfonce et l'on se noie dans la boue.

Rien que par le pressentiment que la soudaine complicité de la baronne devait avoir une cause intéressée, la duchesse n'eût rien accepté d'elle. A plus forte raison, quand la baronne eut lancé les imprudentes paroles de sa péroraison.

Annette se leva alors et lui dit:

— Merci pour votre bienveillante démarche. Je ne sais jusqu'à quel point les propos d'une fille de chambre congédiée de chez moi vous donnent le droit, ma chère baronne, de me dire tout ce que vous m'avez dit. Je n'ai heureusement rien à craindre, et n'ai besoin ni de voyage ni de mystère.

Pas un mot de Jacques, bien entendu; non pas que la duchesse voulût nier cet amour, mais elle ne faisait pas à son amant l'insulte de discuter sa probité avec la baronne.

Cependant, tout en refusant les propositions de sa belle-sœur, Annette ne pouvait s'empêcher de convenir vis-à-vis d'elle-même que son moyen serait le meilleur, s'il devenait possible de l'employer sans le concours de la baronne. Si cet enfant pouvait venir au monde en dehors du mariage, vierge de tout scandale, confié à des gens discrets jusqu'au jour où Annette aurait acquis son entière liberté, qu'elle ne doutait pas que l'arrivée de son père ne lui donnât; si, plus tard, elle pouvait adopter cet enfant et le prendre ostensiblement chez elle, ne serait-ce pas ce qui pourrait arriver de plus heureux pour elle et pour Jacques?

Quand l'imagination de la femme qui aime est entrée dans le champ des possibilités, il n'y a plus de raison pour qu'elle s'arrête, et les plus grands dangers eux-mêmes, comme on le voit, après les premières secousses inévitables et inhérentes à leur état de dangers, deviennent pour elle matière à espérances nouvelles: semblables aux kaléidoscopes qu'on donne aux enfants, qui représentent, à première vue, des diables ou des pierres, et qui, secoués un peu, leur montrent tout à coup des anges ou des fleurs.

Voilà que, de la grande terreur où les paroles de Vladimir avaient d'abord jeté Annette, elle tombait maintenant dans une confiance immodérée, et, ne déduisant de la visite de la baronne qu'une chose, c'est que ses ennemis eux-mêmes avaient intérêt à la protéger, elle voyait tout en rose, comme on dit communément. Jacques, lui aussi, partageait ces illusions, et quand il me fit part de ces nouvelles, il ajouta que la résolution de la duchesse était de ne rien dire et de ne rien tenter avant l'arrivée de son père, qui ne pouvait tarder; que, lorsque son père serait auprès d'elle, elle lui ferait un aveu plein et entier, et elle était sûre, disait-elle, de trouver en lui toutes les protections dont elle aurait besoin. A cette époque, sans nul doute, le duc serait en voyage, puisqu'il n'attendait plus, pour partir qu'une mission du gouvernement qui lui avait été promise; par conséquent, avec un peu de patience, comme l'avait dit le prince, tout pouvait finir le mieux du monde.

Cependant, à tout hasard, Jacques était allé voir Mlle de Norcy, qu'il avait trouvée moins malade de corps, mais toujours aussi triste de cœur et d'esprit. Elle vivait dans une petite maison isolée, perdue même dans un des plis de cette charmante vallée qui commence à un quart de lieue de Versailles et s'étend jusqu'à Chevreuse. On se fût cru à cinq cents lieues de Paris. C'était la retraite la plus impénétrable que l'on pût choisir, et si la nouvelle locataire eût eu à cacher un condamné à mort échappé de sa prison, il semble que la police l'eût cherché un an avant de le découvrir là.

Des collines boisées, aux ondulations capricieuses et pittoresques, de grands peupliers frissonnants, des pommiers trapus, ronds comme des boules; çà et là des amas de bois coupés pendant l'hiver, un silence éternel, un silence âgé de six mille ans, troublé de temps en temps par le cri d'un corbeau rayant le ciel de son voile noir; une immobilité désespérante de paysage, animée parfois par une voiture de maître se rendant à Dampierre, par une charrette allant à Voisins, ou par une vache solitaire, accompagnée d'une vieille femme au tablier rouge; un horizon borné par deux coteaux parallèles: tel était le spectacle que Mlle de Norcy avait devant les yeux depuis son départ de Paris. Ce n'était pas gai, comme on voit, surtout au commencement de mars, quand le soleil hésite encore; mais la pauvre affligée avait voulu à sa douleur des environs qui fussent en harmonie avec elle, et vraiment elle n'aurait su mieux choisir. C'était une tombe vivante; c'était ce qu'elle cherchait.

Elle se croyait assez profondément touchée pour devoir mourir bientôt du coup qu'elle avait reçu; elle n'était pas femme à poser pour la douleur; et les oiseaux inoffensifs, quand ils sont blessés, au lieu de crier et de se plaindre, se traînent, pour y mourir, dans les endroits les plus solitaires et les plus ignorés. Ainsi faisait-elle. Une vieille bonne, dévouée depuis longtemps, était sa seule compagnie, la lecture, quand elle pouvait ne pas penser, sa seule distraction. A peine se promenait-elle une demi-heure dans son petit jardin dépouillé.

Mme de Wine, on s'en souvient, avait promis à Élisabeth de l'accompagner à la campagne; mais son amitié ne s'était pas sentie de force à lutter contre une pareille solitude. Elle avait essayé d'abord de dissuader son amie, puis elle avait cherché des prétextes pour ne pas tenir sa parole, d'autant plus qu'elle venait de se réconcilier avec le successeur de Jacques; car le lecteur, s'il connaît un peu les femmes et s'il s'est rendu compte de la nature de celle-là, a déjà dû deviner qu'une brouille seule avec son nouvel amant avait pu produire chez elle ces attendrissements et ces tentatives de réconciliation avec notre héros.

Pendant cette brouille, elle s'était cru du chagrin; elle avait essayé de désespérer de sa vie; elle avait voulu revoir Jacques; elle avait plaint Élisabeth; elle avait dit adieu à l'amour, oubliant qu'en amour il n'y a d'adieu véritable que celui qu'on ne dit pas; elle avait voulu dévouer ses tristesses à la consolation d'une amie; puis le raccommodement avait eu lieu, précipité peut-être par l'indifférence formelle de Jacques, et ce raccommodement avait donné des ailes à toutes les idées tristes écloses depuis quelques jours; les papillons noirs s'étaient envolés; le véritable caractère de la femme légère et frivole avait reparu sur cette couche mauvais teint de sentimentalité, et elle n'avait plus su comment se retirer des engements pris pour Élisabeth.

Heureusement Mlle de Norcy n'était pas femme à exiger un sacrifice auquel, du reste, elle ne tenait que médiocrement, et cherchant, comme nous l'avons dit, la solitude la plus absolue, elle aimait autant n'avoir pas à écouter des consolations banales, verbiage inutile et fatigant. Elle avait, nous dirons presque, en saisissant cette occasion de se retirer seule, rendu la liberté à Charlotte, qui n'avait fait pour la reprendre que la résistance convenable.

Jacques trouva donc Mlle de Norcy dans la meilleure situation où, pour ce qu'il désirait d'elle, il pouvait la trouver : isolement du lieu, absence complète de témoins, et toutes les garanties de discrétion et de dévouement que pouvait offrir un cœur loyal comme celui auquel il s'adressait.

On a déjà deviné quel service il venait réclamer de Mlle de Norcy. Dans le cas où les circonstances amèneraient la duchesse à la nécessité de fuir et de se cacher pendant quelque temps, où pouvait-elle être mieux cachée, mieux défendue, mieux soignée, que chez Élisabeth, si celle-ci consentait à la recevoir? Et Jacques n'en doutait pas. Le cœur d'une pareille femme s'ouvre sans effort quand une passion qu'elle peut comprendre, et qui serait dans sa nature, y vient frapper franchement.

Ainsi la Providence protégeait ou semblait protéger notre héros jusqu'à faire concourir à l'heureux dénoûment de son amour les dénoûments douloureux des autres. Jacques raconta ce qui se passait à Mlle de Norcy, lui apprit de quel secours elle pouvait lui être, et celle-ci lui répondit simplement :

— Dites à cette dame que ma maison, mes soins, mon amitié sont à elle comme à vous.

Et, dès le soir même, elle mit sa petite retraite en mesure de recevoir la fugitive.

Jacques revint à Paris. Nous savons dans quelles dispositions il trouva la duchesse. La nécessité d'une fuite se trouvait momentanément ajournée par la confiance née de la visite de la baronne et par les conseils assez vraisemblables du prince. Il écrivit donc à Elisabeth pour l'informer de la résolution prise d'attendre un peu, pour la remercier de nouveau, et pour lui dire enfin qu'il ne renonçait pas encore au projet arrêté entre eux.

Le duc paraissait ne se douter rien. Il parlait tout haut de son prochain départ, dont on faisait les préparatifs. Ce départ ne pouvait avoir lieu dans un meilleur moment, au point de vue de nos deux intéressés. Le mari n'attendait plus pour partir que les dépêches dont il devait être chargé. Ces dépêches étaient secrètes; il ne devait connaître le but de son voyage et sa destination qu'au moment de quitter Paris. Il faisait toutes sortes de recommandations à sa femme pour le temps de son absence; il avait pour elle des prévoyances inusitées. Une seule fois il lui avait demandé si elle voulait l'accompagner, et n'avait mis aucune insistance à combattre son refus.

Annette le vit entrer, un soir, avec un écrin qu'il lui demandait la permission de lui offrir. Le présent valait une quinzaine de mille francs. Le duc espérait ainsi, avec le temps, disait-il, restituer à la duchesse les diamants qu'il avait été forcé d'accepter d'elle. Jacques et Annette se remettaient donc peu à peu de l'alerte causée par l'accident du bal. Ils étaient semblables à celui qui ressent tout à coup une vive douleur, s'en effraye d'abord, court chez le médecin, et, la sentant diminuer en route, rentre chez lui en se disant: « ce n'est rien; » oubliant ainsi que, dans la nature physique comme dans la nature morale, tout a sa cause, son développement, son effet, et que la Providence a voulu que notre corps et notre cœur fussent toujours prévenus, par une secousse antérieure, d'une maladie prochaine ou d'un malheur éminent. Une minute devait bien changer la nouvelle quiétude de nos deux amis.

Un matin, Jacques vit arriver le prince chez lui.

— Je suis bien content de vous trouver, lui dit celui-ci; j'ai été voir la duchesse hier au soir. Je voulais la prévenir en même temps que vous; elle était au spectacle.

— Oui, avec le duc, qui, sous prétexte qu'il part dans quelques jours, passe presque toutes ses soirées avec sa femme.

— C'est de ce départ que je viens vous parler. Vous croyez que le duc part seul?

— Oui.

— Détrompez-vous... Il emmène ou veut emmener la duchesse.

Jacques pâlit.

— Vous en êtes sûr?

— Sûr.

— Et la duchesse?

— Elle n'en sait rien; c'est bien pour cela que je voulais la fuir.

— Mais, prince, comment avez-vous su...

— Je suis très-lié avec le secrétaire du ministre des affaires étrangères. Le hasard veut que je passe hier sur le boulevard des Capucines. Je monte dire bonjour à mon ami, que je n'avais pas vu depuis longtemps; nous causons de choses et d'autres. Pendant que nous causions, on lui apporte un paquet de papiers à donner à la signature du ministre. Il les feuillette devant moi. Je jette machinalement les yeux dessus, et, parmi ces papiers, je vois le passe-port du duc, et à côté de son nom ces mots: « Voyageant avec la duchesse sa femme. » Il n'y a pas de temps à perdre, le duc doit recevoir son passe-port aujourd'hui.

— Je vous remercie bien, prince. En effet, la nouvelle est grave. Je vais tout de suite la faire connaître à la duchesse, à qui le duc n'a pas parlé de l'emmener. Mais, dites-moi, prince, pour quel pays est la mission du duc?

— Le pays n'est pas désigné; vous savez que les passe-ports diplomatiques sont peu bavards, et qu'avec eux on peut aller indistinctement aux quatre coins du monde.

— C'est vrai!

Jacques était ému. Le soupçon s'était fait instantanément dans son esprit, il commençait à croire qu'il avait eu tort d'avoir si grande confiance, il tremblait déjà qu'il ne fût trop tard.

— Mais ce n'est pas tout, reprit le prince, et ce qui m'a décidé à croire que le duc médite quelque projet, car ce passeport pourrait être rédigé ainsi à tout hasard, c'est qu'il a prié, au ministère, qu'on ne fît pas mettre dans les journaux, comme cela se fait ordinairement, pour quel pays il part.

— Oui, ceci est sérieux. Et votre ami...

— Mon ami ne sait rien; mais je l'ai prié de s'informer.

— Elle ne partira pas!

— Je le crois; mais encore faut-il qu'elle soit prévenue et que vous ayez trouvé ensemble les moyens à employer. Qu'elle se fasse malade, qu'elle se mette au lit, qu'elle gagne du temps; enfin, voyez-la, c'est le principal, et disposez de moi si je puis vous servir.

Jacques écrivit aussitôt à la duchesse pour lui demander un rendez-vous dans la journée; le prince, heureusement, se chargea de lui porter la lettre, et partit aussitôt, laissant Jacques fort agité.

XVIII

Jacques était un garçon de sang-froid, capable de faire face, non-seulement bravement, mais adroitement, aux difficultés si elles se présentaient réellement, et une heure après le départ du prince, il raisonnait la situation comme si, au lieu d'être une probabilité, elle était devenue une certitude; il admettait contre lui les obstacles les plus insurmontables, il était décidé aux grands moyens, et quand il arriva au rendez-vous qu'Annette s'était empressée d'accepter, sa résolution était prise d'aller au-devant du danger au lieu de l'attendre.

— Vous avez vu le prince? dit-il à la duchesse.

— Oui.

— Il vous a dit la nouvelle?

— Oui.

— Qu'avez-vous décidé?

— Rien; mais je suis prête à tout ce que vous me direz de faire.

— Écoutez-moi donc: croyez-vous que votre mari ait l'intention de vous emmener?

— Je commence à le croire.

— En dehors de l'avertissement du duc, quelque chose peut-il vous le faire supposer?

— Non.

— L'avez-vous vu avant de venir?

— Il n'était pas à la maison.

— Quand rentrera-t-il?

— Pour dîner.

— Que faites-vous ce soir?

— Il me conduit au théâtre.

— Vous avez accepté?

— Oui; j'allais vous faire prévenir quand le prince est arrivé. Pour que le duc n'ait pas de soupçon, je fais tout ce qu'il veut pendant ces derniers jours.

— Ainsi vous allez au spectacle ce soir ?

— Oui.

— Il n'y a donc rien à craindre aujourd'hui ?

— Ni demain.

— Comment cela ?

— Il donne à dîner à quinze personnes.

— Nous avons donc jusqu'à après-demain ?

— Oui.

— D'ici là, vous faites-vous fort d'apprendre la vérité ?

— Oui.

— Comment ferez-vous ?

— Fiez-vous à moi. Je prendrai conseil des moindres circonstances.

— Mais si le spectacle de ce soir et le dîner de demain, car je ne sais pas pourquoi je me figure que, s'il y a danger, ce danger est très-proche ; si le spectacle et le dîner n'étaient que des feintes ? si, en rentrant, par exemple, il voulait vous emmener ?

— Je refuserais.

— Il peut vous y contraindre.

— Comment ?

— Par la force.

— Est-ce qu'on emmène une femme qui ne veut pas se laisser emmener, en plein jour surtout ?

— Ainsi, vous me jurez...

— Je vous jure que je vous aime ; c'est tout dire.

— Cependant, vous êtes d'avis qu'il vaut mieux éviter un danger que de l'attendre si fort qu'on soit ?

— Oui.

— S'il vous est démontré que le duc veut vous faire partir ?

— Que faudra-t-il faire ?

— Il faudra partir avant.

— Mlle de Norcy est prévenue ?

— Je viens de lui écrire.

— Voulez-vous m'y mener tout de suite ?

— C'est inutile. Nous pouvons craindre à tort. Mieux vaut ne pas faire un scandale inutile ; mais le moment venu, pas d'hésitation !

— C'est dit. Au premier soupçon, j'arrive chez vous, et vous me conduisez chez cette dame.

— Gardez-vous bien de venir chez moi ! Allez tout droit chez elle.

— Seule ?

— Seule.

— La nuit?

— Non. La nuit, il vous faudrait prendre une voiture qui, le lendemain, pourrait vous trahir. Partez le jour, par le chemin de fer; c'est le plus simple.

— Arrivée à Versailles?

— Vous irez à pied jusqu'à la maison que je vous ai déjà indiquée.

— Et mes paquets?

— Vous n'en aurez pas. Vous partirez comme vous êtes en ce moment. Vous trouverez chez Mlle de Norcy tout ce qu'il vous faudra. Vous croyez donc qu'on se sauve de chez son mari avec des paquets et des domestiques, comme si l'on partait tranquillement pour la campagne?

— Soit; une heure avant de partir, je vous enverrai un mot.

— Que vous jetterez vous-même à la poste.

— Vous ne le recevrez qu'après mon départ?

— Cela suffira.

— Vous ne m'attendrez donc pas à Versailles?

— Je m'en garderais bien.

— Mais quand vous verrai-je?

— Dans quinze jours, dans un mois, dans deux mois peut-être. Vous comprenez bien que la première chose qu'on fera, dès qu'on s'apercevra de votre disparition, ce sera de me faire suivre.

— C'est juste.

— Si je vais vous voir, vous serez prise au bout de deux jours.

— Mais ce sera bien triste d'être si longtemps séparés.

— Ce sera moins triste que d'être séparés éternellement.

— Vous m'écrirez alors?

— Pas une syllabe.

— Et moi?

— Vous, vous désapprendrez d'écrire si vous pouvez. Les lettres sont faites en pareil cas pour perdre ceux qui les écrivent et ceux qui les reçoivent. Pour dix louis, mon portier vendrait toutes les lettres que je recevrais. D'ailleurs, que nous écririons-nous? que nous nous aimons? nous le savons bien.

— Mais si je tombais malade? si j'allais mourir?

— Mlle de Norcy n'est-elle pas là? et d'ailleurs, je saurai souvent de vos nouvelles.

— Comment ferez-vous?

— Tant que vous vous porterez bien, tant qu'il n'y aura rien de nouveau, laissez la persienne de votre fenêtre ouverte ; s'il arrive quelque chose, fermez-la. Je trouverai moyen de passer devant la maison ; je la verrai, cela me suffira.

— Et si l'on vous suit, vous ?

— Je les en défie bien, je serai à cheval ; si je me vois suivi, je changerai de route, et avant de m'aventurer de votre côté, j'aurai tant promené les espions de votre mari, qu'ils en auront bientôt assez.

— Alors, quand vous serez sûr de n'être pas suivi, vous pourrez bien entrer me voir ?

— Il faudra bien que cela finisse par là. Ainsi, tout est bien convenu ?

— Oui.

— A quel théâtre allez-vous ce soir ?

— A l'Opéra-Comique.

— J'irai aussi. S'il n'y a rien de nouveau, ayez un chapeau blanc ; toute autre couleur serait un mauvais signe.

— C'est dit.

— Vous verrai-je après le théâtre ?

— Non. Je passerai la nuit à mettre mes affaires en ordre ; et puis, mieux vaut éviter les imprudences dans ce moment-ci ; et cependant, ajouta Annette avec tristesse, qui sait quand nous nous reverrons si je suis forcée de fuir demain ?

— Ayez courage.

— Vous m'aimez, n'est-ce pas ?

— Jugez-en par le sacrifice que je vous demande.

— C'est juste. Dois-je écrire à mon père ?

— Non, il faut se défier de tout le monde.

— Même de lui ?

— Même de lui, si vous m'aimez.

— Soit !

Deux larmes brillèrent aux yeux de la duchesse, qui cacha sa tête dans les bras de Jacques pour lui dérober cette minute de faiblesse. Ils se tinrent quelques instants embrassés et silencieux.

Ce fut elle qui reprit la parole.

— Ce n'est pas l'heure de l'attendrissement, dit-elle, mais du sang-froid et de la résolution.

Elle sourit à son amant, lui tendit une dernière fois la main en lui disant :

— Adieu peut-être, mais à vous pour toujours !

Puis elle abaissa son voile, courut à sa voiture et disparut.

Il était impossible de donner son honneur et sa vie avec plus de confiance et de simplicité que la duchesse; pas une hésitation, pas une crainte, pas un regret. Les fautes des femmes, arrivées à de telles épreuves, touchent par un point à l'héroïsme.

Jacques resta un moment immobile à sa place, la main sur son front, se demandant s'il avait le droit de faire ce qu'il faisait. Il va sans dire que son amour finit par lui donner raison. D'ailleurs, les événements le poussaient si fort, qu'il n'y avait plus à revenir sur ses pas. Il vint me raconter ce nouvel incident et me pria de l'accompagner au théâtre. A huit heures nous y étions. La duchesse arriva quelques instants après nous Elle avait un chapeau blanc. Il n'y avait rien de nouveau. Elle affectait même de causer amicalement, presque gaiement avec son mari, sans doute pour rassurer Jacques, qui ne la quittait pas des yeux. Elle trouva moyen de lui montrer une lettre qu'elle avait préparée pour lui. Pendant un entr'acte, il vit sortir le duc. Il se rendit à sa loge, par le carreau de laquelle Annette laissa tomber la lettre qu'elle lui avait fait voir. A peine l'avait-il ramassée, que le duc reparut au bout du corridor. Il y avait mille à parier contre un que celui-ci avait vu ce qui venait de se passer; cependant son visage était toujours aussi indifférent. Ils se touchèrent du bras en se croisant. Dans de pareilles circonstances, le moindre détail a une valeur.

« Tout va bien, disait la lettre. *On* a reçu le passe-port. On m'a encore offert de partir. Je n'ai pas refusé tout à fait, seulement j'ai demandé huit jours pour me décider. On m'a répondu qu'on ne pouvait attendre. On quitte Paris après demain. *On va à Naples.* Remerciez toujours le prince; mais je n'ai décidément rien à craindre. Soyez demain à trois heures au même endroit qu'aujourd'hui. Pendant ce dernier jour, nous ferons mieux de ne nous voir ni chez moi ni chez vous. En tout cas, ayez confiance. Je vous aime. »

— Allons, dit Jacques, encore quarante-huit heures de patience, et nous serons sauvés.

Et il ajouta en riant :

— Mais nous aurons eu de la peine.

Ainsi, la confiance lui était revenue. On parla des variations de l'atmosphère et du temps! Quel ciel varie comme le cerveau de l'homme? Quel flux et reflux de sensations diverses, en une minute, en une seconde, et surtout quand le vent qui souffle sur les vagues de l'esprit vient d'un cœur agité par l'amour! Je ne quittai Jacques qu'à sa porte. Nous ne devions nous retrouver que le lendemain au soir, après son rendez-vous avec la duchesse. Le lendemain, j'avais à sortir de très-bonne heure. Quand je rentrai vers midi :

— Monsieur, me dit mon concierge, il est venu un de vos amis qui voulait absolument vous voir. Il m'a demandé si je savais où vous étiez.

— Son nom ?

— Il me l'a dit, mais je ne me le rappelle plus. Il était très-pâle, très-agité. Il vient souvent ici.

— Jacques de Feuil ?

— Oui, monsieur, c'est cela.

— Que lui arrive-t-il donc ?

— Je ne sais pas; mais il vous supplie de ne pas ressortir avant qu'il soit revenu. Il a le plus grand besoin de vous parler. Il reviendra avant une heure.

Que s'était-il passé ? Je montai chez moi. J'attendis une heure, — deux heures, — trois heures. Pas de Jacques. Je commençai à être inquiet. Avait-il eu une querelle ? Etait-il malade ? — Je descendis.

— Si ce monsieur revient, dis-je au portier, faites-le attendre chez moi. Je serai de retour dans un quart d'heure.

Je courus chez Jacques. Il était sorti de très-grand matin. Voilà tout ce que j'appris. J'allai chez sa mère. Elle était très-tranquillement chez elle. Je ne l'interrogeai pas, dans la crainte de l'inquiéter. Elle avait vu son fils la veille, et ne paraissait soupçonner aucun danger pour lui. Moi aussi, je l'avais vu la veille. Cela ne me rassurait donc pas. Je rentrai. Jacques n'était pas venu. J'attendis, résolu cette fois à ne pas bouger avant de l'avoir vu. Mes suppositions devenaient des craintes, et mes craintes se faisaient plus sombres en se rapprochant de la nuit. A six heures je n'avais pas encore de nouvelles. Je commençais à croire à un malheur complet. A chaque minute, je tremblais de voir Mme de Feuil ouvrir ma porte en criant : « Mon fils est mort ! » Et puis, comme il arrive souvent, je m'en prenais à lui de me laisser dans cette inquiétude. La nuit était venue. Il était sept heures. J'allai de ma fenêtre à ma porte. Rien. A sept heures un quart, j'entendis une voiture s'arrêter devant ma maison. Je courus à l'escalier, qu'escaladaient des pas rapides.

— Est-toi, Jacques ? m'écriai-je

— Oui.

Je courus à lui.

— Comme tu m'as fait peur ! m'écriai-je en lui sautant au cou. conte-moi vite ce qui t'est arrivé.

— Elle est partie! me dit-il d'une voix étouffée et en se laissant tomber, pâle et défait, sur une chaise.

— Partie! chez Mlle de Norcy?

— Non; avec le duc.

— Elle te mentait donc?

— Oh! la pauvre femme, si elle t'entendait!

— Il l'a emmenée alors?

— Oui.

— Et elle a consenti à partir?

— Il l'a emmenée de force.

— Quand?

— Cette nuit.

— Et où est-elle?

— Je n'en sais rien; mais je la retrouverai.

— Que vas-tu donc faire?

— Je vais partir.

— Quand?

— Dans une demi-heure.

— Tu es fou!

— Non, malheureusement.

— Et où vas-tu?

— En Belgique.

— Qui te dit qu'elle soit là?

— Ils sont partis pour le Nord.

— Le Nord, c'est bien vague.

— Oui, mais c'est quelque part.

— Le duc disait partir pour Naples.

— Il la trompait.

— Qui t'a donné ce dernier renseignement?

— Le prince.

— Tu l'as vu?

— Oui; ce que j'ai fait depuis ce matin est incalculable. Je n'ai ni bu ni mangé. Donne-moi un verre d'eau, je meurs de soif.

Jacques but la moitié d'une carafe.

— Qui a dit au prince qu'ils sont partis pour le Nord?

— Son ami du ministère, mais il n'a pu préciser l'endroit.

— Et tu pars sur cette seule indication?

— Elle me l'a demandé.

— Tu as donc pu la voir?

— Elle a pu m'écrire trois mots.

— Qui te les a donnés?

— Fanny, sa femme de chambre.

— Et Fanny ne sait rien?

— Rien. Le duc la laisse à Paris.

— Voyons les trois mots de la duchesse.

Jacques tira de son sein un morceau de papier portant ces mots au crayon : « Je pars, partez. »

Rien de plus.

— Pauvre petite femme!

— Tu as raison de la plaindre, car elle a été bien brave, elle a bien souffert et elle doit bien souffrir!

— Enfin, comment cela s'est-il fait?

— Je ne connais pas encore les détails de cette scène, qui a été terrible, à ce qu'il paraît, et qui a duré trois heures au moins; ce que je sais par Fanny, c'est qu'Annette a dû céder à la force et partir à moitié morte. Tu comprends bien, n'est-ce pas, qu'il faut que je rejoigne cet homme?

— Tu ne le rejoindras pas. Il a vingt-quatre heures d'avance sur toi, et deux cent mille livres de rente que tu n'as pas. Il payera les guides double, triple, et il ira si loin, que tu ne l'atteindras jamais.

— Oui; mais il a avec lui une femme qui m'aime, qui sait que je la suivrais au bout du monde, et qui emploiera tous les moyens pour le retarder.

— As-tu vu ta mère?

— Oui. Je lui ai dit que je partais pour quelques jours seulement : elle ne se doute de rien.

J'avais, en lui parlant de sa mère, employé vis-à-vis de Jacques le seul moyen qu'il y eût d'empêcher un voyage que je regardais comme une folie certaine, comme un danger probable. Le nom de sa mère n'ayant rien fait, aucun raisonnement ne pouvait faire. Du reste, on est maladroit à combattre une résolution qu'on prendrait soi-même si l'occasion s'en présentait. Avec sa nature, Jacques était incapable d'attendre les événements sans courir après eux. L'agitation de son esprit ne pouvait même s'user que dans le mouvement de son corps. Enfermé trois jours avec ses pensées, ses inquiétudes et sa colère, il serait mort d'apoplexie. Puis, la duchesse avait assez souffert pour qu'il lui donnât la dernière preuve d'amour qu'il pourrait peut-être lui donner, cette preuve fût-elle un danger mortel à courir. Ne fût-il pas parti par conviction, il devait partir par devoir, rien que sur la prière qu'elle lui en avait faite. Si, après un pareil événement, il m'eût dit : « Je reste à Paris; » s'il n'eût pas tout tenté pour rejoindre cette pauvre femme, j'eusse nié qu'il l'eût jamais aimée, et, à coup sûr, je l'eusse estimé moins. Je pouvais donc craindre pour lui, mais je ne pouvais le désapprouver, et mon rôle d'ami inquiet se bornait, en cette circonstance, à l'aider de mon mieux à faire une folie.

— Il est temps, me dit-il en regardant la pendule; m'accompagneras-tu au chemin de fer?

— Tu le demandes?

— Partons alors; je n'ai plus que vingt minutes.

— Tu as le temps de manger un peu.

— Je n'ai pas faim. Je mangerai en route.

— As-tu assez d'argent?

— J'ai cent louis : avec céla on va au bout du monde. Du reste, si j'ai besoin, je t'écrirai.

— Tu as ton passe-port?

— Oui; sans visa d'ambassade, mais peu importe; je le ferai viser dans les pays où je passerai. Je n'ai pas eu le temps aujourd'hui.

— Qu'as-tu donc fait?

— Tout ce qu'il est humainement possible de faire dans une journée. J'ai questionné pendant deux heures Fanny, qui avait toujours la même chose à me dire; j'ai été chez le prince, je l'ai accompagné aux affaires étrangères; je suis venu ici; l'idée m'a pris, au moment où j'allais y revenir, qu'Annette avait su s'échapper et qu'elle était peut-être à la campagne, chez Mlle de Norcy, tant j'avais de peine à me faire à la réalité de ce départ. Je suis donc allé chez Elisabeth. Rien. Je l'ai quittée bientôt, après lui avoir appris ma résolution de partir ce soir pour Bruxelles; je suis revenu à Paris. J'ai passé dix fois sous les fenêtres de la duchesse, j'ai été embrasser ma mère, j'ai été chercher de l'argent, j'ai pleuré, j'ai souffert, j'ai pensé mourir, j'ai prié, et me voilà presque calme et tout étonné que notre machine humaine puisse résister à tant d'émotions et de fatigues amoncelées sur un seul jour.

Maintenant, je n'ai pas de plan, je ne me rends pas un compte exact de mes sensations. Je sais une chose, c'est que, ce que j'aime le plus au monde est parti et que je pars pour le suivre. Autre chose me serait impossible. Si je retrouve Annette, je ferai n'importe quoi pour la ravoir. Si je ne la retrouve pas, j'en mourrai peut-être, comme peut-être je m'en consolerai. Je n'en sais rien. Tout ce que je sais, c'est qu'en dehors d'elle tout m'est indifférent. Et là-dessus, partons! Jacques se leva, c'était à peine s'il pouvait se tenir. Il était épuisé de fatigue, et il fut forcé de mettre sa main sur son front pour se soutenir.

— Pauvre ami! lui dis-je.

— Ce ne sera rien. Ah! reprit-il, ce soir ou demain, on vous portera un paquet, son portrait et ses lettres; garde-les-moi. On ne sait ce qui peut arriver; et en cas de malheur, je ne veux pas qu'on les trouve chez moi.

Nous montâmes dans la voiture qui attendait à la porte. Il faisait un temps de circonstance; il pleuvait à verse. Nous arrivâmes au chemin de fer. La première personne que nous vîmes en descendant de voitures fut Mlle de Norcy. Jacques pâlit en la voyant.

— Elle est chez-vous? s'écria-t-il.

— Hélas! non, répondit Élisabeth, je suis venue pour vous voir une dernière fois; vous etiez si agité ce matin, que j'ai pensé que vous aviez oublié bien des choses, et qu'au moment de votre départ vous auriez, sans doute, besoin de quelqu'un à qui faire des recommandations; puis je voulais vous souhaiter un bon voyage, et si vous revoyez cette pauvre petite femme, que je ne connais pas, mais que j'aime sans la connaître, si je puis vous être utile en quoi que ce soit, disposez de mon amitié, quand même il faudrait partir; vous savez que rien ne m'attache plus à un endroit plutôt qu'à un autre.

— Merci, ma bonne Elisabeth, merci, répondit Jacques avec émotion en tendant la main à la jeune femme.

Pendant ce temps je ne pouvais m'empêcher de me dire:

— Voilà une femme qui aime, voilà un homme qui aime aussi, ils souffrent tous les deux de leur amour. Pourquoi? Que veulent-ils tous les deux? Etre réunis à ce qu'ils aiment? Ils ne le peuvent pas. Eh bien, puisqu'ils ont chacun un grand amour dans le cœur, puisqu'ils se donnent la main, puisqu'ils sont libres, puisqu'ils sont jeunes tous deux, pourquoi ne se donnent-ils pas l'un à l'autre l'amour qu'ils éprouvent? L'un ne serait plus forcé de partir, l'autre ne mourrait pas de chagrin comme elle est en train de le faire, et rien ne les pourrait plus séparer. Et dire que Dieu, qui peut faire tant de choses, ne peut faire celle-là! Si Élisabeth doit un jour aimer Jacques, il lui faut auparavant aller jusqu'à la dernière limite de son chagrin. Si Jacques doit aimer Élisabeth plus tard, il doit, en attendant, faire jusqu'au dernier pas d'un voyage où les horizons vont se renouveler pour lui des millions de fois.

— Vous nous écrirez? reprit Mlle de Norcy.

— Aussi souvent que possible.

Le premier coup de cloche se fit entendre. Jacques alla prendre son billet, ce qui lui permit de s'essuyer les yeux; car un peu d'émotion le gagnait, et, dans cette émotion, la touchante sympathie d'Elisabeth n'était pas pour peu de chose.

— Qui m'eût dit, fit-elle en le suivant des yeux, quand Charlotte me l'a amené chez moi et que je le voyais, ou plutôt que je les croyais si amoureux l'un de l'autre, qui m'eût dit que je le verrais partir ainsi à la suite d'une autre femme?

Jacques revint à nous comme le second appel se faisait ententre.

— Allons, messieurs! cria l'homme du débarcadère, en voiture pour Bruxelles!

Les groupes qui attendaient sous le grand péristyle se divisèrent avec les dernières paroles toujours si touchantes des séparations. Connaissez-vous quelque chose de plus triste qu'un départ, même lorsqu'on prévoit le retour? Qu'était-ce donc pour nous qui ne savions même pas où allait notre ami, qui ne le savait pas lui-même?

— Allons, adieu! nous dit-il avec effort; à bientôt, peut-être.

Il nous embrassa; mais, cette fois, il ne put nous cacher ses larmes.

— Ecris-nous de Bruxelles, lui dis-je.

— Sois tranquille.

Il ne put en dire davantage. Combien d'autres pensées, en dehors de celles qui président aux départs les plus vulgaires, devaient aider à son émotion! Nous le vîmes se perdant dans la foule qu'encombrait la gare. Il me semble le voir encore avec sa petite valise sous le bras. Il nous fit un dernier signe de la main et disparut. Nous nous regardâmes, Elisabeth et moi, avec le même mot sur les lèvres.

— Pauvre ami!

— Si vous avez des nouvelles avant moi, vous m'en donnerez, me dit-elle.

— Oui.

Nous n'avions plus rien à nous dire. Mlle de Norcy ne voulut pas que je l'accompagnasse. En proie à une grande tristesse sans cause personnelle, elle éprouvait le besoin d'être seule comme pour un chagrin qui lui eût été propre. Au moment où nous nous séparions, un courant d'air nous apporta la respiration haletante de la machine qui emmenait Jacques. Où? Dieu seul le savait! Le surlendemain je reçus cette lettre.

« Je t'écris un mot de Quiévrain pendant qu'on visite nos passe-ports. Quel triste voyage! La pluie, l'insomnie, le froid. Autour de moi, des gens gais, qui fument, qui boivent, qui rient. Je n'ai pas fermé l'œil un instant. J'ai la fièvre. Du reste rien de nouveau. Cependant je suis prêt à saisir le moindre indice, le plus petit renseignement. Si elle a suivi la route que je parcours, il est impossible qu'elle n'ait pas essayé de laisser une trace sur son passage. Elle doit faire tout au monde pour aider mes recherches, pour éclairer mes inquiétudes. Tou à l'heure j'ai engagé conversation avec le gendarme qui vérifie les passe-ports. Je l'ai questionné aussi adroitement que possible sur les voyageurs d'hier. J'ai fini par lui nommer le duc, et lui demander s'il ne se rappelait pas avoir vu tout récemment ce nom sur un passe-port. Il ne se l'est pas rappelé. Tant de noms lui passent sous les yeux! et d'ailleurs, que lui importe ce brave homme, qui du reste, fait son métier d'examen avec une indifférence routinière bien commode pour ceux qui ont une raison de se sauver en Belgique sans être reconnus à la frontière? Croirais-tu que j'ai regardé partout? Sur les murs où elle pouvait avoir écrit un mot, fait un signe; car, si elle est partie pour Bruxelles, elle a dû forcément s'arrêter dans la salle où je suis. C'est encore une consolation pour moi de penser qu'elle a touché du pied le parquet que mon pied touche. J'ai ramassé des morceaux de papier qui traînaient par terre, avec cette espérance ridicule qu'ils venaient peut-être d'elle et que j'y trouverais un mot de son écriture. J'ai été jusqu'à feuilleter les brochures d'un marchand de livres qui a un dépôt dans la salle de la station. Elle pouvait y avoir glissé une lettre pour moi. J'ai peur d'être déjà un peu fou. Vois ma mère, dis-lui que je vais bien. Je prie la femme de la buvette de jeter ce billet à la poste. Qui sait s'il te parviendra! On part. Je t'écrirai de Bruxelles. Je t'écrirai de partout. Mlle de Norcy a été bien bonne. Si tu la vois, remercie-la ; je ne l'ai pas remerciée assez. Pensez un peu à moi, vous tous.

» JACQUES. »

« Bruxelles.

» Je dois être sur ses traces. J'avais bien raison quand je pensais et te disais qu'elle trouverait moyen de me donner de ses nouvelles. Dans le wagon, j'avais fini par causer avec mon voisin, gros commerçant belge, curieux, bavard mangeant à toutes les stations. Grâce à lui, j'ai mangé quelque chose et dormi un peu. Il connaissait et paraissait fier de connaître tout le monde sur la route; il causait par la portière, et tout haut avec les chefs de gare. Arrivé à Bruxelles il donna des poignées de main à l'inspecteur du bureau de l'octroi et s'entretint bruyamment avec lui. Tout à coup, au milieu de leur conversation, je l'entendis s'écrier:

» — Vraiment! sur un quatre de pique! C'est curieux!

» A ce mot de quatre de pique, je me retournai et me rapprochai des deux interlocuteurs.

» — Qu'est-ce donc ? demandai-je.

» — Figurez-vous, mon cher monsieur, me dit mon compagnon de route, que monsieur me raconte qu'il a été trouvé ce matin, dans un des wagons arrivant de Paris, une carte, un quatre de pique, sur lequel...

» — Sur lequel il y avait écrit : Bon pour cent mille francs ! m'écriai-je.

» — Justement. Comment savez-vous cela ?

» Je faillis sauter au cou du chef de l'octroi. Ainsi il n'y a plus de doute, Annette est partie pour Bruxelles, elle est peut-être ici, je vais peut-être la trouver. N'ayant pas d'autre moyen de correspondre avec moi, elle aura perdu volontairement cette carte, convaincue que j'en entendrais parler si je la suivais. Car, bien certainement, un pareil bon, trouvé dans une diligence, devait être, pendant vingt-quatre heures au moins, matière à commentaires pour ceux qui l'auraient trouvé. J'étais en trop beau chemin de découvertes pour ne pas continuer mes investigations. Il s'agissait d'abord d'intriguer les deux causeurs, et peut-être, à leur tour, pouvaient-ils me renseigner.

» — En dessous de ces mots : *Bon pour cent mille francs*, leur dis-je, il y a une signature.

» — Oui, me répondit l'inspecteur.

» Je dis les initiales du nom.

» — C'est cela. Vous connaissez donc la personne qui a perdu cette carte ?

» — Je la connais.

» — Et cette carte a réellement une valeur de cent mille francs ?

» — Comme si elle avait été gravée à la Banque.

» — Alors on la réclamera ?

» — Sans aucun doute. Mais quand on la réclamera, faites-vous bien donner les détails de nom, d'identité, de demeure, par la personne qui viendra la réclamer.

» — Naturellement.

» — Maintenant, peut-être connaissez vous vous-même la personne à qui cette carte appartient ?

» — Comment cela ?

» — Vous étiez à l'arrivée du convoi où cette carte a été perdue ?

» — Oui.

» — Y avait-il beaucoup de monde?

» — Très-peu. C'était le convoi du matin.

» — Avez-vous remarqué une jeune dame et son mari qui devaient ne pas se quitter d'une seconde?

» — Non.

» — Cherchez bien. Une jeune dame, tout en noir, très-pâle, ayant l'air souffrant. Le mari blond, pâle aussi.

» — Attendez donc. J'ai vu une jeune dame à peu près comme celle que vous me désignez. Elle regardait tout autour d'elle. Elle semblait ne pas vouloir quitter le convoi. On eût dit qu'elle affectait de se faire voir; cependant ce ne pouvait être par coquetterie; elle avait les yeux rouges comme si elle eût pleuré.

» — Ce doit être elle.

» — Et cette carte lui appartient?

» — Oui, et si vous m'en croyez, vous ne remettrez cette carte qu'à cette dame elle-même, qui viendra probablement la réclamer.

» L'inspecteur et le négociant me regardaient et m'écoutaient avec un certain étonnement.

» — Mais, repris-je, peut-être savez-vous où sont ce monsieur et cette dame?

» — Non.

» — Ils sont peut-être encore à Bruxelles?

» — Peut-être.

» — Ne pouvez-vous vous en informer? Leur nom est bien connu. Puis une somme de cent mille francs! la chose en vaut la peine.

» — C'est vrai. Je vais écrire au bourgmestre qu'il s'informe.

» — Qui donc a trouvé cette carte?

» — Un des conducteurs.

» — Eh bien, qu'il tâche de trouver cette dame, et il aura une bonne récompense: mais qu'il s'adresse plutôt à elle qu'à son mari. Le mari est moins généreux qu'elle.

» L'inspecteur appela un homme qui circulait sur la gare, aidant à transporter les bagages.

» — C'est vous qui avez trouvé le quatre de pique? lui dit-il.

» — Oui.

» — Monsieur croit connaître la personne à qui il appartient. Je vais vous donner une lettre pour le bourgmestre. Tâchez de retrouver cette personne sur ses indications. Si elle réside seulement quarante-huit heures à Bruxelles, il doit savoir où elle est, puisque les noms de tous les étrangers passent sous ses yeux. Trouve la propriétaire de cette carte, il y aura un bon pourboire.

» L'inspecteur remit une lettre au conducteur, lequel s'achemina vers la ville. Je pris ma valise et je fis route avec lui, sans affectation, le priant seulement de venir me dire, à l'hôtel de l'Europe où je descendais, s'il avait retrouvé la personne qu'il allait chercher. Je lui donnai un autre nom que le mien pour éviter toute maladresse de sa part. et, dans ce moment, j'attends cet homme, tu devines avec quelle impatience. J'aurais pu l'accompagner, j'aurais été renseigné plus vite; mais j'aime autant ne pas me montrer. Si le duc a emmené sa femme, c'est pour que je ne sache plus où elle est. Si elle est ici et qu'il me rencontre, tout est perdu. Il faut qu'il croie avoir réussi et me suppose dans l'ignorance la plus complète du lieu où il se rend. S'il y a eu pour elle un moyen de séjourner à Bruxelles, elle l'aura employé pour me donner le temps de la rejoindre. Cet homme ne revient pas. L'heure de la poste me presse. Je t'expédie cette lettre pour te donner cette nouvelle, qui m'a rendu un peu de courage et m'a mieux reposé qu'une nuit de sommeil. Je suis parti si vite, que j'ai oublié bien des choses importantes, mais qui me sont personnelles : entre autres, d'envoyer à mon éditeur de la musique qu'il attend et pour laquelle il a de l'argent à me remettre. Tu trouveras cette musique toute roulée sur ma table; prends-la, porte-la-lui: fais-toi donner l'argent en lui montrant ce paragraphe de ma lettre, et garde-le-moi jusqu'à ce que je puisse te faire savoir où me l'envoyer, car je ne sais encore où te dire de m'écrire, puisque je ne sais où je vais.

» Ton ami, un peu moins triste,

» JACQUES. »

XIX

Si secrètement qu'il eût été préparé, si mystérieusement qu'il eût été accompli, l'enlèvement de la duchesse avait transpiré. Elle n'était pas partie depuis deux jours, que déjà des bruits de toutes sortes circulaient au sujet de ce départ. D'où venaient tous ces bruits? Des inférieurs, des domestiques, du portier, des témoins inévitables de la scène violente qui avait précédé l'enlèvement, et que ces gens avaient racontée, chacun à sa manière. L'événement avait grossi, s'était transfiguré en passant de bouche en bouche. Les suppositions étaient devenues des réalités; les probabilités des faits. Il y avait mille versions.

J'étais, moi, à la piste de ce qu'on disait pour en informer

Jacques dans ma première lettre. Les uns racontaient que la duchesse s'était sauvée avec son amant; les autres, qu'elle avait été surprise avec lui, que l'amant avait été arrêté, et qu'elle était en prison. Ceux-ci prétendaient qu'un duel avait eu lieu; ceux-là, que le mari l'avait emmenée sans qu'elle s'en doutât, endormie par un narcotique.

On disait aussi que c'était elle qui avait voulu partir pour se délivrer d'une liaison trop onéreuse. On laissait au mot *onéreuse* toutes les significations morales et matérielles qu'il peut avoir.

Il y avait encore ceci: Elle avait voulu empoisonner son mari. Le procureur du roi avait dû être appelé. On avait assoupi l'affaire, à la condition qu'elle partirait. Elle était entrée dans un couvent. Elle avait voulu s'asphyxier. On la blâmait, on l'accusait, on la plaignait, on l'insultait, on la justifiait. On conjuguait pour elle tous les verbes du mépris et de la pitié; les premiers plus que les seconds. Et l'amant, qui était-ce? C'était le comte de L..., c'était le marquis de X..., c'était le prince de R..., c'était le baron de Z..., c'était un jeune, c'était un vieux. Il était blond. Non, il était brun; il était beau, il était laid; le duc l'avait tué, il avait tué le duc. C'était un grand seigneur! Ah! ah! C'était un artiste! Ah! fi! On n'était même pas d'accord sur le nom de la femme.

Comme on le pense bien, Vladimir n'avait pas été le dernier à faire sa partie dans ce concert. Les calomnies allaient leur train. Au bout de trois jours, la nouvelle était usée jusqu'à la corde. On ne parlait plus de cette histoire, qui, du reste, n'avait eu de retentissement que dans un certain monde où toutes les nouvelles tombent et font leur cercle comme une pierre dans l'eau. Ce qu'on appelle le public n'en avait même pas entendu parler. Ces nouvelles-là sont semblables aux feux de cheminée: dès qu'on en aperçoit un, on regarde, on s'amasse, on questionne, on compte sur un incendie; peu à peu, la clarté diminue, la fumée succède au feu, on voit que ce ne sera rien, on s'éloigne, et quand la dernière flammèche tombe sur le toit, il n'y a plus personne pour la voir. Ainsi fut-il du départ de la duchesse.

Paris est un Gargantua qui se nourrit d'aliments plus solides. Du reste, on lui préparait déjà, à cette époque, le plat de la réforme électorale. Tant mieux pour nos héros. Si bien que, quand huit jours après, le *Moniteur* annonça que le duc avait quitté Paris, chargé par le gouvernement d'une mission diplomatique, c'est à peine si deux ou trois personnes songèrent à mettre en regard les deux faces de ce départ précipité. Pour la plupart, ce fut même le démenti des bruits qui avaient couru. Cependant Mme de Wine n'était pas sans avoir entendu parler de cet événement, dont le ricochet égratignait les dernières illusions de son amour-propre. Elle vint me voir, cachant sous l'intérêt de l'amitié la véritable cause de sa visite.

— Que m'apprend-on? me dit-elle avec une inquiétude des plus habiles, que M. de Feuil a eu un duel, qu'il a été blessé? Rassurez-moi bien vite, je vous en prie. Je suis passée chez lui, on m'a répondu qu'il était en voyage.

Je rassurai Mme de Wine, qui laissa bientôt voir qu'elle était mieux renseignée qu'elle n'avait voulu le paraître. Il eût été maladroit de nier toute la vérité; je lui en appris ce qu'elle pouvait savoir, c'est-à-dire que le duc avait emmené sa femme, que Jacques était parti pour quelques jours dans l'espérance de la voir une dernière fois, et qu'il reviendrait avant une semaine à Paris. Elle parut se contenter de ce renseignement, m'assura de son affection pour Jacques, et me pria de lui dire, si je lui écrivais, que, dans le cas où elle pourrait lui être bonne à quelque chose, elle se mettait à sa disposition. Pas un mot de vrai dans toutes ces assurances-là.

J'allai voir Mme de Feuil, que je trouvai un peu triste. Cependant, comme elle vivait très-retirée, aucun des bruits alarmants qui avaient couru sur son fils n'était arrivé jusqu'à elle. Elle ne s'alarmait pas moins de ce voyage inattendu. Elle se plaignait sans amertume que Jacques ne lui eût pas encore écrit. Sans doute, il s'en était abstenu dans la crainte que le timbre de la lettre ne lui révélât à quelle distance il était déjà d'elle, et ne lui fît entrevoir une séparation plus longue que celle qu'il lui avait annoncée.

Mme de Feuil était mère dans la meilleure signification de ce doux mot. A elle aussi j'appris, en l'atténuant de mon mieux, une partie de la vérité.

— Il s'agit d'une femme? me dit-elle.

— Oui.

— Il ne m'en a jamais parlé ouvertement, mais j'avais bien un peu deviné. L'aime-t-elle, au moins?

— Je le crois.

— Vous la connaissez?

— Je l'ai vue souvent.

— Il l'aime donc beaucoup?

— Elle le mérite.

— Elle ne lui fera faire aucune sottise?

— Non.

— Elle ne l'exposera pas?

— Soyez tranquille.

— Allons, Dieu le veuille! Je ne puis avoir d'autre autorité sur mon fils que mon amour pour lui. Écrivez-lui qu'il pense à moi; que s'il arrivait un malheur j'en mourrais, qu'il ne l'oublie pas, et que je serai bien heureuse s'il m'écrit souvent.

Ces paroles étaient dites avec une intonation telle, que, si Jacques eût pu les entendre, malgré la distance, malgré son amour pour la duchesse, il fût parti à l'instant même pour embrasser sa mère. L'amour maternel me fait l'effet d'être, dans la nature, ce qu'était à Rhode la statue colossale d'Apollon. Elle indiquait le port où tous les vaisseaux trouvaient un abri, comme il indique l'asile où toutes les douleurs trouvent un refuge. Impassible et immuable, elle voyait s'agiter sous elle, sans jamais atteindre à sa hauteur, les vagues et les tempêtes de la mer, comme il voit s'élever, sans pouvoir atteindre à son niveau, les amours les plus violents, qui ne sont que des passions auprès de lui. Seulement, un jour, le colosse de granit s'est écroulé, parce qu'il n'était que l'œuvre surhumaine des hommes, tandis que l'autre est impérissable, parce qu'il est l'ouvrage privilégié de Dieu. J'envoyai à Mlle de Norcy les deux premières lettres de Jacques en lui promettant de lui faire passer la troisième si elle contenait quelque chose d'intéressant. Il n'y avait pas à douter de l'impatience où elle devait être d'apprendre de bonnes nouvelles du voyageur. Pour ma part, je voyais déjà ce voyage sous un jour moins triste, grâce à la première ruse de la duchesse, ruse que le hasard seul avait fait réussir, il est vrai; mais peu importait d'où viendrait la réussite, pourvu qu'elle vînt. En attendant, la Providence semblait donner des arrhes.

La troisième lettre ne se fit pas attendre. Elle était datée d'Aix-la-Chapelle, et les premiers mots avaient l'air de rire en haut de la page.

« De mieux en mieux, disait cette lettre. J'ai déjà du positif. Ils n'avaient fait que traverser Bruxelles, et le bourgmestre n'avait pu donner aucune indication à l'homme du chemin de fer. Je n'ai pas perdu courage, et suivant mon inspiration, je suis parti pour Aix-la-Chapelle, où je viens d'arriver. Du moment que le duc emmène sa femme, il doit mettre la plus grande distance possible entre elle et moi. C'est donc la grande ligne du Nord qu'il doit suivre. Bien m'a pris de penser ainsi. Je ne sais pas si c'est la certitude à laquelle je commence à toucher qui me met dans cet état, mais je suis presque gai, mon cher ami, et ce voyage perd déjà ses teintes sombres et désespérantes. Les causes et les effets se simplifient graduellement à mes yeux, et je ne vois déjà plus rien d'extraordinaire dans les nouveaux événements de ma vie. Je sens, je sais que je me rapproche d'Annette. De là, sans doute, ma confiance. En somme, ce qui se passe peut arriver tous les jours. Un mari qui emmène sa femme, une femme que son amant suit, sont choses fréquentes, et je ne me les suis exagérées que parce que je ne m'y attendais pas. Il leur faudra bien s'arrêter quelque part : c'est là que je les retrouverai. Je puis aller partout où ils vont. Je suis jeune, je suis fort, je suis libre; pourquoi me désespérerais-je ? Elle m'aime, j'en suis sûr; elle fera tout pour me voir. Que je la voie, c'est le principal. Quand je pense qu'il eût été aussi facile à Dieu de la tuer que de la faire partir; que, si elle était morte, le fait serait sans ressource, ma douleur sans consolation; quand je pense à cela et que je me dis qu'elle vit, que nous pouvons nous rejoindre, qu'elle pense à moi, que je la verrai peut-être demain, ne serais-je pas ingrat envers Dieu si je ne le remerciais pas, si même je n'étais pas plus près de me réjouir que de m'attrister. La douleur de l'homme est affaire de comparaison. On n'a qu'à prendre la mesure la plus élevée de la douleur humaine, on verra sa douleur personnelle diminuer de toute l'étendue qui la séparera du niveau pris, et auquel, tout d'abord, on croyait avoir atteint. On sentira la consolation vous envahir peu à peu, comme on voit, sous la chaleur de l'été, s'allonger, dans le tube d'un thermomètre, le mercure que le froid faisait séjourner au fond. C'est si vrai, que, lorsque j'ai appris tout à l'heure la nouvelle dont je vais te donner les détails, j'ai été pris d'un rire nerveux, et peu s'en est fallu que je me misse à chanter. J'ai oublié un instant le côté sérieux de cette aventure pour n'en plus voir que le côté comique : un mari dont toutes les combinaisons vont se trouver mises en déroute par des moyens invisibles. Ma première joie a été en rapport de valeur avec mon dernier chagrin, et pour continuer la comparaison, j'étais au-dessous de zéro, et un rayon de soleil m'a fait monter brusquement à dix degrés au-dessus. Il m'a semblé tout à coup que mon drame faisait le coude et tournait à la comédie. J'aime mieux ce dénoûment-là, et j'ai idée maintenant que j'y arriverai avec un peu d'adresse.

» — A nous deux, monsieur le duc ! n'ai-je pu m'empêcher de dire en mettant la main sur un point d'appui véritable, et, en face du Mascarille auquel je devais cet heureux incident, je me suis souvenu de *l'École des maris*, j'ai pris la chose du côté alerte et je suis passé à l'état de Clitandre riant des difficultés, jouant avec les obstacles et confiant à son esprit les intérêts de son cœur.

» Enfin voici le fait. Il y a une heure, en quittant le débarcadère, je me disposais à chercher un hôtel pour passer la nuit, quand un jeune homme, la visière de sa casquette rabattue sur ses yeux, après s'être approché silencieusement de plusieurs voyageurs et les avoir examinés attentivement, s'approcha en dernier lieu de moi et me fit subir le même examen. Il parut me reconnaître, et me priant de le suivre un peu à l'écart :

» — Monsieur de Feuil? me dit-il.

» — C'est moi.

» — Une lettre pour vous, monsieur.

» En même temps il me remettait un billet au crayon, plié en quatre, sans enveloppe et sans cachet. Je courus à une lanterne, car il faisait nuit. La lettre était d'Annette. Était-ce possible? Je lus:

« Dominique, qui vous remettra ce mot, m'a promis de vous » chercher partout. Il vous trouvera. C'est un garçon dévoué. » Je ne puis vous en écrire bien long. Je suis entourée, sur- » veillée. Je ne sais encore où je vais; mais nous nous arrête- » rons certainement à Hanovre. Descendez à l'hôtel de l'Union. » De là, nous ne pouvons aller qu'à Berlin ou à Dresde. A Ber- » lin, descendez à l'hôtel d'Angleterre; à Dresde, à l'hôtel de » France. Je trouverai toujours moyen de rester deux jours dans » chacune de ces deux villes, et je n'irai pas plus loin que Dresde » ou Berlin. Je vous le jure. En Saxe et en Prusse, on met le » nom des voyageurs dans les journaux. Vous pourrez donc » vous renseigner. De mon côté, je parviendrai à correspondre » avec vous. Aimez-moi, je vous en supplie. Je suis bien mal- » heureuse et bien malade. Le quatre de pique a-t-il servi à » quelque chose? Je ne fais que penser à vous. Pardonnez-moi » d'être partie; mais quand vous saurez tout, vous verrez que » je ne pouvais faire autrement. Courage; ne perdez pas de » temps; ne m'abandonnez pas, j'en mourrais. »

» Je relus dix fois cette lettre. Tu juges de ma joie. Comment des mots si tristes peuvent-ils vous rendre si joyeux?

» — Où est la personne qui vous a remis ce billet? demandai-je au messager.

» — Elle est partie pour Cologne.

» — A quel hôtel descendra-t-elle?

» — Je n'en sais rien.

» — Allez-vous la rejoindre?

» — Non, monsieur.

» — Où allez-vous ?

» — A Paris.

» — Comment m'avez-vous reconnu ?

» — Je connaissais monsieur.

» — Où m'avez-vous vu ?

» — Chez madame la duchesse.

» — Qu'y faisiez-vous donc ?

» — J'étais valet de chambre du duc, et deux ou trois fois je vous ai vu passer.

» — Et maintenant ?

» — J'ai perdu ma place.

» — Il vous renvoie ?

» — Je l'ai quitté.

» — Pourquoi ?

» — Pour vous apporter cette lettre.

» — Vous êtes donc bien dévoué à la duchesse ?

» — Elle souffre tant !

» — Vous me rendez un immense service. Que puis-je faire pour vous ?

» — Rien, monsieur.

» — Cependant votre place est perdue ?

» — Madame la duchesse s'est chargée de tout; mon avenir est assuré.

» — Pourquoi ne retournez-vous pas auprès d'elle ? vous pourriez nous servir.

» — Après ma disparition, le duc se méfierait de moi.

» — C'est juste.

» — Vous avez quitté Paris avec le duc et la duchesse ?

» — Oui, monsieur. J'ai même été le seul confident du duc dans cette affaire. Il avait la plus grande confiance en moi. Il m'a pris tout jeune à son service, et je lui ai dû tout jusqu'à hier.

» Je fis un mouvement. La trahison répugne toujours un peu, même à celui qui en profite.

» — Je comprends, reprit ce garçon. Vous vous dites, malgré vous, que j'ai bien mal reconnu les bontés du duc. Mais pouvais-je faire autrement, quand j'ai entendu madame la duchesse me supplier, moi, un domestique; quand je l'ai vue pleurer, quand elle a fait pour une heure de dévouement ce que le duc n'eût jamais songé à faire pour dix années de services ? Car il faut tout dire, monsieur, j'ai dans ma poche dix mille francs que madame la duchesse m'a donnés pour m'établir à Paris avec Fanny, dont elle sait que je suis amoureux.

» Je commençais à comprendre que, des larmes qu'Annette avait répandues, celles qui avaient le plus ému Dominique étaient celles qui étaient en or. Peu importait, le résultat était le même. Cependant je ne pus m'empêcher de lui dire :

» — Pourquoi, puisque vous connaissiez les projets du duc, au lieu de nous aider ici, n'avez-vous pas eu la bonne idée de nous prévenir à Paris? La reconnaissance de la duchesse eût été la même.

» — D'abord, monsieur, madame la duchesse, connaissant mon dévouement à mon maître, se défiait de moi; plusieurs fois elle avait voulu me faire congédier. Et cependant, bien que je fusse informé de vos relations avec elle, je ne l'ai jamais trahie, parce que Fanny m'avait dit de ne rien voir, et que ma reconnaissance pour monsieur le duc n'allait pas jusqu'à l'espionnage. Madame n'aurait peut-être pas cru à ce que je lui aurais dit; puis, je ne savais pas que la scène qui précéderait le départ serait aussi sérieuse qu'elle l'a été. Pauvre madame! comme elle s'est défendue! mais la résistance était impossible. Monsieur le duc était décidé à tout; et je crois que, s'il n'avait pas pu l'emmener vivante, il l'aurait emmenée morte.

» — Vous avez tout entendu?

» — Non, monsieur; mon maître m'avait placé dans la salle à manger, avec ordre de ne laisser entrer ni sortir personne. J'ai entendu le bruit de la scène, mais non la scène elle-même.

» Je ne pouvais me lasser d'écouter ce Dominique; je l'aurais fait parler toute la nuit. Il me donna, sur le départ de Paris, des détails que je ne m'expliquais pas; je me demandais comment, étant parti la nuit, le duc avait pu arriver à Bruxelles par le chemin de fer, qui n'avait de convoi que le matin. C'était bien simple : il s'était fait conduire en poste à vingt-cinq lieues, il avait attendu le convoi, et l'avait pris quand il avait passé. Crois-tu que deux agents de la force publique, munis de mandat, l'accompagnaient pour lui prêter main-forte en cas de nouvelle résistance de la part de sa femme? Que pouvait-elle faire contre de pareils moyens? Pauvre créature! Enfin, j'ai fait monter Dominique dans l'hôtel d'où je t'écris, il est resté avec moi jusqu'au moment de son départ : j'étais si heureux de la lettre qu'il m'avait apportée! il me semblait que je causais un peu avec Annette en causant avec quelqu'un qui venait de la voir; toute distance disparaissait entre ce domestique et moi, et pendant une heure je l'ai aimé comme mon meilleur ami, je lui ai serré les mains quand il est parti, je lui ai souhaité toutes sortes de bonheurs. Un peu plus, je l'aurais embrassé. L'esprit seul crée les distances sociales, le cœur les oublie à chaque instant; l'homme qui nous oblige, à quelque classe qu'il appartienne, devient notre égal, pour ne pas dire notre supérieur. Bref, j'avais des larmes dans les yeux quand Dominique m'a quitté. Il emportait avec lui une des choses qui me sont les plus chères en ce moment, la possibilité de m'entretenir d'Annette; mais, enfin, il me laisse une trace palpable d'elle, une lettre et l'espérance, je dirai presque la certitude de la revoir. Que Dieu rende à cet homme le bien qu'il m'a fait! Du reste, il paraissait bien content de m'avoir trouvé tout de suite; s'il ne m'avait pas rencontré à Aix-la-Chapelle, il serait allé me chercher à Bruxelles, et de là à Paris; enfin, comme il l'avait promis à Annette, il ne se serait pas arrêté avant de m'avoir vu. En me quittant, il m'a recommandé de prendre toutes les précautions possibles pour que le duc ne me reconnaisse pas, si nous nous trouvons ensemble. J'ai déjà coupé mes moustaches et ma barbe, je ne me reconnais pas moi-même. J'ai presque faim, et je crois que je vais dormir un peu, je l'aurai bien gagné. Je t'écrirai de Cologne où je serai demain. Tu auras certainement la visite de Dominique; je lui ai dit d'aller te voir pour te dire qu'il m'a vu. A demain.

» JACQUES. »

« Cologne.

« Tu vas être bien étonné. Figure-toi que je ris comme un fou en t'écrivant cette lettre. Du reste, je ne sais pas ce que j'ai depuis Aix-la-Chapelle : deux ou trois fois j'ai été pris d'allégresse soudaine, à croire que j'allais me mettre à danser. Il me montait tout à coup, du cœur à l'esprit, des bouffées de pressentiments joyeux, d'espérances couleur de rose sous la chaleur desquelles je me sentais plein d'aise, de confiance, et même de gaieté. Le temps est un peu froid, mais magnifique, et j'ai fraternisé avec de beaux rayons de soleil qui, en éclairant ma route, me la font pressentir moins longue et moins pénible. Tu sais que je parle un allemand de fantaisie, comme tous les gens qui l'ont appris au collége, ce qui n'a pas manqué d'égayer les premiers Allemands avec qui j'ai été forcé de m'entretenir. Rien n'amuse tant ces braves gens que l'incorrection de leur langue dans la bouche d'un étranger. Ils vous rient au nez, tout en faisant leurs efforts pour vous comprendre et vous obliger. Cependant, en arrivant à Cologne, j'ai dû m'enquérir d'un hôtel où l'on parlât français; car, pour mes recherches, j'ai besoin d'être bien compris et de bien comprendre. L'homme à qui je me suis adressé m'a embarqué dans un omnibus, qui, à ce que j'ai pu en juger, a dû me faire traverser toute la ville, et m'a définitivement arrêté devant l'hôtel des Trois Rois. Le garçon qui m'y a reçu m'a mené tout droit dans une salle à manger où plusieurs groupes causaient en buvant de la bière et en fumant autour de tables de bois noir. Une belle jeune fille cause avec eux, tout en les servant au milieu de nuages de tabac qu'elle paraît ne pas sentir. Je me crois plutôt dans une hôtellerie que dans un hôtel, car tout ce qui m'entoure est d'une simplicité parfaite. Peu importe! La belle jeune fille est venue me demander ce qu'il fallait me servir. Je lui ai répondu qu'avant tout je voudrais qu'on me servît le garçon qui parle français. Elle s'est éloignée de moi en riant, et quelques secondes après est apparu le garçon demandé. C'est bien le Prussien le plus original qu'on puisse imaginer. Il est grand, maigre, et présente assez volontiers, avec ses cheveux en broussailles, l'aspect de ces balais ronds qu'on appelle têtes de loup et qui servent à enlever les toiles d'araignée dans les hautes salles. Il a les yeux brillants, les dents irrégulières, le bout du nez rouge, la tête de côté, le cou démesuré, et il rit toujours. Il a une veste trop courte, des manches trop courtes, un gilet trop court, un pantalon trop court, des souliers trop longs, et sur le bras gauche une serviette dont il ne se sert jamais. Il parle un peu mieux le francais que je ne parle l'allemand, mais ce n'est pas encore bien fort.

» — Monsieur m'a demandé ?

» — Oui. Vous parlez français ?

» — Parfaitement.

» — Rendez-moi un service.

» — Deux.

» — Sachez-moi si monsieur le duc un tel a traversé la ville depuis deux jours, s'il y est encore ou s'il est parti. Est-ce possible ?

» — Tout est possible, monsieur.

» — Sur quoi il m'a fait un clignement d'yeux et il a disparu. Au bout d'un quart d'heure, je l'ai vu revenir. Il s'est planté devant moi avec la fierté d'un député qui a réussi dans sa mission, et il m'a dit d'un ton malin :

» — Le duc et la duchesse sont descendus à l'hôtel Belle-Vue, de l'autre côté du Rhin.

» Il avait appuyé sur le mot de duchesse comme s'il avait connu le but de mon voyage et compris qu'en lui demandant un renseignement sur un homme je voulais en avoir un sur une femme.

» — Et ils sont encore à Cologne?

» — Non, monsieur.

» — Quand sont-ils partis?

» — Ce matin.

» — Ce matin?

» — Oui, monsieur; ils sont restés un peu plus longtemps ici pour attendre leur domestique qu'ils ont perdu en route

» — Où sont-ils allés?

» — A Hanovre.

» — Qui vous a donné ces renseignements?

» — Une femme de chambre que je connais dans l'hôtel.

» Autre clignement d'yeux.

» — Et pourquoi êtes-vous allé tout de suite vous informer dans cet hôtel-là?

» — Parce que c'est le meilleur de la ville, et que les étrangers de distinction y descendent tous.

» — Et l'hôtel des Trois Rois, où je suis, est-ce un bon hôtel?

» — Heu! heu!

» — Vous êtes le maître de la maison?

» — Non, monsieur.

» — Vous ne la recommandez pas.

» — Pour y passer une nuit, c'est suffisant; mais il ne faudrait pas y rester davantage.

» Je me mis à rire.

» — Parlez-vous ainsi à tous les voyageurs?

» — Non, monsieur, à vous seulement.

» — Pourquoi cette préférence?

» — Parce que vous êtes Français.

» — Vous aimez donc les Français?

» — Mon père l'était.

» — Et votre mère?

» — Ma mère était mariée à un Allemand.

» — Et il se frotta les mains en secouant la tête et en riant des yeux, du nez et de la bouche, ce qui donna à sa figure, plissée par cette gaieté soudaine, l'aspect du soleil des almanachs Laensberg. Puis, rejetant sa tête en arrière, prenant une pose raide, il éteignit, en un clin d'œil, toute cette illumination de son visage sous une gravité superbe, et pour me prouver sans doute qu'il avait, outre l'esprit de deviner certaines choses, l'adresse de les oublier à temps, il se remit à la distance morale où le domestique doit rester du maître, et comme s'il m'eût adressé la parole pour la première fois, les mains pendantes comme un pantin, et regardant mon assiette vide, il me dit :

» — Que faut-il servir à monsieur?

» Cette fois, c'était du grotesque trop pur. J'éclatai de rire. Sans attendre ma réponse, mon homme s'éloigna avec le même sérieux, et disparut dans l'office contigu à la salle à manger, où j'étais seul à cette heure. Tous les buveurs étaient partis. Cinq minutes après, il m'apportait une bouteille de vin du Rhin, un pigeon, du poisson, et déposait le tout sur ma table.

» — Qu'est-ce que cela? lui dis-je.

» — C'est le dîner de monsieur.

» — Qui est-ce qui vous l'a commandé?

» — Personne ; mais monsieur aurait pu demander autre chose, et alors...

» — Alors?...

» — Alors, monsieur aurait mal dîné ; il n'y a que cela de bon ici.

» Ce personnage m'a fort égayé, sans doute parce que je ne demandais qu'une occasion de rire un peu. Pourquoi serais-je triste? J'ai d'aussi bonnes nouvelles que je puis en avoir, et je t'avouerai qu'en partant je ne m'attendais pas à un résultat si prompt. Elle était ici ce matin. Ils n'ont donc que douze heures d'avance sur moi. Elle m'a promis de s'arrêter deux jours à Berlin ou à Dresde. Le tout est de ne pas perdre sa piste jusque-là. Le Rhin fait un vacarme du diable sous ma fenêtre. Je le défie bien de m'empêcher de dormir. J'ai bu une bouteille de vin de la Moselle, qu'on vend ici pour vin du Rhin, mais qui n'en est pas plus mauvais pour cela. Il me semble que je suis un voyageur ordinaire. Ah! la matière! comme elle est toujours prête à reprendre le dessus! L'homme n'est décidément pas né pour la douleur, et quand nous sommes jeunes, forts et bien portants, chaque brise qui passe use un peu notre tristesse, tant notre organisation humaine a soif d'espérance et de bien-être!

» — Voilà de beaux raisonnements que je ne ferais pas si je n'avais pas de bonnes nouvelles, et une bouteille de vin du Rhin dans la tête. »

La lettre qui suivit celle qu'on vient de lire était écrite au crayon et presque illisible, sur des feuilles détachées d'un carnet.

XX

« Je n'espère plus, je ne ris plus, je danse d'autant plus facilement que je suis tout seul dans un wagon d'où je t'écris, ce qui t'explique la forme invraisemblable des caractères que le va-et-vient du convoi m'empêche de tracer régulièrement. Mais je veux t'expédier cette lettre de la première station où nous nous arrêterons. Elle est là, mon cher. Elle, Annette ! comprends-tu ? Elle est là, derrière moi, dans une autre voiture avec le duc. Elle ne se doute même pas du voisinage, heureusement, car elle ferait quelque imprudence, et c'est le moment d'être adroit. Quand je l'ai aperçue, j'ai cru d'abord que j'étais fou, ensuite que j'allais mourir de joie et d'étonnement. Le convoi s'était arrêté à la station de Minden pour changer de ligne. Je me dispose à monter dans mon compartiment quand, en regardant machinalement les nouveaux voyageurs pris à cette station, j'aperçois, qui ? le duc montant dans un coupé où sa femme était déja assise. Je me frotte les yeux, je pâlis, je baisse ma casquette sur mon nez, je monte le col de mon manteau jusqu'à ma casquette pour cacher mon visage et ne pas être reconnu, et je passe devant la diligence. C'était bien lui, c'était bien elle, pâle, silencieuse, maigrie déjà, son voile baissé, toute vêtue de noir, adossée à l'angle du coupé et regardant tristement la triste campagne qui nous entoure. Elle ne m'a pas vu. Je sais qu'elle est près de moi, elle ne se doute pas que je suis près d'elle. Mon premier mouvement, en la reconnaissant, a été de crier : « Me voilà ! » mais j'ai pu me contenir, heureusement. Va-t-elle être étonnée quand elle va me voir ! Va-t-elle être heureuse ! Pauvre chère ! comme je l'aime ! Mais comment se trouve-t-elle là ? Elle aura été malade, elle se sera arrêtée à Minden. Elle tient sa promesse, tu vois, elle ralentit le voyage tant qu'elle peut. Enfin, je la tiens, et bien adroit sera maintenant celui qui nous séparera. Je ne la quitte pas plus que son ombre. Tant pis ! je l'aime, elle m'aime, elle est prête à tout risquer pour moi, je suis prêt à tout tenter pour elle. Ah ! que je suis heureux ! Quant au duc, il croit certainement être bien loin de moi. Je me répète à chaque instant : Elle est là ! et je crois que j'ai fini par faire un air de ces trois mots. Il y a des moments où je me tiens à quatre pour ne pas me précipiter par la portière. J'ai déjà éprouvé cet effet curieux. Dans les grandes joies comme dans les grandes douleurs; le vide, c'est-à-dire le néant, attire à lui notre corps, ébranlé par la secousse de notre esprit; sans doute la faiblesse de notre nature se refuse à supporter longtemps l'exagération de nos facultés effectives, et dès lors il nous vient un vague besoin d'aller en chercher la solution et le repos dans une sensation inconnue, cette sensation fût-elle une souffrance. Que n'es-tu là aussi, toi! Tu aurais dû m'accompagner. Tu m'aiderais à porter cette joie, et tu me serais bien utile, tu me conseillerais. La distance physique qui me sépare d'Annette en ce moment n'est rien : en étendant le bras je la toucherais presque; mais la distance morale est énorme. Comment vais-je faire pour la combler? Il y a une heure, je ne demandais qu'à la voir un instant. Je l'ai vue, et maintenant je ne me contente déjà plus de cela. Nos désirs se doublent en se satisfaisant. Ce qu'il y a de certain, c'est qu'il ne faut pas qu'elle aille plus loin que Hanovre; si je la reperdais une seconde fois, ce serait à en mourir. Mon parti est pris. Je vais, en arrivant, car jusqu'à la nuit je ne me montrerai pas; je vais, en arrivant, me faire reconnaître d'elle; je passerai la nuit dans l'hôtel où elle descendra, et elle trouvera moyen de me faire savoir quelque chose. Si tu allais nous voir arriver vingt-quatre heures après cette lettre! Et dire que c'est possible! Pour ma part, je suis décidé à faire n'importe quoi pour l'emmener, quand je devrais me mettre sur le chemin du duc et l'empêcher d'avancer. Ce serait peut-être le plus simple et le meilleur. Je n'ai plus de papier, sans cela je crois que je t'écrirais toujours. Si tu parviens à lire ce griffonnage, tu auras du bonheur. Pour te récompenser, en arrivant à Hanovre, je t'écrirai avec une plume. Je t'embrasse. »

« Hanovre.

» Elle m'a vu. Au milieu de la foule, je m'étais glissé derrière elle, et je lui avais touché l'épaule. Quel battement de cœur j'avais! mais ç'a été plus fort que moi; je ne pouvais rester près d'elle sans lui montrer que j'y étais. Elle a poussé un cri en me reconnaissant, et j'ai cru qu'elle allait se précipiter dans mes bras. J'ai mis un doigt sur mes lèvres et me suis retourné, pour que le duc ne me reconnût pas. Il ne doit pas m'avoir vu. Cependant, il avait fait un mouvement de côté. A tout hasard, j'avais écrit sur un petit morceau de papier : « Je suis à l'hôtel » de l'Union. Je rôderai autour de votre hôtel jusqu'à ce que » vous m'ayez jeté une lettre par votre fenêtre. »

» Je me suis de nouveau approché d'elle et je lui ai glissé ce billet dans la main. J'ai senti sa main serrer la mienne, et je me suis perdu parmi les autres voyageurs. Elle est à l'hôtel de

Rome ; moi, je suis à l'hôtel de l'Union. Les deux hôtels sont en face l'un de l'autre. Je suis allé rôder autour du sien. Elle ne m'a pas fait attendre. J'étais là depuis cinq minutes quand une fenêtre du premier étage s'est ouverte. Elle y a paru, cherchant à me reconnaître dans l'obscurité.

» — C'est moi, ai-je dit.

» Au même instant, une pièce de monnaie, enveloppée d'un papier, est tombée devant moi, et la fenêtre s'est refermée à l'instant. Je suis rentré et j'ai lu :

« C'est vous, je suis sauvée ! Que je suis heureuse, que Dieu » est bon, et que je vous aime de m'avoir suivie ! Je serai à » vous, je vous le jure. Mais rien à tenter ici. Je suis encore » trop surveillée. Nous sommes sûrs d'être l'un près de l'autre, » c'est déjà quelque chose. Je ne vis que depuis que je vous ai » vu. Qui dirait qu'un seul coup d'œil peut ainsi remplir de joie » notre âme au point qu'elle déborde ?... Le duc devient un peu » plus confiant. Il ne fait plus retirer les plumes et le papier de » ma chambre, comme il l'a fait jusqu'à Cologne, mais il ne » laisse encore parvenir aucun domestique auprès de moi. Pa- » tience, mon bien-aimé, et Dieu nous aidera ! Je ne sais pas » où nous allons ; je sais que nous partons par le premier con- » voi de demain. Assurez-vous de l'heure du départ, que je ne » connais pas, moi ; partez en même temps que nous, sans » nous perdre de vue, mais en ayant bien soin de ne pas vous » faire reconnaître. Je resterai dans la première grande ville où » nous arriverons, jusqu'à ce que je vous y voie, quand je de- » vrais me rendre réellement malade. Le duc ne soupçonne pas » que vous soyez sur nos traces ; cependant, cachez-vous bien. » Nous serons réunis d'ici à trois jours. Laissez-moi faire ; j'ai » du sang-froid. Je crois que je commence à prendre mon » parti de ce voyage. Dominique a porté à ma cousine, qui est » dans mes intérêts, une lettre qui est pour mon père, qui peut » arriver à Paris d'un jour à l'autre. Aimez-moi, je réponds de » tout. Un malheur est arrivé ; il n'y a pas à se lamenter, il y a » à le combattre par la ruse, puisque nous sommes les moins » forts. Je ne puis vivre sans vous, vous le savez ; soyez donc » sûr que je mourrai plutôt que d'être séparée de vous long- » temps. »

» Voilà les nouvelles, cher ami ; elles ne sont pas aussi bonnes que je l'aurais cru possible dans mon premier moment de joie ; mais, enfin, elle valent toujours mieux que les premières que je t'ai données. Le convoi part demain à sept heures du matin ; il n'y en a pas avant. Elle est donc ici jusqu'à demain sept heures. Je vais lui écrire une longue lettre de recommandations de conseils et de plans à suivre, pour que nous soyons réunis le plus tôt possible. Elle a peut-être raison : il ne faut rien brusquer. Donc, patience encore. Voilà un mot qui m'aura servi. A demain. »

Allons, tout allait bien pour notre héros, et j'en étais arrivé à croire que la prochaine lettre m'apporterait encore de meilleures nouvelles, quand je reçus les lignes suivantes :

« Tout est perdu ! J'ai besoin de vous revoir, vous tous que j'aime. Quelques heures après cette lettre, je serai à Paris. S'il y avait un convoi, à l'instant même je partirais.

» JACQUES. »

Que s'est-il passé? Je reçus cette lettre le matin. Le soir, j'étais au débarcadère du Nord, attendant l'arrivée de Jacques. Quelle naïveté ! Il n'y avait pas le moindre Jacques, bien entendu; mais le train qui aurait dû l'amener m'apporta une lettre de lui.

« Tu vas me trouver bien lâche ! non-seulement je ne suis pas parti pour Paris, mais me voilà arrivé à Dresde, et, ce qu'il y a de pis, c'est que je suis enchanté d'y être. Je me fais l'effet d'un homme soumis à une hydrothérapie morale. Je passe de la joie à la douleur, de la transpiration à la glace sans aucune transition. Comment j'y résiste, c'est ce que je ne m'explique pas. Cedendant, ma parole d'honneur, je croyais bien partir; mais que veux-tu ? entre ma résolution et le départ du convoi pour Paris, il y avait quatre heures à attendre ; c'était bien tentant, et, heureusement, je n'ai pas résisté. Tu ne comprends rien à ces premières lignes, parce que tu ignores ce qui s'est passé. Le duc avait dit qu'il partirait par le premier convoi du lendemain de son arrivée à Hanovre ; ce convoi était à sept heures du matin, je te l'ai dit déjà. Je passe une partie de ma nuit à écrire une longue lettre à la duchesse, et je finis par m'endormir à la chaleur lourde de ces poêles allemands destinés à faire mourir d'apoplexie ce brave peuple que l'humidité nationale a déjà fait naître à moitié scrofuleux. Je dors ainsi deux heures à peu près. Je me réveille transi vers cinq heures du matin ; le jour poindait. Je cachette ma lettre, je sors et je rôde autour de l'hôtel de Rome, cherchant un moyen de faire arriver ma réponse à son adresse. Annette elle-même, pensais-je, devait être aux aguets et j'allais certainement la voir paraître derrière les rideaux d'une de ses croisées. Je ne les quittais donc pas des yeux ; mais ils étaient symétriquement relevés comme s'il n'y eût eu personne dans l'appartement. Tout autour de moi, un silence de mort ; et cette maison me paraissait plus silencieuse encore que le silence général. Pas un chat dans la ville, qui est d'un aspect lugubre; ajoute à cela un ciel gris d'étoupe, une petite pluie fine et pénétrante qui ne me réchauffait pas plus que le reste ne m'égayait. Cependant, il était impossible que la duchesse ne fût pas là ; elle dormait peut-être. Tant mieux ! elle devait avoir besoin de sommeil ; et je me promenais de long en large, et je surveillais et j'écoutais : rien ! L'heure du départ approchait. J'entendais les grognements de la machine, qu'on était en train de réveiller en la bourrant de feu. Quelques voyageurs apparaissaient déjà aux angles des rues; deux ou trois personnes étaient même sorties de l'hôtel de Rome ; pas le moindre mouvement du côté de l'appartement d'Annette. Peut-être avait-elle fait retarder le départ jusqu'au second convoi, pour me donner le temps de lui répondre, pour essayer de me voir. C'était possible. Cependant je commençais à m'inquiéter. Sept heures moins un quart sonnèrent. Il fallait absolument que je susse à quoi m'en tenir. J'étais mal à mon aise. J'avais froid ; j'étais, par prévision, dans cette disposition physique et morale où le corps n'attend qu'un prétexte pour être malade, où le cœur ne demande qu'à souffrir. Je rentrai dans mon hôtel, j'appelai le garçon de place, et je l'envoyai aux renseignements.

» — Les personnes dont monsieur s'informe sont parties, me répondit cet homme en revenant cinq minutes après.

» — Parties ! m'écriais-je ; c'est impossible ! le convoi est encore là.

» — Mais elles ont pris un train spécial, chauffé pour elles seules et commandé par monsieur le duc.

» — Quand ?

» — Cette nuit, à trois heures.

» — Et elles sont allées ?

» — On n'en sait rien.

» Je faillis tomber à la renverse.

» — C'est bien, dis-je au garçon, que je congédiai ; et quand je fus seul, sans pouvoir me retenir, je me jetai à plat ventre sur mon lit, et me mis à sangloter comme un enfant, me frappant la tête et m'arrachant les cheveux. Ce n'était pas seulement du désespoir, c'était de la colère arrivée à ce paroxysme que peut seule lui donner l'impossibilité de la satisfaire, l'inaction forcée.

» Après avoir rejoint cet homme, après avoir touché la main de sa femme, après avoir été sûr de ne plus la perdre, je la perdais de nouveau ; il l'emmenait, non plus comme il l'avait fait jusqu'alors, par les moyens ordinaires, mais en doublant la faculté de la vapeur, mais en triplant la valeur du temps, et sans que je susse où il allait. Ah ! c'était un grand seigneur qui se faisait un chemin d'or, puisque le fer n'allait pas assez vite. Et j'étais condamné à l'immobilité, car je ne pouvais entamer une lutte de vitesse avec lui ; je rougissais de moi en face de mes modestes ressources et de mes pauvres moyens. Je ne me trouvais pas seulement malheureux, je me trouvais ridicule. Et chaque minute mettait une lieue entre nous. Et comme le duc devait rire en ce moment ! Il m'avait reconnu la veille, sans aucun doute, il s'était dit : « Il faut en finir avec ce monsieur. » Et il en avait fini en effet. Mon honneur, ma vie, mon sang, j'eusse tout donné à qui m'eût fait joindre ce convoi, à qui m'eût livré cet homme pendant une heure. Et elle, elle ne m'aimait pas, puisqu'elle était partie. Pouvais-je compter sur son serment ? N'avais-je déjà pas la preuve de sa faiblesse ? Si elle m'eût aimé, si son amour eût eu l'énergie d'un amour véritable, se fût-elle laissé enlever de Paris ? Elle aurait trouvé cent moyens d'y rester. Elle aurait dit : « Je ne veux pas ! » Elle se serait cramponnée à la porte de sa chambre, aux barreaux de l'escalier ; elle se serait fait traîner dans la rue plutôt que de faire un pas, elle se serait laissé tuer plutôt que de consentir. Mais non, elle a eu peur ; et cette nuit, me sachant auprès d'elle, voyant que nous allions être séparés à tout jamais, n'aurait-elle pas dû crier, m'appeler à son secours, faire n'importe quoi ? C'eût été à moi d'empêcher ce départ, puisque je n'avais pu empêcher l'autre. Elle me l'avait bien dit la première fois que je l'avais vue, que sa force était dans les autres. Et pour la suivre, j'ai tout quitté, mes amis, mon travail, ma mère, et je continuerais ce voyage ridicule ! A quoi bon ? D'ailleurs, où aller ? où sont-ils ? où s'arrêtera-t-elle ? Quelle sottise de m'attacher à cette femme, que j'avais assez de cœur pour aimer, mais que je n'avais pas assez d'argent pour suivre ! L'impuissance par l'argent est la plus humiliante. Je me sentais inférieur au duc par le côté qui fait les véritables hiérarchies sociales, et, plus jeune, plus honnête, plus aimé, plus fort que lui, j'étais obligé de lui reconnaître une force contre laquelle je ne pouvais rien : l'argent ! Alors je pleurais ces grosses larmes de l'orgueil vaincu, et, les yeux fixés sur la carte, j'y suivais avec terreur la ligne rouge qui indiquait le chemin de fer, et qui se perd dans la Pologne, sur la frontière de laquelle je me briserais si j'allais jusque-là, car rien maintenant n'empêcherait cet homme de la conduire en Russie, au bout du monde, si tel était son bon plaisir; et comment entrerais-je, moi, dans ce saint empire de l'Europe, dont la muraille politique est peut-être plus infranchissable encore que celle de la Chine? Et j'irais risquer mon avenir, ma vie, la vie de ceux qui m'aiment dans la poursuite de cette impossibilité! Non pas! J'aurai de la raison puisqu'il en est temps encore! Je reviendrai en France, et si elle m'aime, eh bien, elle trouvera moyen d'y revenir. J'ai fait ce que je pouvais. Sûr de ma résolution, je t'ai écrit la lettre que tu as reçue. Pendant ce temps, le convoi de sept heures était parti, et j'avais, je te le répète, quatre heures à attendre pour partir à mon tour. Pour user ces quatre heures, qui me paraissaient une éternité, je me suis promené dans la ville, déserte, triste comme la mort. La pluie continuait toujours. J'étais plein du sentiment de ma solitude et de mon abandon. Je pensais à Paris, à ceux qui m'y attendent, à ma mère, à ma jeunesse. J'évoquais tous mes souvenirs heureux pour faire contre-poids à l'affliction présente, et je leur trouvais l'aspect aussi triste qu'à moi-même. Puis, à chaque instant, à travers toutes ces images et toutes ces pensées, le visage pâle de la duchesse, tel que je l'avais vu la veille, m'apparaissait et semblait me sourire encore. Alors je me sentais envahir par un autre genre d'émotion, et je ne versais plus que des larmes silencieuses, sans colère, sans reproche, et telles que je les eusse répandues si j'avais eu à demander un pardon à cette pauvre créature qui avait tant souffert depuis son départ, qui m'avait prouvé, par tous les moyens possibles, qu'elle m'aimait; qui allait avoir à souffrir encore, et dont la pâle figure ne s'était éclairée d'un rayon de joie que lorsqu'elle m'avait aperçu.

» Mon ressentiment injuste fondait peu à peu sous ces larmes nouvelles. Voyons, après tout, avais-je le droit de lui en vouloir de sa faiblesse? Elle est femme; si elle n'avait pas été faible m'eût-elle cédé? N'a-t-elle pas succombé sous une force supérieure à sa volonté? Je suis à me désespérer, à la maudire. Peut-être ne savait-elle pas, en partant cette nuit, qu'on l'emmenait par un train spécial. Elle ne le savait certainement pas. Elle a pu ne s'en apercevoir que trop tard. De bonne foi, puis-je exiger d'une femme quelle lutte contre la flamme et le fer? Elle m'avait dit de surveiller son départ. Pourquoi n'ai-je pas prévu ce qui pouvait arriver? Elle est partie sans résistance, c'est qu'elle me croyait derrière elle. C'était à moi de passer la nuit à guetter, au lieu d'avoir confiance et d'attendre.

» Si elle s'arrête à Dresde ou à Berlin, si elle m'y attend, comme elle me l'a promis, comme elle ne manquera pas de le faire quand elle verra qu'elle a été victime d'une ruse, que pensera-t-elle, que dira-t-elle, si elle ne me voit plus ? Elle dira que je ne l'aimais pas, que mon amour a manqué de persistance ; elle aura raison. Quand elle apprendra que je suis retourné à Paris après avoir reçu d'elle la nouvelle assurance de son amour, elle me méprisera, moi qui l'ai perdue, moi qui suis cause de tout ce qui arrive, et dont le courage se sera arrêté à la moitié de la route jusqu'au bout de laquelle j'ai juré d'aller. Moi, au moins, je suis libre ; je puis pleurer et souffrir à mon aise, je suis un homme ; tandis qu'il lui faut cacher ses larmes devant les domestiques, devant un mari...

» Et c'est en un pareil moment que je l'abandonnerais ! Ne dois-je pas combattre jusqu'à la fin ? Quelle autre chose, d'ailleurs, puis-je faire que de la suivre ? Où est ma pensée, où est ma raison, où est ma vie, si ce n'est sur son chemin ? Retourner à Paris ! où je retrouverai les souvenirs frémissants encore de mon bonheur récent, où tout me criera qu'elle m'aimait, qu'elle souffre loin de moi, que je dois la rejoindre à tout prix. Comment ! je m'épouvante, je me désespère en voyant la nouvelle distance qui nous sépare, et j'augmenterais volontairement cette distance ! Retourner à Paris ! J'y mourrais d'inquiétude ou je repartirais le lendemain ! D'ailleurs, j'ai promis d'aller jusqu'à Berlin ou à Dresde : elle m'a juré de ne pas aller plus loin. Je dois tenir ma promesse ; il sera toujours temps de la mépriser et de l'abondonner si elle ne tient pas la sienne. C'est dit. Je lui donnerai cette dernière preuve de confiance et d'amour, et si je ne la retrouve pas dans l'une de ces deux villes, eh bien, sur la vie de ma mère, je retourne aussitôt à Paris ! Pourquoi ai-je laissé partir le convoi de sept heures ! maintenant, je serais déjà plus près d'elle !

» Voilà, cher ami, les différentes impressions par lesquelles j'ai passé pendant quatre heures,—et je suis parti pour Dresde, d'où je t'écris. Te dire que le voyage, depuis Hanovre jusqu'ici, a été pour moi d'une gaieté folle, ce serait mentir. J'avais d'assez douloureuses intermittences d'espérance et de doute, et le doute dominait même, quand je suis arrivé ici, à l'hôtel de France, où Annette m'a écrit de descendre. Je ne regardais plus cette dernière tentative que comme un acquit donné à la conscience de mon amour, d'autant plus que j'étais parti pour Dresde à tout hasard, car il y avait autant de chance pour que le duc fût à Berlin. J'étais dans un abattement complet. Je demandai machinalement le journal, pour y voir le nom des voyageurs nouvellement arrivés. C'était ce matin Le journal venait de paraître, et les noms du duc et de la duchesse étaient les deux premiers. Ils étaient descendus à l'hôtel de Saxe. J'avais été tellement agité à Hanovre, que cette nouvelle ne me causa pas toute la joie qu'elle aurait dû me causer, tout en m'en causant beaucoup. Je la regardai un peu comme une compensation à ma douleur de la veille et comme la juste récompense de mon courage et de mon obstination. Puis je ne voulais plus me hâter d'espérer, afin d'avoir moins à souffrir s'il me fallait désespérer encore. Je sortis donc de l'hôtel, presque préparé à une nouvelle déception. Je ne demandai même pas où était l'hôtel de Saxe; je le cherchai tout seul à travers la ville, que je ne connaissais pas. Du reste, quand bien même je me serais fait indiquer, comment, sachant à peine quelques mots de la langue, aurais-je retenu les noms allemands des rues qu'on m'eût désignées? Je ne voulais pas non plus me faire conduire: puis je n'étais pas fâché de marcher un peu au hasard et de me fier à lui, car du diable si mon esprit, abattu par tant de secousses, avait seulement l'idée de chercher une combinaison et de dresser un plan! Les mains dans mes poches, j'allai tout droit devant moi. Toutes les fois que je voyais une grande rue, j'y entrais.

» Il y a, dominant toute la ville, un clocher d'église dont l'horloge fait un vacarme horrible chaque fois qu'elle a à annoncer l'heure, ce qu'elle fait sur toutes les notes de ses carillons, depuis les plus basses jusqu'aux plus hautes, depuis le bourdon jusqu'à la sonnette. Je me laissai attirer par l'appel de cette horloge, et me trouvai bientôt sur une grande place carrée, au milieu de laquelle j'aperçus, en grosses lettres, au-dessus du premier étage d'une grande maison : *Hôtel de Saxe*. Cet hôtel fait le coin de la place et de je ne sais quelle rue, dans laquelle je me suis promené depuis sept heures du matin jusqu'à midi, sans rien voir paraître. J'avoue que, par moments, je ne savais plus pourquoi j'étais là ni ce que j'y faisais. Afin de ne pas être trop regardé, car il passe beaucoup de monde dans cette rue et sur cette place, je me mis à regarder les magasins de gravures et de librairie. Bien que je ne regardasse que pour m'arrêter, il y a des choses que je vis alors presque malgré moi, et qui, toutes les fois que je les reverrai autre part, appelleront et grouperont autour d'elles, comme un cadre vivant, Dresde, Annette, mon voyage, ses causes, ses résultats que j'ignore encore, mes pensées d'aujourd'hui et la scène que je vais te raconter tout à l'heure; sans compter que l'art a une telle puissance, que, dans certains cas, franchissant les organes intermédiaires sans leur demander leur concours, il pénètre forcément dans l'âme et s'y reflète profondément. Ainsi, un instant, tout préoccupé que j'étais, je m'absorbai complétement dans la contemplation d'une gravure. Elle représente les trois saintes femmes appuyées l'une sur l'autre et se rendant au tombeau du Christ. Cette gravure est d'après un tableau de Landelle, je crois. Une des saintes femmes, ce qui ne contribuait pas peu à m'impressionner, une des saintes femmes ressemblait d'une manière frappante à la belle cousine d'Annette. Ce que ce tableau original peut être comme couleur, je l'ignore, je ne l'ai jamais vu; mais, en rêverie triste et consolante à la fois, en sentiment chrétien, c'est une des plus heureuses compositions que je connaisse. Cela m'a vraiment fait du bien de la voir. Cette religion du Christ, qui a une espérance pour toutes les douleurs, un baume pour toutes les blessures, un pardon pour toutes les fautes, est bonne à rencontrer partout : elle ajoute toujours quelque chose à l'âme.

» Un instant j'oubliai les émotions de ma vie présente en face de cette image; j'eus une pensée reconnaissante pour l'art, et je dis que, s'il m'arrivait un grand malheur, ce serait en lui que je devrais chercher une consolation; car je suis un artiste, et je l'oublie peut-être un peu trop depuis quelque temps. Cependant, une autre image devait me tirer bientôt et brusquement de mes réflexions artistiques et de mes contemplations religieuses, et je traversai de nouveau la rue, les yeux fixés sur une fenêtre dont le store venait de se lever et derrière les carreaux de laquelle apparaissait une ombre blanche, immobile comme une statue, et paraissant, elle aussi, ne pas me quitter du regard. C'était Annette, plus pâle que je ne l'avais encore vue, et vêtue de son costume de nuit.

» Je marchai droit vers elle, comme attiré par cette blanche vision dont le visage, à mesure que j'avançais, s'éclairait d'un sourire mélancolique et doux. Elle avait l'air de souffrir beaucoup. Quand je ne fus plus qu'à quelques pas de sa maison, elle ouvrit sa fenêtre, et sans s'occuper des gens qui passaient ni de l'effet qu'une pareille action pouvait produire en plein jour, elle étendit le bras et me jeta une lettre, que dans mon étonnement je laissai tomber sur le trottoir. Lorsque je me relevai, la fenêtre était close, le store retombé, Annette disparue. Deux ou trois passants, ne comprenant rien à cette manière de correspondre, s'étaient arrêtés et me regardaient. Il fallait payer d'audace. Je ne parus pas remarquer l'effet produit, j'ouvris la lettre, et je lus en m'éloignant :

« Vous êtes là ! Dieu soit loué ! Vous n'avez donc pas douté » de moi. Dans quelle agitation vous avez dû être à Hanovre en » apprenant mon départ, que je ne soupçonnais pas cinq mi- » nutes auparavant. Tranquillisez-vous. Il n'y a pas moyen que » je quitte Dresde de sitôt. Je suis parvenue à me rendre ma- » lade, peut-être plus qu'il ne fallait. Qu'importe ! vous êtes près » de moi, c'est tout ce que je voulais. Tout ce que je puis faire, » c'est de me traîner jusqu'à la fenêtre pour vous jeter ce mot. » Rentrez chez vous, montrez-vous le moins possible ; écrivez- » moi que vous m'aimez bien, pour me donner du courage. Ce » soir, à minuit, venez sous ma fenêtre ; quand le dernier coup » tintera, je vous descendrai une soie avec une lettre au bout. » Nous correspondrons ainsi jusqu'à ce que nous soyons réu- » nis tout à fait. En attendant, sachez que nous sommes bien » décidément au terme de notre voyage. Rien ne m'arrachera » d'ici, je vous en fais le serment. A ce soir. »

« A demain la suite, cher ami ; aujourd'hui je ne saurais t'en écrire plus long. Je suis harassé ; j'ai besoin de repos, je ne sais comment vivre jusqu'à ce soir. Je vais me mettre au lit et tâcher de dormir un peu. Je crois que j'ai la fièvre. Si j'allais tomber malade ! Il ne manquerait plus que cela !

» Écris-moi à Dresde, hôtel de France, puisque j'y dois rester quelques jours. Pour plus de précaution, envoie-moi l'argent que je t'ai prié de toucher, et donne-moi des nouvelles de Paris. »

La lettre suivante contenait le récit des événements qui avaient précédé et déterminé le départ de la duchesse, événements qui jusqu'alors étaient restés obscurs pour Jacques, et que, dès qu'Annette eut le temps de lui écrire plus longuement, elle s'empressa de lui faire connaître. Avant cette dernière lettre, j'avais eu la visite de Dominique. Je l'avais questionné sur ces mêmes événements, et je les connaissais maintenant comme si j'en avais été le temoin oculaire.

Le duc avait bien joué cette partie, il faut en convenir. En revenant de l'Opéra-Comique, où la duchesse nous avait paru tout à fait rassurée, il avait manifesté le désir de souper avec elle, et tous deux s'étaient mis à table, servis par Dominique, lequel savait parfaitement ce qui allait se passer. Quant aux autres domestiques, ils avaient été renvoyés dans leurs chambres, et pas un d'eux ne soupçonnait les intentions du duc.

Fanny elle-même les ignorait. Dominique avait été discret, comme on le voit.

Vers une heure du matin, une chaise de poste s'arrêta devant l'hôtel. Le duc, comme s'il n'eût attendu que ce signal, se leva de table, annonçant à sa femme qu'elle pouvait rentrer dans sa chambre à coucher; ce qu'elle fit sans le moindre pressentiment de ce qui l'y attendait. Le duc la suivit. Elle s'en étonna un peu. Il s'assit et lui fit signe de s'asseoir en lui disant:

— Ma chère Annette, nous avons à causer de choses sérieuses.

— Ce soir?

— Oui.

— Ne pourrions-nous remettre les choses sérieuses à demain.

— Non; vous allez en juger par vous-même.

Alors le duc, sans autre préambule, déclara à sa femme qu'une chaise de poste l'attendait dans la rue, qu'il allait partir et qu'il avait décidé qu'elle l'accompagnerait. En une seconde, au ton dont cette nouvelle lui fut annoncée, Annette se rendit compte du piége où l'avait fait tomber la conduite du duc depuis quelque temps, conduite où elle avait puisé tant de confiance. Elle comprit que la situation allait être décisive pour l'un et pour l'autre; elle se résolut donc à ne chercher aucun faux-fuyant, à jouer cartes sur table, à ne ménager rien, à aller droit au but, à en finir d'un seul coup.

Elle se leva.

— Ainsi, dit-elle, vous voulez m'emmener de Paris?

— Oui.

— Cette nuit même?

— Cette nuit.

— Pourquoi?

— Parce que cela me plaît.

— Eh bien, cela ne me plaît pas à moi, monsieur.

— Peu importe. Je suis votre mari, vous devez me suivre.

— Vous, mon mari! reprit-elle du ton le plus hautain et le plus méprisant; vous, mon mari! et depuis quand?

— Depuis que je vous ai épousée, madame. Allons, nous n'avons pas de temps à perdre; décidez-vous.

— Je vous l'ai dit, monsieur, je reste.

— C'est votre dernier mot?

— Oui.

Le duc marcha vers la cheminée où était adossée sa femme. Elle crut qu'il allait essayer de la force pour obtenir ce qu'il voulait. Elle recula.

—Oh! ne craignez rien, madame, je ne veux pas porter la

main sur vous. Je laisserai à d'autres mains que les miennes cette dure nécessité.

— A d'autres mains que les vôtres? A quelles mains, donc?

— Aux mains de la loi, ou plutôt de ses agents.

— Je ne comprends pas, monsieur.

— C'est bien simple. Prévoyant votre résistance, j'ai été trouver le président du tribunal, lequel a rendu un jugement que voici, fit le duc en déployant un papier timbré, jugement qui m'autorise, sur votre refus de me suivre, à requérir la force publique si besoin est, et qui me laisse le choix, ou de vous emmener avec moi, ou de vous faire conduire en prison.

— Ainsi vous allez envoyer chercher la garde?

— C'est inutile : elle est là.

— Elle est là!

— Chez moi, madame, avec un commissaire de police, qui n'attend qu'un mot pour paraître.

— Vous avez fait cette infamie?

— Oui, madame.

— C'est impossible.

Le duc sonna.

Dominique parut.

— Faites entrer la personne qui attend chez moi, lui dit le duc.

— Seule? demanda Dominique.

— Seule.

La duchesse ne pouvait plus douter. Des larmes de colère impuissante jaillissaient de ses yeux.

— Infamie! murmura-t-elle en se promenant à grands pas dans la chambre.

On entendit marcher dans le salon.

— Voici la personne que j'ai fait demander, dit le duc. Il est encore temps; faut-il qu'elle entre?

— Oui, monsieur: je suis décidée à tout.

Annette essuya ses yeux et releva fièrement la tête.

— Vous savez bien ce que vous faites?

— Oui, monsieur. Et puisque vous le voulez, je prouverai devant ce témoin que je ne puis vous suivre.

— Comment cela, madame?

— Je dirai la vérité.

— Laquelle?

— Si brave que vous soyez en matière de déshonneur, il est telle chose que vous ne sauriez accepter sans être un misérable.

— Quelles choses?

— Faites entrer cet homme, vous les saurez.

— Il vaudrait peut-être mieux que vous me les dissiez tout de suite ; cela vous éviterait la peine d'employer des moyens d'autant plus humiliants pour vous qu'ils seront inutiles.

— Je ne crois pas.

— Je sais bien des choses que vous croyez que j'ignore.

— Alors, vous savez que je vous hais ?

— Oui, madame, depuis longtemps.

— Que je vous méprise ?

— Aussi.

— Que j'aime... un autre homme ?

— Qui, malheureusement, n'est pas là pour vous défendre.

— Que cet homme est mon amant ? continua la duchesse dont le sang-froid du duc alimentait l'exaltation au point de lui faire faire un aveu inconnu de la bouche d'une femme comme elle.

— Je sais encore cela, madame.

— Alors, il ne vous reste plus qu'une chose à apprendre.

— Dites.

La duchesse hésita un instant. Sa pudeur et sa dignité se cabraient, pour ainsi dire, sous la dernière tentative de son amour. Il lui fallut, sans doute, le souvenir du serment fait à Jacques, la conviction que sa liberté était au bout de son aveu complet, pour qu'elle se décidât à le faire, même à un homme qu'elle méprisait et qui avait tout intérêt à se taire, et elle s'écria : « Vous voulez tout savoir ? » faisant ainsi un dernier pas en arrière pour donner à son adversaire l'occasion de se reculer, ou pour prendre, elle, son élan définitif.

— Oui, répondit le duc d'une voix calme.

— Eh bien, monsieur, et en disant cela elle fermait instinctivement les yeux comme l'individu qui se jette dans un gouffre dont il ne voit pas le fond ; eh bien, monsieur, je suis enceinte. Vous comprenez que, devant un pareil fait, tout doit être rompu entre nous.

— Malheureusement, madame, il y a une difficulté.

— Laquelle ?

— Je ne vous crois pas.

— Vous ne me croyez pas ! s'écria-t-elle avec effroi.

— Non, madame.

Annette recula devant cette tranquille dénégation, qui lui donna la mesure de l'implacable volonté du duc. Elle avait jeté son dernier trait, elle était moralement désarmée, et son ennemi restait debout devant elle, aussi invulnérable, mais plus fort qu'auparavant.

Cependant elle tenta un dernier effort. Elle reprit :

— Comment oserais-je dire une pareille chose si elle n'était pas vraie ?

— Comment oseriez-vous le dire si elle l'était ? Non, ajouta le duc avec un air de bonhomie et de pardon, non, dans l'état où vous êtes, vous diriez n'importe quoi pour avoir votre liberté. C'est un moyen que vous employez, rien de plus. Votre moyen n'a pas réussi, partons.

— Et si le temps prouve que je n'ai pas menti ?

— Ce sera autre chose.

— Que ferez-vous ?

— Je n'en sais rien encore.

— Vous me laisserez libre ?

— Peut-être.

— A moins que vous ne soyez capable d'accepter cet enfant.

— C'est ce qui vaudrait le mieux.

— Ou de le tuer.

— Ceci me regarde.

Devant ce sang-froid impassible et ironique, Annette, avec sa nature franche, devait tôt ou tard redevenir femme, et demandant à sa faiblesse les ressources que sa force impuissante lui avait refusées, perdre peu à peu la tête, prier après avoir insulté, pleurer après avoir menacé, et user enfin, dans des larmes inutiles, dans des résistances faciles à vaincre, le peu d'énergie, de courage et de résolution qui lui restait. On venait de frapper doucement à la porte.

— Non ! non ! s'écria la duchesse en éclalant en sanglots, en se laissant tomber sur un canapé et en cachant sa tête dans ses mains ; non ! non ! je ne partirai pas !

Le duc avait ouvert la porte.

— Je vous laisse avec madame, monsieur, dit-il tranquillement au commissaire de police; veuillez lui faire entendre raison le plus tôt possible.

Quand Annette fut seule avec l'homme de la loi, elle releva la tête et lui demanda en essuyant ses yeux :

— Que veut-on de moi ?

Le commissaire eût sans doute préféré avoir à arrêter un voleur ou un assassin qu'avoir à sévir contre cette belle jeune femme, noble de race, noble de nom, noble de cœur, et lui demandant d'une voix mouillée de sanglots et déjà craintive et suppliante : « Monsieur, que veut-on de moi ? »

Sans chercher les causes de la scène qui avait lieu, le commissaire commença par rassurer la duchesse; puis il lui lut en détail le jugement rendu par le président du tribunal. Il lui fit comprendre le texte et la volonté formelle, indiscutable, inerte de la loi. Il essaya de lui faire entendre raison, il lui parla aussi parternellement que possible, tout en montrant toujours, comme péroraison, l'impossibilité pour elle de résister le moins du monde, et pour lui, de ne pas user des moyens les plus rigoureux si elle résistait, et si le duc le sommait d'en finir. Alors, avec la voix et la naïveté d'un enfant qui croit attendrir son maître en lui avouant toute la vérité, elle raconta tout à cet homme; elle le supplia de la protéger, de l'empêcher de partir. Elle lui dit qu'elle aimait Jacques, qu'elle voulait le voir une dernière fois; elle accusa même moins son mari qu'elle ne fit valoir sa douleur; elle demanda à rester à Paris jusqu'au lendemain; elle parla de son père qui allait arriver; elle promit à ce magistrat, qui n'y pouvait rien, d'entrer dans un couvent, de se retirer du monde, d'*être bien sage*, si l'on voulait lui laisser encore vingt-quatre heures de liberté; elle dit les paroles les plus émouvantes, elle joignit les mains, elle fit enfin toutes ces sublimes extravagances de cœur propres à la femme qui ne se souvient plus que d'une chose, de son amour, et qu'on veut la séparer de ce qu'elle aime.

Le commissaire l'écouta patiemment; il sentit même l'émotion le gagner un peu; il donna peut-être tort, dans sa conscience, à l'homme auquel la loi le forçait de prêter son appui; mais patience, émotion, conscience, tout était inutile : il fallait obéir. Tout ce qu'il pouvait faire, c'était de conseiller, d'aider, de consoler cette pauvre femme qu'il avait mission de faire partir, et d'arriver au résultat par la persuasion, au lieu d'y arver par la force. Il put croire un instant qu'il avait réussi. La duchesse était tombée dans un état de prostration qui ressemblait à un consentement tacite. De grosses larmes roulaient le long de ses yeux, entrecoupées presque périodiquement de ces seules paroles : « Mon Dieu ! mon Dien ! » les deux premiers mots que la douleur humaine trouve à formuler, et qui sont à eux seuls toute une invocation et déjà toute une espérance.

— Allons, madame, reprit le magistrat après un silence de quelques minutes, allons, je puis prévenir monsieur le duc que vous êtes prête à partir ?

— Mais où me menez-vous, monsieur ?

— Je n'en sais rien.

— Mais on ne peut pas me séparer de mon père ! Il faut que mon père sache où je serai quand il arrivera !

— Il le saura. Monsieur le duc m'a laissé à moi-même une lettre pour lui, et dès qu'il arrivera je la lui remettrai.

— Vous me promettez, monsieur?

— C'est mon devoir. Voyons, puis-je annoncer au duc que vous êtes prête à partir?

— Oui, monsieur, je suis prête.

— Merci, madame, merci! J'aurais été si malheureux si j'avais été contraint à la rigueur!

Restée seule pendant que le commissaire allait prévenir le duc, Annette déchira machinalement de ce petit portefeuille de velours où elle inscrivait ses visites à faire, et que Jacques lui avait vu dans les mains le jour où ils s'étaient rencontrés, pour la première fois, Annette déchira, disons-nous, une feuille, et pleurant abondamment et silencieusement, elle donna à Jacques la dernière et la seule preuve d'amour qu'elle pût lui donner en ce moment: elle écrivit sans que ses larmes lui permissent de voir ce qu'elle écrivait, ces trois mots suprêmes, pleins de résignation, de désespoir et de prière: « Je pars, partez! » Elle plia ce morceau de papier, le porta à ses lèvres, l'embrassa, et prise tout à coup de l'espérance qu'elle aurait le temps de prévenir Jacques avant son départ et qu'il pourrait partir en même temps qu'elle, elle rouvrit elle-même la porte du salon où le commissaire causait avec le duc, lui annonçant le consentement de sa femme, et le priant, sans doute, de la traiter avec un peu plus de douceur.

Dominique avait été dire adieu à Fanny et lui apprendre ce qui se passait. Celle-ci s'était levée à la hâte et pleurait dans un coin du salon: le duc, la sachant dévouée à sa maîtresse, venait de lui dire qu'elle ne l'accompagnerait pas. Quand elle vit la duchesse, elle courut à elle et lui baisa les mains. Annette l'embrassa, et lui glissant le morceau de papier qu'elle venait d'écrire:

— Pour lui le plus tôt possible, lui dit-elle tout bas.

Pendant ce temps, le duc avait pris un manteau et s'apprêtait à le mettre sur les épaules de la duchesse. Celle-ci le prit et s'en enveloppa elle-même, pour que la main de son mari ne la touchât pas. En passant dans la salle à manger, deux personnages à moustaches et à grandes redingotes, assis dans un coin de cette salle, se levèrent assez respectueusement. Annette devina les agents auxquels sa résistance eût donné le droit d'intervenir. Le rouge de la honte lui monta aux joues, elle baissa la tête et passa vite. Sans doute, le duc avait fait rester ces hommes sur son passage pour lui faire perdre toute idée de rébellion nouvelle. Le commissaire alla leur dire quelques mots. Ils descendirent, suivant le duc et la duchesse. L'un monta sur le siége de devant la voiture avec Dominique, l'autre sur le siége de derrière. Un passant, qui revenait du bal en fredonnant, s'arrêta une minute pour voir ce départ nocturne; puis il reprit sa route sur le même air. Il ne se doutait pas que cette femme qui partait eût donné la moitié de sa fortune et dix ans de sa vie pour une heure de sa liberté. Elle jeta un regard désespéré sur cette rue de Rivoli où elle avait si souvent vu Jacques attendant l'heure du rendez-vous de chaque nuit, et où Jacques n'était pas. Elle se laissa tomber dans le fond de la voiture, cachant ses yeux pour ne plus voir, comprimant son front pour ne plus penser. Le duc prit place à côté d'elle. Le commissaire s'assit sur le devant. Il devait accompagner les voyageurs jusqu'à la barrière.

XXI

Trois heures sonnaient au moment où les chevaux partirent. Jacques dormait! Comme Jacques me le disait lui-même en terminant la lettre dont les détails, réunis à ceux que je tenais de Dominique, m'ont mis en mesure de faire le récit précédent, la duchesse avait fait, dans ces dernières circonstances, ce qu'aucune autre femme dans sa position n'aurait osé faire. A moins que d'entamer une lutte physique, dégradante, inutile, avec des hommes de la police, il était impossible de se montrer plus énergique et de pousser plus loin la fidélité aux promesses de son cœur. Il fallait aimer comme elle aimait pour se résoudre à ces moyens extrêmes. Il est tels mots qu'une femme de sa race ne saurait dire, même pour sauver sa vie; elle les avait prononcés pour sauver son amour, et marquer ainsi au front, d'un fer rouge ineffaçable, une situation qui, pour son mari, eût pu rester douteuse encore. Cependant, comme le scandale était resté entre elle et le duc, il était préférable à celui qu'eût fait naître l'enlèvement prémédité. J'écrivis, dans ce sens, une première lettre à Jacques, me gardant bien d'y joindre aucune morale anticipée, mais lui recommandant néanmoins de ne pas faire dégénérer en tentatives impossibles et ridicules un événement qui conservait jusqu'à ce moment une certaine poésie dramatique.

La duchesse était réellement malade, et les médecins appelés auprès d'elle l'avaient tous reconnue dans l'impossibilité de continuer son voyage. Quels moyens avait-elle employés pour arriver à cet état de maladie? Jacques l'ignorait. Elle n'avait pas voulu le dire. Elle souffrait beaucoup, mais peu importait, elle tenait son serment, elle ne quittait pas Dresde, elle était près de l'homme qu'elle aimait, elle correspondait avec lui tous les soirs, elle le voyait un instant, ils échangeaient quelques mots. Il n'en fallait pas davantage pour lui faire oublier une douleur physique bien inférieure pour elle à la douleur morale d'être séparée de Jacques.

« Je me fais à ma vie nouvelle, me disait celui-ci dans une de ses lettres, et je ne me rappelle déjà plus avoir vécu autrement. Quelle puissance les habitudes et les besoins de notre cœur ont sur notre imagination ! Si l'on m'eût dit, par exemple, à l'époque où Mme de Wine n'a pas pu obtenir que j'allasse passer quelques jours avec elle à Bagnères, si l'on m'eût dit : — Un jour vous suivrez une femme sans savoir où elle vous mène, vous vous arrêterez dans une ville où vous ne connaissez personne, vous vous enfermerez dans une chambre d'hôtel, vous passerez tout le jour à lire, à travailler, à écrire, à regarder par votre fenêtre passer des Allemands qui se promènent ; vous ne sortirez qu'à minuit pour aller chercher une lettre pendue au bout d'une ficelle, vous la rapporterez chez vous en la tenant comme un voleur tient l'or qu'il vient de prendre, comme le mendiant qui meurt de faim tient le sou qu'on vient de lui donner ; vous passerez une partie de la nuit à la relire dix fois, et toutes les exigences de votre jeunesse, de vos sens, de votre cœur et de votre esprit se contenteront de ce morceau de papier quotidien ! — A celui qui m'eût fait une telle prédiction j'aurais répondu : « Vous êtes un fou ! » Eh bien, mon cher, voilà cependant ma vie, et je n'ai jamais été si heureux, sans doute parce qu'il y a quelques jours je me regardais comme le plus malheureux des hommes, et que je n'osais pas compter sur la centième partie du bonheur qui m'arrive.

» Mon histoire prend la tournure d'un roman. On doit me croire un conspirateur, dans mon hôtel, en me voyant sortir après que le voyageur le plus retardataire est rentré. Je m'en vais alors par toutes ces grandes rues silencieuses, et j'arrive à l'hôtel de Saxe, devant lequel je me promène jusqu'à ce que minuit sonne. Au dernier coup de l'horloge dont je t'ai parlé, coup qui vibre dans l'air comme une note d'acier, la fenêtre de la duchesse s'ouvre, et le mystérieux ruban de soie descend, sans que je puisse même voir la main qui le déroule, car elle éteint tout dans la chambre et elle est vêtue de noir pour faire masse avec l'ombre de la nuit. Il y a bien, à quelques pas de la fenêtre un réverbère qui devrait nous trahir; mais admire de quelle utilité nous est l'économie allemande : à onze heures et demie, un homme, muni d'une longue échelle qu'il applique aux candélabres, parcourt les grands quartiers et diminue la clarté de chaque bec de gaz. Cela semble fait exprès pour nous. Quelquefois il est un peu en retard, et je le vois encore sur la place lorsque la fenêtre s'ouvre. Si cet homme voulait me prêter son échelle! Enfin, contentons-nous du présent, puisque l'avenir veut bien promettre.

» Tu me demanderas cependant, toi romancier, comment je ne correspond pas plus directement avec la duchesse et ne trouve pas moyen de me rapprocher d'elle, puisqu'elle peut ouvrir sa fenêtre la nuit, que les rues sont désertes, et que tous les deux nous brûlons de nous voir. Tu vas me parler de Roméo et de Juliette, des scènes de balcon, des échelles de soie. D'abord je te dirai, pour ta gouverne de romancier, que la civilisation moderne a fait perdre à l'amour beaucoup de ses aventureux moyens d'exécution et de ses romanesques allures. Du temps de Roméo et de Juliette, le gaz n'était pas inventé, la lanterne elle-même n'avait pas encore vu le jour ou plutôt la nuit. La lune seule se chargeait de trahir les amoureux, et nous savons, depuis Endymion, combien cet astre est devenu indulgent et même impartial. Ensuite je te dirai que l'échelle de soie faisait sans doute partie, à cette époque, des meubles de la famille, car Shakspeare, ni aucun des historiens de ces nocturnes amours, ne nous dit où l'amant se la procurait. De plus, les pavillons élevés dans les grands jardins, les balcons de pierre, solides et massifs, semblaient faits exprès pour ces sortes de rendez-vous.

» Aujourd'hui, il serait très-facile, j'en conviens, de se procurer une corde à nœuds ou une échelle de gymnastique ; mais, comme les voleurs sont réputés plus fréquents que les amoureux, on serait à l'instant un sujet de suspicion pour le marchand même qui aurait vendu l'échelle; on aurait un mouchard à ses trousses, et quand on arriverait la nuit à la fenêtre d'un hôtel dans une rue habitée, on sentirait sur son dos la main calleuse d'un sergent de ville dans l'exercice de ses droits. On ne risquerait plus un coup d'épée, mais un procès en police correctionnelle, un déshonneur ridicule et sans intérêt. Ajoute à cela que les appuis des fenêtres n'auraient pas la force nécessaire pour supporter au bout d'une échelle de corde le poids d'un amoureux, si maigre qu'il fût, et que ledit amoureux courrait la chance et bien certainement aurait la maladresse de se rompre le cou. Qu'on le sache une fois pour toutes, les amants modernes n'escaladent plus et ne peuvent plus escalader que les fenêtres du rez-de-chaussée. Je parle des grandes villes. On trouve encore quelques exceptions dans les maisons de campagne. Ainsi, en souhaitant l'échelle de l'employé au gaz, je faisais une dernière concession aux traditions inutiles des amours d'autrefois, mais rien de plus. »

Comme on l'a vu par cette citation, la correspondance de Jacques ne manquait pas d'une certaine désinvolture et prouvait un esprit au moins tranquille. Il plaisantait sur sa propre situation : elle cessait donc d'être triste. Je fus confirmé dans cette supposition heureuse par une autre lettre où je trouvai les lignes suivantes :

« Annette avait écrit à sa cousine, je te l'ai dit, et l'avait priée de m'adresser les réponses à moi. C'était plus sûr que de les lui adresser directement, le duc pouvant les intercepter. Ce matin est arrivée à mon adresse une lettre de la cousine, lettre que je viens de faire passer à la duchesse, à qui elle annonce l'arrivée de son père à Paris. Annette s'est empressée de m'apprendre cette bonne nouvelle. Son père lui a écrit de son côté. Il ne connaît pas tous les détails de cette histoire. La cousine a voulu laisser à la duchesse le soin délicat et difficile de les lui révéler ; mais il est informé de la brutalité du départ, il est fort irrité contre le duc, il prend naturellement parti pour sa fille et lui promet d'être auprès d'elle d'ici à deux ou trois jours, quand il aura terminé certaines affaires indispensables. Ces affaires, Annette n'en doute pas, ont rapport à sa séparation avec le duc. Son père la prévoit, la reconnaît nécessaire probablement, et tient à avoir sous la main tous les moyens d'exécution. La position se dessine. Annette se regarde comme sauvée. Sa liberté lui paraît certaine maintenant, et elle me fait partager sa confiance et sa joie par les paroles les plus convaincantes.

» Le duc est furieux. Il a reçu avis de l'arrivée du père. Il ne comptait pas sur cet incident, ou du moins il espérait être bien loin avec sa femme au moment où il surviendrait. Il serait dans un bien autre état s'il me savait à Dresde, s'il soupçonnait nos correspondances; mais il ne se doute de rien. Il n'a pu s'empêcher de laisser voir à sa femme la colère où le mettent les dernières nouvelles.

» — Votre père va venir, lui a-t-il dit, et vous vous croyez déjà libre. Ne vous hâtez pas de vous réjouir; vous ne l'êtes pas encore.

» Et là-dessus il a quitté la chambre. C'était ce matin, elle ne l'a pas revu. Sans doute il prépare quelques mesures de résistance, mais elles échoueront. Je sais maintenant où il l'emmenait. Dans la lettre laissée à Paris entre les mains du commissaire de police, il disait au père d'Annette de lui écrire ou de venir le rejoindre à Vienne, et le père allait s'y rendre s'il n'avait, heureusement, reçu à temps la lettre de sa fille.

» Pour ma part, je suis enchanté du séjour de la duchesse à Dresde. On entre facilement en Saxe et en Prusse; mais, s'il m'eût fallu la suivre à Vienne, j'aurais peut-être éprouvé de grandes difficultés, mon passe-port n'étant pas visé pour l'Autriche, et le gouvernement autrichien étant devenu plus sévère encore pour les étrangers depuis les dernières émeutes. Le duc comptait là-dessus. Chargé d'une mission pour le cabinet de Vienne, il avait deux chances de se débarrasser de moi : d'abord, celle de me laisser à Paris, ignorant du chemin qu'il prenait; puis, si je venais à l'apprendre et à le suivre, celle d'arriver avant moi à Vienne, et là, d'user de son influence sur l'ambassade française pour me rendre impossible l'entrée de l'empire. Voilà pourquoi il partait si brusquement, voilà sur quoi il comptait en quittant Hanovre dans un train spécial, et, sans nul doute, il n'eût fait que traverser Dresde et l'eût quitté de la même façon, sans la maladie volontaire et inattendue de la duchesse, impossibilité contre laquelle il est impuissant. Non-seulement Annette n'ira pas plus loin, mais, selon toutes les prévisions, elle sera de retour à Paris dans huit jours, et moi par contre-coup, puisque ma destinée est de la suivre. »

Deux jours après cette lettre, j'en recevais une autre. Il y avait déjà bien du changement. Il était dit que ce voyage ne serait qu'une bascule perpétuelle de joie et de déception, de confiance et de crainte.

« Il y a une seconde lettre du père, me disait Jacques; elle est aussi rassurante, peut-être même plus rassurante que la première; mais elle éloigne encore un peu le dénoûment que nous croyions déjà toucher. Annette m'a fait passer cette lettre et me dit qu'elle ne fera que ce que je lui dirai de faire. Ma réponse n'était pas douteuse; nous avons trop besoin du secours de son père pour ne pas lui obéir en tout point. Or, voici ses propres expressions, je ne te cite que ce qui nous intéresse personnellement :

« D'après ce que j'apprends, d'après ce que tu m'écris, je vais » avoir, dans ton intérêt, de grandes mesures à prendre. Tu

» sais combien je t'aime, et que je ferai tout au monde pour
» ton bonheur. Ce mariage est l'œuvre de ta mère. Je m'y suis
» souvent opposé, et s'il faut absolument une séparation, je te
» promets qu'elle aura lieu; mais tu comprendras une chose :
» notre nom, notre position, nous astreignent à certaines ser-
» vitudes, et nous devons prendre, dans ces circonstances dif-
» ficiles, des précautions et des ménagements dont des incon-
» nus auraient le droit de ne pas se préoccuper.

» Si cette séparation a lieu, et, je te le répète, au point où en
» sont arrivées les choses, je crois que c'est le seul parti à
» prendre, si cette séparation a lieu, elle doit, à mon avis, et ce
» sera le tien, s'effectuer sans bruit, sans scandale, sans publi-
» cité, sans moyens légaux. Ce sera une simple convention entre
» le duc et moi. Il résidera où voyagera de son côté; tu resteras
» avec moi; le monde n'aura rien à dire. Les apparences se-
» ront à peu près sauvées; mais, comme malheureusement ton
» départ a fait du bruit, a ouvert des yeux curieux, il faut donner
» le temps à ce bruit de se taire, à ces yeux de se fermer. Pour
» arriver au résultat, il te faut commencer par faire oublier la
» cause.

» Voici donc ce que je te prie de faire : ton mari a une mis-
» sion pour Vienne, son passe-port porte vos deux noms, il ne
» faut pas qu'il y arrive sans toi, cela ferait le plus mauvais
» effet, et tout en ayant à te plaindre du duc, tu dois jusqu'au
» bout faire respecter son nom, puisque tu le portes. Si ta santé
» est meilleure, comme je l'espère, annonce à ton mari que tu
» es prête à partir pour Vienne, j'y serai dans huit jours au plus
» tard, et, là, tout se passera plus convenablement. Le duc a
» son oncle à quelques lieues de Vienne; de cette façon, puis-
» qu'il n'a que lui de parent, comme tu n'as que moi, toute la
» famille se trouvera réunie, et l'on s'entendra mieux pour les
» décisions à prendre, en ce qui regarde les intérêts matériels
» de chacun. Il n'est pas de sacrifices que je ne sois prêt à faire
» pour assurer ton repos; mais c'est à toi de m'aider par une
» dernière concession; un peu de courage, un peu de patience,
» et compte sur ton père, qui ne t'abandonnera jamais. »

» Annette m'a demandé ce qu'elle devait faire, continuait Jacques; mais elle ajoutait que, m'ayant promis de ne pas aller plus loin que Dresde, elle n'en sortirait que si je lui promettais d'aller jusqu'à Vienne. — Ce n'est pas bien loin, me dit-elle; donnez-moi encore cette preuve d'affection. Je ne voudrais pas que mon père eût un refus à me reprocher. Ne m'abandonnez pas quand nous touchons au but. Une fois là, nous pourrons nous voir tous les jours. Dès que mon père sera arrivé, je serai libre. Il n'y a qu'une journée de voyage d'ici à Vienne, c'est peu de chose. Cependant, si vous me refusez, comme c'est votre droit, rien ne me coûtera pour tenir les promesses que je vous ai faites ; mais songez à l'avenir.

» Que pouvais-je répondre à une prière si simple, appuyée de preuves si convaincantes et d'espérances si douces? J'ai écrit à Annette d'obéir à son père; que, devant la certitude qu'il lui donnait, il n'y avait pas à se souvenir de serments faits aux heures du doute; qu'il importait peu d'être à Dresde ou à Vienne, pourvu que je fusse auprès d'elle, et que j'étais prêt à partir le jour où elle partirait. Ainsi, mon cher ami, quand tu recevras cette lettre, je serai en Autriche. Cependant, écris-moi toujours à Dresde, je dirai à la poste de faire suivre. »

J'eus un véritable mouvement de colère contre Jacques quand je reçus cette lettre. Il poussait l'amour jusqu'à la faiblesse, la faiblesse jusqu'au ridicule. — L'idée me vint qu'on se jouait de lui; je fus honteux de penser qu'il ne le soupçonnait même pas. Je lui écrivis ce que je pensais :

« Ta dernière lettre me fait peine, et, pour ainsi dire, m'humilie dans la bonne opinion que j'avais de ton caractère et de ta dignité. Laisse-moi te parler franchement. Je comprends ton départ, il fallait avoir le mot de cette manœuvre et arrêter un plan quelconque. Tu vas à Bruxelles, très-bien; à Dresde, rien de mieux; tu y passes quinze jours, un mois, près de la duchesse, je l'admets encore; mais aller à Vienne, je l'avoue, je trouve cela insensé, surtout quand je t'en vois prendre la résolution le lendemain même du jour où tu me parlais des difficultés qu'il y aurait eu pour toi à y entrer, difficultés qui existent toujours et dont tu ne parles plus sans doute parce que tu y penses trop, et que tu veux éviter mes objections. La liberté que la duchesse compte obtenir à Vienne, elle l'eût aussi bien obtenue à Dresde; les événements antérieurs et qui provoquent la séparation existent aussi bien dans une ville que dans une autre, et ce n'est pas une différence de quelques lieues qui ajoutera ou en diminuera quoi que ce soit. La bienveillance sans discussion de ce père ne me semble pas de très-bon aloi, et je sais qu'à ta place je m'en serais tenu aux conventions établies, et ne serais pas allé plus loin.

» Je parie que tu n'entres pas en Autriche. Que feras-tu alors, quand elle y sera, elle? Non, ce nouveau voyage est inutile, maladroit, dangereux. Je fais la part du cœur, des événements qui accentuent tout à coup une situation, du courant qui t'entraîne ; mais je voudrais te voir le diriger un peu, au lieu de le suivre à perdre haleine. En un mot j'admets, et comme j'en connais les détails, je respecte ta liaison, je comprends qu'elle t'oblige à certaines nécessités, je ne nie pas qu'elle devait avoir certaines conséquences, et que tu devais les partager ; mais il y a une limite à tout, et tu as fait autant que tu pouvais faire.

» On ne sauve ses affaires de cœur qu'avec sa tête, et ta tête me fait l'effet de ne plus te servir à grand'chose. J'ai une grande sympathie pour la duchesse, je l'estime, je la plains ; mais j'ai encore plus d'affection pour toi ; ton intérêt me préoccupe plus que le sien, et ton intérêt exigerait une solution quelconque qui mît fin à cette histoire et aux bruits qu'elle a fait naître, bruits dont je ne t'ai pas encore parlé, parce que je croyais qu'ils tomberaient d'eux-mêmes, mais qui, par suite de ton absence prolongée, ont pris et ont presque le droit de prendre des apparences de vérité. Comme tous les gens de talent, tu as des ennemis. La duchesse, par sa position, par sa nature, par ses qualités même, est juste dans le même cas ; eh bien, votre liaison, sa disparition et la tienne, sont presque tombées dans le domaine public. Nécessairement les versions les plus impossibles et en même temps les plus fâcheuses circulent sans contestation, à moins qu'elles n'arrivent à moi ; mais elles n'y arrivent pas toujours, et d'ailleurs je suis forcé d'y répondre avec une délicatesse si minutieuse et si prévoyante, qu'elle manque de solidité. Je ne puis ni dire ce qui est ni accepter ce qu'on dit, et je ne suis pas partout où l'on en parle.

» Je te le répète, tout est fâcheux. Est-ce à dire que tu doives revenir pour cette raison seule, et compromettre ainsi des intérêts chers et des affections sérieuses ? Non ! mais je crois que ce retour aurait encore un autre avantage, celui de dessiner définitivement la situation. Les liaisons du monde doivent être mystérieuses et impénétrables, ou vivre effrontément au grand jour, à la suite de quelque coup d'éclat qui les sanctionne presque, en les dévoilant sérieuses et profondes ; mais le doute, les suppositions, les plaisanteries, les demi-scandales, le clair-obscur, la faculté laissée à chacun de raconter et de commenter, rien de plus mauvais, rien de plus irritant. La prolongation de ton absence te met dans ces malheureuses conditions. Toi ici, on se tairait, et tu y gagnerais encore de faire croire au duc et au père, dans l'indulgence duquel je n'ai pas une confiance illimitée, qu'ils sont débarrassés de toi, et que tu as pris ton parti d'une rupture; et en même temps cette décision donnerait un coup de fouet à l'énergie de la duchesse, énergie qui se détend dans l'habitude de ta présence et de ton obéissance passive.

» La distance est la véritable mesure de ces sortes d'affections. Peut-être, si tu t'éloignais quelque temps, t'apercevrais-tu que ce que tu prenais pour de l'amour n'était que de la fièvre, et que ton cœur battait plus dans ton cerveau que dans ta poitrine. Si, au contraire, cela continue, il n'y a pas de raison pour que tu reviennes jamais, et je ne désespère pas de recevoir un jour tes lettres datées de Canton ou de Tombouctou. Tu me diras que la duchesse t'a juré de ne pas aller plus loin que Vienne; mais elle t'avait juré aussi de ne pas quitter Paris, elle t'avait juré de ne pas dépasser Dresde, et tu vois que les circonstances, plus fortes qu'elle, l'ont obligée à manquer à ses premiers serments. Plus elle s'éloigne de Paris, du centre de sa vie, de ses relations, plus elle perd de ses moyens de résistance. J'ajoute même que la mise en scène de ce voyage ne me plaît que médiocrement. Tu es aux trousses du mari, tu le taquines, il te fuit, je le veux bien; mais il est devant, toi derrière : il est le maître, et tu es le toutou; ce n'est pas drôle.

» Maintenant, faut-il te parler de ton intérêt personnel, lésé par ces voyages imprévus? faut-il te montrer tes travaux interrompus, tes ressources amoindries, ta position compromise, ton avenir mis en péril, ta mère inquiète? Ce sont là choses que la passion a le droit d'oublier, mais dont il faut cependant que la raison se souvienne tôt ou tard. Penses-y. Je sais qu'il est facile de parler froidement du jeu des autres quand on ne tient pas les cartes; peut-être mes conseils tardifs arriveront-ils mal à propos; peut-être à l'heure qu'il est, un événement nouveau a-t-il déjà changé toute la question. En tout cas, c'est à toi de prendre dans mes impressions ce qui s'y trouve de juste et d'applicable; et, pour me résumer, tu n'as plus qu'une chose intelligente à faire, si tu n'es pas encore à Venise : c'est de revenir à Paris; si tu y es, ce dont je doute, c'est de fixer un terme définitif à la duchesse, et, ce terme expiré, de repartir bravement en lui laissant un programme prévoyant toutes les probabilités, et s'exécutant par elle, d'autant mieux que tu ne seras pas là, car ta présence, tout en la consolant au moral, la gênera matériellement si son père en a connaissance.

» Où est le père qui reprend sa fille à son mari pour la passer à l'instant même à son amant? Si le père est si bien disposé, c'est qu'il ignore beaucoup de choses, entre autres, que tu suis sa fille. Mon avis est donc que, si vous voulez vous revoir, il faut vous séparer momentanément. Votre liaison est assez grande et assez forte pour marcher toute seule, et pour terminer par une figure du métier, si elle doit mourir au premier entr'acte inutile de continuer la pièce. »

Je restai quelques jours sans nouvelles de Jacques. M'en voulait-il de ma franchise? Je commençais à le croire ou plutôt à le craindre, quand arriva une lettre timbrée d'un pays inconnu. Elle disait :

« Je ne suis plus à Dresde, ta lettre a couru après moi, de là vient le retard de ma réponse. J'entre tout de suite dans la question, et je réponds à tes conseils : « Tu as raison. » Ceci posé, écoute mon raisonnement. Raisonnement et raison sont loin d'être synonymes; mais enfin le premier est quelquefois destiné à faire attendre l'autre, bien qu'il soit son inférieur.

» Pendant mon voyage, j'ai eu souvent l'occasion de réfléchir. Si amoureux, si dominé que l'on soit par une passion, quand on est un peu intelligent, il est certaines qualités auxquelles on ne saurait se soustraire. On peut bien tricher un peu la vérité dans le commencement, mais de temps en temps elle prend sa revanche et vous regagne tout. Je me suis contenté jusqu'à présent de te communiquer les différentes impressions par lesquelles m'ont fait passer les différentes péripéties de ces derniers jours, et j'ai gardé pour moi la philosophie et les avertissements qui en devaient naturellement résulter. T'en faire part, c'eût été donner trop vite à ton amitié le droit de m'envoyer les conseils que je reçois aujourd'hui. Il est telles situations fausses qu'on ne peut se cacher à soi-même, et pendant lesquelles on accueillerait fort mal les objections de la plus sincère amitié. Plus ces objections seraient justes, plus on serait disposé à les combattre, plus on serait près d'en vouloir à celui qui les ferait; l'esprit qui se sent dans le faux ne pardonne pas tout de suite à l'ami qui le lui prouve. On se plaît à regarder ces positions difficiles comme anormales. On n'y voit que les transitions inévitables du possible au réel, du bien au mieux, de l'espérance à la réalisation, et l'on attend, pour les reconnaître aux yeux des autres, qu'elles aient fait place à des situations meilleures et que l'on ait pris pied sur un terrain ferme.

» La barque qui nous mène du vaisseau où nous étions à peu près calmes au rivage où nous espérons l'être définitivement, n'a-t-elle pas à traverser une mer plus ou moins agitée? Suit-elle une ligne d'une horizontalité parfaite ? Non ; elle suit forcément les ondulations du flot qui la porte. Par moments, ceux qui sont au bord, quand elle disparaît entre deux vagues, peuvent la croire engloutie. Elle reparaît cependant et dépose enfin au rivage des passagers plus ou moins émus, mais enfin sains et saufs, et joyeux de toucher le but vers lequel ils tendaient ; ainsi de l'âme : elle n'arrive souvent au port entrevu de ses espérances ou de ses passions, le mot dépend de la situation et de son plus ou moins d'énergie, qu'après toutes sortes d'agitations ; et mal venu serait celui qui, du fond de ses tranquilles habitudes, lui crierait, quand il la verrait le plus exposée : « Tu as eu tort de t'embarquer, » et lui conseillerait de revenir quand elle a moins de chemin à faire et moins de dangers à courir pour chercher le point d'arrivée que pour retourner au point de départ. Telle était ma situation. Aujourd'hui elle est à peu près tranchée. Je ne puis aller, physiquement et moralement, plus loin qu'où je suis ; il y a une halte forcée dans mon voyage et dans ma vie, causons donc sincèrement et franchement.

» Et d'abord, au point de vue de la raison, de la dignité, de l'intérêt de tous ces sentiments mathématiques de l'existence, oui, j'ai eu tort de suivre la duchesse ; mais, étant donnés son départ, notre position relative vis-à-vis l'un de l'autre, notre amour réciproque, j'ai eu raison de partir. J'ai obéi au premier mouvement de la passion, mouvement naturel, indiscutable, irrésistible. Mon esprit, mon cœur, mon âme, s'attachaient à elle ; le corps, cette chose si absurde quand elle est désertée de ses moteurs puissants, pouvait-il rester en arrière ?

» Si tu étais un ami vulgaire, une intelligence accessible seulement aux impressions communes à tout le monde, au *chauvinisme* du cœur, j'essayerais de te prouver que la nature même m'attachait aux pas d'Annette, en quelque lieu qu'elle eût dû me mener ; je te dirais qu'en la suivant je ne suivais pas seulement une femme que j'aime, mais encore la mère de mon enfant ; qu'aucune loi sociale, qu'aucun raisonnement humain n'est assez fort pour séparer un père de son enfant, etc., etc. Je respecte trop le sentiment qui me lie à la duchesse pour le faire tomber dans des exagérations ridicules, inutiles, invraisemblables. Je dirai plus : le duc était un homme estimable, s'il n'y avait pas pour sa femme danger plus grand, malheur plus certain à rester avec lui qu'à revenir à moi, si j'avais eu à me reprocher d'avoir troublé un ménage régulier, et attenté au repos d'un honnête homme ; s'il y avait eu des chances que le temps, détruisant une fièvre momentanée, rendît peu à peu le bonheur ou tout au moins le calme à la femme avec le pardon de son mari; ou bien si celui-ci ne s'était douté de rien, si ses relations conjugales nous avaient permis, à la duchesse et à moi, le moindre doute au sujet de cet enfant, si ce départ avait été le résultat du hasard et non d'une rigueur que la conduite antérieure du duc ne motive pas, je fusse resté, je le crois bien, et la réputation de la femme, la loyauté et la sécurité du mari l'eussent emporté sur ma passion; j'eusse fait tout au monde pour ne pas la compromettre, je me fusse contenté de mon souvenir, et, laissant derrière moi le devoir rentrer dans cette âme égarée un instant, je n'eusse pas détourné à mon profit, de son véritable chemin, une existence à laquelle je n'aurais jamais pu rendre ce que je lui aurais fait perdre. J'eusse accepté les conséquences d'une position normale, comme j'ai accepté les résultats possibles d'une situation exceptionnelle.

» Au lieu d'aller jusqu'au bout d'une tentative criminelle en apparence, logique et honorable au fond, j'aurais laissé l'aventure se perdre dans le dénoûment prévu de ces sortes de liaisons, que la légalité du mariage, la force de l'habitude, les exigences de la société, les impossibilités de toutes sortes, l'ignorance ou la volonté du mari, l'intérêt des réputations et des familles, l'égoïsme de l'amant, les craintes de la maîtresse, les raisonnements que fait naître la possession, que le temps et la satiété rejettent sans effort dans le courant social, lequel, semblable aux fleuves qui roulent les ingrédients les plus hétérogènes, absorbent les égouts, reflètent le ciel, promènent la vase, alimentent d'un côté, inondent de l'autre, lavent, salissent, bercent, noient, abreuvent, aident à la vie, donnent la mort, et ne s'arrêtent à rien jusqu'à ce qu'ils se mêlent à l'Océan, se précipite de même, vices et vertus, passions et sentiments, boue et fleurs, dans l'immense bassin de la civilisation universelle. Si j'avais pu me faire ce raisonnement, il eût eu le pouvoir, non pas peut-être de m'empêcher de partir, mais de m'arrêter en route quand les premières difficultés m'ont jeté dans les premières réflexions. Heureusement ou malheureusement, notre amour était placé dans des conditions toutes différentes. En outre, il y avait le lien de cet enfant. Cependant ce lien n'eût pas existé que j'eusse agi de même. Il confirme mon droit, mais, je te l'avoue, il n'ajoute rien à mes résolutions. J'aimerai cet enfant plus parce qu'il sera l'enfant d'Annette que parce qu'il sera le mien.

» Maintenant, te le dirai-je? oui, puisque je l'ai promis d'être franc; eh bien, je préférerais avoir à aimer auprès de la duchesse un enfant de son mari plutôt qu'un enfant de moi. Cela va te sembler étrange. Comprends bien, et tu seras de mon avis. Dans les liaisons illégitimes, je suis bien forcé de me servir du mot, car, quoi que je fasse, je ne pourrai jamais, socialement parlant, légitimer la nôtre, l'enfant n'est pas un résultat espéré, comme dans le mariage; c'est un accident possible. Avant qu'il soit, la mère le redoute comme une honte; quand il va être, elle le voit venir comme un danger. Elle n'a plus, quand il est, pour l'aimer, que les instincts de la nature, qui ne s'occupe jamais des embarras sociaux, et pour le faire entrer dans la vie, elle est quelquefois forcée de l'abriter sous un mensonge, ou de lui ouvrir une porte dérobée, comme va faire la duchesse. Alors les joies légales, les souffrances avouées, les félicitations de la famille, les espérances d'avenir, la sainte communion de l'époux et de l'épouse dans le fruit de leur amour régulier, le baptême moral, manquent à l'innocente créature. Le remords et les craintes tachent cette naissance comme un second péché originel. Pour le père, qui n'a même pas l'excuse de la douleur de l'enfantement à opposer aux reproches de sa conscience, qui laisse forcément porter à la femme seule le poids physique et moral d'une faute qui est bien plus la sienne que celle de cette femme, il ne voit le plus souvent dans la naissance de l'enfant que la délivrance de la mère, et rarement, à la nouvelle de cette naissance, un sentiment nouveau et vraiment pur s'éveille dans son âme, surtout quand, comme moi, il est jeune, et que ses passions vivaces ont encore du chemin à faire avant de se reposer dans les tranquilles sentiments de la seconde moitié de sa vie. Il n'a pas désiré être père, il n'est pas prêt à l'être, il ne sait pas le devenir. Pour que vous aimiez votre enfant, il faut qu'il soit né d'autre chose que d'un hasard de vos sens, il faut qu'il participe directement de votre âme par le désir que vous avez eu de l'avoir. Disons-le donc, à la louange des institutions loyales de la société, la paternité ne peut être douce, heureuse et utile, que si elle est légitime et avouable. On est père seulement quand l'être qui vous doit le jour peut vous appeler publiquement son père. Jusque-là, on fait des enfants, on n'en a pas.

» Tu partages certainement ces idées, et tu dois comprendre maintenant que, comme je le disais tout à l'heure, cet enfant qui est de moi sans que je puisse être son père, au lieu de me lier plus solidement à la duchesse, m'eût au contraire éloigné d'elle, si, en m'éloignant à temps et si le duc, mari véritable, ne soupçonnant rien, l'enfant avait pu naître dans des conditions ordinaires. Le secret n'eût été connu que d'Annette et de moi, et nous ne l'aurions trahi ni l'un ni l'autre. Que d'enfants naissent ainsi! J'eusse donc aimé assez celui-là pour ne le voir jamais. A quelles étranges subtilités certaines situations peuvent contraindre notre cœur, et comme un amour sérieux peut être amené à ne se manifester que par des preuves négatives! Cette transaction mystérieuse est impossible. Un éclat a eu lieu, Annette a fait un aveu, la vérité est connue. Que dois-je faire? Ce que je fais: subir les conséquences des événements avec d'autant plus de facilité, que mon cœur ne demandait pas autre chose; mais tout en les subissant, je dois, jusqu'à la fin, tenter de les concilier avec la réputation de la duchesse, même au détriment de quelques-uns de mes intérêts. Or une seule personne peut sauver et concilier tout, c'est le père. Nous le mettre à dos, c'est nous perdre. Pouvais-je entraîner Annette à désobéir au seul auxiliaire qu'elle ait? Tu parles de sa faiblesse; mais cette faiblesse, inhérente d'ailleurs à sa qualité de femme, n'avait-elle pas une excuse dans l'imprévu de la lutte à soutenir, dans la mise en œuvre des moyens, dans l'impossibilité de la résistance, dans l'absence de tout conseil, de tout appui, de tout défenseur? Cette excuse n'existera plus quand elle aura auprès d'elle un soutien légal, un protecteur naturel, une affection toute à elle, et si, dans ces circonstances tout autres, prévues et préparées par elle-même, cette faiblesse se manifestait de nouveau, c'est qu'elle ne m'aimerait décidément pas; je serais dégagé alors, et je serais le premier à rompre avec un amour indigne du mien.

» Je me suis dit tout cela; je l'ai écrit à Annette, elle m'a juré encore que je pouvais compter sur sa promesse, et je l'ai autorisée à partir, bien que je ne puisse la suivre. L'ambassade d'Autriche, à Dresde, a refusé de viser mon passe-port pour Vienne, parce qu'il ne portait pas le visa de l'ambassade de Paris. C'est bien ce que j'avais prévu. Je me suis adressé à notre ambassadeur, qui non-seulement n'y peut rien, mais qui m'a paru se douter des véritables raisons de mon voyage. Il n'y avait donc pas à insister. Annette n'était pas encore partie; je l'ai informée de cet incident. Alors elle m'a écrit: « Venez jusqu'à la dernière ville frontière, et une fois que je serai à
» Vienne et que l'arrivée de mon père m'aura rendue libre, jusqu'à ce que je puisse repartir immédiatement pour la France,
» ou je trouverai moyen de vous faire entrer en Autriche, ou
» je viendrai vous voir de temps en temps; en tout cas, nous

» serons plus près l'un de l'autre que si vous restiez ici, et je » veux être séparée de vous le moins possible. »

» J'ai consenti, et je l'ai vue partir. Là, j'ai eu un grand serrement de cœur, je l'avoue ! Il n'en pouvait être autrement dans les premiers moments de cette séparation, surtout quand je me suis vu seul, dans le véritable désert où je lui ai promis de l'attendre. C'est le premier soir de mon séjour ici que j'ai compris combien était douce, que j'ai regretté notre correspondance invisible de Dresde, et cette fenêtre d'où me descendait tous les soirs une lettre, un mot, une joie. J'étais tout étonné de sentir mon cœur attaché à cet hôtel de Saxe autour duquel j'ai passé les seuls moments heureux de mon voyage. Quelle place certains lieux et certains objets inanimés tiennent dans nos affections, par le souvenir qu'y attache le bonheur disparu dont ils étaient le terrain et les confidents ! J'ai cru, le premier jour que j'étais ici, que je ne pourrais résister au désir de retourner à Dresde, rien que pour faire un pèlerinage à cette fenêtre. Il n'y a pas jusqu'à l'homme du gaz pour lequel je me sente de la sympathie. Il a eu son rôle dans cette portion de ma vie ; c'est assez, et je voudrais lui rendre service. Tout ce qui se rattache directement ou indirectement à mon amour pour Annette me devient sacré. Que Dieu protége celui ou celle qui habite maintenant à Dresde la chambre qu'elle occupait !

» Enfin la raison a repris le dessus, et je me suis moi-même convaincu qu'il valait mieux pour elle et pour moi de ne pas être ensemble dans la ville où son père vient la rejoindre. La cause illégitime et vivante de la séparation ne doit pas être trop près des raisons justes qu'elle va faire valoir. La contre-partie, si elle était connue, serait d'un mauvais effet. Je me console un peu avec cette réflexion ; puis, j'ai déjà reçu une première lettre où elle m'annonce seulement l'arrivée de son père. C'est tout dire, il est vrai. Aujourd'hui ou demain, d'autres détails arriveront sans doute. En attendant, je suis ici au moins pour une quinzaine de jours. Si elle vient m'y voir deux ou trois fois, comme elle me l'a promis, ce ne sera pas long ; si je dois passer ce temps complétement seul, ce ne sera pas toujours gai. Il me restera ses lettres, car, en tout cas, elle ne peut manquer de m'écrire tous les jours. Du reste, je n'ai déjà plus que quatorze jours à attendre, puisqu'il y en a déjà un d'écoulé. Oh ! le cœur qui attend une joie sait calculer jusqu'aux minutes qui l'en séparent.

» Maintenant, tu me demanderas pourquoi j'ai même quinze

jours à attendre et ce qui empêche la duchesse, puisque son père est avec elle et qu'il doit l'emmener, de revenir tout de suite. D'abord, il fallait bien admettre que ce père, qui arrive des États-Unis, qui ne s'est arrêté que fort peu de temps en France, qui s'est remis en route aussitôt, qui est vieux, qui n'a pas vu sa fille depuis longtemps, va éprouver le besoin de se reposer auprès d'elle, et ne s'occupera pas, sur l'heure même de son retour, des affaires qui l'amènent. Elle-même aura besoin de certaines transitions préparées, de certains ménagements, d'une certaine gradation pour lui apprendre utilement toute la vérité, si, par hasard, il ne cédait pas tout de suite aux raisons générales qu'elle lui donnera. D'un autre côté, le duc va se défendre de son mieux, il va faire feu des quatre pieds, comme on dit vulgairement : Annette est sûre de la victoire, mais encore y aura-t-il lutte, et pour le repos du père, pour les confidences de la fille, pour les moyens à employer, pour la lutte à soutenir, pour les dispositions à prendre, pour le temps moral indispensable à un pareil événement, ce n'est pas trop de quinze jours. Du reste, c'est Annette elle-même qui a fixé l'époque dans la dernière lettre qu'elle m'a écrite à Dresde, quand elle a appris que je ne pouvais la suivre à Vienne. « Attendez-moi » quinze jours à la frontière, me disait-elle; c'est le dernier sa- » crifice que je vous demande, et le quinzième jour, quoi qu'il » arrive, nous serons réunis. Si je manque à ma parole, que je » sois maudite de mon père et méprisée de vous! »

» C'est aujourd'hui le 6 mai, elle sera donc ici le 20 mai; et pour te donner une preuve de l'énergie et de la fierté que tu me recommandes, si le 20 elle n'est pas arrivée, le 21 au matin je repars pour la France, sans m'arrêter une minute en route. C'est te dire que je suis sûr de sa parole. Jusque-là, puisque les lettres ne mettent que quatre jours pour aller d'ici à Paris, et quatre jours pour en venir, écris-moi. Donne-moi des nouvelles de tout le monde. Mes occupations personnelles ne me rendent pas tout à fait égoïste, et je tiens à savoir que vous êtes heureux les uns et les autres; puis, j'ai besoin de quelques distractions, car ce qui m'entoure n'est pas d'une gaieté folle. Je ne crois même pas qu'on puisse rencontrer un pays plus sinistre que celui auquel je suis condamné. Au reste, je savais à quoi m'en tenir en y venant. On m'avait prévenu. A Breslau, la dernière ville habitable que j'ai traversée, je me suis trouvé à table, dans l'hôtel où je dînais, à côté d'un brave homme d'une cinquantaine d'années, accompagné de son fils, âgé de huit ans à peu près. Il n'y avait que nous trois dans la salle. Le père et le fils parlaient français; je n'eus pas de cesse que je n'eusse engagé la conversation avec eux. Parler français avec un Français, cela ne m'était pas arrivé depuis longtemps. Nous rions souvent du mot patrie, nous autres jeunes gens. Il faut s'être trouvé loin de son pays, n'avoir vu que des étrangers pendant un mois seulement, et entendre tout à coup, comme cela m'arrivait, la voix d'un compatriote, pour comprendre ce qu'il y a d'émotion dans cet écho inattendu de la patrie lointaine. J'étais, il est vrai, dans une disposition d'esprit à m'attendrir à la première occasion; mais depuis que je le savais du même pays que moi, rien de ce que faisait mon voisin ne me semblait une chose ordinaire. L'enfant me paraissait spirituel, charmant, gracieux au possible, et l'émotion me gagnait en voyant les doux sourires avec lesquels il remerciait les prévenances paternelles, en entendant son joyeux babillage, ses naïves questions. Le père et moi, nous liâmes vite connaissance. Quand il sut que j'étais Français, il me tendit cordialement la main.

» — Je viens, me dit-il, d'un pays où tout le monde parle français; mais cela ne remplace jamais la France.

» Il venait de Pologne, où il était établi depuis dix ans. Il y avait perdu sa femme. A ce souvenir, des larmes mouillaient ses yeux, et il disait à son fils : « Mange, mon enfant, » pour que le petit ne l'entendît pas parler de sa mère et ne se mît pas à pleurer. Sa conviction était que sa femme est morte faute de l'air natal, et il s'empresse de ramener son enfant en France pour lui rendre cet air si nécessaire à la vie. Il est impossible d'exprimer plus naïvement et plus poétiquement à la fois quelle douleur il y a à laisser à une terre étrangère le corps d'une personne qu'on aime, et comme il me voyait comprendre et partager ses pensées tristes, il se plaisait à m'entretenir des souvenirs qui lui étaient les plus chers. Pauvre homme! Peut-être, si j'eusse eu à passer plusieurs jours avec lui, ce récit d'une douleur qui n'était pas la mienne eût-il fini par me devenir indifférent et même par me lasser; peut-être mon émotion se laissait-elle plutôt surprendre par la disposition d'esprit où j'étais moi-même qu'elle n'était sincèrement acquise à ce chagrin avec lequel je m'entretenais depuis quelques minutes seulement; toujours est-il que j'étais ému, et qu'à cette heure encore je ne pense pas sans une certaine sympathie à ce voyageur et à cet enfant que je ne reverrai sans doute jamais. Cependant il m'a laissé un souvenir palpable de notre rencontre; voici comment. A son tour il m'a demandé où j'allais, s'est enquis paternellement, comme l'y autorisaient les vingt-cinq années qu'il a de plus que moi, du but de mon voyage. Sans lui raconter tout à fait mon histoire, je lui ai laissé entendre de quoi il s'agissait.

« — Histoire de femme, m'a-t-il dit. Aimez, jeune homme, aimez, et n'ayez jamais d'autres chagrins que des chagrins d'amour!

» — Tout est relatif, lui ai-je répondu, et si, de tous les malheurs qui peuvent m'arriver, je n'en vois pas de plus grand que d'être séparé de la personne que j'aime, ce malheur devient égal à tout autre qui regarde ma douleur comme inférieure à la sienne. L'âme seule de celui qui souffre a la véritable mesure de sa souffrance, et ne saurait se poser pour limite celle où une organisation différente prétendrait s'arrêter. Un jour, je croirai, c'est possible, qu'il est des douleurs supérieures à ma douleur d'aujourd'hui; mais ç'aura été l'œuvre du temps, qui, en m'éloignant d'elle et en me la faisant voir de plus loin, me la fera paraître plus petite; jusque-là, j'ai le droit de me croire le plus malheureux des hommes.

» — C'est juste, m'a répondu mon interlocuteur, il y a là une question d'optique morale. Nous ne pouvons voir de même, n'étant pas placés au même point de vue.

» Nous en sommes revenus au premier sujet de notre entretien. Je lui dit que j'allais attendre quelqu'un à la dernière station du chemin de fer, sur la frontière d'Autriche.

» — A Pless alors? m'a-t-il dit.

» — Justement.

» En effet, Pless est la dernière station de la ligne prussienne, et, ne pouvant aller plus loin, j'avais écrit à Annette que je m'arrêterais là pour être aussi près d'elle que possible.

» — Et vous restez là?

» — Quinze jours.

» — Quinze jours?

» — Oui.

» — Mais vous ne savez pas ce que c'est que Pless?

» — Qu'est-ce donc?

» — C'est un bourg.

» — Tant mieux.

» — Que n'attendez-vous ici, à Breslau? Vous auriez des distractions.

» — Non, j'aime mieux la solitude.

» — Eh bien, vous y aurez la main. Il n'y a pas trente maisons à Pless, et la plus haute a un étage.

» — Y a-t-il une auberge?

» — Une seule : l'Aigle blanc.

» — Cela suffit.

» — Ah! vous êtes décidément amoureux; mais je vous le répète, c'est inutile que vous y alliez, vous n'y resterez pas.

» — Si! d'ailleurs je l'ai promis.

» — Alors, c'est autre chose.

» Et déployant une carte routière qu'il avait dans sa poche :

» — Tenez, me dit-il en mettant le bout du doigt sur un mot presque illisible, tant il était imprimé fin, ce qui prouvait le peu d'importance du pays dont il donnait le nom ; tenez, voilà où vous allez, et quand vous y aurez passé quinze jours, vous pourrez vous dire que vous avez fait ce qu'il n'est venu à l'idée d'aucune créature humaine de faire, et ce que personne ne fera jamais. Parlez-vous allemand?

» — Très-peu.

» — Allez-vous assez vous ennuyer! — Personne ne parle français à Pless. Ah! si, il y a, je crois, un douanier ou un commissaire du chemin de fer qui le parle un peu. — Pless! continuait-il en regardant la carte et en tirant un crayon de son portefeuille, j'y ai passé bien des fois, pour mes affaires, du vivant de ma femme, car j'étais en relation avec plusieurs grandes maisons de Vienne. Ici, me dit-il, en suivant du bout de son crayon les sinuosités d'une rivière à peine visible, ici coule la Vistule, fort étroite encore à cet endroit. Il y a un pont de bois sur lequel vous pourrez vous promener pour vous distraire, et au bout duquel commence l'Autriche. De là vous verrez une plaine boueuse et stérile, des enfants à moitié nus qui courent dans la boue, quelques pauvres maisonnettes couvertes de grandes lattes de bois noir, des sapins sur certains points de l'horizon. Enfin, quinze jours ce n'est pas toute la vie ; si vous avez des livres, si vous recevez des lettres, si la personne que vous attendez arrive, il n'y aura que moitié de mal. Mais c'est égal, termina-t-il en faisant une croix sur le nom de Pless, prenez cette carte, permettez-moi de vous l'offrir, elle vient de Paris, c'est une compatriote ; moi, je n'en ai plus besoin, je ne voyagerai plus, et quand vous la regarderez plus tard, quand vous serez revenu de Pless, vous vous direz en retrouvant cette croix : « Celui qui m'a donné cette carte ne m'avait pas trompé ; je me suis bien ennuyé à Pless. »

» J'acceptai cette carte en échange de laquelle je fis prendre à mon compagnon un des livres que j'avais achetés à Dresde, et comme il faisait encore jour, nous allâmes jusqu'à la promenade, qui, côtoyée par un canal, fait le tour de la ville. L'été, elle doit être entièrement couverte par les feuilles à peine ouvertes maintenant, et cependant les oiseaux y caquetaient déjà, et de distance en distance des groupes de deux amoureux, les bras entrelacés, cherchant la solitude et l'ombre, murmuraient le printemps dans leurs entretiens mystérieux. Que n'aurais-je pas donné pour avoir Annette au bras et pour aspirer avec elle ces premiers aromes si doux et si pénétrants d'une nature jeune et féconde qui se réveille! Malheureusement je n'avais d'autre consolation que de passer devant l'hôtel Strélitz, où je savais qu'elle avait couché une nuit. Que faisait-elle à cette heure? où était-elle? pensait-elle à moi?

» La nuit venait. L'enfant était fatigué, il avait envie de dormir. Heureux âge! Nous rentrâmes. M. Desfossés, ainsi se nommait mon compagnon, coucha son fils dans sa chambre, et comme celui-ci refusait de se laisser mettre un bonnet de nuit:

» — Ta maman te recommandait toujours d'en mettre un, lui dit son père en l'embrassant, il faut lui obéir.

» L'enfant se laissa faire. Dix minutes après il dormait du plus profond sommeil. J'aurais voulu passer la nuit à causer avec M. Desfossés, mais je m'aperçus bientôt que lui aussi était fatigué. Il partait le lendemain, une heure avant moi. Je lui promis de l'accompagner au débarcadère, je lui donnai une poignée de main, je pris ma bougie et je gagnai ma chambre. J'étais d'une tristesse mortelle, et je pleurai pendant une heure sans savoir précisément pourquoi. Au jour j'étais debout. J'avais peu et mal dormi. Je ne pouvais entrer chez M. Desfossés, qui dormait sans doute encore. Il ne partait qu'à huit heures du matin. L'agitation de l'esprit a besoin de mouvement; j'allai faire machinalement une espèce de pèlerinage matinal à l'hôtel Strélitz: Annette n'y était plus, mais elle y avait été. Je vis des Prussiens faire l'exercice, j'entendis leur musique, qui est assez bonne; quelques échos d'art en profitèrent pour vibrer un peu en moi, mais ils s'éteignirent bientôt, et je rentrai à l'hôtel après avoir traversé une partie de la ville déjà bruyante et animée, bruit et animation qui, ne pouvant me distraire, me donnèrent une envie plus grande d'être à Pless, et de demander à cette solitude qui effrayait les autres la seule société que puissent décidément accepter mes pensées présentes. Je pris une tasse de café avec M. Desfossés, je le conduisis au débarcadère, j'embrassai son enfant, comme pour qu'il rapportât quelque chose de moi au pays que je venais de quitter; je donnai une bonne poignée de main à son père, et sérieusement quelque chose se détacha de moi quand je vis s'éloigner le convoi qui les emmenait.

» J'étais de nouveau seul, et j'en souffrais, moi qui fuyais la société des hommes. C'est qu'il y a société et société. Il y a celle de toute une ville qui marche, qui crie, qui danse, qui passe, qui s'agite, et qui ne nous donne pas plus de son mouvement et de sa joie qu'elle ne prend de notre apathie et de notre tristesse; mais il y a celle aussi d'un compagnon qui vous écoute, qui converse avec vous, dont un chagrin, sinon du même genre, du moins du même sentiment que le vôtre, vous fait bientôt un ami : voilà la vraie société de l'homme dans les conditions où je suis. Les deux tristesses, mises quelque temps en contact, s'usent peu à peu à ce frottement continuel, et ceux qui souffraient redeviennent bientôt en état de rentrer parmi les indifférents qu'ils avaient eu hâte de fuir.

» Je suis parti à mon tour, je me suis mis dans un coin du wagon; je n'ai pas dit une parole, je n'ai pas fait un geste, et j'ai voyagé comme une brute de Breslau jusqu'ici.

» M. Desfossés ne m'avait pas trompé. L'aspect de l'endroit est lugubre. Je n'avais pas pu m'en rendre compte en arrivant, étant arrivé la nuit; mais le lendemain matin, autrement dit hier, quand j'ai vu, j'ai peut-être trouvé que la solitude faisait trop bien les choses. En un quart d'heure, j'ai eu fait le tour de la partie habitée de ce désert; et ne va pas croire que j'aie rencontré, comme dans nos plus misérables bourgs français, soit une vigne capricieuse courant au-dessus d'une porte, soit un chèfrefeuille brodant le tour d'une fenêtre, soit un aubépin en fleur servant de séparation à deux chaumières au seuil desquelles dort un gros chat léché d'un rayon de soleil, soit même à la croisée d'une jeune fille un unique pot de réséda faisant pendant à la cage d'un serin bavard. Rien de tout cela. De la boue, de la misère, pas une fleur, pas un oiseau, pas une jeune fille, pas un paysan. Que ferait un paysan de toute cette stérilité? De quoi, comment et pourquoi vivent tous ces gens-là? je n'en sais rien.

» Je me suis alors promené par la plaine, que coupe en ligne droite le chemin de fer, comme s'il avait hâte de la fuir pour se perdre parmi les sapins qui tranchent l'horizon, et derrière lesquels est l'Autriche. Il fait froid comme au mois de mars chez nous. Vers midi, une espèce de rayon de soleil s'est glissé entre deux gros nuages cotonneux; je lui ai tendu le dos et me suis assis sur une pierre, au bord d'une mare où coassent d'invisibles grenouilles. J'ai vu là, je dois le dire, quelques fleurs bleues, des myosotis, la fleur allemande. Je les ai cueillies, ou plutôt je les ai déterrées ; car je les ai rapportées terre et racines, et je les ai mises ici dans une tasse où elles ont l'air de vouloir continuer à vivre. Les servantes de l'auberge, lesquelles, par parenthèse, ont toujours les pieds nus, ce qui peut te donner une idée du confortable de Pless, ont paru tout étonnées que je me donnasse tant de peine pour si peu de chose. Je n'ai pas à leur en vouloir, moi qui, dans maintes occasions, au milieu de ma vie heureuse et superficielle, ai traité jadis de niaiseries et d'enfantillages ces poétiques distractions des âmes rêveuses et souffrantes.

» Rentré dans ma chambre, je me suis assis sur ma fenêtre, et j'ai regardé l'horizon en me le montrant à moi-même, et me disant : « Elle est là ! » En effet, derrière cet horizon, il en est un autre, puis un autre, et quand on en a ainsi dépassé un millier peut être, qui tous avaient l'air d'être le bout du monde, on arrive à Vienne, et c'est à Vienne qu'elle est. La distance que mon corps ne peut franchir disparaissait donc pour mon esprit, et par-dessus les plaines et les montagnes. il me semblait voir Annette vivant de la vie que je lui connais, pensant à moi, causant avec son père, m'écrivant ; et, le temps disparaissant bientôt comme l'espace, je la voyais venir dans ma direction, joyeuse, souriante, et je lui tendais la main, et je lui parlais. Puis, comme ma main ne rencontrait que le vide, j'étais forcé de fermer les yeux pour ne plus voir ce spectacle désespérant à force d'espérances.

» Je t'en écris peut-être bien long, et cependant, si je ne craignais de t'ennuyer, et si je laissais déborder dans cette lettre toute la sentimentalité qui emplit mon cœur, sans doute pour prendre sa revanche de mon scepticisme d'autrefois. je t'en écrirais bien plus long encore. Je voudrais, tu comprends bien cela, pouvoir occuper le temps jusqu'à l'heure où la poste m'apportera demain une lettre de la duchesse. Que cette lettre renferme quelque chose de certain, et celle que je t'écrirai sera d'une gaieté folle, comme celle que je vais tâcher d'écrire à ma mère pour la tranquilliser sur mon état, car elle doit passer sa vie à s'alarmer.

» Écris-moi tous les jours, n'importe quoi, pourvu que tu m'écrives à Pless, hôtel de l'Aigle blanc (Prusse). Tu ne te doutais pas, il y a un mois, que tu m'écrirais un jour à cette adresse. A demain. »

Si je n'avais rien de bien gai à apprendre à Jacques, j'avais du moins des nouvelles à lui donner, nouvelles qui, sans l'intéresser personnellement, avaient rapport à certains personnages de cette histoire, qui, tandis qu'il allait au fond de la Prusse chercher la suite de son roman, continuaient le leur à Paris, dans un espace plus restreint, mais avec des émotions peut-être aussi fortes. Je veux parler de Mlle de Norcy.

Depuis le départ de Jacques, j'avais été deux ou trois fois à la campagne pour la voir, et jamais je ne l'y avais trouvée. Elle était toujours à Paris. A Paris cependant elle n'avait plus de pied-à-terre. Je ne savais donc où la voir. Elle m'avait alors écrit pour me demander pardon de n'avoir point été chez elle quand j'avais pris la peine d'y venir, et pour me prier à dîner deux jours plus tard. Je me rendis à cette invitation avec d'autant plus de plaisir, qu'il faisait un temps magnifique. Tout le long du chemin je pensais à ce pauvre garçon de qui, le matin même, j'avais reçu des nouvelles, et qui poursuivait peut-être une impossibilité sur des routes arides, tandis qu'il eût pu rester au milieu de nous à jouir des réalités que tout printemps apporte à toute jeunesse. Je me disais que, quel que dût être le résultat de son voyage, il vaudrait peut-être encore mieux pour lui m'accompagner, avec Mme de Wine au bras, à cette campagne où j'allais seul, dîner gaiement, faire un peu de musique, le soir s'en revenir jusqu'au chemin de fer en fumant son cigare, et, de retour à Paris, jouer à l'amour avec Charlotte, belle créature après tout, et d'autant plus agréable qu'avec elle le jeu était sans danger, la liaison sans secousse et la rupture sans émotion. Je me disais tout cela en suivant le joli sentier que j'ai tâché de décrire plus haut et qui mène de Versailles à la maison qu'habitait alors Mlle de Norcy. Quand j'arrivai à cette maison, j'y trouvai deux autres convives, qui étaient Mme de Wine et ce M. Gabert dont je n'ai eu l'occasion de parler qu'une fois, au commencement de ce livre. Élisabeth, Charlotte et lui se promenaient en causant dans le jardin. Mlle de Norcy vint seule au-devant de moi, et son premier mot fut pour me demander des nouvelles de Jacques.

— Je m'informe tout de suite de M. de Feuil, pour qu'il en soit question le moins possible devant Charlotte. Je crois qu'au fond elle ne lui pardonne pas ce voyage. Elle pourrait parler de M. Jacques avec une certaine aigreur, mieux vaut que nous ne soyons pas forcés de le défendre; mais je tenais à avoir de ses nouvelles. Cela ne vous contrarie pas de dîner avec Charlotte et M. Gabert?

— Pas le moins du monde; mais j'avoue que si je pouvais

supposer que Mme de Wine serait ici, je ne m'attendais pas à y trouver M. Gabert. Je croyais que vous le connaissiez à peine.

— Il vient me voir très-souvent.

En me disant cela, Mlle de Norcy souriait.

— C'est toute une histoire, reprit-elle, je vous la conterai.

— Et vous, êtes-vous heureuse? lui demandai-je.

Je n'en sais rien encore, fit-elle en rendant à son visage sa mélancolie accoutumée. Je le saurai demain.

Qu'est-ce que cela signifiait?

Le dîner fut assez gai en apparence. Mme de Wine riait beaucoup, mais plutôt, je crois, pour me faire voir qu'elle riait que parce qu'elle était réellement gaie. Ce qui acheva de m'en convaincre, c'est qu'elle ne dit pas un mot de Jacques. Sil elle eût été sérieusement indifférente à son souvenir, comme elle affectait de l'être, elle m'eût demandé de ses nouvelles dans ces termes simples et francs qui donnent tout de suite le ton des sentiments véritables. Non, Mme de Wine n'avait jamais eu pour de Feuil un amour profond, on l'a vu; mais, l'ayant aimé autant qu'il était possible à sa nature toute superficielle, elle n'en devait être que plus accessible aux petites rancunes qui succèdent à ces liaisons; et si quelqu'un dans le monde souhaitait que l'aventure de Jacques ne se terminât pas comme il l'espérait, c'était bien certainement Mme de Wine. Quant à M. Gabert, il s'était fait aussi son petit roman, sans qu'on s'en doutât, avec cette discrétion qui est la dernière qualité sociale des vieillards, discrétion qui résulte naturellement de la timidité à laquelle, en matière d'amour, ils sont forcés de s'astreindre, sous peine de ridicule. Quand notre provincial avait vu, autrefois, Mlle de Norcy chez Mme de Wine, Élisabeth avait, à ce qu'il paraît, fait une grande impression sur lui. Il s'était, en tapinois, enquis de sa vie, de ses habitudes, de sa famille; il avait appris sa liaison avec M. Georges, et sans que personne pût se douter des idées qu'il avait eues, il était reparti pour Bagnères, après deux ou trois visites aux deux amies. De Bagnères, il avait écrit quelquefois à Mme de Wine, et toujours il avait demandé ce qui était tout naturel, des nouvelles d'Élisabeth. Or, celle-ci était tombée malade, Charlotte, dans une de ses réponse en avait informé M. Gabert. Le bonhomme n'avait fait ni une ni deux, il était arrivé à Paris sous un prétexte quelconque. Il avait mis des cartes chez la jeune femme, et quand elle avait pu recevoir, il avait demandé à être reçu. Il l'avait été trois ou quatre fois. Pendant ce temps, il avait pris de nouvelles informations, appris la véritable cause de la maladie de Mlle de

Norcy, sa rupture définitive avec M. Georges, et il s'était décidé à s'ouvrir de ses intentions, non pas à Élisabeth elle-même, mais à Mme de Wine. L'étonnement de celle-ci avait été grand, quand elle avait entendu le vieillard lui dire qu'il avait pour Mlle de Norcy la plus grande affection, affection toute paternelle et comme il convenait à son âge; qu'il avait connaissance de la liaison qui avait occupé sa vie, qu'il la respectait, et n'avait pas la prétention de la lui faire oublier; mais elle était jeune encore, sans appui, sans famille, elle n'était pas d'une nature à se laisser consoler par un autre amour de celui qu'elle perdait; il était seul aussi: sa fille, mariée maintenant, le négligeait un peu; il avait besoin d'aimer quelqu'un plus encore que d'être aimé. Il proposait donc à Mlle de Norcy de l'épouser, et qu'elle se rassurât: la place qu'elle tiendrait auprès de lui serait celle de sa fille absente, et non celle de sa femme morte.

Elisabeth était à cent lieues de soupçonner une pareille proposition, et quand elle entendit Charlotte la lui faire sérieusement de la part de M. Gabert, elle ne put s'empêcher de rire pour la première fois depuis longtemps. Cependant M. Gabert était un brave et honnête homme, comme elle était une bonne et noble fille. Elle se repentit donc tout de suite de n'avoir vu que le côté plaisant de cette proposition, elle en démêla bien vite l'intention honorable; elle se chargea de répondre elle-même à M. Gabert, et l'ayant invité à venir la voir à la campagne, elle lui avait franchement fait part de la résolution de retraite dans laquelle était entrée sa vie; elle lui avait offert une bonne amitié, n'avait pas refusé d'aller avec Mme de Wine passer un mois ou six semaines à Bagnères, et, en tous cas, l'avait prié, tant qu'il serait à Paris, de venir la voir autant qu'il lui ferait plaisir. Il avait bien fallu que M. Gabert se contentât de cela, puisqu'il n'y avait pas moyen d'avoir autre chose, et il venait assez souvent visiter Mlle de Norcy, qui s'aperçut peu à peu que, par toutes sortes de prévenances et d'assiduités, le veillard espérait encore la faire revenir sur son premier refus. Là, commençait peut-être un peu le ridicicule d'un entêtement qui n'eût été excusable que chez un jeune homme, et qui donnait de temps en temps à Mlle de Norcy, comme elle avait fait devant moi, le droit d'en rire innocemment. Si Elisabeth eût écouté Charlotte, elle n'eût pas hésité et se fût mariée de suite. Celle-ci avait fait valoir toutes sortes de bonnes raisons. « Il n'y a de positions heureuses dans le monde, que les positions bien établies. » En développant cette théorie connue, elle conseillait à son amie avec l'autorité d'une femme qui a toujours été, elle, dans une position sociale régulière; se donnant même pour exemple, elle faisait valoir les droits que donne éternellement à une femme cette première base qu'on appelle le mariage.

Aucun raisonnement n'eut de prise sur Mlle de Norcy. Elle s'en tint à ce qu'elle avait dit d'abord. Alors nous ne serions pas étonné que Mme de Wine ait essayé de détourner sur elle-même les idées matrimoniales du vieillard. Tout ce que nous pouvons dire, c'est qu'elle eut pour lui des attentions, des soins, nous dirons même des coquetteries capables de tourner la tête au bonhomme, s'il eût eu quelque velléité de chercher autre part ce que lui refusait Mlle de Norcy.

Charlotte était jeune encore, jolie, élégante; M. Gabert n'était pas jeune, il n'était pas beau; mais en somme il n'était pas repoussant, et ce serait un mari, c'est-à-dire le droit, en chair et en os, de rester, et même d'entrer plus profondément, plus sûrement, dans un monde dont elle sentait de jour en jour la nécessité de se retirer, si elle ne voulait pas qu'il se retirât d'elle; car les différents amours de Charlotte commençaient à être connus (Vladimir avait bavardé aussi sur ce sujet-là); le mari dont elle se disait veuve n'avait décidément pas été assez visible, et s'écaillait trop facilement quand des curiosités un peu tenaces grattaient son authenticité. Il allait bientôt être réduit à rien, et ce serait une bonne affaire d'avoir un mari véritable à mettre à la place de celui qui ne pouvait plus servir. Elle parlait sans cesse devant M. Gabert de son goût pour la retraite, de son désir de quitter le monde et de se retirer dans une affection tranquille, dans des habitudes harmonieuses. Elle ne s'était jamais tant amusée, disait-elle, que pendant le temps qu'elle avait passé à Bagnères, et il n'y avait pas de jour qu'au milieu de son existence bruyante de Paris les souvenirs de ces soirées calmes ne lui donnât le conseil d'une vie sédentaire, bien plus dans ses goûts que toutes les agitations auxquelles une femme du monde se sacrifie forcément. M. Gabert n'eut pas à lutter contre ses tentatives, il ne les soupçonna même pas, et un beau jour, sans transition, mais voyant qu'elle ne réussirait jamais, Mme de Wine dit à sa femme de chambre :

— Je n'y suis jamais pour ce vieux monsieur qui vient me voir.

— M. Gabert, madame ?

— Justement.

Le bonhomme se présenta deux ou trois fois, et ne trouvant jamais personne, il se décida à ne plus revenir, sans soupçonner plus la cause de sa disgrâce qu'il n'avait soupçonné les raisons de sa faveur. Mais nous empiétons là sur l'avenir, au lieu de nous en tenir aux événements présents. Revenons-y donc.

XXII

Comme Jacques me l'avait demandé, je lui envoyai des nouvelles de tout le monde et en première ligne, je lui fis la narration du dîner auquel j'avais assisté et à la fin duquel Mlle de Norcy m'avait raconté ce qui, dans ce qu'on vient de lire, la concernait personnellement; puis nous avions parlé du voyageur, et quand, au moment de nous quitter, elle m'avait engagé à revenir, et que je lui avais dit : « Je suis venu deux ou trois fois sans vous trouver, vous qui ne deviez jamais sortir, » elle m'avait répondu :

— Eh bien, venez me voir encore, et je vous dirai où j'étais; mais à une condition, c'est que vous ne vous moquerez pas trop de moi.

Je revins donc et j'appris.

— Quoi ?

— Eh ! mon Dieu, cela se devine.

Tant que l'hiver avait duré, tant qu'il avait fait cadre à sa tristesse, tant qu'en portant les yeux autour d'elle, Mlle de Norcy avait vu la nature dépouillée, morne et déserte comme sa vie, comme son cœur, comme sa pensée, elle s'était plu, confite, pour ainsi dire, dans sa résolution de désespérer, et empruntant à la désolation extérieure de quoi alimenter la sienne, elle croyait en avoir amassé un trésor capable de voiler le reste de ses jours; mais quand les premières feuilles avaient bourgeonné aux arbres, quand les oiseaux avaient commencé leurs nids, quand elle avait vu cette nature à laquelle elle était venue demander la solitude et l'anéantissement frissonner d'aise sous les premières caresses d'avril et se parer de fleurs et de feuilles, comme une coquette, pour plaire au soleil, son éternel amant, des infidélités duquel nous avons fait nos hivers et dont les remords sont nos printemps; quand elle avait vu et senti toutes les choses renaître autour d'elle et nier aussi victorieusement la mort qu'un mois auparavant elles avaient paru nier la vie, elle avait commencé à douter de l'éternité d'une douleur qui ne pouvait bien être dans sa vie que ce que l'hiver est dans la nature, la transition inévitable d'une saison à une autre, le contre-poids nécessaire dans les harmonies naturelles.

Cependant, elle s'était tant promis de ne plus jamais aimer

ni espérer, car l'âme qui souffre se crée facilement ces exigences-là, qu'elle voulut aller rechercher le droit de douter encore là où elle croyait qu'il devait être toujours. Puisque la solitude qu'elle avait choisie s'emplissait de bruits et la conviait à s'y mêler, elle alla demander à la retraite définitive des morts la tristesse dont elle s'était imposée le besoin. Elle passa des jours entiers dans un petit cimetière voisin de sa maison; mais là, comme partout, peut-être même plus qu'ailleurs, elle devait retrouver l'envahissement de la vie sur le néant. Outre les fleurs nouvelles qu'y apportait la religion des parents, l'herbe croissait de toutes parts, les oiseaux chantaient partout, les tombes disparaissaient sous les feuilles, et les croix de bois noir mêlaient le vert tendre du printemps à la sombre couleur de leur deuil. Seule dans la nature, elle aurait donc lutté contre le courant de pardon, de jeunesse et de rénovation? L'homme qu'elle aimait était-il mort? Non. L'aimait-elle encore? Oui. Elle s'enferma dans sa chambre, loin des influences du dehors; elle relut les lettres de son amant. Dans chaque mot palpitait un regret, une promesse, un doux souvenir du passé, une joyeuse confiance pour l'avenir. Elle n'avait qu'un mot à dire, et l'amour allait renaître, et les joies nouvelles allaient couvrir la tombe imaginaire qu'elle s'était plu à creuser. Comme avait fait la terre, voilà qu'à son tour elle tressaillait en sentant se rapprocher d'elle l'amour, ce soleil des âmes.

Son abstention au milieu de l'adhésion universelle n'était plus qu'un entêtement de son amour-propre, et Dieu devait l'en punir tôt ou tard si elle persistait à vouloir s'y atrophier. Puisque tout lui disait d'aimer, puisqu'elle aimait, qu'attendait-elle? Le lieu même qu'elle avait choisi devenait inhabitable si elle y restait seule. La résurrection annuelle de la nature est si puissante et si admirable, qu'il faut toujours être deux pour la comprendre et la supporter. Puis, comme les sentiments les plus propres à l'âme ont besoin de temps en temps de s'appuyer sur l'exemple d'une réalité, au milieu des conseils vagues qui lui tombaient des feuilles et des étoiles, qui lui montaient des fleurs, dont la réchauffait, dont la brûlait parfois le soleil, elle pensait à Jacques et à la duchesse, à une séparation forcée; et elle se disait que c'est bien assez d'être astreint aux dangers d'être séparés par les événements, sans se créer soi-même ces dangers; qu'elle était libre, qu'elle n'avait qu'un pas à faire pour rentrer dans sa vie d'autrefois, et qu'elle serait plus folle qu'elle serait coupable d'hésiter. Elle était arrivée ainsi à cette limite où l'âme ne juge plus que par la sensation, et lui obéissant aveuglément et tout à coup, presque sans savoir ce qu'elle fait, saute par-dessus les derniers obstacles que lui opposent l'habitude, la raison, les sentiments froids, sans savoir positivement si de l'autre côté de la barrière qu'elle franchit elle trouvera la terre ou le vide.

Un matin, après une nuit sans sommeil, Élisabeth partit résolûment pour Paris. Elle allait tout droit chez M. Georges. Qu'allait-elle lui dire, qu'allait-elle y faire? Elle n'en savait rien. Elle voulait le voir. Il fallait qu'elle le vît. Le convoi n'allait pas assez vite, voilà tout.

— Mais depuis longtemps il ne vous a pas écrit?

— Parce que je l'ai rebuté, parce qu'il ne savait même pas où j'étais.

— Mais il peut s'être consolé.

— Allons donc! Et ses lettres tendres, suppliantes, désespérées!

— Mais s'il aimait une autre?

— Déjà? c'est impossible.

— Si vous alliez trouver une maîtresse chez lui quand vous allez y arriver?

— Il la chasserait.

— Vous lui pardonneriez donc cette fois?

— Cette fois ce serait ma faute. Pourquoi ne lui ai-je pas pardonné tout de suite?

— Ainsi tout est prévu?

— Oui, puisque je l'aime.

— Eh bien, allez!

Élisabeth arriva à Paris, sauta dans une voiture et courut chez son amant. Il n'y avait pas besoin d'explication, elle allait lui sauter au cou et tout serait dit.

Comment! elle avait tout sacrifié à cet homme, famille, réputation, innocence, avenir; comment! pendant dix ans elle n'avait aimé, vécu, agi, pensé qu'avec lui, que pour lui, qu'en lui, et pour une peccadille qu'il avait commise, pour un petit mensonge qu'il lui avait fait, pour un caprice accidentel de ses sens, pour une fantaisie sans racines, sans résultats, qu'elle avait surprise par hasard, car si elle n'avait pas été chez lui, si elle n'avait pas trouvé cette lettre, si elle ne l'avait pas lue (et elle avait eu tort de la lire), elle n'aurait jamais rien su de cette histoire; c'était Dieu qui l'avait punie, etc., etc.; enfin, pour une niaiserie comme celle-là, elle avait failli mourir, elle lui avait refusé son pardon, et quand le printemps revient, quand tout aime et rit dans la nature, elle continuerait d'être seule, de se désespérer, de refuser le bonheur qui se présente, de chasser les souvenirs qui l'appellent, de fuir les espérances qui l'attirent! quelle folie, et comme ils vont en rire tous les deux !

Enfin, elle arrive. Elle franchit le seuil de la porte, elle court vers l'escalier.

— Où allez-vous, madame ? demande le portier qui balaye sous le vestibule.

— Chez M. Georges.

— Il n'y est pas.

— Où est-il donc ?

— Il est à la campagne.

— Où ?

— Je n'en sais rien.

— Quand revient-il ?

— Il ne l'a pas dit.

— Son domestique ?

— Vient toutes les semaines prendre les lettres.

— Ah ! mon Dieu ! s'écrie Élisabeth, je suis perdue !

Elle remonte dans sa voiture, se fait conduire chez Charlotte, et, tout en larmes, se jette dans les bras de son amie, qui ne comprend rien à cette douleur matinale et qui finit par lui dire :

— Eh bien, écrivez-lui de venir vous voir, il viendra.

Elisabeth écrivit. Puis elle revint le lendemain à Paris, puis le surlendemain. C'est pendant ce temps-là que je viens la voir inutilement. C'est pendant ce temps-là que M. Gabert veut l'épouser. Pauvre homme !

Et le jour où je dînais chez elle, elle avait reçu une lettre de M. Georges, qui lui annonçait sa visite pour le lendemain. Quand j'écrivis ces nouvelles à Jacques, je n'avais pas encore connaissance des résultats de la visite qu'attendait Mlle de Norcy. Le lecteur fera donc comme Jacques, il se contentera momentanément de ce que je savais.

Revenons à notre héros. Son séjour à Pless devait durer quinze jours. Quand il m'avait écrit, il n'en avait plus que quatorze à attendre. Il devait lui arriver, tous les matins, une lettre de la duchesse. Il en reçut une le premier jour ; le second, il n'en reçut pas : aussi la journée lui parut-elle longue. Il ne pouvait lire, il ne pouvait rester en place, il écrivit quatre pages à Annette et sortit pour aller jeter lui-même cette lettre à la poste, laquelle se trouvait dans la salle d'attente de la station. Il y arrivait au moment où l'on signalait le convoi de Vienne. Il attendit. Ce convoi ne lui était pas indifférent : il venait de la ville où était la femme qu'il aimait; elle l'avait peut-être vu partir, elle était peut-être dedans. Il est des espérances qui traversent tout à coup le cœur, mais comme traverse une flèche, sans laisser d'autre trace de son passage qu'un trou et une douleur.

Pas le moindre visage de connaissance, bien entendu, parmi les voyageurs, qui devaient s'arrêter à Pless le temps de faire viser leurs passe-ports et de déjeuner. Il regarda ces gens se promener, manger et fumer, puis il les vit remonter en voiture et continuer leur route. Il arrivait ainsi deux convois par jour. Eh bien, mais ce pourrait bien être une distraction pour Jacques tout le temps qu'il serait dans ce village. Il n'y avait plus personne autour de lui. Il alluma un cigare, remit ses mains dans ses poches et reprit la route de son auberge. Il n'était encore que midi. Il était réveillé depuis six heures du matin.

— Pourvu qu'elle m'écrive demain, se disait-il.

[Il e]ntra dans sa chambre, se jeta sur son lit, ouvrit un livre. Il lut pendant une heure; seulement il n'avait pas tourné la première page et n'avait pas compris un mot. Il essaya de dormir. Il dormait la nuit, ce n'était pas pour dormir le jour. Il faisait assez beau temps; il sortit de nouveau. Il traversa la plaine dans toute sa longueur. Il rencontra des enfants qui se sauvèrent en riant de lui. Il découvrit une petite écluse. Quelle bonne affaire! Il regarda les bouillonnements de l'eau pendant une demi-heure. Il y distingua des effets de lumière très-curieux.

Il revint à l'auberge; il était quatre heures. Un des enfants de l'aubergiste était malade. Le médecin était là. Ce médecin avait une bonne figure, mais il ne devait pas être bien savant. Il parlait cependant avec un grand sérieux. L'aubergiste l'écoutait avec recueillement, avec dévotion. Comme cet aubergiste avait l'air d'un brave homme, qu'il avait des prévenances pour Jacques, et que celui-ci devait passer quinze jours chez lui, notre ami lui demanda avec intérêt des nouvelles de l'enfant. Vous savez quel allemand parlait Jacques. En l'entendant le médecin se retourna.

— Vous êtes Français, monsieur? lui dit-il en français.

— Oui, monsieur.

— J'aime bien la France.

Jacques salua.

— Je parle un peu votre langue.

— Vous paraissez la parler très-bien.

C'était un compliment peu mérité, car Jacques devait s'apercevoir bientôt que le docteur Hosen avait autant de difficulté à se tirer des phrases françaises dans lesquelles il s'embarquait, qu'il en avait, lui, à sortir des phrases allemandes qu'il avait l'imprudence de commencer. La conversation ne s'en engagea pas moins. Le docteur, ayant appris que Jacques était à Pless pour quinze jours, lui demanda la permission de venir le voir, lui avouant naïvement que ce serait avec l'espérance de s'exercer dans une langue qu'il n'avait jamais l'occasion de parler.

Jacques accepta. C'était toujours une distraction.

Le docteur lui offrit de faire un tour de promenade; puis il lui proposa de lui faire visiter, un des jours suivants, les environs, qui étaient charmants, disait-il.

— Savez-vous jouer aux échecs? lui demanda le médecin.

— Non.

— Quel malheur! On y joue beaucoup ici. Êtes-vous musicien?

— Un peu, répondit Jacques en souriant.

— Alors, vous pourrez faire de la musique avec le commissaire et ma femme.

— Quel est ce commissaire?

— C'est l'inspecteur des passe-ports. Il parle français.

— Et madame Hosen?

— Pas du tout.

— Quel genre de musique fait le commissaire?

— Il joue du violon.

— Et madame?

— Elle chante. Et vous?

— Je joue du piano.

— J'ai un piano. Il n'est pas très-bon, mais enfin il vaut toujours mieux que rien, et c'est le seul qu'il y ait ici. Nous nous réunissons souvent.

— Il y a donc une société à Pless?

— Certainement. C'est moi qui ait créé ces petites réunions.

— Il y a longtemps que vous habitez Pless?

— Quinze ans.

— Quinze ans! Mais vous voyagez quelquefois?

— Jamais.

— Ainsi, depuis quinze ans...

— Je n'ai pas quité la ville. Je suis le seul médecin ici.

— Et vous ne vous ennuyez pas?

— Non.

— Et Mme Hosen?

— Elle élève ses enfants.

— Vous en avez beaucoup?

— J'en ai sept, quatre filles et trois garçons.

Jacques regarda avec admiration cet homme qui paraissait heureux.

— Ce que c'est que l'habitude! se disait-il. Quinze ans à Pless! et moi qui ne sais comment y passer quinze jours!

Le docteur insista pour que Jacques acceptât à dîner. Jacques s'y refusa obstinément. Mais il ne put refuser d'être présenté à Mme Hosen, et de passer, le soir, une heure chez le médecin. Celui-ci ne s'ennuyait pas à Pless, mais il n'était pas fâché de la distraction que le séjour de Jacques pouvait lui procurer.

Le docteur conduisit notre voyageur dans une petite maison d'assez coquette apparence, en comparaison de ses voisines. Elle avait un étage. Elle était meublée simplement, mais proprement; derrière, un petit jardin.

— Voici ma femme, dit le docteur à Jacques en lui présentait une petite femme grasse, souriante, et jolie de cette beauté blonde, rose et blanche qui semble appartenir spécialement à l'Allemagne.

Elle devint toute rouge en voyant un étranger qui, tout préoccupé qu'il était, la regardait avec plaisir. Cela repose toujours de voir une jolie femme. Jacques commença à comprendre que le docteur ne s'ennuyât pas trop. Il causa un peu avec Mme Hosen, qui mit la meilleure volonté à le comprendre, mais sur la bouche et dans les yeux de laquelle il retrouvait, toujours prêt à s'échapper, ce sourire railleur que son *allemand* éveillait un peu partout. L'heure qu'il passa là fut la plus courte de la journée.

Qui oserait te nier, puissance de la femme? Cette créature jeune, jolie, gaie, jetait tout de suite, par sa seule apparition, une sorte de rayonnement entre Jacques et sa tristesse.

De retour à l'auberge, il dîna avec assez d'appétit. Il achevait à peine de dîner, quand le docteur vint le prendre.

— Vous allez faire connaissance avec toute la société de Pless, lui dit-il: avec le commissaire, qui est d'un caractère un peu taciturne, et avec un jeune employé d'une maison de transit, qui est un jeune homme charmant.

Le commissaire était un homme de quarante ans à peu près, avec cette distinction de visage que donne le passage d'une grande douleur. Cet homme avait dû souffrir, mais nul ne connaissait la nature de ses souffrances passées. Il est vrai que personne ne la lui demandait, non par indifférence, mais par discrétion. Les Allemands ne sont pas questionneurs. Ils vivent tous un peu par l'âme, et laissent à chacun le secret de sa vie intime. Ils ne décorent pas comme nous la curiosité du nom d'intérêt. Un homme souffre, c'est assez pour qu'ils l'aiment ; la cause ne les regarde pas. Pendant le temps que Jacques passa à Pless, personne n'eût même l'idée de lui demander ce qu'il venait y faire, bien que sa présence prolongée dans ce pays perdu pût donner lieu à toutes les suppositions.

Le commissaire vivait toujours seul. Une fois par semaine, au plus, il voyait le docteur et sa femme. Tout le temps que lui laissait son emploi, il l'occupait à lire, à faire un peu de musique. Jamais il ne recevait de lettres, jamais il n'en écrivait. On ne lui connaissait pas de parents. Il ne s'était pas absenté un seul jour depuis huit ans qu'il était là. En France, on eût dit que c'était un mouchard ; en Allemagne, on disait : « C'est le commissaire. » C'était de lui que M. Desfossés avait parlé à Jacques comme de la seule personne qui parlât français à Pless. En effet, il le parlait assez correctement, comme l'anglais et l'italien. On lui avait proposé une place plus productive dans une grande ville, il avait refusé. Jacques n'en a jamais su davantage, ni moi non plus.

L'employé de la maison de transit avait vingt-deux ans et déjà la gravité de l'âge mûr, gravité précoce que l'Allemagne, avec ses études sérieuses, donne à ses enfants les plus obscurs, lesquels sont presque toujours plus instruits que nos jeunes gens du monde les plus distingués. Ainsi ce jeune homme, commis à mille francs par an, parlait l'anglais comme sa langue maternelle, connaissait admirablement l'histoire européenne ancienne et moderne, était musicien, savait un peu de médecine, de physique et de chimie, étendant chaque jour ses connaissances, sans élargir pour cela ses ambitions, et, pour la seule satisfaction de sa vie intérieure, inutile aux autres en apparence, acquérait peu à peu les éléments intellectuels qui manquent, chez nous, à ceux dont les protections quelconques font prématurément des hommes publics. L'éducation allemande, en amassant ainsi dans les esprits la plus grande quantité possible de richesses, les met préventivement en mesure de lutter contre les adversités probables de la vie. Ici l'instruction se donne et se prend surtout dans un but d'utilité générale ; là-bas la raison privée domine. Ici on s'instruit pour les autres; là-bas on s'instruit pour soi seul : c'est ce qui donne à l'Allemagne ce progrès quotidien et ce produit incessant et simultané de la pensée. Elle n'avance pas, comme nous, par vanités, par inspirations, par témérités, qui nous forcent souvent à revenir sur nos pas et à faire ainsi le double du chemin ; elle creuse patiemment, elle marche avec certitude, elle n'émet que ce qu'elle acquiert ; et quand elle dit qu'une chose est, elle est véritablement ; aussi est-elle le grand contrôle de l'Europe, aussi est-ce là que l'or de la science et de la philosophie vient se faire éprouver.

La centralisation de l'intelligence n'existe pas en Allemagne. Chacun fait son œuvre et la produit là où il est. Chaque individu ayant reçu, soit dans la famille, soit dans l'université, la somme de connaissances compatible avec son organisation, l'emporte où il veut et fonctionne où bon lui semble. Si loin qu'il soit, il est un rouage du mécanisme général ; s'il veut garder pour lui seul ce qu'il sait, il a encore le mérite d'être apte à comprendre tout ce qu'on dit, écrit ou fait dans son pays et dans les autres. Il est tel petit bourg d'Allemagne dans lequel trois ou quatre individus bien modestes, bien insignifiants, si l'on s'en tient au dehors, pourraient soutenir n'importe quelle discussion avec n'importe quelle académie. C'est du progrès fédératif. A certaines époques fixes, la science rend ses comptes, on fait le total, on met en commun les acquisitions faites, et l'on continue.

Il faut dire aussi que les Allemands, est-ce par nature ? est-ce par nécessité ? ont énormément simplifié le côté passion de la vie. Ils sont rarement joueurs, ils n'aiment pas les femmes, ils aiment leur femme. Fiancés tout jeunes, ils se marient de vingt à vingt-cinq ans ; ils sont nés pères de famille, le sont intelligemment, et, une fois mariés, n'ont jamais de maîtresses. Avant le mariage, ils se permettent tout au plus *une bonne amie*. Étudiez leur littérature, et vous aurez une preuve de ce que j'avance. Elle se plaît dans la peinture des joies domestiques les plus minutieuses, elle se chauffe le cœur au foyer, elle s'assied, avec une innocente gaieté, à la table hospitalière de la famille ; elle s'alourdit même un peu de temps en temps dans la contemplation et la description de détails insignifiants à force de ténuité ; elle n'ouvre jamais les rideaux de l'alcôve, elle ne les regarde même pas. Çà et là, quelques joyeux tableaux de buveurs, quelques chansons alertes, dont le choc des verres fait le refrain, car le vieux Rhin traverse toujours la poésie compatriote, qu'il féconde avec ses eaux majestueuses, qu'il égaye avec son vin étincelant ; mais voilà tout, et ce sont les seules débauches qu'elle se permette. La psychologie allemande va jusqu'à la dernière limite des sentiments, et les reproduit, si fins et si délicats qu'ils soient ; mais, comme le daguerréotype, elle ne saisit que ce qui est calme. Elle s'arrête à la passion, qu'elle ne saurait décrire, ne la comprenant pas. Quand elle s'y aventure, c'est pour en démontrer l'impossibilité locale, comme dans Werther, où elle l'exagère et ne lui trouve d'autre solution que dans le suicide.

XXIII

Quelle longue digression à propos d'un personnage qui ne fait qu'apparaître dans ce livre ! C'est vrai ; mais ce personnage étant à lui seul le résumé de mœurs, d'habitudes et de sensations nouvelles pour notre héros, le roman devait s'arrêter un instant au moment où Jacques le rencontrait, pour l'examiner, et consigner les observations toutes naturelles qu'il lui faisait faire.

M. Jean Elb, c'est le nom du commis, avait une petite redingote verte, une cravate blanche, un gilet blanc à petites fleurs lilas, un pantalon noir, les cheveux courts, le front haut, le regard limpide, le teint pâle, le visage long, le nez grand, la bouche avançant un peu, les dents régulières, pas de barbe, le cou long, un signe sur la joue gauche, l'air doux, fin, réfléchi. Il était fiancé à une jeune fille qu'il devait épouser dans trois mois. Quand Jacques arriva chez le docteur, M. Elb jouait aux échecs avec Mme Hosen, sur les genoux de laquelle dormait la plus jeune de ses petites filles. Les deux autres regardaient silencieusement des images, assises autour d'une petite table. Quant aux garçons, ils faisaient leur éducation à Berlin, où résidait la famille du docteur, qui s'était chargée d'eux. Ils passaient seulement deux mois de l'année avec leur père et leur mère.

On fit de la musique. Ce fut un véritable triomphe pour Jacques. Le piano n'était pas bon, mais le sentiment du musicien suppléait à ce défaut ; d'ailleurs, les gens qui l'écoutaient, habitués à cet instrument, ne songeaient pas même à en désirer un autre. Jacques joua tous les morceaux que préférait la duchesse ; il les joua avec émotion, ils étaient le souvenir mélodieux des mois heureux qui venaient de s'écouler. Il mêlait malgré lui un peu de cette femme à toutes les actions de sa vie.

M. Elb, qui avait été assez froid vis-à-vis de cet inconnu, se rapprocha cordialement de lui. La sympathie de l'artiste avait vaincu la réserve habituelle de l'homme. Le commissaire joua du violon avec beaucoup de goût, sur un instrument parfait dont il prenait le plus grand soin ; Mme Hosen chanta, accompagnée par Jacques, ces adorables mélodies allemandes dont Schubert a dit le dernier mot; on fuma, on causa, on but du thé, on mangea quelques gâteaux aux confitures, M. Elb fit danser les petites filles, pour que les enfants prissent leur part personnelle de cette petite fête, et quand onze heures sonnèrent et qu'on se retira, Jacques ne pouvait croire qu'il fût si tard.

Il rentra se coucher. Il n'avait plus que treize jours à attendre.

Au sein de nos sociétés bruyantes, dans nos grandes villes, où nous regardons, par la force de l'habitude, l'agitation et le mouvement comme la preuve et la nécessité de la vie, nous ne pouvons jamais nous figurer qu'il existe dans ces humbles pays, dont nous ne savons même pas le nom, des jouissances suffisantes pour l'homme intelligent. Nous ne nous doutons pas qu'on puisse y être heureux, qu'on puisse même y vivre, et si nous en parlons par hasard, nous haussons les épaules avec mépris. Cela existe cependant, et il se pourrait bien, — c'est là une supposition qui ressemble fort à une vérité, — que le véritable bonheur fût pour ces gens-là. Malgré les préoccupations personnelles que la solitude lui rendait, Jacques dut se faire cette réflexion avant de s'endormir. En tout cas, la lettre qu'il m'écrivit le lendemain, et qui contenait les détails qu'on vient de lire, respirait la reconnaissance, je dirai presque l'admiration pour ces amis de la veille, auxquels il devait la première distraction de son voyage, et dont la société allait abréger de beaucoup pour lui le temps qu'il avait encore à rester à Pless.

Maintenant, si vous joignez à cette découverte une lettre nouvelle d'Annette, lettre très-courte, mais contenant un monde de joie dans ces quelques mots: « Je suis libre! la séparation est décidée; je serai près de vous plutôt que je ne le croyais; le duc part; je reste avec mon père, et je vous aime plus que jamais! » si vous ajoutez, disons-nous, l'effet de cette lettre à la soirée de la veille, vous ne serez pas étonné que je vous dise: Notre ami fut au moment de devenir fou; il le fut même un peu, il faillit embrasser l'aubergiste; il courut chez le docteur, auquel il croyait devoir le premier tribut de son bonheur. Il se jeta presque dans ses bras, et il finit par demander à ce brave homme, qui ne connaissait rien à toute cette expansion, la permission de rire à son aise; ce qu'il fit en pleurant à chaudes larmes. Quand l'âme est trop pleine de joie, elle emprunte, pour se répandre, sans quoi elle étoufferait le corps, jusqu'à l'expression de la douleur.

Ainsi Annette ne l'avait pas trompé, elle avait tenu parole; il avait donc bien fait de la suivre. Comme il l'aimait en ce moment ! comme il lui dévouait sa vie ! Et pour ce père, auquel il allait devoir tout le bonheur de l'avenir, que ne serait-il pas prêt à faire ! Que Dieu était bon ! que la vie était belle !

Que disait donc M. Desfossés, que Pless serait l'endroit où Jacques s'ennuierait le plus ? C'était le pays où il aurait été le plus heureux, c'était un lieu ravissant, c'était la plus belle ville du monde. Qu'avait-il donc, la veille, à trouver l'horizon triste, le soleil pâle, la plaine stérile et désolée ? L'horizon était gai, le soleil était chaud, la plaine était verte.

« Me diras-tu encore que j'ai eu tort de partir ? m'écrivait-il en m'envoyant copie de la lettre de la duchesse ; je te laissais dire, mais je savais bien ce que je faisais. Annette pouvait-elle me tromper ? Tu ne la connais pas encore, tu ne sais pas ce qu'il y a d'énergie et de dévouement dans cette femme. Enfin, je te pardonne ta morale, parce que tu ne peux plus m'en faire. A bientôt. Demain ou après-demain, je pourrai t'écrire le jour de mon départ. Il sera réglé sur celui d'Annette ; je la précéderai ou je la suivrai, car, sans doute, son père l'accompagnera, et nous ne pourrons revenir bras dessus bras dessous. Quel brave homme que ce père ! Je te quitte pour aller me promener avec le docteur. Il veut me faire voir les environs, des mines, des fabriques, que sais-je ? Il peut être sûr d'une chose, c'est que je trouverai tout superbe. »

Le lendemain se passa sans apporter de nouvelles lettres à Jacques ; mais qu'importe ? il avait bien du bonheur pour deux jours. Sans doute Annette faisait ses préparatifs de départ. Que pouvait-elle d'ailleurs lui écrire de plus que la veille ? qu'elle l'aimait ? Il le savait bien. Ce lendemain était un dimanche. Il alla voir le docteur. Il arriva au moment où Mme Hosen terminait la toilette de ses enfants, qu'elle menait au concert.

— Quel concert ? demanda Jacques.

— Vous allez voir, lui répondit le docteur ; venez avec nous ; j'allais vous chercher.

Jacques accompagna le médecin, sa femme et ses enfants dans un grand jardin situé à un demi-kilomètre de la ville, assez semblable aux jardins de nos guinguettes françaises. Il y avait des arbres, des bosquets, des bancs de bois, des gens qui buvaient de la bière en fumant, des jeunes filles en toilette qui se promenaient en riant et en causant. D'où sortaient tous ces gens-là ? D'où sortent, dans tous les pays de la terre, les gens qu'on voit le dimanche ?

Au milieu du jardin, une estrade circulaire où préludaient une vingtaine de musiciens de régiment. Du Beethoven, du Weber, des marches graves et imposantes, des valses alertes et joyeuses, de beaux instruments de cuivre fermes, sonores, éclatants, reluisant au soleil et emplissant l'air d'harmonie : ce n'était pas déjà si ennuyeux, surtout pour un homme qui avait dans le cœur assez de joie pour se rappeler qu'il était artiste.

M. Elb était là avec sa fiancée, jolie fille qui riait toujours. Elle n'habitait pas Pless, mais elle était venue y passer une journée.

— Dans les soirées chaudes, disait M. Hosen à Jacques, on danse ici, le dimanche seulement; et puis nous avons encore d'autres plaisirs : de temps en temps il nous vient des troupes d'acrobates. Je crois même qu'on en annonce une et que nous la verrons dans quelques jours.

Le commissaire n'assistait pas au concert. Il y avait là trop de monde pour lui.

Le lendemain apporta une lettre d'Annette.

« Nous partirons probablement dans trois jours, disait-elle; nous ne ferons que traverser Pless. Nous y passerons par le convoi du matin. Soyez prêt à nous suivre, car le train ne s'arrête qu'une demi-heure. A cause de mon père, n'ayez pas l'air de me connaître, mais descendez dans les mêmes hôtels que nous. Là, nous trouverons moyen de nous parler. J'ai une si grande hâte de vous voir! Mon père a été bien bon pour moi; mais il est triste. Il faut que je vous aime bien pour ne pas voir cette tristesse. Vous comprenez qu'il eût mieux aimé n'avoir jamais à faire cette séparation. Cependant, comme il me l'avait écrit, il a compris qu'elle était indispensable, et je n'ai même pas eu besoin d'employer les grands moyens et de dire toutes les vérités. Il sera toujours temps qu'il les connaisse. Je ne vous écrirai peut-être plus qu'à notre départ. A quoi bon, puisque tout est terminé, que vous êtes sûr de moi comme je suis sûre de vous? »

En effet, pendant deux jours Jacques ne reçut pas de nouvelles. Comme ces deux jours lui parurent longs! Son cœur bondissait dans sa poitrine comme s'il eût voulu courir au-devant de celle qui allait venir. Il m'écrivit pour m'annoncer son arrivée. Le troisième jour, il avait fait ses adieux au docteur, à sa femme et à ses enfants, qui avaient paru assez émus de son départ. Il avait été demander son passe-port au commissaire, qui le lui avait donné en lui souhaitant un bon voyage. Une heure avant l'arrivée du convoi, il était au débarcadère. Il ne savait comment occuper cette dernière heure. Il marchait, il mangeait, il fumait. Enfin, on signala la vue du train.

Il monta sur une borne et vit flotter à l'horizon, au-dessus des arbres, la vapeur du convoi dont on n'entendait pas encore le bruit et qui devait lui amener ce qu'il aimait le plus à cette heure. Le vent commença d'apporter le souffle saccadé de la machine, qu'on ne pouvait distinguer encore ; peu à peu le souffle se rapprocha et devint un bruit ; enfin le train apparut avec une sorte de fracas à la lisière des sapins, qui jusque-là avait étouffé sa voix. Et dire qu'Annette était dans une de ces voitures qui, vues ainsi, à un quart de lieu de distance, semblaient avancer à peine ! C'est au moment où l'on va mettre la main sur un bonheur longtemps attendu, qu'on tremble de ne le toucher jamais. Que la vapeur est lente auprès du désir de l'homme !

— Dans combien de temps ce convoi sera-t-il ici ? demanda Jacques à un homme de la gare qui tenait déjà la bascule de l'aiguille pour mettre le train dans sa voie.

— Dans une minute.

Le bruit allait augmenter, et les regards de Jacques suivaient avec anxiété les lignes de fer, unies et droites, diminuant peu à peu de longueur sous les roues de la locomotive, rugissant par en haut, semant le feu par en bas. Un appel se fit entendre, la vapeur se tut, les freins grincèrent, la course se ralentit, et le train entra dans la gare, dompté, calme, obéissant. Jacques ne respirait plus, il crut qu'il allait se trouver mal ; ses jambes tremblaient sous lui ; tout ce qu'il put faire fut de marcher jusqu'à la première voiture. Il n'y vit que deux hommes enveloppés dans leurs manteaux et dormant encore. Il passa à la seconde. C'était un wagon de troisième classe, Annette ne pouvait être dedans. Mais il y en avait encore deux. La troisième était pleine, Jacques dévora des yeux tous ces visages. Tous inconnus! Restait la quatrième caisse. Jacques hésita un instant avant d'oser y regarder. Après celle-là, il n'y avait plus d'espérance. Enfin il se hasarda, d'autant plus qu'elle ne s'ouvrait pas. Je le crois bien : — elle était vide.

Jacques resta muet et anéanti.

XXIV

La certitude de revoir Annette, à cette heure même, emplissait tellement toute sa personne, qu'en l'abandonnant elle le laissait vide, chancelant, prêt à tomber. Cependant il recommença machinalement l'examen des voyageurs et l'inspection des voitures. Si violemment et si loin qu'on jette l'eau d'un verre, il en reste toujours une goutte au fond quand on le remet sur son pied. Il en est de même de l'espérance : si vite qu'elle vous abandonne, il en reste encore pendant quelques instants l'humidité dans le cœur qui la contenait, et pour qu'il se sèche entièrement, il faut que l'âme ait absorbé jusqu'à la dernière goutte.

Un voile noir retomba de nouveau entre Jacques et tout ce qui l'entourait. En une minute il était passé de la confiance la plus illimitée au doute le plus absolu. Cependant, s'il eût raisonné un peu, il eût vu que rien n'était désespéré. Annette ne lui avait pas écrit, donc il n'y avait rien de changé à la situation. Elle n'arrivait pas par ce convoi, elle arriverait sans doute par l'autre; ne pouvait-elle avoir manqué le départ du chemin de fer ?

Non, Jacques ne se dit rien de tout cela. Il tomba dans une prostration complète. Il ne chercha aucune raison à cet événement. Il ne se dit pas : « Elle est peut-être morte ! » Il se dit avec découragement : « Je ne la reverrai jamais ! » Il n'avait même pas le courage de revenir à l'auberge. Il demanda une feuille de papier et il écrivait à Annette :

« Vous n'êtes pas arrivée. J'attendrai jusqu'à demain. Si demain vous n'êtes pas auprès de moi, je partirai pour Paris, car ce sera la preuve que vous ne m'aimez pas, que vous ne m'avez jamais aimé. »

Cette lettre n'avait pas de sens; mais, dans l'état où était Jacques, il fallait bien écrire quelque chose. Évidemment le hasard seul, après la promesse formelle qu'il avait reçue, pouvait être cause de ce qui arrivait. Il n'y avait donc ni à se désespérer, ni surtout à menacer Annette de partir. Si la duchesse n'était pas là, ce n'était certainement pas sa faute. Elle devait autant vouloir y être que Jacques aurait voulu l'y voir. C'est vrai ; mais il était si abattu, qu'il commença à comprendre que les forces humaines ont une limite et qu'au bout de huit jours de ces émotions-là, ou il faudrait y succomber, ou il faudrait prendre le parti de les fuir.

Il mit sa lettre à la poste, et s'en alla rôder par la campagne. Il ne pleurait pas comme à Hanovre, il n'était pas triste comme à Breslau, il n'avait pas de colère contre le duc, il ne savait même plus s'il aimait Annette, il n'avait plus enfin une conscience exacte de son âme; il était abruti, c'est le mot, comme un homme qui a reçu un grand coup sur la tête, et il se répétait : « Non, rester ici me serait impossible. Tout ce qui me distrayait hier et m'aidait à attendre me serait insupportable, maintenant que j'ai attendu en vain. Non, bien décidément, si demain elle n'est pas arrivée, je repartirai pour Paris. Je l'attendrai plus tranquillement au milieu des gens qui m'aiment. »

Jacques ne rentra pas à l'auberge, où on le croyait parti. Il ne voulait voir personne. Rien que l'étonnement de l'aubergiste, en le voyant revenir, serait une fatigue pour lui. Et puis le docteur le questionnerait peut-être. A quoi bon répondre à tous ces gens-là? En quoi pouvaient-ils lui être utiles? Mais peut-être le convoi qui n'avait pas amené Annette avait-il apporté une lettre pour lui; peut-être cette lettre expliquait-elle tout, et s'il ne rentrait pas, comme il avait dit qu'il partait pour la France, on allait expédier cette lettre, et avant qu'il ait eu le temps de la faire revenir, il s'écoulerait huit jours.

A peine Jacques eut-il fait cette réflexion, qu'il rebroussa chemin, et se mit, non pas à marcher, mais à courir vers l'auberge. Il arriva en nage. L'aubergiste poussa presque un cri en le voyant.

— Il est venu une lettre pour moi? lui demanda Jacques en s'essuyant le front.

— Non, monsieur.

— Vous en êtes sûr?

— Bien sûr. Le facteur a passé par ici. Mais je vous croyais déjà loin.

— Je ne partirai que demain.

— Vous attendez une lettre pour partir?

— Non, j'attendais quelqu'un, répondit Jacques parlant à lui-même plutôt qu'à l'aubergiste.

— Par le convoi de Vienne?

— Oui.

— Cette personne arrivera peut-être par le convoi de ce soir.

— C'est juste! s'écria Jacques qui n'avait pas songé à cela; il y a deux convois par jour.

Et toutes les suppositions raisonnables, et toutes les chances nouvelles de voir arriver Annette faisant invasion dans son esprit; il fut au moment d'embrasser l'aubergiste, dont les dernières paroles lui faisaient tant de bien. Ce second convoi arrivait à sept heures. Jacques y était à cinq heures et demie. Il dîna à la station. Si Annette arrivait par ce convoi, cela vaudrait encore mieux pour Jacques, puisque le chemin de fer ne repartirait que le lendemain, et qu'elle serait forcée de passer la nuit à Pless. Et dire qu'elle allait probablement arriver, puisqu'elle n'avait rien écrit! En attendant, Jacques se rappelait toute son histoire avec cette femme, depuis le jour où il la vit pour la première fois chez Vladimir et où il y avait attendu comme il l'attendait encore, avec une émotion qui était à celle où il se trouvait ce que le pressentiment est à la réalité. Que de choses depuis ce jour!

Et il était à cinq cents lieues de son pays, de ses amis, de sa mère. Peut-être allait-il revoir la duchesse dans une heure, peut-être ne la reverrait-il jamais. Etait-ce bien vrai, tout cela? Oui, tout cela était vrai. Pauvre petite femme! comme elle avait été bonne, franche et dévouée, pendant le temps qui s'était écoulé depuis cette première entrevue! Qui eût dit alors qu'on arriverait de part et d'autre où on en était?

Comme elle était jolie ce jour-là, comme elle était coquette avec grâce! Et le soir, comme elle avait été charmante! Et la visite du petit prince! Et la bonne causerie de toute la nuit! Et la scène de la bague! Et les promenades mystérieuses! Et tous ces souvenirs ne serviraient de rien! Et toutes ces réalités n'aboutiraient qu'à une séparation! Et c'était à une pareille femme qu'il avait écrit une lettre si dure et si injuste le matin; car elle était injuste cette lettre, car Annette avait bien tout fait pour prouver son amour. Ainsi il méritait qu'on le punît; mais elle l'aime : elle comprendra, elle pardonnera.

Une heure après ces réflexions Jacques rentrait à l'auberge, aussi triste que le matin. Le chemin de fer n'avait amené que des marchandises et pas un voyageur. Je n'ai pas besoin de vous dire quelle nuit il passa. A mesure que l'heure où il s'était juré à lui-même de partir approchait, il sentait sa résolution s'éloigner de lui. Nous nous trouvons attachés par d'invisibles liens aux lieux où nous avons commencé à attendre une personne qui nous est chère, et qu'il nous semble que nous ne pouvons revoir que là où nous l'attendons. Quand le cœur a donné et reçu un rendez-vous, si, à l'heure même où le rendez-vous expire, on n'a pas la force de s'éloigner, il y a des chances, — ce n'est pas une exagération, — pour qu'on attende toute sa vie. Chaque minute, au lieu d'apporter une probabilité négative, ajoute une espérance nouvelle à l'espérance déçue. Il semble que, dès qu'on sera loin, la personne désirée arrivera. On ne peut plus se convaincre qu'on ait perdu tant de temps pour rien. On n'attend plus avec conviction; on attend avec entêtement, avec colère. Toutes les autres occupations qui doivent suivre celles-là disparaissent comme inutiles. L'attente passe alors à l'état de besoin. On s'accoutume aux choses les plus insignifiantes dont on est entouré et dans lesquelles on cherche une distraction machinale. Elles finissent par vous devenir presque indispensables. Vous êtes lié à elles, et vous ne sauriez vous en séparer sans un véritable déchirement. Vous vous promenez entre deux limites imaginaires, comme une bête dans sa cage. Vous allez de telle maison à telle maison, vous vous retournez à cet endroit, vous vous arrêtez un instant à cet autre, vous arrivez à des superstitions ridicules, et vous posez au hasard des nécessités stupides, vous vous dites : « Si la première personne qui passera dans la rue est de telle façon, c'est que celle que j'attends viendra ; si elle est de telle manière, c'est qu'elle ne viendra pas, et alors, tant pis, je m'en irai. » La personne passe : à en croire votre superstition vous devriez vous en aller ; vous ne vous en allez pas, et vous recommencez votre promenade. Les jambes vous rentrent dans le corps, votre estomac se serre, vos pieds se gonflent, votre tête se vide, vous sentez que vous devenez tout simplement un idiot, vous avez le sentiment de l'inutilité complète de votre persistance, vous attendez encore, et vous passez ainsi une demi-journée, quelquefois une journée entière. La nuit seule ou le ridicule vous arrache de la place où vous êtes, et encore, quand vous l'avez quittée, avant de rentrer chez vous, trouvez-vous moyen d'y repasser deux ou trois fois.

Jacques en était là. Seulement ce n'était pas au coin d'une rue qu'il attendait, c'était dans un pays étranger ; il n'avait pas que quelques pas à faire, il avait cinq cents lieues à parcourir pour revenir chez lui. S'éloigner du lieu du rendez-vous, ce n'était pas remettre son espérance au lendemain, c'était rompre définitivement avec elle ; revenir à Paris, c'était avouer qu'il avait eu tort de le quitter ; c'était donner en une minute un démenti à tout ce qu'il avait fait depuis un mois ; c'était reconnaître qu'Annette l'avait trompé, qu'il avait eu tort de la croire, qu'il ne l'aimait pas : c'était pis que tout cela, c'était s'éloigner volontairement d'elle.

Il attendit ainsi huit jours ! Huit jours ! Comprenez-vous ce que ce dut être ? Huit jours à ne pas faire autre chose que de venir à un débarcadaire le matin et le soir, regarder dans les voitures et rentrer chaque fois avec une déception et une crainte de plus s'amassant dans le cœur pour y former le désespoir, comme les nuages s'amassent au ciel pour y former la tempête. Vingt fois il avait relu la dernière lettre d'Annette.

« Nous partirons *probablement* dans trois jours. » Ainsi commençait cette lettre.

Probablement. Ce n'était pas une certitude. Il avait donc eu tort d'espérer trop vite. *Probablement* laissait d'avance supposer un retard, un empêchement. Il n'avait donc pas eu tort d'attendre. Mais accorder deux, trois, quatre jours aux probabilités, c'était tout ce que cet adverbe pouvait exiger, et il attendait depuis une semaine.

Chaque jour, entre les deux convois, il écrivait une lettre nouvelle à la retardataire; tantôt cette lettre était suppliante, tantôt elle était pleine de reproches; l'une prouvait sa douleur, l'autre laissait déjà voir son doute. Il ne discutait plus les influences de l'attente; il se laissait aller aux premières impressions. Un jour, il disait : « Au nom du ciel, dites-moi ce qui se passe! d'où vient votre silence? un mot, je vous en supplie! » Le lendemain : « Vous vous êtes jouée de moi. Il y a dans votre conduite un mystère impénétrable. C'est vous qui avez voulu aller à Vienne, sachant que je ne pouvais vous y rejoindre. On ne m'avait donc pas trompé. Vous n'avez ni souvenir de vos serments, ni cœur pour qui vous aime. » Ou bien : « Ayez confiance en moi : dites-moi toute la vérité; s'il y a quelque événement nouveau, avouez-le-moi. Vous savez bien que je vous aime. S'il faut vous attendre encore, je vous attendrai, je vous le jure, mais qu'au moins je sache à quoi m'en tenir. »

Pas de réponse. C'était à devenir fou.

Jacques ne sortait plus que pour aller au débarcadère. Deux ou trois fois même, pendant ces huit jours, il resta chez lui aux heures où le convoi arrivait, affectant de s'occuper d'autre chose aux heures d'arrivée. Il avait entendu dire, il avait éprouvé par lui-même que le hasard se plaît à nous envoyer ce que nous espérons au moment où nous nous y attendons le moins; mais Jacques avait beau faire, si sa personne n'était pas au débarcadère, sa pensée tout entière y était; de loin ou de près, il attendait toujours, et le hasard, plus fin que lui, ne se laissait pas prendre. Il ne voyait plus aucune de ses nouvelles connaissances. Il ne m'écrivait pas toutes ses agitations. Il ne voulait ni d'observations ni de conseils que les circonstances eussent justifiés, et qu'il était déjà forcé de se faire et de se donner lui-même.

Nous l'avons dit, huit jours se passèrent. Le soir du neuvième jour, il venait de rentrer à l'auberge comme il y était rentré la veille; il était assis dans sa chambre, la tête appuyée sur son bras gauche, son bras gauche appuyé sur sa table, regardant tristement brûler les deux bougies, la seule distraction qu'il se permît, quand une des servantes de la maison frappa à sa porte.

— Entrez. Que me veut-on? lui dit-il.

— Monsieur, il y a une personne qui vous demande.

— Moi?

— Oui.

Le cœur de Jacques se mit à danser dans sa poitrine.

— Une dame ou un monsieur?

— Une dame.

— Jeune ou vieille?

— Jeune.

— Elle arrive de Vienne?

— Oui, monsieur.

Jacques poussa un cri.

— Et où est-elle? demanda-t-il, pouvant à peine respirer.

— Au nº 9.

Jacques courut comme un fou vers la porte du nº 9, qu'il ouvrit brusquement en appelant : « Annette! Annette! »

Mais à peine eut-il franchi le seuil de cette porte qu'il s'arrêta comme pétrifié. Une jeune femme était en effet dans cette chambre et l'avait fait appeler; mais cette jeune femme n'était pas la duchesse.

— Pardon, madame, balbutia-t-il en portant malgré lui la main à son front, car il se sentait pâlir et chanceler; pardon, madame, pour la manière dont je viens de me présenter; mais je croyais trouver ici une personne qui n'eût pas compris que je me présentasse autrement.

— Vous êtes tout pardonné, répondit la jeune femme, qui, en voyant paraître notre héros ainsi, n'avait manifesté aucun étonnement. La personne que vous attendez, continua-t-elle avec un léger accent étranger, mais dans le français le plus pur, la personne que vous attendez ne peut venir, et, malheureusement, ne pourra peut-être venir de longtemps.

— Vous l'avez vue, madame? fit Jacques en se rapprochant instinctivement de cette dame.

— Oui, monsieur.

— Et qui l'empêche de venir?

— Elle est très-malade.

— Très-malade! répéta Jacques avec effroi.

Puis, presque à l'instant même, il secoua la tête en signe de doute.

— Voilà ce qu'elle m'a chargé de vous dire, voilà ce que j'ai vu moi-même. Depuis plus de huit jours, elle n'a pas quitté son lit, personne en qui elle pût avoir confiance ne pouvait l'approcher; voilà pourquoi, depuis huit jours, elle n'a pas donné de ses nouvelle aux amis qui en attendaient. Elle avait une fièvre cérébrale, le délire presque continuellement; elle ne prononçait jamais qu'un nom, qui sera probablement celui de son enfant, si cet enfant est un fils, et depuis huit jours, elle a été plus près de la mort que de la vie.

— Et maintenant ?

— Maintenant, elle est encore incapable de quitter son lit, et bien certainement elle sera forcée de garder la chambre au moins quatre ou cinq semaines.

Ainsi il n'y avait plus non-seulement d'espérance, mais même d'incertitude pour Jacques.

— C'est là tout ce dont vous avez bien voulu vous charger pour moi, madame ? demanda-t-il d'une voix suffoquée.

— Non, monsieur; j'ai encore une lettre, la voici.

Jacques prit cette lettre.

— Merci, madame, dit-il, et quoique la nouvelle que vous m'apportez soit une des plus tristes que je puisse recevoir, n'en croyez pas moins à toute ma reconnaissance.

En même temps il s'inclinait et s'apprêtait à sortir; son émotion visible expliquait aisément le besoin qu'il avait d'être seul.

— Lisez cette lettre ici, monsieur, reprit la jeune femme avec l'accent d'une sympathie réelle, et quand vous l'aurez lue, si vous avez encore quelque chose à me demander, et si je puis vous rendre quelque service, disposez de moi. Je ne connais la duchesse que depuis son arrivée à Vienne; mais je comprends tout ce qu'elle souffre, mon amitié lui est acquise, et c'est moi qui lui ai offert de me charger de cette commission. Peut-être avant qu'elle quitte la chambre ne pourrez-vous pas recevoir de lettres d'elle, car elle est très-surveillée, et, parmi ceux qui l'entourent, nul ne l'aime assez pour mettre à la poste une lettre qui porterait votre nom.

Jacques ouvrit en tremblant cette lettre, il n'avait pas besoin de la lire pour sentir qu'il allait pleurer comme un enfant. Depuis huit jours, ses larmes n'attendaient qu'un prétexte pour se répandre, et cette dernière déception leur ouvrait la porte. La lettre ne contenait que quelques lignes écrites d'une main tremblante, et presque illisibles. Il lut cependant :

« Dieu m'éprouve et me punit cruellement. Je suis mourante, et peut-être me faudra-t-il mourir sans vous revoir. Mon pauvre ami, comme vous avez dû souffrir depuis huit jours ! La personne qui vous remettra cette lettre est un cœur dévoué. Elle vous dira dans quel état je suis. Si vous me voyiez, vous ne me reconnaîtriez plus. Il n'y a de vivant en moi que mon amour pour vous. Je guérirai, je vous le jure. Je vous reviendrai; mais, quoi qu'il arrive jusqu'à ce moment, ne doutez pas de moi, je vous en supplie. C'est à peine si je puis tenir la plume avec laquelle je vous écris. Si je pouvais vous voir, il me semble que je guérirais, mais c'est impossible. Le médecin me dit que je ne pourrai pas marcher avant un mois. On va me transporter à la campagne. Vous, retournez à Paris, mon ami, car je vous ai promis de ne pas vous faire aller plus loin que Pless, et je ne puis ainsi disposer de votre temps; mais ne m'oubliez pas, je vous en conjure. Si vous êtes quelque temps sans recevoir de mes nouvelles, ne vous alarmez pas, ne doutez pas; plus tard, je vous expliquerai tout, car nous nous reverrons, je vous l'ai juré et je tiendrai mon serment. Ayez confiance dans la personne qui vous porte ce billet; mais ne la regardez pas trop, elle est bien plus jolie que moi. Elle va à Carlsbad, elle a consenti à se détourner de sa route pour vous voir et vous dire qu'elle m'a vue. De là elle ira à Paris. Allez l'y voir quelquefois, donnez-lui des lettres, Peut-être trouvera-t-elle moyen de me les faire passer. Je voudrais ne jamais quitter le papier sur lequel je vous écris; mais ma vue se trouble, je ne vois plus les lignes que je trace, pourrez-vous même les lire? Je vous aime. Ne m'oubliez pas. A vous toute ma vie. »

Ainsi voilà où aboutissait ce voyage. Voilà à quelle solution mystérieuse et vague toutes les émotions, toutes les craintes, tous les sacrifices de Jacques devaient le conduire! Voilà de quelle manière devaient s'accomplir les serments d'Annette! De grosses larmes roulaient des yeux de Jacques sur ce papier dont il ne distinguait plus les caractères. Il n'osait relever la tête, il n'osait laisser voir qu'il pleurait. La jeune femme se sentait émue. Elle regardait le pauvre garçon, qui ne pouvait parler, qui n'osait relever le front. Elle ne voulait pas blesser la pudeur de cette douleur silencieuse et vraie. Elle trouva moyen de quitter un instant la chambre. Quand elle reparut, Jacques avait essuyé ses yeux et conquis de la force pour quelques instants.

— Merci encore une fois et pardon, madame, lui dit-il en regardant cette femme, qui était belle en effet; mais j'ai encore un service à vous demander.

— Parlez, monsieur.

— La duchesse dit qu'on va la transporter à la campagne.

— C'est vrai.

— Le nom de la campagne où elle va ?

— Je l'ignore.

— Je vous en prie, madame.

— Je vous jure, monsieur, que je ne la connais pas.

— Adieu, madame; pardon de vous avoir importunée si longtemps.

— Monsieur, fit la jeune femme comme pour rappeler Jacques qui revint sur ses pas, est-ce donc tout ce que vous avez à me demander ?

— Mon Dieu, oui, madame.

— Peut-être aurai-je une occasion d'écrire sûrement à la duchesse, n'avez-vous rien à lui faire dire ?

— Rien.

— C'est mal; elle souffre, elle est bien malheureuse, et vous l'abandonnez.

— Je ne l'abandonne pas, madame, je vais partir.

— Pour ?

— Pour Vienne.

— Puisqu'elle n'y est plus.

— On me dira où elle est.

— Je ne le crois pas.

— Que se passe-t-il alors, madame ? Dites-le-moi, je vous en supplie; car il y a là dedans un mystère qui m'épouvante. Ou le malheur est plus grand que la duchesse ne le dit, ou elle se joue de moi.

— Elle ! ô monsieur ! vous êtes injuste.

— Enfin, madame, dites-moi ce que vous savez; vous voyez dans quel état je suis, malgré mes efforts pour paraître calme; par grâce, dites-moi la vérité.

— La duchesse ne vous la dit-elle pas ?

— Avez-vous connaissance de sa lettre, madame ?

— Non.

— Eh bien, lisez-la, et dites-moi s'il est possible d'envoyer à un cœur qui souffre une raison plus vague de souffrir davantage.

— Elle souffre plus que vous, reprit la belle messagère après avoir lu la lettre et en la rendant à Jacques, et si vous m'en croyez, vous ferez ce qu'elle vous dit de faire ; c'est le plus sage et le plus sûr. La patience seule peut arranger les choses.

— Je n'en arriverai à la patience que quand les autres moyens auront échoué. Voulez-vous que je sois franc, madame? je ne crois pas à la maladie de la duchesse; cette maladie est venue trop à point. Je n'y croirai que quand je l'aurai vue; je ne serai patient que lorsque j'aurai le dernier mot de cette énigme.

— Pour que j'aie accepté, pour que j'aie offert de servir d'intermédiaire à la duchesse, répliqua avec dignité l'interlocutrice de Jacques, il a fallu, monsieur, une raison sérieuse. De pareilles missions ne sont ni dans mes habitudes, ni dans mes goûts. Or cette raison, c'est la maladie de cette pauvre femme, c'est le chagrin où la mettait l'impossibilité physique et matérielle de tenir un serment qu'elle a fait, et de rejoindre une personne qu'elle aime, et qui, à mon avis, commettrait une mauvaise action en l'accusant et en doutant. Maintenant, monsieur, permettez-moi de joindre un conseil au service que j'ai cru pouvoir vous rendre. Dans l'intérêt de tout le monde, si vous voulez que l'avenir répare les fatalités du présent, vous ferez bien de vous en tenir aux termes de la lettre que vous avez reçue, de retourner à Paris et d'attendre.

Votre présence ici ne peut plus servir à rien; vos tentatives pour entrer en Autriche échoueront : des mesures ont été prises par des gens influents qui ont intérêt à vous en éloigner pour que vous ne puissiez passer la frontière; si vous y parveniez cependant, je ne crois pas encore que vous arriveriez à voir la duchesse. Je suis même certaine que vous ne la verriez pas. Personne ne peut pénétrer auprès d'elle, et une grande émotion pourrait la tuer. S'il y avait eu un moyen de vous voir, elle vous l'eût fait connaître, car elle compte encore assez sur votre amour pour vous demander de faire une centaine de lieues de plus, si ces cent lieues devaient amener une entrevue entre elle et vous. Elle vous aime, soyez-en convaincu; ne doutez pas d'elle, aimez-la; le temps fera le reste. En attendant, comme elle vous l'a dit, vous pouvez disposer de moi. Je vais à Carlsbad, de là à Paris. J'aurai, sans doute, quelques occasions particulières pour l'Autriche, qui est mon pays. Les lettres que vous me remettrez pour elle, j'espère pouvoir les lui faire tenir; et du reste, dans deux mois, au plus tard, vous serez réunis. Qu'est-ce qu'une séparation de deux mois pour deux cœurs sûrs l'un de l'autre?

— Je vous suis reconnaissant, madame, de vos bons conseils et de votre bienveillante intervention, répondit Jacques d'un ton qui démentait un peu ses paroles, mais je ne voudrais pas en abuser. La duchesse m'a fait un serment solennel; elle ne le tient pas. C'est à moi de chercher à connaître les véritables raisons de ce parjure. Ou je la verrai à Vienne, ou il n'y aura plus rien de commun entre nous.

— Prenez garde, monsieur, de causer de plus grands malheurs que ceux qui existent déjà.

Jacques s'inclina sans ajouter une parole, et prit congé de la jeune femme, dont la dignité se repentit peut-être en voyant la conclusion de cette scène.

XXV

Jacques sentait bien qu'on lui cachait une partie de la vérité, sinon la vérité tout entière. Son amour était humilié du peu de confiance qu'on avait en lui. Il rougissait alors du rôle ridicule qu'il avait joué depuis huit jours en allant attendre une femme qui ne devait pas revenir, et qui pouvait croire qu'il allait se contenter des raisons vagues qu'on lui donnait et des promesses plus vagues encore qui lui étaient faites pour l'avenir. En ce moment il se sentait près de haïr la duchesse. Il rentra dans sa chambre. Comprenant que nous l'attendions ici et que nous pourrions être inquiets en ne la voyant pas revenir, il m'écrivit, sans autre explication :

« Mon départ est un peu retardé. Cependant je quitte Pless; ne m'y écris donc plus. Dans huit jours je serai à Paris. »

Cette lettre était courte, mais elle avait quelque chose de formel. Je soupçonnai bien un peu, ne connaissant pas encore les détails précédents, qu'il y avait une nouvelle péripétie dans cette histoire; mais je commençai à croire au retour, et je portai cette lettre à Mme de Feuil, qui, elle, ne cessait de s'inquiéter, et qui, pour peu que cela continuât, ne manquerait pas de tomber malade.

Cette lettre écrite, Jacques sortit pour aller la mettre à la poste, et, quoiqu'il fût un peu tard, il se rendit chez le commissaire, en se disant :

— Cet homme a souffert, il est discret, et c'est un homme de cœur. Il ne me refusera pas ce que je vais lui demander.

Huit jours se passèrent sans que Jacques revînt; au bout de quinze jours, nous l'attendions encore. Trois semaines s'écoulèrent ainsi. Inutile de dire que de temps en temps j'envoyais ou j'allais dire à Mme de Feuil que j'avais des nouvelles, ce qui était faux; mais il fallait tranquilliser cette mère, qui ne se plaignait pas, mais qui n'en souffrait que davantage.

Le fait est que nous étions tous deux dans une inquiétude mortelle. Qu'était-il donc arrivé ? Je passais mon temps à faire sur le voyageur les suppositions les plus diverses. J'en étais venu, tantôt à trembler d'apprendre qu'il était arrivé un malheur, tantôt à l'accuser d'ingratitude envers sa mère, envers nous tous.

Une nuit, je revenais de souper avec un confrère qui avait donné, le soir, une première représentation, et je rentrais tranquillement chez moi, quand, arrivé à cinquante pas de ma porte, je vis quelqu'un qui se promenait devant, qui, au bruit de mes pas, se retourna et marcha tout droit à ma rencontre. J'avoue qu'en ce moment je ne pensais pas du tout à Jacques. C'était lui ; mais dans quel état ! Les cheveux en désordre, la barbe longue, le teint pâle, coiffé d'une casquette, couvert de poussière, exténué de fatigue, cravate en corde, col de chemise nul.

— Toi ! m'écriai-je en lui sautant au cou. Enfin, ce n'est pas malheureux !

— Oui, oui, me dit-il d'une voix épuisée et en me tendant une main brûlante de fièvre qui réclamait impatiemment le savon et l'eau. — Voilà trois heures que je me promène devant ta porte. Je voulais te voir avant de rentrer chez moi ; je t'aurais attendu jusqu'au matin. Montons, je tombe de fatigue. Voilà plus de cent heures que je suis en chemin de fer, mangeant à peine, ne dormant pas ; je n'ai que le temps de me mettre au lit et de tomber malade à mon aise.

Nous montâmes.

— Tu n'as encore vu personne ? lui dis-je.

— Personne. J'ai couru tout de suite ici. Je n'ai pas osé aller chez ma mère.

— Pourquoi ?

— J'avais peur qu'on me répondît qu'elle était morte.

— Elle va bien.

— Dieu soit loué !

Arrivé dans ma chambre, Jacques se laissa tomber dans un fauteuil.

— Tu es seul à Paris ? lui demandai-je timidement.

— Pardieu ! me répondit-il avec amertume, est-ce que cela pouvait finir autrement ?

— Pauvre garçon !

— Comment je vis encore, voilà ce que je ne m'explique pas.

— Et d'où viens-tu ?

— De Vienne, d'Ofen, d'Hermanstadt, du fond de l'Autriche ;

si je ne viens pas du bout de l'Europe, c'est que je n'avais plus d'argent. Donne-moi un verre d'eau.

Jacques grelottait. Nous étions en plein été. J'allumai du feu, et je le regardai. Il n'était réellement plus reconnaissable. Je n'osai pas le questionner. Les quelques paroles qu'il m'avait dites et l'aspect général de sa personne en disaient d'ailleurs plus que tous les récits. Lui-même avait tant de choses à dire, qu'il ne savait par où commencer. Par moments, même, je ne pouvais croire que ce fût lui.

— Couche-toi, me dit-il, moi, je vais dormir au coin du feu, dans ce fauteuil. Il me serait impossible de dormir chez moi.

Il acheva son verre d'eau, le posa sur la cheminée et le considéra un instant.

— C'est le verre où j'ai bu le jour de mon départ, dit-il. Que de choses entre ces deux verres d'eau!

Il posa sa tête dans sa main, et, en une minute sans doute, tous les souvenirs qu'il venait d'évoquer traversèrent bruyamment son esprit.

— Tu devais me croire mort? continua-t-il.

— J'avoue que j'étais inquiet; cependant je disais à ta mère que je recevais de tes nouvelles.

— Tu faisais bien.

— Mais pourquoi ne nous écrivais-tu pas?

— Écrire! quoi? je me trouvais déjà bien assez ridicule, sans écrire que je l'étais.

Il partit d'un éclat de rire plein d'une ironie douloureuse.

— Ah! c'est trop fort! se répondit-il tout haut à lui-même; quand je pense à tout ce que j'ai fait, je ne puis m'empêcher de rire.

En disant cela, il claquait des dents.

— Enfin, reprit-il en se levant et en se promenant, les mains dans ses poches, c'est fini, n'en parlons plus. Qu'est-ce que tu as à me conter, toi? D'où venais-tu ce soir?

— Du théâtre.

— Tu t'étais amusé?

— Oui; c'était une nouvelle pièce d'Émile.

— Nous irons la voir demain.

— Tu seras bien fatigué!

— Allons donc! et puis, j'ai besoin de revoir du vrai monde. Élisabeth, qu'est-elle devenue?

— Elle est remise avec M. George.

— Vraiment!

— Oui.

— Et elle est heureuse?

— Je le crois.

— Pourquoi se quitter, quand on doit se reprendre? Pourquoi se prendre, puisqu'il faut se quitter? Que la vie est bête, mon Dieu!

Jacques se remit dans son fauteuil.

Sa conversation décousue ne m'apprenait rien. J'aurais pourtant voulu savoir quelque chose.

— Tu es pour longtemps à Paris? lui demandai-je.

— Comment, pour longtemps! pour toujours, je l'espère bien. J'ai assez de voyages comme cela.

— Avec toi, on ne sait jamais...

— Moque-toi de moi, tu as bien raison; mais je te défie de t'en moquer autant que je m'en moque moi-même.

— Que s'est-il donc passé?

— Comme c'est difficile à deviner! J'ai été trompé, joué, bafoué par cette femme; elle m'a menti impudemment, lâchement. Elle ne m'a jamais aimé, voilà tout, et Vladimir la connaissait bien, va. Enfin, c'est une leçon, et si jamais je crois à une femme maintenant...

— Laisse donc, celle-là même reviendrait ce soir, que tu lui sauterais au cou.

— Non, me répondit froidement Jacques; il arrive un moment où la dignité se réveille et chasse toutes les lâchetés de l'amour. Tout est fini entre cette femme et moi, je le jure sur ma mère. Tiens, si tu le veux, nous n'en parlerons même plus. Tu as envie de dormir, dors; je vais tâcher d'en faire autant.

Jacques s'étendit sur un canapé, s'enveloppa d'une couverture, se couvrit de son manteau et ne dit plus rien. Au bout de dix minutes, il dormait d'un sommeil fiévreux; mais enfin il dormait. Moi, j'étais si étonné de son retour, si frappé de l'état où je le voyais, que je ne pouvais fermer l'œil. Je ne m'endormis qu'au matin. Quand je me réveillai, le canapé était désert. Jacques était parti sans me réveiller. A onze heures, il reparut, rasé, coiffé, reposé, presque joyeux.

— Allons déjeuner, me dit-il, je meurs de faim.

C'était à croire qu'il n'avait pas quitté Paris un seul instant, tant il paraissait rentré dans ses habitudes d'autrefois; du reste, rien, dans la chaîne des habitudes, ne se ressoude aussi facilement que le départ et le retour. Une heure après qu'un ami nous est revenu, il nous semble qu'il ne nous a jamais quitté.

— J'ai vu ma mère, me dit Jacques ; elle s'est presque trouvée mal en me voyant. Quand je pense que je suis resté trois semaines sans lui écrire, et qu'un moment je l'avais oubliée ! Elle eût voulu me garder toute la journée avec elle, mais elle m'eût questionné, elle m'eût plaint, et je ne veux ni qu'on me plaigne ni qu'on me questionne. Je veux oublier le plus possible ; elle est sûre que je suis vivant et que je ne repars pas. Cela lui suffit. Allons déjeuner.

Jacques ne tenait pas en place. Nous sortîmes ; il marchait vite, absorbant à pleins poumons cet air parisien qui lui avait manqué si longtemps, et s'efforçant d'aspirer avec lui sa vie d'autrefois et l'oubli du présent. Il souriait même aux inconnus qui passaient à ses côtés. Il eût voulu tout revoir dans le même jour. Les plaisirs qu'il méprisait le plus jadis, il s'en faisait une fête maintenant. Il eût fallu un mois pour accomplir toutes les choses dont il prenait la résolution dans cette journée. Il me fit déjeuner en une demi-heure, et me dit :

— Allons à la campagne, j'ai besoin d'air ! Allons voir mademoiselle de Norcy.

Au milieu de tout cela, pas un renseignement sur les détails de son voyage, que j'ignorais encore. Il essayait positivement d'étouffer le souvenir dans son cerveau. Nous arrivâmes à Versailles. Une demi-heure après nous entrions dans la petite maison que vous connaissez. Avons-nous besoin de dire par quelles exclamations de joie, par quelles questions fut reçu le voyageur ? Jacques comprit qu'il n'y avait pas moyen d'éviter les explications. Il se composa une figure railleuse qui ne laissait plus de place aux attendrissements qui l'eussent peut-être gagné, s'il n'y eût mis bon ordre, et qui interdisait les commentaires sérieux et solennels.

— Voyons, dit-il, il faut absolument vous raconter la fin ?

— Oui.

— Vous ne vous apitoierez pas sur mon sort ?

— Non.

— Vous promettez de ne m'en plus reparler jamais ?

— Nous le promettons.

— Fin de l'histoire d'un homme amoureux, continua-t-il avec un rire et un ton qui me faisaient mal.

Jacques avait dû bien souffrir, et devait bien souffrir encore, pour trouver de pareilles intonations en parlant de la duchesse, en revenant d'un voyage qui était la preuve de la puissance de son amour pour elle. Il nous raconta ce que vous avez lu, jusqu'au moment où il avait été trouver le commissaire de

Pless. Là, il fit une pause. Certainement il eût voulu ne pas aller plus loin.

— Et alors ? demanda Élisabeth.

— Alors, reprit-il en laissant percer malgré lui dans sa voix les notes graves de la douleur palpitante encore, alors je parvins à me procurer un passe-port avec un faux nom. Je n'oublierai jamais le service que cet homme m'a rendu, au risque de perdre sa place.

— Et vous êtes parti pour Vienne ?

— Le jour même.

— Vous y êtes arrivé sans difficulté ?

— Oui ; et c'est là que la farce a commencé. Elle n'était plus à Vienne.

— Depuis quand ?

— Depuis huit jours.

— Elle était partie, malade comme elle l'était ?

— Elle n'avait jamais été malade.

— Ainsi, sa dernière lettre...

— Mensonge !

— C'est impossible !

— Cela est.

— Où était-elle allée ?

— Elle était, croyait-on, partie pour Ofen.

— Vous l'avez suivie ?

— Oui.

— Trouvée ?

— Allons donc ! Elle n'avait fait que traverser la ville, et encore était-ce bien sûr que ce fût elle ? On me la désigna à peu près. Je m'obstinai à la reconnaître dans ce signalement, et je continuai ma route pour l'endroit qu'on m'indiquait.

— Pour ?

— Pour Hermanstadt.

— Et là ?

— Rien. Je recueillis encore quelques indications vagues ; mais il me fallait passer en Moldavie. Riez donc ! c'est extrêmement drôle. J'étais devenu le Juif-Errant de l'amour ; seulement je voyais venir la fin de mes cinq sous, et heureusement le retour de ma raison. Je commençai à comprendre combien j'étais ridicule, combien davantage encore je le serais si je restais cloué là par une maladie ou par le manque d'argent. Je me jurai de ne pas aller plus loin ; et comme ma bourse me démontrait, d'un autre côté, l'impossibilité de continuer cette poursuite inutile, j'eus moins de peine à tenir mon serment. Je fis le premier pas du retour. Ce n'était pas gai. Je revins à Pless, où j'avais prié qu'on me gardât mes lettres s'il en venait. Pas de lettres. Ah ! j'étais bien joué. Alors je n'eus plus qu'une pensée : fuir cette femme, comme un mois auparavant je n'avais pu faire qu'une chose : la suivre. Je pris le chemin de fer et me voilà. Je vous fais grâce de toutes mes réflexions pendant la route ; je n'ai besoin de vous en dire que le résultat, qui est celui-ci : « J'ai fait quinze cents lieues pour cette femme, je n'irais pas d'ici à Paris pour la voir. »

— Exagération ! dit Mlle de Norcy.

— Non, je vous le jure !

— Elle vous aimait.

Jacques haussa les épaules.

— Elle vous en a donné des preuves, vous me l'avez écrit vous-même ; elle reviendra.

— Que m'importe !

— Et vous la verrez.

— Jamais.

— Ou elle vous écrira et vous lui répondrez.

— Je ne lirai pas la lettre.

— Alors, c'est que vous ne l'aimiez pas.

— Peut-être, répondit Jacques comme pour couper court à des objections qui avaient encore trop de prise sur lui.

— Car, lorsqu'on aime, on pardonne, ajouta Elisabeth avec un soupir, je ne le sais que trop, au risque d'en souffrir davantage dans son amour-propre et dans son amour. Enfin, c'est moi qui l'ai voulu, je n'ai pas le droit de me plaindre.

— Allons ! il paraît, fit Jacques, cette fois avec la véritable allure de la philosophie gaie ; allons, il paraît que décidément l'amour est une triste chose et ne vaut pas la peine qu'il donne,

— A qui le dites-vous ? Ah ça, on va vous voir maintenant ?

— Je le crois bien !

— Vous ne me demandez pas des nouvelles de Charlotte ?

— C'est vrai ! cette pauvre Charlotte, qu'est-ce qu'elle est devenue ?

— Elle est partie pour les eaux.

— Seule ?

— Non.

— Avec mon successeur ?

— Oui.

— C'est donc une véritable passion ?

— Elle veut le faire croire ; et vous, qu'allez-vous faire ?

— Que voulez-vous que je fasse? je vais me remettre à travailler, j'en ai besoin.

Nous dinâmes chez Mlle de Norcy; nous étions à Paris à onze heures du soir. Si j'avais écouté Jacques nous nous serions promenés toute la nuit; il ne voulait pas rentrer; il n'était pas encore assez fort contre lui-même pour rester longtemps seul. Cependant je le remis à sa porte, et moi, qui n'avais pas les mêmes raisons d'insomnie je revins me coucher.

Le lendemain matin, j'allai lui reporter le paquet de lettres et le portrait qu'il m'avait confiés. Je le vis pâlir en touchant ce portrait, qu'il effecta de ne pas regarder, et en prenant ces lettres qu'il poussa au fond d'un tiroir.

— J'ai oublié de te demander, fit-il tout de suite pour empêcher la conversation de se mettre sur un terrain où elle serait revenue se placer d'elle-même, si le prince de Riva est toujours à Paris.

— Certainement; je le rencontre souvent à cheval; il m'a bien des fois demandé de tes nouvelles.

— Il faut que j'aille le voir; il est si gracieux pour moi! Figure-toi que j'ai travaillé un peu cette nuit.

— Tant mieux.

— J'ai entendu, en Silésie, des airs qui viennent je ne sais d'où, que jouaient des espèces de mendiants et qui ont une certaine étrangeté... Je les ai notés, et cette nuit j'en ai fait un morceau que je crois original.

Jacques se mit au piano et me fit entendre cette première composition; elle était d'un sentiment indescriptible.

— Peut-être, lui dis-je, ce voyage n'aura-t-il pas été une mauvaise chose pour toi, au point de vue de ton talent, et lui donnera-t-il une couleur nouvelle.

— Il me faut bien un dédommagement; mais j'ai peine à me remettre à un travail assidu et régulier. Je voulais passer la journée chez moi aujourd'hui, il est onze heures, et j'ai déjà besoin de sortir; j'étouffe entre ces murs.

XXVI

Jacques alla voir le prince; celui-ci, enchanté de le revoir, ne lui fit aucune question sur son absence. Si Jacques voulait lui faire des confidences, il était prêt à les recevoir, mais il était homme de trop bon goût pour les provoquer. De son côté, Jacques aurait cru manquer à l'amitié dont il avait reçu des témoignages, s'il s'était renfermé dans un silence absolu. Il lui raconta brièvement ce qui s'était passé.

— Ecoutez, lui dit M. de Riva, à mon avis, vous avez eu tort de suivre la duchesse, cela ne pouvait servir à rien ; mais il n'y a pas à discuter le fait quand vous avez acquis par vous-même la preuve de son inutilité, quand vous en avez souffert. Ne nous occupons donc que de l'avenir. Vous me paraissez être tombé un peu dans l'exagération du sentiment opposé à celui qui vous a fait partir. Etiez-vous sûr, en partant, d'aimer autant la duchesse que vous le croyez? Êtes-vous sûr aujourd'hui de tenir aussi peu à elle que vous le dites? Voulez-vous franchement mon opinion? ne vous blessez pas : vous avez donné de l'importance à cette liaison parce que vous la contractiez dans un monde dont l'intimité vous était jusqu'alors restée à peu près inconnue. Il y a eu sans que vous vous en doutiez beaucoup d'amour-propre dans votre affaire. Cette femme, jeune, belle, exaltée, placée dans une grande position, enviée, admirée, avait tout ce qu'il fallait pour exalter un esprit enthousiaste comme le vôtre. Vous l'avez aimée en artiste, et peut-être, à votre place, aurais-je agi comme vous ; mais maintenant qu'une impossibilité a surgi entre vous, et que vous êtes séparés, examinez froidement les choses. Pour ma part, je ne la crois pas coupable, et dans le mensonge qu'elle vous a fait et que vous lui reprochez, je serais tout disposé à voir une preuve d'amour. Il doit y avoir là-dessous quelque mystère qu'elle n'aura pas osé vous avouer et dont vous aurez le mot plus tard.

La duchesse reviendra-t-elle? Je ne le crois pas. Je dirai même : « Je l'espère pour elle et pour vous. » Votre roman me paraît avoir eu son dénoûment naturel. Ne demandez pas à l'avenir un épilogue qui ne peut être que malheureux. Que vous reste-t-il à faire, à vous? Beaucoup de choses. Vous pouvez continuer à aimer la duchesse, à la pleurer ; vous pouvez vous poser en martyr et tourner à l'élégie ; ce sera bien en dehors de la nature humaine, bien incompatible avec votre âge, avec votre intelligence, avec l'indépendance d'esprit indispensable à l'artiste.

Vous pouvez penser et dire du mal d'elle. Ce sera de bien mauvais goût. On ne doit jamais dire du mal d'une femme qu'on a aimée, à quelque classe qu'elle appartienne, et surtout quand on a reçu de cette femme des preuves d'amour aussi réelles que celles qui vous ont été données. L'oublier tout de suite, ce sera difficile ; la haïr ce sera commun ; la mépriser, ce sera injuste.

Vous pouvez vous vanter de cette liaison et vous en servir

pour en contracter d'autres du même genre. Il y a un nom pour les gens qui font ces sortes de spéculations; mais ce nom, je ne me le rappelle pas, ayant peu l'habitude de m'en servir. Enfin, vous pouvez faire la part des nécessités, comprendre qu'il est des sacrifices au-dessus des forces d'une femme; vous dire que, parmi les choses les moins durables de ce monde, ces sortes de liaisons se trouvent au premier rang; que vous ne sauriez fonder rien de certain et de stable sur une convention de cœur à laquelle aucune institution sociale n'offre de garantie et qui les a toutes pour adversaires; que vous n'avez rien à vous reprocher; que vous avez été heureux, que vous avez été aimé, que vous l'êtes encore; que vous ne serez jamais oublié d'une des plus belles personnes du monde; mais qu'après tout, ce qui vous arrive à vous est arrivé à bien des gens qui n'en sont pas morts; que la société, après quelques bouillonnements, finira par recouvrir ce petit scandale, comme c'est son habitude et son intérêt de le faire; que votre état d'homme vous donne tous les bénéfices de l'aventure sans aucune des charges; que, s'il y a déchirement momentané dans vos habitudes et vos affections, il n'y a pas solution de liberté dans votre vie matérielle; que vous n'avez, vous, de comptes à rendre à personne, ni à un mari, ni à un père, ni au monde, qui vous a bien attaqué un peu, mais qui ne peut vous faire aucun mal; que vous avez le droit d'aller chercher des distractions où bon vous semble; que les événements donnent à votre liaison un dénoûment qui vous permet de croire qu'elle n'eût jamais fini, et qu'au lieu de la laisser s'épuiser, comme toutes les autres, dans l'habitude, l'abus et la satiété, en la rompant brusquement, ils vous autorisent à en garder un long, un éternel souvenir, pieux et loyal; qu'au milieu de tout cela, vous êtes jeune, vous êtes homme, c'est-à-dire que vous avez votre part d'égoïsme si naturel, si utile à l'humanité, et que, comme un temps viendra où certainement vous aurez d'autres affections, il est inutile de donner à celle-ci une importance que vous seriez tôt ou tard forcé de démentir. Voilà, je crois, le raisonnement que vous devez vous faire.

Je ne suis peut-être pas vis-à-vis de vous en droit de vous donner des conseils, puisque j'ai été votre rival autrefois, et que j'ai aimé en même temps que vous la femme dont il est question et près de laquelle vous l'avez emporté sur moi. En vous conseillant, j'ai l'air de prendre contre elle la revanche du passé, ou, qui sait? de me réserver des chances pour l'avenir, dans le cas où elle reviendrait; mais vous me connaissez déjà trop bien, je crois, pour faire de pareilles suppositions. Du reste, je dois vous le dire, nos deux amours ne se ressemblaient pas. La duchesse devait préférer le vôtre, plus original, plus exalté, plus dangereux que le mien. Pour moi, en admettant que j'eusse réussi, elle n'eût été qu'une liaison agréable, et l'habitude que j'ai déjà de ces sortes de relations m'eût empêché d'éveiller en elle les enthousiasmes que votre ardente curiosité de ces impressions nouvelles devait vous y faire découvrir.

J'avoue mon infériorité sur ce point. Avec moi, elle n'eût pas connu l'amour, elle eût eu un amant, voilà tout. La chose eût duré un an, deux ans peut-être, sans accident, sans secousse. Reçu chez elle ouvertement, lié avec le mari, en admettant que la vérité eût été connue, je n'eusse jamais causé les convulsions que votre introduction mystérieuse devait amener un jour. Tout le monde aurait su et accepté cette liaison, et par conséquent personne n'en eût parlé. On l'eût regardée comme toute naturelle, et ma présence, au lieu de gêner l'harmonie de la maison, l'eût complétée. La belle-sœur était dans ces idées, elle prévoyait tôt ou tard que la duchesse ferait comme presque toutes les femmes placées dans sa situation, et elle me protégeait. Elle aimait autant que ce fût moi qu'un autre. Pourquoi? je n'en sais rien.

Un jour, je serais passé de l'état d'amant à l'état d'ami, sans difficulté, tout naturellement, comme à la fin d'un beau jour d'été le ciel passe sans qu'on s'en aperçoive du bleu clair au bleu foncé, de la chaleur brûlante à la température tiède, et le lendemain, un nouveau soleil se serait levé à l'horizon borné de cette femme. C'eût été commun, c'eût été banal; elle l'a compris, sans doute, et elle a mieux aimé courir avec vous toutes les chances de l'amour, pourvu qu'elle aimât. Vous voyez les conséquences; mais, en admettant aussi qu'elle ait d'autres amants dans l'avenir, car on ne peut répondre de rien, et peut-être cherchera-t-elle, plus tard, si elle continue à être séparée de vous, et tout en vous aimant encore, une distraction dans le sentiment où elle avait mis toute sa vie, et qui lui sera peut-être devenu indispensable; en admettant cette éventualité, soyez-en sûr, elle n'aura jamais aimé que vous, et toutes les tentatives nouvelles la reporteront vers votre souvenir. Vous voyez que je n'ai ni rancune ni espérance du côté de la duchesse, et que je ne m'aveugle pas plus sur mes chances dans l'avenir que sur ma position dans le passé; je n'ai donc aucune raison de n'être pas franc avec vous, et je vous dis, pour conclure : Croyez-moi, tout est bien fini; elle ne reviendra jamais, et j'ajouterai que c'est ce qui peut vous arriver de plus heureux. Dans un an d'ici, dans six mois, vous ne penserez plus à elle.

Jacques avait écouté avec attention ce que le prince lui avait dit, et peu à peu la vérité avait paru se faire jour dans son âme. Il était semblable à un pauvre qui a trouvé un bijou, et qui s'écrie avec joie : « C'est de l'or ! » puis le doute le prend, et il se dit : « Si c'était du cuivre ! » Il entre chez un joailler et lui montre sa trouvaille, lui demande ce qu'elle vaut, et le joailler lui répond : « Cela n'a ni autant ni aussi peu de valeur que vous l'avez cru ; ce n'est ni de l'or ni du cuivre : c'est de l'argent doré. » Jacques avait voulu revenir de son voyage et des sentiments qui l'avaient escorté avec une rapidité invraisemblable et antinaturelle. Un homme qui a une montagne à descendre, et qui se met à courir pour arriver plus tôt en bas, sent la vitesse de sa course se doubler par la pente, il ne peut plus s'arrêter quand il veut, et alors même qu'il a touché le niveau, il court encore, entraîné malgré lui, et dépasse l'endroit où il devait s'arrêter. Il est alors forcé de revenir tout haletant sur ses pas.

Jacques en était là, moralement. Il était descendu si vite du sommet de sa confiance, qu'il avait été trop loin et dépassé la justice et la vérité. Il en fut averti par le prince, et il rebroussa chemin. Après cette conversation, pour la première fois depuis son retour, il se mit à réfléchir. Ce que le prince lui avait dit, j'aurais pu le lui dire, mais il ne m'eût pas écouté, moi ; nous étions trop liés ensemble. Il m'eût, aux premiers mots, envoyé promener. Cependant, avant de trouver son équilibre, son âme devait encore avoir quelques oscillations et pencher un peu trop, tantôt d'un côté, tantôt de l'autre. A peine subit-il un mouvement de réaction vers la duchesse, que tout de suite les *raisons pour* forcèrent cette porte entre-bâillée. Pendant quelque temps, son cœur fut envahi par toutes les probabilités en faveur de la duchesse, par les souvenirs attendrissants, par le repentir. Il se rappela brusquement les promesses d'Annette ; il relut ses lettres : il amoncela devant lui les preuves qu'elle lui avait données de son amour ; il chercha une cause au mensonge que renfermait sa dernière lettre ; il en douta même ; il se trouva coupable ; il se reprocha de n'avoir pas demandé son nom à l'amie de la duchesse, et d'avoir ainsi volontairement rompu toute communication avec elle. S'il avait fait ce qu'elle lui disait de faire, au lieu de perdre du temps dans des recherches vaines, une correspondance serait maintenant rétablie entre eux ; il aurait des nouvelles, il saurait ce qui se passe, il entretiendrait les résolutions d'Annette.

Cette femme qu'il avait vue à Pless ne lui avait-elle pas conseillé la patience? ne lui avait-elle pas dit que dans deux mois au plus tard Annette serait auprès de lui? Sur ces deux mois, un était déjà écoulé, il n'aurait donc plus qu'un mois à attendre s'il avait suivi ce conseil, tandis qu'ayant refusé d'écrire à la duchesse, il reculait indéfiniment ce retour, il en détruisait peut-être même la possibilité, car Annette apprenant sa reponse, que cette femme n'avait pas dû manquer de lui faire connaître, avait pu se croire abandonnée; et ne recevant aucune nouvelle, n'ayant auprès d'elle aucune personne qui pût lui faire comprendre la vérité, elle avait pu se désespérer, céder aux influences qui devaient nécessairement l'assaillir, user en regrets et en larmes le reste de son énergie, et abandonner, ne se croyant plus aimée, les dernières espérances et les derniers moyens de retour qu'elle pouvait avoir encore. N'était-il pas possible même qu'elle fût déjà entourée de gens prêts à la consoler, et que son amour et sa dignité blessés, aidés de ses habitudes d'autrefois, lui fissent contracter une liaison nouvelle qui les séparerait éternellement? car en supposant même qu'elle revînt après, qu'elle lui demandât pardon de cette faute, dont il aurait été coupable, il ne la lui pardonnerait jamais.

Annette appartenir à un autre que lui! A cette idée, Jacques cachait sa tête dans ses mains pour écraser dans son esprit une pareille supposition. Cependant cela pouvait arriver; mais heureusement, cela ne pouvait arriver tout de suite. D'abord, les quelques mois passés avec Jacques avaient fait les sentiments solides et durables chez la duchesse; il est vrai qu'un moment de dépit suffit pour ébranler la solidité des sentiments qui paraissaient le plus forts; mais Annette allait être mère. La nature elle-même se faisait l'auxiliaire de Jacques, et lui proposait de tout réparer. Une femme enceinte n'a pas d'amant! Et cet enfant! n'était-il pas un lien indissoluble entre elle et lui? C'était là une chose indestructible, et nul, quoi qu'il fasse, n'aurait jamais dans la vie de cette femme l'importance qu'il y avait eue. Il avait donc eu tort de l'accuser trop vite. D'ailleurs, que lui demandait-elle de si difficile? de l'attendre quelque temps encore, de patienter un peu. Et voyez comme elle était bonne jusque dans cette dernière prière! Elle comprenait qu'il eût besoin d'affection. Elle lui disait de revenir l'attendre en France. à Paris, au milieu de ses habitudes, auprès de sa mère, au sein des distractions de toutes sortes. Pouvait-on mieux dire? Et s'il avait compris ce bon sentiment, s'il lui avait obéi, il en serait déjà récompensé.

Quelle bonne vie il mènerait! Il serait allé à la campagne pendant cette belle saison. Il se serait remis à son travail, un peu trop négligé depuis longtemps; il aurait, de temps en temps, reçu une bonne et longue lettre d'Annette : il lui aurait conté, de son côté, le récit quotidien de sa vie, il eût pu attendre ainsi deux mois, quatre mois, six mois, un an, s'il l'eût fallu. La distance n'existe pas pour les amants quand ils peuvent s'écrire qu'ils s'aiment. Et il n'a pas compris cela tout de suite! il n'avait pas admis qu'une femme qui lui sacrifiait tout, qui se séparait de son mari, qui renonçait au monde, eût besoin, pour accomplir ce bouleversement, de quelques jours de plus que le temps qu'elle lui avait demandé! — Il la voulait exacte à ce rendez-vous, comme s'il se fût agi de la chose la plus simple; comme si elle n'eût eu qu'un châle et un chapeau à mettre, qu'une voiture à prendre pour venir le trouver. C'était absurde, c'était injuste, c'était lâche, et il méritait tout ce qui lui arriverait de malheureux.

Cependant l'opinion du prince, qui juge froidement les choses, est qu'Annette ne reviendra pas. Mais le prince n'est pas aimé d'Annette; il ne la connaît pas comme Jacques la connaît. Si désintéressé qu'il se fasse dans la question, il a été le rival de Jacques, Jacques lui a été préféré, il y a donc des chances pour qu'il ne soit pas fâché de ce qui arrive. N'a-t-il pas conseillé à Jacques de se distraire, de tâcher d'oublier? C'est cela. Le prince a une arrière-pensée. Quelle raison, d'ailleurs, d'aimer Jacques? Il le connaît à peine; ce n'est pas son ami. Pourtant il avait bien l'air de dire ce qu'il pensait. C'est un honnête homme; mais alors il se trompe. Il juge de cet amour à son point de vue et d'après son organisation à lui, mais toutes les organisations ne sont pas les mêmes.

Telles étaient les nouvelles réflexions de Jacques; puis il cherchait les moyens de revenir sur les événements et de les corriger. Mais comment s'y prendre? à qui s'adresser? Peut-être valait-il mieux attendre encore. Si Annette l'aimait réellement, et comment en douter, après tout? elle trouverait bien moyen de lui écrire encore une fois. Alors il lui répondrait, et les choses reprendraient leur cours. Ce qu'il y avait de certain pour le moment, c'est que Jacques était encore incapable de faire autre chose que de penser à la duchesse. Mais attendre, pourquoi? c'était à lui d'aller au-devant des événements. La cousine d'Annette était à Paris; cette cousine était bonne, elle avait de l'affection pour la duchesse, elle devait savoir où elle était, ce qu'elle était devenue; elle aimait, elle devait être indulgente à l'amour des autres. Pourquoi Jacques n'irait-il pas la retrouver? Elle le recevrait, elle aurait pitié de lui; il apprendrait quelque chose.

Jacques se rendit chez la cousine. Elle avait quitté Paris depuis trois semaines. A cette nouvelle, Jacques resta consterné. Cette cousine était la seule personne chez qui il eût chance d'être renseigné sur Annette. Mais non, elle n'était pas la seule. Il y en avait encore une autre qui, peut-être, certainement même, devait en savoir plus que tout le monde; mais celle-là ne lui dirait rien, celle-là était une ennemie, celle-là, c'était la baronne. Pourtant il pouvait essayer : que risquait-il? Elle ne le mangerait pas, comme on dit vulgairement. D'ailleurs, dans les derniers temps du séjour à Paris de la duchesse, sa belle-sœur avait paru s'humaniser; elle lui avait offert ses services. Il devait encore y avoir quelque fibre sensible en elle. Elle était femme, après tout. C'est cela, il allait écrire à la baronne une lettre simple, digne, il lui demanderait de le recevoir. Elle le recevrait, quand ce ne serait que par curiosité, et là, il trouverait bien moyen de se la gagner, par la franchise ou par l'adresse, et quand même il devrait être mal reçu, pourvu qu'il apprît quelque chose, peu lui importait.

Jacques rentra chez lui pour mettre tout de suite cette idée à exécution et pour ne pas permettre au temps de lui en démontrer les difficultés; il écrivit à la baronne une lettre de quelques lignes, dont il pesa bien tous les mots. C'était la lettre d'un homme d'esprit en même temps que d'un homme de cœur. Il la relut dix fois avant de la cacheter, la cacheta, mit l'adresse et se rendit à l'hôtel de la baronne. Elle était à Paris. Il donna la lettre au valet de pied, et lui dit qu'il attendait la réponse. Quelques minutes après, le valet de pied reparut.

— Madame la baronne ne reconnaît pas la signature de la lettre, dit-il à Jacques. Monsieur a-t-il une carte sur lui?

Jacques remit une carte. Le domestique revint au bout d'un instant.

— Madame la baronne fait dire à monsieur qu'elle ne peut rien faire pour lui en ce moment, que toutes les personnes à qui elle pourrait le recommander sont à la campagne; mais que, pour l'hiver, elle parlera de lui et fera son possible pour lui procurer des élèves. Que monsieur veuille bien lui envoyer le prix de ses leçons.

A cette réponse, Jacques se sentit pâlir et trembler.

— Merci, dit-il machinalement au valet.

Et il se retira.

Il revint chez lui, et pendant deux heures il pleura sur l'humiliation qu'il venait de recevoir; mais il n'y avait ni haine ni colère dans ses larmes.

— Cette femme a raison, se disait-il. Pourquoi ai-je oublié que la société a des lois immuables contre lesquelles je me briserais? Elle me le rappelle, tant mieux! Les quelques mots qu'elle m'a fait dire me guériront plus vite que toutes les réflexions du monde. Cette société m'admettra peut-être comme un artiste qu'on paye, jamais comme un homme qu'on aime. Du moment que je veux participer à ses priviléges, elle me repousse comme un accident, elle me méprise et me chasse comme un laquais. Je viens parler de mon amour, on me jette mon métier à la face. Je demande une consolation pour mon cœur, on me demande le prix de mes leçons. Et dire qu'Annette rougit peut-être déjà de moi! C'est ma faute! Pourquoi ai-je tenté une chose impossible? Je ne devais pas sortir de ma sphère. La duchesse déroge en m'aimant. Demain, si elle était veuve, elle n'oserait pas m'épouser.

Et le rouge de l'orgueil blessé montait au front de Jacques.

— Oui, reprenait-il, je suis de ceux dont on fait des amants, par hasard, en cachette, mais non de ceux qu'on avoue publiquement et dont on fait des maris. Moi-même, fût-elle libre et voulût-elle m'épouser, je n'y consentirais pas. Je me sentirais humilié par sa fortune, et le nom que je lui apporterais et que j'aurais l'air de lui vendre ne remplacerait pas celui qu'elle porte aujourd'hui. Elle ne serait pas madame de Feuil, je serais le mari de la duchesse Annette. Ainsi, après des obstacles que les autres mettent entre nous, il y aurait encore ceux que nous trouverions en nous-mêmes. Allons, décidément, il faut comprendre, il faut se guérir, il faut oublier à tout prix. Le prince avait raison en me donnant ce conseil. Du courage! vivons comme je vivais auparavant, dans un monde que j'honore en le voyant, et non dans un monde qui, en m'admettant, croirait m'honorer; travaillons, acceptons franchement notre position d'artiste, gagnons notre vie, tâchons d'être un honnête homme, de nous faire un nom, ayons du talent sans ambition ridicule, des maîtresses sans amour sérieux; et quand je serai lassé de cette vie, si je trouve quelque petite fille de bourgeois qui veuille bien être ma femme, je l'épouserai, et l'on dira: « Il a fait son chemin »

A la suite de ces sortes de réflexions, on se sent tout disposé à devenir misanthrope. On prend le monde en haine, on s'enferme chez soi avec la résolution de n'en pas sortir. Ainsi fit

Jacques. Pendant deux jours il ne mit pas le pied dehors, il ne vit personne. Travailla-t-il pendant ce temps? Non. L'inspiration, vieux mot usé dont je demande la permission de me servir encore une fois, l'inspiration ne visite jamais l'âme où se remue encore une douleur; elle attend que cette douleur soit déjà passée à l'état de souvenir, et celle de Jacques n'en était pas encore là. Il ne fit donc rien que penser, tout en voulant éteindre la pensée en lui. Il prit les lettres de la duchesse pour les brûler; il les relut, et leur fit grâce; il voulut, pour en finir avec le passé, détruire le portrait d'Annette; il lui sembla que ce portrait lui disait : « Je ne t'ai rien fait, moi! » que les yeux se mouillaient de larmes, que la bouche lui souriait. Et après avoir passé une heure à le contempler, il l'embrassa comme il eût embrassé celle dont il était l'image. Alors, voyant que la solitude, au lieu de détruire les souvenirs, les fortifiait, il s'habilla et sortit sans savoir où il allait.

XXVII

Le lendemain, comme il y avait trois jours que je n'avais vu Jacques, j'allai chez lui : il n'était pas rentré depuis la veille. Où pouvait-il être? Le surlendemain, il n'était pas revenu davantage. Cet ami-là, par les émotions qu'il donnait, était homme à user en huit jours l'amitié de vingt Pylades. Le matin du troisième il arriva chez moi : il était fait comme un voleur.

— Ah çà! d'où viens-tu? lui dis-je.

— Je viens de chez une femme.

— De chez une femme, depuis trois jours!

— Oui.

— Tu es fou!

— Pas le moins du monde.

— Et quelle est cette femme?

— C'est une femme très-jolie.

— Et qui est ta maîtresse?

— Je le crois.

Je me frottais les yeux, je croyais rêver. Je regardai Jacques. Il avait les yeux rougis et les joues brûlées par la fièvre.

— Et où as-tu trouvé cette femme? lui demandai-je.

— A Asnières.

— A Asnières?

— Oui, au bal.

— Tu as été au bal d'Asnières?

— Parfaitement. Pourquoi n'irais-je pas ? J'ai rencontré deux camarades qui y allaient, j'y suis allé avec eux. Il y avait dans une allée une femme qui se promenait toute seule, avec un grand mirliton. Nous l'avons invitée à souper ; elle a accepté. Je lui ai fait la cour, je l'ai reconduite, et je suis en pension chez elle depuis deux jours. Je viens te demander si tu veux déjeuner avec nous.

— Jacques, tu me fais sérieusement de la peine. Voyons, dis-moi ce qui se passe, à moins, je te le répète, que tu ne sois fou.

— Rien que de très-naturel. Est-ce que tu as cru que je n'aurais plus jamais de maîtresse ? Tu es bien naïf. Est-ce qu'on peut vivre sans amour ? L'amour est une si bonne chose !

Je ne pourrais rendre le ton dont il dit cette dernière phrase. Je lui pris la main. Sa main était humide et brûlante de fièvre.

— Tu es malade, va te coucher, lui dis-je.

— Viens-tu déjeuner avec nous ?

— Non.

— Adieu, alors.

Il s'achemina vers la porte. Je le rappelai

— Tu as reçu de mauvaises nouvelles ?

— De qui ?

— De la duchesse.

— Ma foi, non ; je n'y pense même plus.

— Tu n'y penses plus ?

— Non.

— C'est impossible !

— Cela est. Ne vas-tu pas me conseiller de me souvenir, après m'avoir conseillé d'oublier ? J'oublie ; que veux-tu de plus ? Voyons, viens-tu déjeuner, oui ou non ?

— Non.

— Si tu te décides, c'est chez moi qu'on déjeune.

— Là-dessus il s'en alla en chantonnant.

Qu'est-ce que tout cela signifiait ? Jacques me cachait certainement quelque chose ; il ne fallait pas l'abandonner dans l'état où il était, état dix mille fois plus dangereux pour lui que le chagrin le plus violent.

Je me rendis à ce déjeuner. En arrivant à sa porte, j'entendis des cris et des rires, qui, de son appartement, se répandaient dans la maison. Je sonnai deux fois. Le bruit intérieur empêchait qu'on entendît la sonnette. Enfin un domestique vint m'ouvrir. Le salon avait, pour ce jour-là, été transformé en salle à manger, afin de donner plus d'espace aux convives. Une table occupait le milieu; à cette table étaient trois femmes, ou trois filles, si vous aimez mieux, deux jeunes gens et Jacques; les robes ouvertes, les bouteilles renversées, la nappe rougie par places, les assiettes par terre, les cris, les tutoiements, constituaient ce que le bourgeois appelle une orgie, une orgie de jour, ce qui est encore plus triste.

Au moment où j'entrai dans cette salle, Jacques, tout debout, tenait dans ses bras une de ces trois demoiselles, et ne s'aperçut pas de mon arrivée. Un des deux autres jeunes gens se leva en me voyant paraître, je le regardai.

— C'était Vladimir.

Vladimir chez Jacques! était-ce bien possible?

— Comment vous portez-vous, monsieur? me dit Vladimir de sa voix la plus caressante, et me faisant presque, en m'indiquant une chaise, les honneurs de la maison.

— Très-bien, monsieur, je vous remercie.

Et je me dirigeai vers Jacques, qui, me tournant le dos, continuait à ne pas me voir.

— Jacques, dit alors Vladimir, eh! mon ami, retournez-vous donc.

Jacques se retourna.

— Tu t'es décidé, me dit-il, à la bonne heure; prends place et déjeune; mais tu arrives un peu tard.

Il n'y avait pas à reculer. Cependant j'étais navré, malgré moi, en voyant la profanation de cet appartement où la duchesse venait mystérieusement autrefois, et qu'elle avait si souvent rempli de fleurs, qui, alors, étaient les seuls hôtes de Jacques. Il m'eût été impossible de me mettre au diapason de la gaieté générale, gaieté qui touchait à l'ivresse, que mon arrivée inattendue avait interrompue un instant, mais qui reprit bientôt ses éclats.

Je me rappelais, au milieu de tout ce bruit, nos petits déjeuners d'autrefois avec Annette, repas simples et gais, de cette seule gaieté qui vient du cœur, pendant lesquels les deux amants échangeaient seulement un regard à la dérobée, ou un serrement de mains furtif que je faisais semblant de ne pas voir. Aujourd'hui les chants, les mots obscènes, les baisers bruyants, persécutaient l'écho effrayé de ces souvenirs heureux. Mais, malgré les efforts de Jacques, cet écho devait bien certainement arriver jusqu'à lui, puisqu'il venait bien jusqu'à moi. Mais ce qu'il y avait de plus insultant, à mon avis, pour la mémoire de la duchesse, c'était la présence de Vladimir chez Jacques. Évidemment ce qui se passait était l'œuvre de cet homme.

— Tiens, fit Jacques en amenant près de moi la jeune femme avec laquelle il causait dans un coin, si l'on peut appeler cela causer, tiens, dis-moi si tu as jamais rien vu de plus beau.

Et, renversant en arrière la tête de cette femme, il lui ouvrait la bouche et me montrait, entre deux lèvres rouges et libertines, des dents égales, humides, blanches comme des perles. Et puis il entr'ouvrait son corsage, et faisait apparaître des épaules de marbres, ou relevait un peu la robe et découvrait un pied merveilleux chaussé de pantoufles roses, et la moitié d'une jambe couverte d'un bas fin, bien tiré, qui en faisait chatoyer à l'œil le contour souple et le modelé provoquant. En effet, c'était là une belle fille, de cette inutile beauté qui ne sert qu'au plaisir d'un instant.

— Voilà comme on est faite, dit-elle en se dégageant des bras de Jacques et en se versant un verre plein de vin de Champagne, les femmes du monde voudraient bien pouvoir en dire autant.

— Ne disons pas de mal des femmes du monde, fit une des autres femmes en se levant; Jacques les aime.

— Allons donc! reprit la première, elles sont toutes maigres.

— Eh bien, ma chère, c'est un malheur, mais il a ce goût-là; n'est-ce pas Jacques?

— Quoi? répondit celui-ci qui ne pouvait distinguer ce qu'on lui disait au milieu du vacarme assourdissant de cette scène.

— N'est-ce pas que tu aimes les femmes du monde?

— Ah! tu m'ennuies.

— Je connais ton histoire, va. Messieurs, silence! Je vais vous raconter l'histoire de Jacques et d'une femme du monde. Figurez-vous...

— Tais-toi donc, fit Vladimir en se levant, tu ne sais pas ce que tu dis.

— J'aime bien cela! c'est toi qui me l'as racontée, cette histoire.

— A la santé de Jacques, messieurs! cria alors Vladimir pour couper court aux indiscrétions de sa voisine.

Ce toast se perdit dans le bruit général, et deux ou trois mains seulement y répondirent. Quant à Jacques, il était à moitié ivre et n'entendait plus rien. En ce moment, la porte s'ouvrit et le domestique parut, une lettre à la main.

— Où est monsieur? demanda-t-il.

— Il est là, répondit la dernière femme qui avait parlé, en indiquant le bout de la salle, jusqu'où le domestique n'aurait pu arriver, tant il y avait de désordre, de bouteilles et de chaises renversées. Que lui voulez-vous?

— C'est une lettre dont on demande la réponse.

— Donnez, je vais la lui passer.

Elle étendit la main par-dessus la table, et prit la lettre, puis elle appela:

— Jacques!

— Au troisième appel seulement, Jacques entendit.

— Qu'est-ce que c'est?

— Une lettre pour toi.

Et la jeune femme lui tendit la lettre. Mais, comme il allait la prendre, celle qu'il m'avait montrée, sa nouvelle maîtresse, tout debout sur le canapé, la saisit en s'écriant:

— C'est une lettre de femme, sans doute?

— Est-ce que je reçois des lettres de femme!

— En tout cas, je vais la lire.

— Donne-moi donc cette lettre.

— Quand je l'aurai lue.

Pendant ce temps, elle avait décacheté la lettre et la lisait, Jacques la laissait faire, ne soupçonnant pas que cette lettre pût avoir la moindre importance, et se contentant de lui répéter de temps en temps: « Donne-moi donc cette lettre. »

Mais moi, je ne sais par quel pressentiment, je ne perdais pas un seul des mouvements de cette femme, et je vis que le papier qu'elle venait de décacheter en renfermait un autre qu'elle avait mis dans sa poche. Quand elle eut fini de lire le premier, elle le jeta sur la table et ouvrit précipitamment le second, dont elle laissa tomber l'enveloppe, que je ramaissai, et sur laquelle je lus: *A remettre*. Ces deux mots étaient, à n'en pas douter, de l'écriture de la duchesse. Je mis précipitamment cette enveloppe sous les yeux de Jacques, et je lui dis:

— Reprends donc tout de suite cette lettre. Tu vois bien de qui elle est.

Jacques pâlit en reconnaissant l'écriture, et cria à la fille, toujours debout sur son canapé et séparée de lui par deux personnes qui, naturellement, l'empêchaient d'arriver à elle:

— Je te défends de lire cette lettre; rends-la-moi à l'instant même!

— Je n'en ai pas encore lu un mot; c'est illisible; attends un peu.

Jasques courut vers sa maîtresse.

— Ah! tu ne l'auras pas, dit celle-ci, qui avait vu le mouvement. C'est d'une femme, je veux la lire.

— Rends-moi cette lettre.

— Non.

La colère montait au cerveau de Jacques. Il sauta sur le canapé et prit le bras de la femme de façon à la faire crier.

— Ah! c'est comme ça que tu t'y prends! dit celle-ci en passant la lettre de sa main prisonnière dans sa main libre; eh bien, je te jure que tu ne l'auras pas!

En même temps, elle froissait le papier dans sa main, et le rapprochant de sa bouche, le lacérait à belles dents avant que Jacques pût s'y opposer.

Alors il ne se posséda plus et une lutte honteuse s'engagea entre cette créature et Jacques, qui voulait lui arracher les morceaux de la lettre. Mais cette fille était forte, elle se débattait si bien, qu'elle entraîna du canapé par terre son adversaire avec elle. Jacques fit un faux pas. Pendant ce temps, elle se dégagea, et courant à la fenêtre, jeta dans la rue ces morceaux de papier que le vent fit tourbillonner de tous les côtés et dispersa bientôt.

Il n'y avait plus rien à faire. Jacques ouvrit la porte de sa chambre et disparut en la refermant sur lui.

Je vous laisse à penser si cette scène avait éteint les cris. Les convives ne savaient plus quelle contenance prendre. Le domestique, qui s'était éloigné un instant, reparut et demanda la réponse.

— On l'enverra, lui dis-je.

Et je pris la lettre qui enfermait celle de la duchesse. Les femmes avaient remis leurs chapeaux, leurs mantelets, et s'apprêtaient à s'en aller en se parlant à voix basse.

— Quand je reviendrai ici, disait l'héroïne de cet incident, il fera chaud.

— Tu as eu tort, lui disait son amie; cette lettre était à lui.

— Va te promener, toi! répondait-elle.

Et elle essuyait le sang de son poignet meurtri.

Vladimir ne disait mot, pas plus que le troisième convive, qui, du reste, tout le temps du déjeuner, n'avait pas ouvert la bouche. Au bout de dix minutes, toute cette belle société était partie, et je restai seul au milieu des débris de ce malheureux déjeuner. Je donnai l'ordre au domestique de remettre tout en ordre et de faire disparaître au plus vite les traces de cette déplorable réunion. Puis j'entrai dans cette chambre de Jacques, que je trouvai la tête cachée dans son mouchoir et pleurant.

— Je suis un misérable! me dit Jacques en me tendant la main. Il était inutile de revenir sur ce fait.

— Voici la lettre que contenait celle de la duchesse, lui dis-je. Lis-la; peut-être t'aidera-t-elle à réparer ce malheur.

Il lut cette lettre.

— Elle est, me dit-il après la lecture, de la dame de Pless, qui est toujours à Carlsbad; elle me l'envoyait par un ami qui vient à Paris et me disait de lui remettre la réponse, s'il y en a. Pas de signature et pas d'adresse. Où retrouver cet ami maintenant, et d'ailleurs, que répondre et comment avouer sa visite?

— Bonne Annette! continuait Jacques, elle se souvenait, tandis que moi...

Et il lui semblait toujours voir tourbillonner dans l'air ces malheureux morceaux de papier qui emportaient avec eux le seul bonheur qu'il aurait eu depuis six semaines, le seul qu'il lui aurait peut-être été donné d'avoir de longtemps.

— C'est Dieu, reprit-il en se levant, qui me punit d'avoir revu ce Vladimir.

— Au fait, que faisait-il ici, chez toi, après tout ce qui s'est passé entre vous?

— J'étais si malheureux! répliqua Jacques avec un soupir, je voulais détruire tout ce qui restait en moi de souvenir, d'espérance et de foi; je me suis adressé à cet homme.

— Tu as été le trouver de toi-même?

— Non, je l'ai rencontré à ce bal d'Asnières, où je me suis laissé conduire. Il était là avec les filles que tu as vues tout à l'heure. Au lieu de m'irriter, sa vue m'a fait réfléchir. Souffrant par la femme sur laquelle il avait essayé de m'éclairer, il m'a semblé que j'avais été injuste envers lui, et je ne me suis plus rappelé qu'une chose, c'est qu'il savait, sur le passé de cette femme, bien des détails que j'ignorais encore, et qui, si je les connaissais, achèveraient peut-être de me guérir. Devina-t-il ma pensée? Peut-être. Toujours est-il qu'il me regardait amicalement, et qu'ayant sans doute surpris sur mon visage les dispositions bâtardes où j'étais à son endroit, il voulut triompher de mes dernières hésitations, s'approcha de moi avec une certaine franchise, et me dit :

— Voyons, donnez-moi une bonne poignée de main, que tout soit oublié. Je ne vous en veux pas, et je vous assure que je vous aime bien.

Je pris sa main avec un remords intérieur; mais je la pris, tant j'avais soif de m'entendre dire du mal d'Annette. Dix minutes après, j'avais mis la conversation sur elle, et il me racontait... que sais-je? moi! toute l'histoire d'Annette avec son premier amant; comment, ayant été forcée de suivre son mari en Russie, elle avait entraîné ce jeune homme à sa suite, comme elle m'avait entraîné, moi. C'était exactement la même chose. Seulement, arrivée en Russie, elle avait fait la connaissance de Vladimir, qui avait envoyé son propre passe-port au jeune homme resté à la frontière, toujours comme moi. De là la reconnaissance d'Annette pour Vladimir. Les deux amants étaient restés deux mois ensemble à Saint-Pétersbourg, sans que personne le sût. Pendant ce temps, Vladimir s'était tenu caché, pour qu'on ne découvrît pas la supercherie du passe-port. C'était du dévouement poussé jusqu'à l'imprudence; car, découvert, il pouvait être envoyé en Sibérie.

Tel était le service qu'il avait rendu à la duchesse, et dont elle ne voulait pas que je fusse informé. Voilà pourquoi elle m'avait brouillé avec Vladimir. Mais, maintenant que je savais par moi-même le peu de cas que je devais faire de son amour, il n'y avait plus de raison que j'en voulusse à un homme qui n'avait eu d'autre tort que de me prévenir.

Ajoute à cela le rappel des autres aventures arrivées à Annette, ma disposition d'esprit à croire le mal, et tu comprendras qu'à la fin de cette soirée j'aie voulu m'étourdir à tout prix, que j'aie emmené cette fille que j'ai manqué d'étrangler tout à l'heure, et que tu aies retrouvé ici un homme que je voulais tuer il y a deux mois, et que je voudrai peut-être encore tuer demain. Pauvre et misérable chose que l'homme ! Mais je suis cause d'une infamie, il faut que je la répare.

Cette lettre, cette pauvre chère lettre, dont je n'ai pas pu lire un seul mot, dont Annette attend sans doute la réponse en comptant les minutes, qui peut-être m'annonçait un bonheur ou me prévenait d'un danger, ou invoquait mon secours, et que j'ai laissé déchirer par une fille; cette lettre, il faut que je sache ce qu'elle contenait. Il n'y a pas à hésiter. Je vais partir pour Carlsbad. Je retrouverai l'amie de la duchesse. Elle sait où est Annette; elle me le dira : je pourrai lui écrire.

Je n'essayai même pas de dissuader Jacques de ce nouveau départ. Je comprenais qu'il crût devoir, après ce qui venait de se passer, ce nouveau sacrifice à son amour, et qu'il tînt à réparer, autant que possible, la mauvaise action qu'il avait involontairement commise.

Nous descendîmes pour connaître les heures de départ du chemin de fer. Il voulait partir le jour même. A quelques pas de sa maison nous vîmes venir à nous une femme qui, en nous connaissant, leva son voile : c'était Mlle de Nercy. Elle avait mauvaise mine, elle était triste, elle avait maigri depuis notre dernière entrevue.

— Vous voilà donc à Paris ? lui dit Jacques.

— Oui, j'allais vous voir. Vous ne m'avez fait qu'une visite depuis votre retour ; vous êtes un ingrat. J'étais inquiète de vous, j'allais savoir de vos nouvelles. C'est mal d'oublier ses amis, surtout quand ils sont tristes.

— Que vous arrive-t-il encore ?

— J'ai beaucoup de chagrin.

— Toujours ?

— Oui.

— Alors nous pouvons nous donner la main, car je ne suis pas gai non plus. Je vais partir.

— Encore ?

En quelques mots Jacques raconta la cause de ce départ. Élisabeth n'était pas de celles pour qui il pouvait avoir des secrets.

— Pouvons-nous remonter chez vous ? demanda Mlle de Norcy après quelques secondes de réflexion.

— Certainement.

— Montons alors, j'ai à vous parler.

Nous remontâmes.

— Vous allez à Carlsbad ? fit-elle après s'être assise sur le canapé du salon.

— Oui.

— Pour retrouver l'amie de la duchesse ?

— Pas pour autre chose.

— Et pour avoir des nouvelles ?

— Voilà tout.

— Et vous reviendrez après ?

— Tout de suite.

— Eh bien, donnez-moi une lettre pour cette dame

— A vous ?

— A moi, je vais la lui porter.

— A Carlsbad ?

— A Carlsbad, et je partirai ce soir. Ce n'est pas un service que je vous rends, c'est un service que je vous demande. Il faut que je quitte Paris, que je m'absente pendant quelque temps pour éviter une maladie, un malheur. Je ne savais où aller ; voilà une raison de partir, un but de voyage, je m'en empare. Il vaut mieux que vous restiez, vous, pour votre travail, pour votre mère, pour la duchesse même, qui vous annonçait peut-être son retour dans cette lettre que vous n'avez pas vue, qui peut arriver demain, qui, en tout cas, peut vous écrire d'un jour à l'autre, et à laquelle vous ne pourriez répondre si vous étiez loin de Paris.

— Votre proposition est sérieuse.

— Très-sérieuse.

— Mais comment retrouverez-vous cette dame?

— Vous me donnerez son signalement. Il n'y a pas longtemps qu'elle est arrivée à Carlsbad; elle est et elle vient de Vienne, je la trouverai, soyez tranquille. C'est peut-être moi qui suis destiné à faire le dénoûment de votre histoire, car ce ne peut être le hasard seul qui m'ait amené chez vous aujourd'hui, dans les dispositions où nous sommes tous les deux. Voyons, ne perdons pas de temps, écrivez cette lettre, je la prends, je vais faire ma malle, et je pars ce soir. Seulement, si l'on vous demande où je suis, ne le dites à personne.

Moi qui désirais que Jacques ne partît pas, j'appuyai la proposition de Mlle de Norcy, et Jacques finit par accepter. Le soir, à huit heures, nous conduisîmes Élisabeth au chemin de fer, où, lorsque Jacques était parti deux mois auparavant, elle était venue lui dire adieu.

— A bientôt! nou[illegible]-elle.

Et elle partit sans l'apparence d'un regret, sans un regard en arrière, presque joyeuse.

Élisabeth avait eu raison. Jacques lui rendait un service en lui donnant l'occasion de quitter Paris. Sa nouvelle vie n'était plus supportable.

Emporté par les événements personnels à notre héros, nous n'avons pu, depuis longtemps, faire un retour vers Mlle de Norcy, et le lecteur ignore, bien que quelques mots aient pu les lui faire supposer, les résultats de la visite que la jeune femme devait recevoir le lendemain du jour où je dînai chez elle, alors que Jacques était encore absent. C'est le moment de les faire connaître, en attendant les nouvelles qu'elle doit nous envoyer de Carlsbad.

M. Georges était venu comme il l'avait promis. A peine avait-il paru, qu'Élisabeth s'était jetée à son cou, en pleurant, avec ce seul mot :

— Enfin!

Du reste, pas un reproche. Au contraire, dans la joie de revoir son amant, dans le bonheur de lui pardonner, c'était elle qui se faisait coupable et qui lui demandait pardon.

— Tu ne m'en veux pas? lui dit-elle. Que veux-tu, j'étais folle; mais maintenant tout est oublié. Est-ce que nous pouvons vivre l'un sans l'autre? Te voilà revenu, nous ne nous sommes jamais quittés. Tu m'aimes toujours, n'est-ce pas?

M. Georges était ému. Il baissa la tête sans répondre.

— Tu sais que je ne dormais pas, que je ne mangeais pas. J'allais mourir, continua-t-elle en riant, s'il ne m'était venu cette bonne idée de ne plus étouffer mon cœur et d'être franche et vraie. Mais qu'as-tu donc? tu ne me dis rien. N'es-tu pas heureux de me revoir?

— Si, tu le sais bien.

— Comme tu dis cela! Quel est cette campagne où tu es, dont on ne m'a pas dit le nom? Que fais-tu là? Pensais-tu à moi? Tu savais bien qu'un jour où l'autre je te reviendrais. Était-ce possible autrement?

— Oui, souvent je pensais...

— Il se passe quelque chose; tu es mal à ton aise ici. Est-ce qu'il est trop tard? est-ce que tu ne m'aimes pas? s'écria Élisabeth avec effroi.

— Si, je t'aimes toujours; mais écoute.

— Je n'écoute rien, si tu ne m'aimes pas!

— Ce n'est pas ma faute, Élisabeth...

— Voyons, parle, qu'y a-t-il? Tu as cru que je ne te reverrais jamais; tu as eu une maîtresse; c'est ma faute, je te pardonne, n'en parlons plus.

M. Georges ne répondit rien.

— Ce n'est pas encore assez? Oui, je comprends, tu étais désespéré, il te fallait une consolation, cette femme vit tout à fait avec toi, et tu ne peux la renvoyer tout de suite. Elle t'aime peut-être. Qui ne t'aimerait pas? Eh bien, tu rompras peu à peu avec elle. Mes droits existaient avant les siens. Je t'accorderai tout le temps qu'il te faudra pour cette rupture; puis-je dire mieux? Quinze jours, un mois, est-ce assez? Te faut-il deux mois? Qu'importe, pourvu que je te voie, et je te jure de ne t'en parler jamais, de ne pas te questionner, de ne pas te faire de reproches; mais tu la quitteras, tu me le promets?

— Non, Élisabeth : nous ne pouvons plus nous revoir, du moins comme par le passé.

— Ainsi, je ne m'étais pas trompée, une femme est auprès de toi?

— Oui.

— Et tu l'aimes?

— Peut-être moins que je ne vous aime, vous; mais je ne puis la quitter.

— Pourquoi?

— Écoutez, Élisabeth, j'ai fait tout ce que j'ai pu pour que vous me pardonniez ; je vous ai écrit lettre sur lettre, je me suis repenti, je me suis humilié, j'ai fait tout ce que me conseillaient mon cœur et ma délicatesse. Vous savez par quel silence désespérant vous m'avez répondu. J'ai cru que, décidément, vous ne m'aimiez plus, alors...

— Alors ?

M. Georges passa la main sur son front.

— Alors, reprit-il courageusement, j'ai voulu vous oublier tout à fait, et j'ai contracté de nouveaux liens. Seulement ceux-là sont indissolubles. Je suis marié !

Élisabeth poussa un cri à faire croire qu'elle devenait folle.

— Marié ! marié ! répétait-elle, vous ! Ah ! malheureuse que je suis !

Tout à coup elle se releva.

— Tu mens ! dit-elle. Tu veux m'éprouver ! tu veux être sûr que je t'aime ! tu veux me punir ! Tu es un honnête homme, tu savais bien que ton mariage avec cette autre femme, ce serait ma mort ; tu m'aurais menacée de ce mariage avant de le contracter. Tu ne l'as pas fait, c'est que tu mens. Tu vois, j'ai tout deviné. Tu viens de me faire beaucoup de mal. Si je t'en ai fait, moi, nous sommes quittes. Dis-moi donc que tout cela est faux.

— Pardonnez-moi, mais c'est la vérité.

— Ainsi, tu as épousé une autre femme que moi ! Ainsi, dix ans de sacrifices, de dévouement, d'amour, ma vie brisée, mon honneur perdu, ma famille abandonnée, tout cela était inutile, tout cela n'a rien été pour toi ; et tu parles de ta délicatesse, et tu parles de ton amour, et tu crois que quand je n'ai plus que toi au monde, quand je n'ai plus d'autre raison de vivre que toi, je vais renoncer à toi parce que tu me dis froidement : « Je suis marié ! » Il faudra donc que je me tue quand tu seras parti !

Non, continua Elisabeth, dont la passion arrivait à la limite où la folie commence ; non, je ne veux plus mourir maintenant ; ta vie m'appartient comme t'appartient la mienne. Est-ce que je t'aurais trompé, moi ? Est-ce que je me serais mariée ? Et si je l'étais, crois-tu que, pour te suivre si tu m'appelais, je ne quitterais pas mari et enfants comme j'ai quitté père et mère ? Tant pis pour cette femme ; pourquoi vient-elle se jeter dans ma vie ? Tu m'aimais avant de la connaître ; tu la quitteras, qu'elle en meure si elle veut. moi, je veux vivre et mourira vec toi.

— Élisabeth !

— Rappelle-toi donc ces dix années. Il y a des lois plus sacrées que celles des hommes et de la société, ce sont celles de l'âme et de l'honneur. Est-ce que les liens récents qui t'unissent à cette femme peuvent être aussi forts que ceux qui t'attachent à moi? Est-ce que tu ne m'as pas juré que j'étais ta femme devant Dieu, la première fois que je cédai à ton amour? As-tu oublié ce serment? Je m'en souviens, moi. N'est-il pas aussi sérieux pour toi qu'un serment fait devant un prêtre? Cette femme, tu ne peux l'aimer. Tu pensais toujours à moi, tu me l'as dit; c'est le dépit qui t'a fait son époux. T'aime-t-elle, d'ailleurs? sait-elle t'aimer comme je t'aime? Non. Reste avec moi, mon Georges bien-aimé, tu verras comme nous serons heureux. Écris à cette femme que tu pars; laisse-lui ta fortune. Elle est jeune, elle se consolera. Tu consens, allons, tout est dit.

Élisabeth essuya ses larmes, comme si la chose impossible qu'elle voulait eût été convenue. Qui aurait jamais cru que, dans cette femme si calme, si douce, si froide même en apparence, il y avait un pareil foyer de passion?

L'heure s'avançait. Il fallait que M. Georges rentrât. Il voulut trancher la situation avec un seul mot.

— Adieu, dit-il.

Élisabeth courut vers la porte, se mit devant, les bras croisés.

— Ah ! c'est ainsi, s'éria-t-elle; eh bien, frappez-moi, tuez-moi, si vous voulez; mais, moi vivante, vous ne passerez pas.

— Voyons, Élisabeth, pas de scène ridicule ! répondit M. Georges; il faut que je parte.

— Pour aller retrouver cette femme?

— Oui.

— Que vous aimez?

M. Georges ne répondit rien.

— Dites-moi que vous l'aimez, et je vous laisse partir.

Élisabeth avait prononcé ces derniers mots avec une intonation telle, que son amant n'osa pas lui dire ce qu'elle demandait.

— Tu vois bien que tu m'aimes encore!

— Eh bien! oui, répliqua Georges, qui voulait à tout prix recouvrer sa liberté; eh bien ! oui, je t'aime encore, tu le sais bien, tu le vois bien, puisque je suis venu. Mais pourquoi ne m'as-tu pas cru quand je te le disais? Rien de tout cela ne serait arrivé. Nous serions réunis. J'ai cédé aux prières de ma famille. Cette femme, je ne l'aimerai jamais autant que toi;

mais elle est ma femme ; je n'ai rien à lui reprocher, ai-je le droit de lui faire du mal ? Pourvu que je t'aime, que t'importe qu'il y ait dans le monde une femme qui porte mon nom ? pourvu que nous nous voyions encore, que t'importe que je sois le mari d'une autre, et qui empêche de nous voir comme par le passé ?

— Voyons, continua-t-il en la pressant dans ses bras comme au plus heureux temps de leur amour, nous pouvons être heureux encore. Élisabeth, tu le sais bien que je n'ai jamais aimé, que je n'aimerai jamais que toi. Ce mariage même en est une preuve. N'y vois-tu pas la preuve du chagrin, du désespoir où me jetait ton abandon ? N'ai-je pas employé tous les moyens pour te ramener à moi ? Si je ne t'avais plus aimée, aurais-je agi de la sorte ! Non. Je n'aurais rien dit, et je me serais marié. Si ton souvenir n'était pas tout-puissant sur moi, quand tu m'as écrit de revenir ici, serais-je revenu ? Ne pouvais-je pas partir avec ma femme et laisser le hasard t'apprendre la vérité quand j'aurais été loin de toi, quand tu n'aurais pas su où j'étais ! Voyons, raisonne un peu. Calme-toi, tout peut se concilier dans le présent, sans compter l'avenir, qui peut réparer tout. Allons, rien n'est changé. Je viendrai te voir souvent ; tous les jours, peut-être : le veux-tu ?

La colère d'Élisabeth fondait sous ces douces paroles entremêlées de baisers heureusement placés. Elle se laissa aller, en pleurant, dans les bras de Georges, et lui dit :

— Ma vie est à toi, fais de moi ce que tu voudras.

Alors il la porta sur son canapé, se mit à ses genoux, et ajouta encore à ce qu'il venait de promettre les premières preuves qu'il pouvait donner. Le présent se trouva un instant renoué au passé, Élisabeth oublia tout dans les bras de cet homme, excepté qu'elle pouvait encore être aimée de lui, et une demi-heure après, souriante et calmée, elle l'accompagnait jusqu'à la route, en lui disant :

— A demain, n'est-ce pas ?

Puis elle se mit à sa fenêtre et le regarda s'éloigner, jusqu'à ce qu'un escarpement du chemin le lui eût caché. Quant à lui, une fois arrivé là, il se mit à courir en se disant :

— J'ai eu de la peine, mais j'arriverai à temps.

Quel homme était-ce donc que ce Georges ? Eh mon Dieu c'était un homme ! S'il avait trompé autrefois Élisabeth, c'est que cet amour ne lui suffisait déjà plus, ayant, comme nous l'avons déjà dit, le grand tort d'être âgé de dix ans, de n'avoir plus la ressource de l'imprévu et de ne plus vivre que par l'habitude, qui est au cœur ce que l'embaumement est à la vie. Quand la rupture avait eu lieu, M. Georges avait compris la peine qu'il avait dû faire à Élisabeth; il s'était repenti sincèrement, et le souvenir, escorté de ses reproches intérieurs, avait eu un instant dans son âme la puissance de l'amour lui-même. Il avait fait tout au monde pour se faire pardonner. Nous avons vu par quelles résolutions Élisabeth avait répondu à ces tentatives.

Alors le temps avait commencé son œuvre; peu à peu l'amant avait détourné ses yeux du passé, la réflexion était venue, et il s'était trouvé, un beau jour, souriant à l'avenir que lui montrait un amour nouveau, une fiancée jeune, une famille. Il avait eu encore quelques remords, il avait pensé à la pauvre abandonnée; si elle fût revenue en ce moment, il lui eût probablement sacrifié ses idées nouvelles; mais elle avait paru persister dans cette séparation, elle avait quitté Paris, il ne savait même pas où elle était. Il mit le faux poids de cette dernière subtilité dans la balance, qui pencha dès lors vers le mariage, et il se maria le plus secrètement possible. Maintenant, elle lui écrivait qu'elle voulait le voir, sans lui dire pourquoi. Que devait-il faire? Ne pas répondre, c'eût été cruel; lui écrire, c'eût été imprudent; il vint, résolu à une explication franche. Il tomba sur l'exaltation que vous avez vue. Comment sortir de la position? En faisant croire qu'il y restait, en tirant une dernière épreuve du passé et en la donnant à la pauvre femme comme une garantie de l'avenir.

Une fois sorti de chez Élisabeth, quelle devait être sa première pensée? Arriver assez vite chez sa femme pour qu'elle ne se doutât de rien. En attendant, il venait de la tromper, sa femme. Allons donc! regardez comme il l'embrasse en arrivant; est-ce qu'on a trompé une femme qu'on embrasse ainsi? Non-seulement il ne l'a pas trompée, mais il vient de s'assurer que le passé est bien mort.

Il en était à cette heure de la liaison de Georges et d'Élisabeth comme d'un homme frappé de la foudre: il reste debout, il a les apparences de la vie, on croit qu'en le touchant on va le réveiller; on le touche, il tombe en poussière.

Avons-nous besoin de beaucoup de détails pour expliquer et faire comprendre ce qui suivit cette réconciliation boiteuse? non: elle marcha, en trébuchant, au milieu des craintes, des soupçons, des attentes, des reproches, des jalousies, des larmes, des scènes, des humiliations, des ridicules, jusqu'à ce dernier mot: impossible. Elle en était arrivée là, quand nous avons rencontré Élisabeth. A moins d'abjurer toute dignité ou de se tuer, Mlle de Norcy devait prendre le parti qu'elle prenait : non-seulement rompre, mais briser ; non-seulement quitter, mais partir. Comme elle le disait huit jours après dans une de ses lettres à Jacques : « Ma vie est finie pour l'amour, tâchons qu'elle serve à l'amitié. » Elle arriva à Carlsbad.

XXVIII

La première lettre d'Élisabeth contenait ceci :

« J'ai trouvé la personne que je cherchais. Je sais où est la duchesse, je vais la rejoindre. Il ne dépendra pas de moi que tout finisse à votre satisfaction. Si je ne suis pas heureuse, je veux tâcher d'aider au bonheur des gens que j'aime.

» Je pars dans deux heures, avec le passe-port de la femme de chambre de cette dame. C'est le seul moyen d'arriver auprès de votre amie, qui, à ce qu'il paraît, a bien besoin de consolations. Peu importent les moyens, pourvu qu'ils réussissent. Dès que je l'aurai vue, je vous écrirai. Ayez confiance, aimez cette pauvre femme et pensez un peu à moi. »

Bonne Élisabeth !

La seconde lettre était datée d'Abany, petit village situé sur la route d'Ofen à Hermanstadt, et près duquel Jacques avait passé dans sa course rapide de la première de ces deux villes à l'autre, sans se douter qu'il renfermait ce qu'il allait chercher si loin. Cette lettre disait :

« Je ne veux pas vous tromper, bien que je ne puisse pas vous donner d'explications. »

A ce début Jacques pâlit, il continua cependant.

« Soyez courageux, mon ami. »

— Elle est morte, se dit Jacques en se sentant chanceler.

Et le courage lui manqua pour reprendre cette lecture. L'eau lui coulait du front, et il ne sentait plus battre son cœur. Au bout de cinq minutes seulement, il put continuer :

« La duchesse est bien malade, je dirais même mourante, si mon arrivée et les nouvelles que je lui apporte ne l'eussent littéralement sauvée. »

Jacques respira et remercia Dieu, puis il lut avec avidité les dernières lignes de cette lettre.

« Elle a bien souffert, l'espérance seule de vous revoir un jour l'a soutenue jusqu'à présent. Elle vient de me raconter ce qui s'est passé depuis son départ de Vienne, et ce qui vous sépare encore. Et vous qui l'accusiez ! Je me suis bien gardée de le lui dire.

» Toute cette histoire, qu'elle ne pouvait véritablement vous écrire, est bien fatale et bien terrible même ; mais, cependant, je voudrais avoir encore autant de chances de bonheur dans l'avenir qu'il vous en reste à tous les deux, si vous voulez être courageux et patient, si vous voulez prouver à la duchesse que vous l'aimez toujours. Vous ne pouvez venir ici, quoi que vous fassiez, et elle ne peut être auprès de vous avant six mois. Votre amour aura-t-il la force d'attendre jusque-là ? Soyez franc. Dites oui ou non. Sur votre réponse, elle disposera de toute sa vie à venir. En tout cas, je ne la quitte plus, et si c'est oui, je vous promets, moi, de vous la ramener à l'époque dite. Ecrivez à mon nom, poste restante, à Ofen. Il ne faut pas qu'on voie venir ici une seule lettre de France. Je trouverai moyen de faire prendre les vôtres. »

Au bas de cette lettre, Annette avait écrit d'une main tremblante ces seuls mots :

« Je n'aime que vous dans le monde, aimez-moi ; je ne veux pas mourir, je ne mourrai pas sans vous revoir. »

J'étais là quand cette lettre était arrivée. Jacques me la passa.

— Que vas-tu faire ? lui demandai-je après l'avoir lue.

— Je vais lui répondre que je l'aime et que je l'attendrai.

— Six mois ?

— Oui.

— Tu es sûr, dans six mois, de penser comme aujourd'hui ?

— J'en suis sûr.

— Six mois, c'est bien long.

— Je travaillerai.

— Ainsi, tu oublies tout ?

— Je n'ai rien à oublier.

— Ce que tu as souffert ?

— Je ne souffre plus.

— Ce que t'a dit Vladimir ?

— Il a menti, et, en tout cas, peu importe.

— Alors, va pour six mois; pourvu que, dans six mois, ce ne soit pas encore à recommencer.

Jacques ne me répondit rien. Il réfléchit un instant, et il écrivit ces seuls mots :

« Vous me demandez d'attendre six mois encore sans m'expliquer le mystère qui nous sépare. Je vous aime, j'attendrai. »

— Est-ce cela ? me dit Jacques en me montrant cette lettre.

— Oui.

— Et maintenant, continua-t-il, faisons loyalement les choses.

Le lendemain la lettre était partie. Il était installé à la campagne avec sa mère, et jour par jour il écrivait à Annette le récit de sa vie. Décidément il aimait cette femme. Et elle, l'aimait-elle ? Vous allez bien le voir.

. . . .

C'est le 1er décembre de l'année où se sont accomplis les derniers événements que nous avons fait connaître. Voulez-vous me suivre ? Voyez cette immense plaine couverte d'une neige si blanche, si intacte, si éclatante, que c'est la terre qui éclaire le ciel de cette nuit sans lune et sans étoiles. Nous sommes à peu de distance du petit village d'Abany, sur la route d'Ofen à Hermanstadt; nous sommes en pleine Autriche. Qui croirait jamais qu'il existe une maison, un château même, au milieu de ces steppes désolées? Cela est cependant : il est vrai que ce château, avec son architecture carrée, avec ses murailles épaisses, lourdes et noires, a autant l'air d'une prison ou d'une tombe que d'une maison de plaisance. C'est pourtant le nom qu'on lui donne, l'été, bien entendu; car l'hiver, ce serait une affreuse dérision de l'appeler ainsi : ce désert doit être inhabitable l'hiver. Erreur, et si vous voulez bien regarder attentivement, vous verrez trois ou quatre fenêtres éclairées, et en vous rapprochant, des ombres humaines passer de temps en temps entre ces fenêtres et la lumière intérieure. Rassurez-vous, il n'y a pas de fantastique dans ce récit, bien que le lieu y soit propre, bien que la mise en scène semble en promettre. Franchissons la grille de ce château et pénétrons.

Là où nous passons, il y a, l'été, une pelouse verte et haute; ces espèces de squelettes frissonnants à votre droite et à votre gauche, pleurant de la neige à chaque coup de vent, ce sont des arbres. Fermons bien la grille pour que les loups n'entrent pas. Gravissons les marches glacées du perron, entrons sous ce vestibule immense et désert, montons cet escalier monacal et désolé, couvert heureusement d'un tapis, mais ne touchons pas cette rampe de fer sculpté qui nous gèlerait les mains; ouvrons cette porte haute qui est à notre droite, suivons le corridor. Ne vous semble-t-il pas qu'on parle près de nous? Allons où l'on parle, il est temps de voir des êtres humains.

Dans une chambre, petite, toute capitonnée, toute chaude, à l'élégance et même au luxe de laquelle vous deviez être loin de vous attendre, il y a deux personnes, deux femmes, l'une couchée et cachée entièrement par un des rideaux du lit, pour que la lumière de la lampe posée sur la cheminée n'arrive pas jusqu'à elle; l'autre, assise près de son lit et lui tenant la main. Reconnaissez-vous celle qui est assise?

Oui, c'est Élisabeth.

Et celle qui est couchée, vous ne la connaissez pas?

Non.

Regardez bien, ouvrez un peu le rideau, on dirait que c'est la duchesse, n'est-ce pas? mais on le dirait seulement, car cette femme est bien pâle, bien maigrie, et la dernière fois que vous avez vu Annette, elle était triste, elle avait pleuré, elle souffrait; mais, enfin, elle était encore jeune, elle avait l'air de vivre, tandis que celle-ci ressemble plus à une morte qu'à une créature vivante. C'est pourtant bien la duchesse.

— Vous souffrez? lui dit Élisabeth.

— Beaucoup, répond-elle d'une voix affaiblie et sans faire un mouvement.

Puis elle reprend, après une pause, comme si ce seul mot l'eût fatiguée:

— Mon père est là?

— Oui, avec le médecin.

— Priez mon père d'entrer.

Elisabeth se lève, sort un instant, et, à sa place, paraît un homme de soixante ans environ, grand, noble, pâle, le front ceint de cette couronne de cheveux blancs qui commande le respect.

Il s'approche avec émotion, avec timidité, du lit de sa fille.

— Eh bien! mon enfant? lui dit-il en lui prenant la main.

— Eh bien, mon père, dans quelques heures je serai sauvée ou je serai morte.

Le vieillard tressaillit.

— Mais avant que le moment fatal arrive, j'ai voulu vous voir, mon père. Ai-je été une fille obéissante?

— Oui.

— Ai-je fait tout ce que vous m'avez demandé pour l'honneur de votre nom?

— Oui.

— La faute que j'ai commise sera-t-elle expiée par ce que j'aurai souffert?

— Je le crois.

— Demain, cette nuit peut-être, ce ne sera plus à moi de vous obéir ·ce sera à vous de tenir votre promesse.

— Je la tiendrai.

— C'est bien, mon père, c'est tout ce que je voulais savoir.

— Le duc vient d'arriver, reprit le vieillard après quelques secondes de silence et d'hésitation.

Annette ne répondit rien.

— Il demande à te voir.

— Je ne le verrai pas. Si je meurs, c'est lui qui m'aura tuée. Vous lui direz que je lui pardonne. C'est tout ce que je puis faire, c'est tout ce qu'on peut demander à une chrétienne. Maintenant, mon père, embrassez-moi si vous voulez, et renvoyez-moi Elisaheth.

Le père se pencha sur la tête de sa fille et l'embrassa en pleurant. Puis il sortit de la chambre, où mademoiselle de Norcy reparut aussitôt.

— Nous partirons demain, lui dit Annette.

— Demain, madame! y pensez-vous?

— Quand j'ai, d'après votre conseil, écrit à Jacques de m'attendre six mois, que m'a-t-il répondu?

Qu'il attendrait. Eh bien! ces six mois n'expireut que dans trente jours, et si vous avez demandé six mois au lieu de cinq, c'est justement pour éviter ce que vous voulez faire demain; pour avoir devant vous un mois pour vous remettre de l'événement qui va s'accomplir. Mettre au monde un enfant cette nuit, et partir demain par cette neige, par ce froid, à travers ces déserts, ce serait vous tuer.

— Combien y a-t-il de temps que nous n'avons reçu de lettres de Jacques?

— Quinze jours.

— Et sa dernière lettre n'était-elle pas bien courte?

— C'est vrai.

— Il se passe quelque chose, Jacques ne m'aime plus.

— Quelle folie!

— Il aime peut-être une autre femme.

— Jacques ne pense qu'à vous; mais il a travaillé, il vous l'a écrit. Son travail a été votre auxiliaire, et peut-être, au milieu de ses travaux, n'a-t-il pas pu vous écrire aussi souvent qu'il l'aurait voulu.

— Alors je le surprendrai, voilà tout : mais nous partirons demain. Ici, je mourrais d'inquiétude et de tristesse. Tous les préparatifs de départ sont faits?

— Oui, madame.

— Il se peut que je succombe à l'épreuve de cette nuit; alors vous partirez seule, et vous direz à Jacques toute la vérité. Vous me l'avez promis.

— Je vous le promets encore, mais....

— Mais vous espérez que je survivrai, je l'espère aussi. Dieu me doit bien cela. Vous avez vu le duc?

— Oui, madame.

— Comment est-il? calme ou agité?

— Pâle et sombre.

— Je le crois : on ne peut commettre un pareil crime tranquillement. Il est impossible que Dieu ne punisse pas un jour cet homme. Ah! comme je souffre!

Annette n'avait plus la force de parler. La nature commençait son travail inflexible. Elisabeth sortit de la chambre et fit entrer le médecin. Pendant deux heures, on entendit de grands cris dans la chambre. Puis tout se tut tout à coup.

Élisabeth priait dans la chambre voisine, où le père, immobile comme une statue, pleurait silencieusement, en murmurant de temps à autre ces seuls mots :

— Mon Dieu, pardonnez-moi!

Pour le duc, aux premiers cris qu'il avait entendus, il avait frissonné comme un homme qui a peur. Il était seul dans le salon. Peu s'en fallut qu'il n'appelât au secours. Les remords de cet homme devaient tourner autour de lui, menaçants comme les fantômes d'un cauchemar. Puis il avait marché avec une grande agitation, essuyant incessamment la sueur froide qui coulait de son front.

Quand le silence s'était fait, il s'était arrêté comme s'il fût devenu de marbre, la bouche entr'ouverte, écoutant des oreilles et des yeux. Il eût bien voulu prier, mais sa prière eût été un sacrilége.

La porte s'ouvrit, il poussa un cri à son tour. Le médecin parut. Le duc voulut le questionner, mais il ne put articuler une parole. Le docteur devina la question.

— C'est un fils, dit-il.

— Et il vivra?

— Oui.

Le duc respira pour la première fois depuis deux heures.

— Et la mère? demanda-t-il.

La mère vivra peut-être.

— C'est bien.

En ce moment, le père entra dans le salon. Il alla droit au médecin et l'embrassa en lui disant :

— Merci docteur, merci !

Puis il le pria de retourner auprès de sa fille. Resté seul avec le duc, le père lui dit d'une voix digne et ferme :

— Tout est fini entre nous, monsieur ; je l'espère, du moins. Nous ne nous reverrons jamais. Soyez heureux, si vous pouvez.

Pendant ce temps, la duchesse couvre de baisers et de larmes l'enfant qui vient de naître d'elle et qu'elle ne doit jamais revoir, car le duc va l'emmener, cet enfant. Où donc? Où bon lui semblera. Mais cet enfant n'est pas le sien, il le sait, et il l'emmène! Que veut-il donc en faire? Il veut l'élever comme un père élève son enfant; et il en aura soin, je vous en réponds; et si l'enfant est malade, il le veillera lui-même, et si l'enfant meurt, qui sait? il en mourra peut-être. Vous ne comprenez pas?

Non.

C'est vrai; vous ne savez pas encore tout. Eh bien, écoutez, vous allez apprendre de belles choses.

Quand, pendant la scène qui a précédé à Paris le départ ou plutôt l'enlèvement de la duchesse, celle-ci a dit à son mari : « Je suis enceinte, » et que le duc lui a répondu : « Je ne vous crois pas » (vous vous rappelez bien cela? Oui), eh bien ! le duc mentait. Non-seulement il croyait ce que lui disait sa femme, mais il en était parfaitement sûr, et c'était cette certitude qui causait l'enlèvement.

Comment cela?

Attendez!

Quand le père avait écrit à sa fille : « Pars pour Vienne; la séparation aura lieu, je te le promets, » et que, confiante dans la parole de son père, elle était partie en écrivant à Jacques de l'attendre quinze jours à la frontière, le père parlait sincèrement; il comptait aller prendre sa fille à Vienne et la ramener aussitôt à Paris.

Qui l'en avait empêché?

Patience.

Quand Annette avait écrit à son amant : « Nous partons dans trois jours, » elle était convaincue qu'elle allait partir. Mais, quand le duc avait dit à sa femme : « Vous n'êtes pas encore libre, » il savait mieux que personne ce qu'il disait, car, seul, il savait le mot de l'énigme; et ni le père, ni Annette, ni Jacques même, ne pouvaient rien faire sans sa volonté.

Quelle était donc cette énigme?

Nous y voici :

Le duc avait un oncle, vous le savez. Cet oncle dix fois millionnaire, n'avait pas d'autres héritiers naturels que le duc et la baronne. Il n'aimait pas le premier, il aimait la seconde; mais il ne voulait pas que son nom s'éteignît, et il avait, pour concilier les intérêts de son cœur et ceux de la famille, établi cette clause dans son testament :

« Si, à ma mort, mon neveu est sans enfants, toute ma fortune passera à ma nièce. »

C'était un moyen de faire marier tout de suite le duc, qui usait sa vie dans les désordres et les débauches de toutes sortes. C'est alors que le duc s'était marié, mais sans faire part à sa femme de cette clause importante. Malheureusement le mariage était venu un peu tard, et par lui-même le duc était incapable d'hériter. Il avait donc laissé toute liberté à la duchesse; il avait même été jusqu'à l'envoyer chez le marquis de Herne, vous vous rappelez dans quelle circonstance. Elle pouvait en revenir, puisque le marquis l'aimait, non-seulement avec l'acquit des cent mille francs perdus, mais encore avec les dix millions de l'avenir. Cette étrange combinaison n'avait pas réussi; mais Jacques était survenu, et le duc, comme la baronne, comme Vladimir, avait appris la conséquence de cette liaison.

Comprenez-vous maintenant pourquoi la baronne, qui savait bien que, tant que sa belle-sœur n'aurait pas d'amant, les dix millions n'arriveraient pas à son frère, surveillait tant la vertu de la duchesse, et pourquoi, quand elle eut connaissance de l'état d'Annette, elle se fit son amie, et lui proposa sa protection pour faire venir au monde, sans que personne le sût, ce malencontreux enfant dont la naissance allait lui faire perdre dix millions? Comprenez-vous aussi pourquoi le duc avait enlevé sa femme, qui, épouse, ne lui apportait que deux cent mille livres de rente par an; mais qui, mère, allait lui en constituer cinq cent mille?

Mais c'était une infamie que le duc faisait là!

Je ne vous dis pas le contraire.

Cet homme était donc décidément un misérable?

— Mon Dieu, oui.

Et le père s'est fait le complice de ce mari?

Il le fallait bien.

Le père ignorait l'amour d'Annette pour Jacques, et le résultat de cet amour. Le duc lui a tout appris, et lui a dit :

— Si la séparation a lieu maintenant, je dirai toute la vérité, c'est-à-dire que je déshonorerai votre fille ; si la séparation n'a lieu qu'après la naissance de l'enfant, si l'enfant m'est laissé, je pardonnerai, elle sera libre, et le monde ne saura rien.

Le père a eu envie de tuer l'homme qui lui parlait ainsi ; mais il fallait éviter le bruit, le scandale, la honte, et Annette, au moment où elle s'y attendait le moins, a vu son père faire cause commune avec le duc. Pouvait-elle informer Jacques de ce qui se passait ? C'était trop infâme ! elle ne l'osa pas. D'ailleurs, Jacques ne l'aurait pas cru. Elle aima mieux lui écrire qu'elle était malade, gagner du temps, et, quand Élisabeth était venue la rejoindre, s'en fier à l'amour de son amant, lui demander un dernier délai, pendant lequel la nature accomplirait son œuvre, sans s'occuper des calculs immondes qui en attendaient la solution.

Nous avons vu que tout s'était passé aussi bien que possible. Restait à savoir si, de son côté, Jacques avait patiemment attendu, et s'il aimait toujours Annette. C'est facile à savoir. Allons retrouver Jacques.

XXIX

Jacques avait tenu parole. Après avoir pris la nouvelle résolution d'attendre Annette et le lui avoir écrit, nous croyons l'avoir dit, il était parti pour la campagne et s'était mis à travailler. Le travail, qui est un besoin pour l'artiste dans son état normal, devient une consolation à la suite des émotions du genre de celles que Jacques avait eu à traverser. Son talent seul pouvait faire patienter son amour, d'autant plus que, depuis longtemps, il avait amassé des impressions auxquelles il n'avait pas donné d'issue, et qu'il pouvait peut-être maintenant formuler dans la langue de l'art. Il y a de l'égoïsme dans tous les artistes véritables, et il en est bien peu qui n'utilisent pas les joies et les tristesses de leur âme au profit de leur gloire. Par combien de douleurs il faut souvent que l'artiste ait passé avant d'arriver à produire un sentiment que tout le monde reconnaisse vrai, et le public qui le lit ou qui l'écoute ne sait pas que le malheureux a laissé dans son œuvre une portion de son cœur, la plus heureuse quelquefois, la plus pure toujours. Le public appelle cela de l'inspiration, et croit qu'elle se renouvelle par l'habitude, sans épuiser à mesure celui qu'elle paraît emplir. Heureux le public; mais, qu'il le sache, le génie n'est souvent que le dernier cri d'une douleur trop grande, et, pour notre part, nous ne saurions admettre qu'un homme toujours heureux devienne sincèrement un grand homme.

Malheureusement, ou heureusement, l'art a ses exigences, sa jalousie, sa domination tyrannique. Il veut bien consoler, mais à la condition qu'il absorbera. Il y a de l'éternité en lui. On n'en revient pas. Il est tout, ou il n'est rien. Ce n'est pas un pèlerinage au retour duquel, calme et soulagé, l'on peut reprendre ses habitudes d'autrefois au point où on les a laissées. Non. Quand on demande sérieusement sa consolation à l'art, il faut s'attendre à l'y trouver, mais poussée jusqu'à l'oubli. Si l'on atteint aux sphères supérieures qu'il habite, et qu'on se retourne vers le passé, on s'étonne alors de la petitesse, de la mesquinerie des choses terrestres par lesquelles on était dominé jadis, et l'on ne songe pas plus à retourner à elles qu'une âme qui aurait joui du séjour du ciel et de la vue de Dieu ne songerait à revenir parmi les hommes.

A mesure qu'on avance dans l'art, les horizons deviennent si grands, les chemins si larges, l'air si vivace, que l'âme y contracte des besoins inconnus d'espace, d'indépendance, de solitude et d'immensité. Elle étoufferait s'il lui fallait rentrer tout entière dans une seule des passions étroites qui lui suffisaient autrefois. Aussi les déceptions de l'artiste n'engendrent-elles pas la douleur, mais le découragement, cette chose sans consolation possible, cette mort graduée de l'homme.

Jusqu'au jour où Jacques avait connu la duchesse, il avait été un homme de talent, mais comme il y en a beaucoup, comme il y en aura toujours, comme tout le monde peut le devenir, avec un peu d'étude, de jeunesse, de nature et de sentiment. Nous avons vu, au début de sa carrière agréable, heureuse, distinguée, quelle importance cet amour avait prise tout à coup dans sa vie, et comme il y avait brusquement relégué au second plan un talent si peu sûr de lui-même, qu'un instant Jacques en avait rougi. Puis cet amour l'avait envahi de plus en plus. Les joies, les craintes, les préoccupations, les dangers, avaient, jusqu'à ce que la dernière espérance en fût tombée, empli, agité, secoué, bouleversé cette âme, comme fait le vent d'hiver de l'arbre qu'il dépouille: puis une sorte d'affaissement était survenu; puis une nouvelle lettre de la duchesse avait rendu un peu de courage au malheureux. Il avait cherché autour de lui une assistance quelconque pour l'aider à passer les six mois qui le séparaient encore d'Annette, et il avait enfin retrouvé, comme seul appui possible, le travail négligé depuis longtemps. En s'y remettant, à dire vrai, il n'y voyait qu'une occupation machinale, qu'une distraction indispensable, qu'un moyen d'abréger le temps. Les premiers jours furent même difficiles, et bien des fois il quitta sa retraite pour s'en aller au hasard dans les bois, ou pour revenir chercher à Paris quelque distraction bruyante. Tous les matins il écrivait à Mlle de Norcy, mais les jours s'égrenaient bien lentement, et il se désespérait souvent encore en se représentant la quantité d'heures qu'il lui fallait dépenser avant de revoir Annette.

Uu soir, il avait assisté, à l'Opéra, à une représentalion de *Guillaume Tell*. La chaleur était étouffante, et cependant la salle était pleine. Ce n'est pas trop demander qu'un chef-d'œuvre puisse faire oublier à deux mille personnes une température de vingt degrés au-dessus de zéro. Si on se le rappelle, la reprise de cet opéra avait déjà joué un rôle dans la vie de Jacques, puisque c'était le soir de cette reprise, après y avoir assisté avec Mme de Wine et y avoir vu la duchesse, qu'avait eu lieu la scène d'où son amour avait pris sa véritable date. En outre de sa mélodie intrinsèque, chaque note avait donc pour notre spectateur un charme qu'elle n'avait pas pour les autres, le charme harmonieux et mélancolique d'une joie disparue. En sortant du théâtre, il revint à pied chez lui à la campagne, c'est-à-dire qu'il fit deux lieues à peu près. Il éprouvait le besoin de se fatiguer et d'éparpiller dans l'air frais et calme de la nuit les souvenirs et les harmonies qui l'emplissaient. Ce fut le commencement de sa transformation. Jamais il ne s'était avoué si complétement son infériorité, son inutilité en art. Par les jouissances qu'il avait éprouvées à entendre cette grande et magnifique épopée musicale, il se rendait compte des jouissances infinies qu'avait dû éprouver le maître à l'exécuter. Il se posa cette question :

— Si j'avais été occupé à faire *Guillanme Tell* quand j'ai connu la duchesse, aurais-je donné aussi facilement ma vie à cet amour ?

Il se répondit :

— Je ne le crois pas.

Il se demanda encore :

— Si, le jour où la duchesse m'a écrit qu'elle partait, on avait joué la première représentation d'une œuvre de moi aussi importante que celle-ci, serais-je parti ?

— Non. Il y a donc quelque chose de plus grand que l'amour !

Et, tout ému encore par la majesté de cette musique qu'il avait entendue souvent, mais qu'il comprenait bien pour la première fois, il trouva la passion aussi petite devant le génie qu'il s'était trouvé peu de chose en se comparant au maître.

A partir de cette révélation commença le véritable travail de Jacques, et, de ce jour, germa en lui la consolation réelle avec l'ambition de devenir un maître à son tour. Il admit pour lui la possibilité d'entreprendre plus qu'il n'avait fait jusqu'alors, et les six mois qu'il avait à passer avant de revoir la duchesse, et qui lui avaient paru devoir être une éternité, lui semblèrent instantanément bien peu de chose, s'il pouvait donner suite aux idées nouvelles dont il venait de recevoir l'initiation.

A son grand étonnement, quand il se mit à l'œuvre, il trouva en lui des accents pleins, énergiques, mâles, qu'il avait ignorés jusqu'alors, expression facile d'une âme virilisée par la douleur. Son talent, éclairé et façonné par ses émotions intimes, prenait la couleur et le contour, sans qu'il sût positivement ce qu'il faisait, sans qu'il se fatiguât en efforts réels. Était-ce mauvais? était-ce bon? Il n'en savait rien. Toujours est-il qu'il s'établissait entre lui et ses productions une affinité, une sympathie, une solidarité complètes, mais par des liens mystérieux qu'il ne pouvait ni voir ni définir. Il assistait à cette métamorphose comme si elle se fût opérée chez un autre. Ce qui émanait maintenant de lui, il ne l'avait pas eu en lui jusqu'alors. Une source merveilleuse et féconde jaillissait de l'aridité de son âme, comme celle que Moïse avait fait jaillir du rocher.

Autrefois déjà, dans les premières expansions de son amour heureux, il m'avait dit: « Je me sens capable des plus grandes choses; » mais ce qui prouve que ce n'était là que la forfanterie du bonheur, c'est que ces grandes choses, il ne les avait pas faites, ou bien, peut-être, l'amour avait-il en effet engendré des facultés nouvelles; mais le chagrin seul, la solitude et le recueillement, qui en avaient été la conséquence, les avaient vivifiées et mûries. Toujours est-il que l'enfantement s'opérait; et Jacques prenait aux decouvertes quotidiennes qu'il faisait en lui l'intérêt qu'un pauvre diable, condamné pour toute sa vie à un toit de chaume, à la pauvreté et à l'oubli du monde, prendrait à ramasser des filons d'or ou des minerais de diamants découverts tout à coup sous son petit champ, et lui appartenant bel et bien.

Mais ce n'est pas tout que de découvrir, il faut utiliser, il faut réunir les parcelles d'or, il faut polir et tailler le diamant, ou la découverte n'est pas nulle, mais elle est incomplète. C'est là que commencent les difficultés; et Jacques, penché sur les filons épars de son talent nouveau, se demanda, avec une sorte d'effroi, d'abord s'ils étaient bien réels. puis ce qu'il allait en faire. Il ne se crut pas tout de suite de force à exploiter cette trouvaille; il trembla de prendre pour du génie une hallucination fiévreuse de son cerveau fatigué, un commencement de folie peut-être; mais, à force de s'interroger, les premières convictions lui vinrent, et il accepta bravement cette lutte patiente, mystérieuse, épuisante, du créateur avec sa création, lutte qui consiste à rejeter cent fois dans le chaos son œuvre avant le *fiat lux* définitif et satisfait.

En même temps, disons-le, il était heureux et fier pour Annette elle-même de cet emploi de son temps. Il pensait, avec raison, qu'elle ne pouvait être jalouse de cet amour, qu'il ne croyait encore que destiné à servir d'entr'acte à l'autre; aussi lui écrivait-il naïvement, tous les jours, les progrès qu'il faisait, et l'en remerciait-il en lui attribuant à elle seule l'inpiration.

« Puisqu'une fatalité nous sépare, lui disait-il, je veux tirer un bien de cette séparation. Je veux me faire un nom qui me rende digne de vous. Je veux que non-seulement dans votre cœur, mais encore dans votre esprit, votre amour ait une excuse pour les sacrifices que vous m'aurez faits. Je veux qu'au moment de vous blâmer le monde s'arrête et dise · « Après tout, ce n'est pas un homme ordinaire. » Vous me pardonnerez bien certainement cette ambition, dont vous aurez été la cause et dont vous accepterez le tribut. »

Trois mois se passèrent ainsi. A peine si je voyais Jacques. Il ne sortait pas de sa petite maison, et quand j'allais l'y visiter, et que je lui demandais ce qu'il faisait :

— Patience, me disait-il, tu le sauras un jour, et je crois que tu seras content de moi.

Mais il lui arriva bientôt une chose à laquelle il était loin de s'attendre. Deux ou trois fois, quand, à l'heure où il avait coutume d'écrire à la duchesse une lettre dont il remplissait toujours les quatre pages sans qu'un seul mot hésitât sous sa plume, deux ou trois fois, disons-nous, quand il prit le papier pour écrire à Annette, il lui arriva de ne savoir par quoi commencer, et, tandis qu'il cherchait les expressions dont il devait se servir, d'entendre, s'irritant de cette interruption, sa pensée d'artiste le rappeler à elle et faire vacarme dans son cerveau, comme un créancier pressé à la porte de son débiteur. Alors il se contentait de quelques lignes, dans lesquelles il pensait avoir enfermé autant de choses que dans un livre tout entier, et il se remettait bien vite au travail. Puis, il lui arrivait aussi d'oublier l'heure de la poste, et de laisser Annette quarante-huit heures sans lettre de lui; mais hâtons-nous de le dire, le lendemain, il prenait sa revanche, et elle avait ses quatre pages.

Cependant, pendant une semaine, il resta trois jours sans écrire un seul mot en Autriche. Il est vrai qu'il avait une excuse: Annette aussi était en retard, mais ce n'était pas la faute de la pauvre femme; elle avait été tellement malade, qu'elle n'avait pu tenir une plume. En réponse à la lettre où elle lui donnait cette raison de son silence un peu prolongé, Jacques lui écrivit:

« Pardonnez-moi aussi ce semblant d'inexactitude; mais j'attendais toujours, pour vous écrire, des nouvelles de vous. Du reste, que je vous écrive ou non, vous savez bien que je vous aime. »

Le temps marchait toujours. Jacques, chassé par l'hiver, était revenu à Paris à la fin d'octobre. Nous recommençâmes à nous voir plus souvent. Il venait quelquefois chez moi me prendre pour aller dîner, la bouche souriante, l'œil fier et serein.

— Comme tu as l'air heureux! Tu as reçu de bonnes nouvelles? lui disais-je, faisant allusion à la duchesse.

— Toujours les mêmes, me répondait-il; mais j'ai l'air heureux parce que je suis content de ce que j'ai fait aujourd'hui, j'ai bien travaillé.

Et le soir, il me quittait pour retourner à son travail, comme il me quittait jadis pour aller rejoindre Annette. Enfin, il m'avait admis à l'intimité de cette passion nouvelle comme il m'avait laissé pénétrer dans le mystère de l'autre, et je lui trouvais pour l'art les mêmes enthousiasmes et les mêmes expansions que pour sa maîtresse. Seulement, ici les joies étaient plus complètes, les satisfactions plus légitimes, l'orgueil plus naturel. Nul ne pouvait intervenir dans cet amour. Pas de code, pas de mari ayant droit de représailles sur cette chaste liaison qui, d'un autre côté, n'était soumise ni aux hasards, ni aux habitudes, ni aux remords propres aux amours humaines. Ce que Jacques m'avait fait entendre renfermait des beautés du premier ordre. Il gravissait déjà avec moins de peine la période ascendante du sentiment qui aboutit au talent véritable; il y trouvait de ces jouissances si pleines, qu'elles isolent définitivement de ce qu'on avait pu prendre jusqu'alors pour le bonheur; et, dans l'intérêt de la duchesse, j'eusse mieux aimé voir à Jacques une maîtresse nouvelle, en chair et en os, que cet amour idéal, dont elle ne pouvait être jalouse, parce qu'il laissait à son amant le mérite spécieux de la fidélité. Jacques avait entrepris une œuvre de longue haleine dont l'apparition devait certainement le classer tout de suite parmi les premiers de son art. Il avait cru ne pouvoir jamais trop entreprendre pour occuper les six mois qu'il avait devant lui : mais voilà que sur les six mois cinq étaient déjà écoulés, et l'œuvre n'était pas encore au bout de sa première moitié. Au lieu de diminuer de proportion à mesure qu'il travaillait, elle avait doublé d'importance; peut-être lui faudrait-il un an pour la mener à sa fin, et Annette devait arriver dans un mois. Qui pouvait prévoir les événements qu'amènerait son retour? Il serait bien évidemment un grand bonheur pour Jacques. Mais s'il allait interrompre l'œuvre commencée; s'il allait, lui, Jacques, après cette halte, ne pouvoir plus reprendre un chemin dont la course quotidienne et régulière l'empêchait maintenant de sentir la fatigue; si sa vie passée, revenant brusquement se placer au milieu de sa route, allait lui masquer le but, le faire dévier, ou le renede stationnaire, ou même le faire revenir sur ses pas! Ces six mois de travail n'auraient donc servi à rien? Il lui faudrait donc renoncer à la réalisation des rêves entrevus, et redevenir un homme ordinaire avec la conscience intime, mais inutile, qu'il aurait pu accomplir une grande chose?

Après avoir touché aux joies de la création, les plus grandes et les plus sûres qu'il y ait, son âme se contenterait-elle des joies connues d'un amour puissant, il est vrai, mais dont il avait déjà subi et usé les plus rudes émotions? Certainement la présence d'Annette compléterait son bonheur; certainement il ne renoncerait jamais volontairement à elle; et si pour la revoir, il fallait encore un sacrifice, il le ferait: car elle l'aime, car il en est sûr, car chacune de ses lettres lui en apporte la preuve; mais elle est femme, elle n'a rien à faire qu'à aimer, et peut-être ne comprendra-t-elle pas bien qu'il consacre, elle présente, la moitié de son temps à un travail qui ne devait servir qu'à tuer les heures trop longues de leur séparation momentanée. Il faudrait donc lui sacrifier son travail. En aurait-il la force? Le travail n'était pas devenu partie intégrante de sa vie? Son cœur et son cerveau, son amour et son imagination n'avaient-ils pas fait alliance si étroite, n'étaient-ils pas si intimement liés, qu'il était devenu impossible de les désunir et même de reconnaître assez leur individualité personnelle dans leur fusion pour les séparer l'un de l'autre? Puis, avec l'empire qu'il avait pris par la solitude et le chagrin sur Jacques, le travail admetterait-il, avec l'amour, le partage de cette nature jeune et fraîche qu'il se croit déjà toute acquise? Non; ou bien alors il la déserterait entièrement comme indigne de lui.

Comment concilier toutes ces exigences? Si Jacques avait encore six mois d'isolement et de tranquillité, ah! ce serait une bonne chose pour l'unité de son œuvre! Il ne la souhaite pas, car ce souhait serait presque une mauvaise action; mais si Annette lui écrivait qu'elle ne peut encore venir, lui demandât-elle une année tout entière, il sent qu'il aurait le courage de la lui accorder, puisqu'il a maintenant le moyen d'attendre; et quand elle arriverait, elle assisterait au succès que son amant ne pourrait manquer d'obtenir ; et, comprenant mieux par le résultat la nécessité du travail, elle serait sans doute la première à l'y encourager.

Et Jacques se fait ces réflexions à l'époque même où un grand événement doit s'accomplir dans la vie d'Annette, au moment où elle doit mettre au monde l'enfant de son amour, où elle est peut-être mourante; il y a quinze jours que Jacques ne lui a écrit. Comment se fait-il qu'il ne lui a pas écrit depuis si longtemps? A-t-il donc à se plaindre d'elle? Non; mais son temps à été absorbé, il ne sait comment. Les jours se sont écoulés comme les minutes. Heureusement il a encore un mois. Il va lui écrire bien vite; et en effet il lui adresse une longue lettre, la plus longue peut-être qu'elle ait encore reçue de lui, et il la terminait en lui disant :

« Ayez bien soin de vous. Toutes les agitations de cette année et la naissance de cet enfant ont pu altérer votre santé. Ne la risquez pas pour moi. Je désire vous revoir ; mais je vous aime trop pour exiger, dans l'état où vous êtes, une exactitude qui serait plus que de l'égoïsme, qui serait de la cruauté. Nous sommes réunis par notre pensée commune, et de ce côté-là rien n'aurait le pouvoir de nous séparer. Je patienterai encore s'il le faut. L'avenir est à nous; ne le risquons pas dans une précipitation qui pourrait nous être fatale. La nature a des lois inflexibles; faites-lui toutes les concessions qu'on doit lui faire. Je tremble à la pensée des fatigues, des dangers qu'il vous faudra supporter pour venir à moi par cette saison rigoureuse. Ecrivez-moi le plus souvent possible, c'est tout ce que je vous demande, et si le médecin vous ordonne le repos, au nom de notre amour, faites ce qu'il vous ordonnera. Peut-être ne pourrez-vous reprendre votre route qu'avec les premiers beaux jours. Je vous en supplie, ayez assez de confiance en moi pour me demander un nouveau délai s'il vous est nécessaire. Votre santé, c'est ma vie. S'il vous arrivait un malheur, j'en mourrais, ne l'oubliez pas. »

Selon toutes probabilités, la duchesse ne recevrait pas cette lettre, qui ne devait arriver à Abany que quelques jours après l'accouchement; et nous avons vu qu'elle avait fermement résolu de partir le lendemain malgré les prières de Mlle de Norcy, et de faire une surprise à Jacques en revenant à lui avant le terme fixé. Mais le lendemain il lui avait été impossible de se lever, quelques efforts qu'elle eût faits; la fièvre s'était emparée d'elle, et pendant quarante-huit heures le médecin l'avait considérée comme morte. La volonté de vivre l'avait emporté cependant; et, comme dans toutes les crises violentes, la convalescence avait été aussi prompte que l'attaque. Mais pour que cette convalescence fût efficace, pour qu'il n'y eût pas une rechute qui, cette fois serait mortelle, le médecin avait demandé au moins un mois de soins, et décrété l'impossibilité du départ.

Sans en rien dire à Annette, Mlle de Norcy avait écrit cette nécessité à Jacques; et cette lettre se croisant avec celle dont nous venons de donner la fin, y avait apporté une réponse préventive et telle que notre artiste l'*espérait*. Nous ne retirons pas le verbe, bien qu'il soit un peu cruel. Jacques répondit à Annette une lettre aussi consolante que possible; mais en se voyant du temps devant lui, il se replongea de plus belle dans sa fièvre de travail.

Nous étions arrivés au milieu de décembre. Soit par besoin de repos, soit par remords intérieur, soit par attraction du passé, Jacques était allé faire une espèce de pèlerinage à Saint-Cloud, là où une année auparavant, il était venu se promener avec Annette. Peut-être, en retournant aux lieux qu'ils avaient visités ensemble, en revoyant ce piédestal où il avait écrit leurs deux noms, voulait-il se donner à lui-même la mesure des changements qu'une année avait pu apporter en lui, et voir s'il y trouverait des impressions égales à celles qu'il y avait laissées.

Le parc était le même qu'un an auparavant. On n'eût jamais dit qu'un été avait passé par là. Rien n'y avait changé d'aspect; seulement la duchesse n'accompagnait pas le pèlerin rêveur et solitaire. Pendant les deux heures qu'il resta sur le banc où ils s'étaient assis ensemble, il fut sincèrement convaincu que rien au monde n'arriverait à remplacer chez lui le souvenir de cette femme, dont le nom, incrusté dans la pierre, lui souriait comme s'il avait été écrit une minute auparavant. Du reste, nous ne saurions mieux peindre le sentiment de notre héros pendant cette journée qu'en reproduisant les vers qu'il m'envoya le lendemain, et qui, dans son esprit et dans son cœur, faisaient pendant à ceux de l'année précédente.

Un an s'est accompli depuis cette journée
Où nous fûmes au bois nous promener tous deux.
Hélas ! j'avais prévu la triste destinée
Qui devait succéder à quelques jours heureux.

Notre amour ne vit pas la saison près de naître !
A peine un doux rayon de soleil luisait-il,
Que l'on nous séparait ; et, pour toujours peut-être,
A commencé le double et douloureux exil.

Moi, j'ai vu ce printemps sur la terre lointaine,
Sans parents, sans amis, sans espoir, sans amour,
Les yeux toujours fixés sur la route prochaine
Par où tu m'avais dit que tu viendrais un jour.

Que de fois mon regard a sondé cette route
Qui se perdait parmi des forêts de sapins,
Moins obscurs, moins épais, moins triste que le doute
Qui m'escortait depuis un mois par les chemins !

A quoi bon ce soleil qui fleurissait les branches,
Réchauffait la nature et les champs assoupis ?
Marguerites, à quoi servaient vos têtes blanches,
Plus hautes en avril que les jeunes épis ?

A quoi bon les senteurs de la colline grasse ?
A quoi bon les oiseaux caquetant leurs chansons ?
Que me faisaient, à moi, le cœur pris sous la glace,
La chaleur de la terre et les nids des buissons ?

Qu'à jamais le soleil se voile, s'il éclaire
En vain le long chemin au bout duquel j'attends :
S'il ne ramène pas ce que mon cœur espère,
Il n'est pas de soleil, il n'est pas de printemps !

Marguerites, tombez et mourrez dans la plaine,
Perdez vos doux parfums et vos tendres couleurs,
Si celle que j'attends n'aspire votre haleine :
Vous n'êtes pas l'été, vous n'êtes pas les fleurs !

Oh ! je préfère à vous l'hiver morose et sombre,
Avec ses arbres noirs et ses sentiers déserts,
Avec son œil éteint qui s'entr'ouvre dans l'ombre,
Et qui, sans nous toucher, expire dans les airs.

C'est là le vrai soleil des âmes désolées :
Rendez-moi donc l'hiver, nous nous connaissons bien ;
Ma tristesse est la sœur de ses longues allées,
Et le feu de mon cœur est froid comme le sien.

C'est ainsi que dès l'aube, assis à ma fenêtre,
Je parlais, maudissant et le soleil et Dieu ;
Puis, le jour commençait, j'espérais une lettre
Qui m'eût fait pardonner au ciel d'être si bleu.

Et le jour s'enfuyait comme avait fui la veille.
Rien ! — pas un mot de vous ! — l'horizon bien fermé
Ne laissait même pas venir à mon oreille
L'écho doux et lointain de votre nom aimé.

Un morceau de papier, c'est pourtant peu de chose ;
Quatre lignes dessus, ce n'est pourtant pas long.
Si l'on ne veut écrire, on peut prendre une rose
Eclose le matin dans un pli du vallon ;

On la peut effeuiller au fond d'une enveloppe,
La jeter à la poste ; et, l'exilé venu
Du fond de son pays, presque au bout de l'Europe,
Peut sourire en voyant que l'on s'est souvenu.

Que de fois vous avez oublié de le faire !
Et chaque jour, c'était un désespoir nouveau.
Mon cœur se desséchait, comme ces fruits qu'on serre,
A la fin de l'été, dans l'ombre d'un caveau.

Si l'on pressait ce cœur aujourd'hui, c'est à peine
S'il en pourrait jaillir une goutte de sang.
Il n'y reste plus rien : c'était la coupe pleine
Qu'un enfant maladroit fait tomber en passant.

Nous voici revenus à la fin de l'année,
Et le temps patient, qui ne s'arrête à rien,
Nous rend le même mois et la même journée
Où vous parliez d'amour, votre front près du mien.

C'est bien le même aspect : les routes sont désertes,
Le givre, de nouveau, gerce les étangs bleus.
Les arbres ont usé leurs belles robes vertes,
Le cygne rôde encor triste et silencieux.

Voilà votre doux nom que ma main vient d'écrire ;
Il est là qui sourit, dans le marbre incrusté !
Allons ! j'ai fait un rêve, et j'étais en délire ;
Allons ! j'étais un fou ! tu ne m'as pas quitté.

La voiture, là-bas, nous attend à la grille :
Partons ! et s'il fait beau nous reviendrons demain.
Baisse ce voile noir sur ton regard qui brille ;
Prends garde de glisser et donne-moi la main ;

Car il a plu. La pluie a détrempé les terres.
Approche donc! Hélas! mes sens sont égarés;
Les feuilles que je foule, aux chemins solitaires,
Sont celles du printemps qui nous a séparés.

Non! non! tu n'es plus là, toi que j'appelle et j'aime!
J'ai pris le souvenir pour la réalité.
Et loin de cet amour, encor, toujours le même,
J'ai vécu deux hivers de suite sans été.

Car l'été, ce n'est pas cette saison qui dure
Six mois, et que novembre éteint d'un pied transi.
C'est du cœur rayonnant l'éternelle verdure;
C'est ce que je serai quand tu seras ici.

Deux jours après avoir reçu ces vers, j'étais chez Jacques. Je passais la soirée avec lui. Nous fumions, en causant au coin du feu ; et bien entendu, nous attisions ses souvenirs pour en faire jaillir quelque chaleur et quelques étincelles.

— Ces vers que tu m'as envoyés sont pleins de sentiment, lui disais-je. Tu étais peut-être né poëte.

— Non; car, en dehors de la double impression qui m'a dicté ces deux odes, je serais incapable de composer un distique.

— Ainsi, tout ce que tu as mis dans ces derniers vers, tu le ressens?

— Oui.

— Tu aimes toujours la duchesse?

— Comment ne l'aimerais-je pas!

— Et tu seras heureux de son retour?

— J'en serai heureux.

— Eh bien! tu n'as plus que peu de temps à attendre, puisqu'à la fin de ce mois, au plus tard, elle doit être ici.

Jacques ne m'avait pas parlé de la lettre où il laissait Annette libre de prolonger son absence.

— Ah! fit-il, elle ne reviendra pas encore sitôt.

Je le questionnai. Il m'apprit tout. Je le regardai avec attention.

— Veux-tu que je sois franc? lui dis-je.

— Parle.

— Ce serait un bonheur pour elle, et peut-être pour toi, qu'elle ne revînt jamais.

— Pourquoi donc?

— Parce que tu ne l'aimes plus assez.

Il ne répondit rien. Il se leva, se promena quelques instants dans la chambre, et s'arrêtant enfin devant moi :

— Tu te trompes, me dit-il, je l'aime toujours.

— Tu as eu besoin de réfléchir pour me faire cette réponse.

— C'est que, reprit-il, en vérité, il y a des moments où je ne me rends pas bien compte de ce qui se passe en moi. J'ai vécu si vite pendant qu'elle était ici, et il s'est écoulé un si long temps, et ma vie a pris un cours si nouveau depuis qu'elle n'y est plus, que parfois je me demande si tout cela n'est pas un rêve, et quand je me rappelle que non, s'il ne vaudrait pas mieux que c'en fût un.

— Bref, tu sens que tu pourrais vivre sans cet amour, ce que tu n'aurais pas admis il y a un an; et si c'était à recommencer...

— C'est vrai; je ne recommencerai peut-être pas.

Il se fit encore un silence.

— Supposons que tu reçoives à cette heure une lettre où elle te demanderait de partir de nouveau, partirais-tu?

— Oui, répondit-il sans hésitation.

— Par amour réel ou par délicatesse?

— Je partirais, voilà tout.

Jacques aimait autant que j'en restasse là de mes questions.

— Lui as-tu envoyé tes derniers vers? lui demandai-je.

— A quoi bon? ces choses-là, on les fait pour soi seul.

— C'est juste.

Il était minuit. La pluie tombait. Il y avait autour de nous un silence de mort que rien n'animait, excepté le tintement de la pendule et le sifflement du feu. On sonna à la porte de la rue; et nous entendîmes cette porte se refermer avec fracas, comme si la personne qui venait d'entrer ne se fût préoccupée ni de l'heure qu'il était, ni du repos des locataires, qu'un pareil bruit pouvait et devait réveiller.

Jacques avait fait un mouvement machinal, comme s'il eût ressenti, malgré lui, dans une partie sensible de lui-même, comme qui dirait au cœur, le contre-coup du bruit qui venait de se faire.

— Il est temps que je te quitte, lui dis-je. Adieu.

— Quand te verrai-je?

— Ces jours-ci.

Je pris mon chapeau. Au moment où je m'apprêtais à quitter la chambre, on frappa violemment à la porte du carré. Jacques tressaillit.

— C'est bien ici qu'on a frappé? me dit-il.

— Oui. Qu'as-tu donc? tu as l'air tout ému. Va ouvrir.

— C'est quelqu'un qui se trompe, fit-il. Je n'attends personne à pareille heure.

Il alla ouvrir sans prendre de lumière. Machinalement je prêtais l'oreille.

L'escalier était complétement obscur.

— Qui est là? demanda Jacques d'une voix tremblante.

— Moi, répondit une voix de femme.

— Vous, Élisabeth!

— Moi-même.

— Quand êtes-vous arrivée?

— Il y a dix minutes.

— Et la duchesse?

— Elle vous attend.

A cette nouvelle nous aurions certainement poussé un cri de joie, ou tout au moins d'étonnement, Jacques et moi, si, dans l'intonation de ces mots : « Elle vous attend, » il n'y avait eu quelque chose de lugubre.

— Hâtez-vous, reprit Élisabeth, nous n'avons pas un moment à perdre.

Je m'approchai de Mlle de Norcy et je lui tendis la main.

— Ah! c'est vous! me dit-elle.

— Que se passe-t-il? lui demandai-je tout bas, pendant que Jacques mettait de quoi sortir.

— Une chose sinistre, me répondit-elle. Venez, et vous verrez.

Nous descendîmes. A la lumière du péristyle, je vis la pâleur d'Elisabeth, la fatigue de son visage, le désordre de ses vêtements. Le voyage avait dû être rapide et pénible. Je pris place dans la voiture. Pas une parole ne fût échangée dans le trajet de la maison de Jacques à celle de la duchesse. L'un tremblait d'interroger, l'autre tremblait qu'on ne l'interrogeât.

La situation était solennelle, je vous en réponds, et, je l'avoue, mon égoïsme l'emportait sur ma curiosité; j'aurais autant aimé être autre part. Nous arrivâmes. Jacques étouffait en approchant de cette porte qu'il avait franchie tant de fois avec des émotions toutes contraires à celles qui l'agitaient en ce moment. Au moment d'entrer, le courage lui manqua.

— Élisabeth, fit-il en pressant la main de Mlle de Norcy, il est bien certainement arrivé un malheur. Distes-moi ce que c'est.

— Ne perdons pas de temps, répondit-elle; vous le verrez bien.

Il y avait une certaine dureté dans les réponses d'Élisabeth à Jacques. Je restai avec elle dans le salon.

— Voyons, lui dis-je, maintenant que nous sommes seuls, que se passe-t-il?

— Il l'a tuée! fit-elle.

— Jacques?

— Oui.

— Comment cela?

— Elle avait manqué de mourir. Elle allait mieux. Elle avait consenti, sur les prières de son père et les miennes, et sur l'assurance que je lui donnais que Jacques l'aimait comme autrefois, à se soigner jusqu'à la fin du mois, quand elle a reçu de lui une lettre où il lui disait, pour ainsi dire, qu'il n'était pas pressé de la revoir, qu'elle pouvait retarder son départ d'autant de temps qu'elle voudrait. Ce consentement, donné avant même qu'elle le demandât, lui a porté un coup affreux. Elle a cru y voir que Jacques ne l'aimait plus, qu'il aimait une autre femme et qu'il préférait ne plus la revoir. En effet, cette lettre était bien maladroite. La jalousie s'est emparée de la duchesse, elle a perdu la tête, et rien n'a pu la retenir. Elle a voulu partir aussitôt. Elle se serait tuée ou elle serait morte folle, si nous avions tenté de nous opposer sérieusement à son départ. Quand elle a quitté son lit et qu'il lui a fallu se tenir debout, elle s'est trouvée mal; mais rien n'y a fait. Elle est partie, malgré la neige, malgré l'hiver, malgré les routes impraticables, malgré sa fièvre de lait qui la rendait folle par moments. Arrivée à Vienne, au moment de descendre de voiture, elle me dit : « Élisabeth, soutenez-moi, je ne peux plus marcher. » Il y avait paralysie complète des jambes. Je la suppliai de rester quelques jours à Vienne.

— Pas une heure, me dit-elle.

Nous repartîmes. A Cologne, je fus forcée de la faire porter d'un débarcadère à l'autre. Elle était comme une morte; il ne lui restait plus que la parole; et, depuis Bruxelles...

En ce moment, nous entendîmes un grand cri dans la chambre de la duchesse. C'était Jacques qui avait poussé ce cri. Nous nous précipitâmes dans cette chambre. Voici ce qui s'y était passé.

Quand Jacques y était entré, la duchesse, pâle comme un marbre, et toute vêtue de blanc, était étendue sur un canapé, un oreiller sous la tête, et dans l'immobilité d'une statue de tombeau; ses deux bras reposaient aux deux côtés de son corps, et ses deux petites mains, blanches comme de la cire, tuaient la blancheur de sa robe. Au bruit que fit Jacques, elle tourna la tête de son côté, et un sourire d'une ineffable joie entr'ouvrit ses lèvres nacrées et fit un instant palpiter ses grands yeux, où perlèrent deux larmes brillantes. Ce fut la seule preuve d'existence que donna tout son corps.

— Annette! Annette! s'écria Jacques en courant à elle, en tombant à genoux et en portant à ses lèvres une des mains de la duchesse, tu es revenue, Dieu soit béni!

Mais, en même temps, il contemplait avec une sorte d'épouvante la main qu'il avait prise, qui restait froide comme la glace et molle comme de l'ouate sous les baisers dont il la couvrait. Malgré lui, il abandonna cette main, toujours aussi blanche, et qui, tombant lourdement, se heurta sur le parquet sans qu'Annette parût en éprouver aucune sensation, sans qu'elle parût même s'apercevoir que sa main, c'est le véritable mot, traînait à terre.

— Mon Dieu, que se passe-t-il donc? fit Jacques.

Et, reprenant la main d'Annette, il la secoua avec force, au risque de lui faire mal et au point que tout le corps de la pauvre femme en fut agité; mais elle, les yeux toujours fixés sur Jacques, lui souriait comme s'il ne l'eût pas touchée et du même sourire qui éclairait son visage depuis qu'il avait paru.

Il eut réellement peur, et, reposant doucement la main d'Annette sur le canapé, il posa la sienne sur le cœur de la jeune femme. Le cœur battait toujours. Il posa ses lèvres sur les lèvres entr'ouvertes de sa maîtresse, et les yeux de celle-ci se voilèrent un instant sous un inexprimable sentiment de béatitude; mais pas une parole ne s'échappa de sa bouche. Alors il la prit dans ses bras, la pressa contre son sein; mais sentit ce beau corps sans force dans son enlacement, et les bras qu'il eût voulu voir se nouer autour de son cou restèrent immobiles et pendants. La bouche souriait toujours, et les yeux regardaient avec une ineffable tendresse. Jacques sentait sa raison lui échapper.

— Annette! Annette! disait-il, au nom du ciel, parle-moi! Rien.

— Est-ce que tu ne m'aimes plus? disait-il en s'agenouillant de nouveau, en baisant les cheveux de la pauvre femme et en pleurant. Que t'ai-je fait? Je t'ai attendue, je n'ai pas douté de toi, je n'aime que toi dans le monde. Nous ne nous quitterons plus maintenant. Tu me le promets, moi je te le jure. Si tu souffres, dis-le-moi: Dieu est bon; nous te soignerons bien et nous te guérirons. Annette, par grâce, une parole.

Toujours le même silence.

Alors il éloigna un peu son visage et regarda fixement celui d'Annette. Il lui sembla que la respiration de la duchesse devenait plus lente et que ses paupières s'abaissaient peu à peu, comme sous l'influence du sommeil, sur ses yeux, dont le regard ne le quittait pas. Enfin ce regard s'éteignit tout à fait, et il n'y eut plus rien de vivant dans cette effrayante immobilité.

— Annette, tu dors ? réveille-toi, rouvre les yeux, je t'en supplie !

Les yeux restèrent fermés. Il mit la main sur le cœur. Le cœur avait cessé de battre.

C'est alors que nous entendîmes ce grand cri, semblable à celui d'une âme qui se déchirerait, et que nous nous précipitâmes, Mlle de Norcy et moi, dans la chambre de la duchesse.

Jacques était évanoui.

La duchesse avait tenu son serment; elle était revenue, mais en était morte.

. . . .

Il y a deux ans que Jacques est revenu de l'Italie, dont le climat seul pouvait rétablir sa santé compromise. Il rapportait avec lui une œuvre admirable, achevée dans la solitude, et dont la plus belle inspiration était née de son plus grand chagrin. Il était bien changé ; mais il avait cette tête pensive, cette physionomie grave, cet œil triste et profond qu'on aime à voir à ceux que leur génie met en dehors des autres hommes.

Jacques rira peut-être encore, mais il ne sera jamais gai ; il aura peut-être des maîtresses, mais il n'aimera jamais; Dieu veuille qu'il vive encore de longues années, mais ce qu'il y a de certain, c'est qu'un seul souvenir emplira toute sa vie.

Tout entier aux impressions que m'avait causées cette douloureuse histoire, je l'avais écrite pendant l'absence de Jacques. A son retour, je la lui ai donnée à lire.

— Imprime-la, m'a-t-il dit, elle est vraie, et elle prouvera une fois de plus que les amours illégitimes se brisent tôt ou tard contre une impossibilité, à moins que l'homme et la femme n'aient de cœur ni l'un ni l'autre.

De tous les personnages qui ont joué un rôle dans ce livre, le seul que Jacques ait continué de voir, c'est Élisabeth, avec laquelle, dans sa retraite définitive à la campagne, il passe des journées entières à s'entretenir d'Annette, et à qui, devant moi, il racontait un jour qu'en revenant par Florence on lui avait offert de le présenter chez une dame française, arrivée tout récemment, fort à la mode, et femme du meilleur monde. Il avait répondu qu'il n'allait nulle part, mais il avait demandé le nom de cette dame.

On la nommait Mme la comtesse de Wine.

Charlotte avait mis l'épitaphe de comtesse sur sa réputation morte en France, et elle avait été la ressusciter en Italie.

Quant au duc, il a hérité de son oncle, et son fils se porte à merveille. J'aurais bien voulu voir cet enfant, mais son père habite toujours l'étranger.

Si vous allez à Bade, vous y rencontrerez certainement Wladimir, que le gouvernement russe a prié de revenir le moins possible en Russie, et qui a choisi pour sa résidence ordinaire et indispensable la capitale des jeux.

Donnez-lui la main, si bon vous semble ; mais, croyez-moi, ne jouez pas aux cartes avec lui.

Lightning Source UK Ltd.
Milton Keynes UK
UKOW011822011112

201561UK00008B/23/P